丛书
珠江文化

罗定

南江古道与「一带一路」
文化论坛论文集

LUODING—Nanjiang Gudao yu Yidai Yilu
Wenhua Luntan Lunwenji

● 王元林　刘炳权 ◎ 主编

广东省珠江文化研究会
中共云浮市委宣传部
中共罗定市委宣传部
罗定市文化广电新闻出版局
组编

廣東旅游出版社
GUANGDONG TRAVEL & TOURISM PRESS
悦读书·悦旅行·悦享人生
中国·广州

图书在版编目（CIP）数据

罗定：南江古道与"一带一路"文化论坛论文集/王元林，刘炳权主编. —广州：广东旅游出版社，2017.9

ISBN 978 – 7 – 5570 – 1033 – 1

Ⅰ.①罗… Ⅱ.①王… ②刘… Ⅲ.①地方文化—云浮—学术会议—文集 Ⅳ.①G127.653 – 53

中国版本图书馆 CIP 数据核字（2017）第 153709 号

罗定：南江古道与"一带一路"文化论坛论文集
LUODING：NANJIANGGUDAO YU "YIDAIYILU" WENHUA LUNTAN LUNWENJI

出 版 人：刘志松

策划编辑：官 顺

特约编辑：徐子明

责任编辑：官 顺 厉颖卿

封面设计：邓传志

责任技编：刘振华

责任校对：李瑞苑

广东旅游出版社出版发行

（广州市越秀区环市东路338号银政大厦西楼12楼 邮编：510180）

邮购电话：020 – 87348243

广东旅游出版社图书网

www.tourpress.cn

广州家联印刷有限公司

（广州天河吉山村坑尾路自编3 – 2 号）

787 毫米×1092 毫米 16 开 24 印张 400 千字

2017 年 9 月第 1 版第 1 次印刷

定价：68.00 元

编撰委员会

顾　　问　　黄伟宗　　郭亦乐

主　　编　　王元林　　刘炳权

副主编　　杨振东　　周永卫

编　　委　　王元林　　刘炳权　　陈大远　　杨振东　　周永卫

　　　　　　徐子明　　黄健恩

出版单位　　广东省珠江文化研究会

　　　　　　中 共 云 浮 市 委 宣 传 部

　　　　　　中 共 罗 定 市 委 宣 传 部

　　　　　　罗定市文化广电新闻出版局

● 2016年8月，黄伟宗教授在罗定与时任罗定市市长、现任罗定市市委书记黄天生同志共商举办南江古道文化论坛并赠阅《海上丝绸之路研究书系》

● 2004年7月广东省珠江文化研究会考察团在罗定发现并举行专家论证会提出南江文化和对接海陆丝路古道文化

● 南江古道与"一带一路"文化论坛在罗定市国际酒店举办，云浮市委常委、宣传部部长郭亦乐、省社科联党组成员、专职副书记林有能，广东省珠江文化研究会会长王元林教授，罗定市政协主席陈定三，罗定市委常委、宣传部部长刘炳权参加了会议

罗定

南江古道与"一带一路"
文化论坛论文集
LUODING-Nanjiang Gudao yu Yidai Yilu
Wenhua Luntan Lunwenji

● 专家学者在文化论坛合照

● 云浮市委常委、宣传部部长郭亦乐致辞

● 省社科联党组成员、专职副主席林有能致辞

● 广东省人民政府特聘参事、广东省珠江文化研究会会长、暨南大学王元林教授

● 罗定市政协主席陈定三致辞

● 罗定市委常委、宣传部部长刘炳权主持"南江古道与一带一路文化论坛"

● 广东省人民政府原参事、《南方日报》原副总编辑、广东省珠江文化研究会原副会长王培楠

● 广东省人民政府参事室原副巡视员、《岭南文史》原主编、广东省珠江文化研究会原副会长罗康宁

● 广东省考古研究所邱立诚研究员

● 澳门《文化杂志》黄晓峰主编

● 暨南大学历史地理中心主任吴宏岐教授

● 广东省珠江文化研究会秘书长、华南师范大学历史文化学院周永卫教授

● 厦门大学周运中副教授

● 暨南大学国际贸易系刘新荣副教授

● 罗定市博物馆陈大远副研究员

● 罗定职业技术学院邓辉副教授

● 司徒尚纪作总结发言

3

南江古道与"一带一路"
文化论坛论文集
LUODING Nanjiang Gudao yu Yidai Yilu
Wenhua Luntan Lunwenji

● 与会专家在罗定博物馆大楼前合照

● 与会专家参观罗定博物馆馆藏出土文物展

● 与会专家参观罗定学宫

● 与会专家到罗定市博物馆参观南江古驿道
专题图片展

● 与会专家参观国家级文物保护单位——岭
南第一唐刻龙龛岩摩崖石刻

● 罗定古驿道示意图

太平镇潭白村晋至唐城址

在泷州故城采集到的板瓦

清（康熙）罗定州境内图

罗定州北城墙

罗定州学宫

罗定州学宫大成殿

明代罗定州文塔

● 南门垌战国墓葬出土编钟

● 背夫山战国墓葬出土蟠虺纹双兽耳青铜鉴及出土情况

● 蟠虺纹双兽耳青铜鉴器剖面图

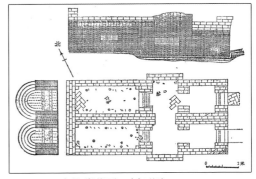

● 鹤咀山南朝墓葬发掘情况

● 南朝墓葬平、剖面图

● 南朝四兽金手镯

● 南朝越窑刻莲瓣纹豆形青瓷碗

7

● 分界镇金河制蓝遗址沤淀池

● 龙湾制蓝工场遗址

● 明代四都鸦塘谭
波庙铁钟

● 古榄石灰窑址

● 古榄石灰窑址

● 生江窑址

● 生江窑址出土文物

● 上宁窑址

● 上宁窑址出烟处

● 上宁窑址标本

● 水摆旧墟　　　　　　　　● 水摆旧墟残留数十米深的墙体

● 蓸濮古墟与生埗头遗址　　● 罗城大埗头塔影

● 梁家庄园码头　　● 双东六竹古码头

● 梁家庄园九座屋　　● 罗城区氏祖屋　　● 梁家庄园粮仓炮楼

● 倒流榜古建筑群　　　● 倒流榜古民居像皇榜一样的成排镬耳

● 鸟瞰南江上游的罗太盆地

● 竹围唐代窑藏铜钱

● 分界出土明代
土制银锭第一锭

● 金山迳古道（京贯岭）

● 陂勒桥：素龙赤坎村官大道

● 牛岗桥：进入素龙圩的通道

● 夜护城址

● 替滨镇车田村出土宋钱

● 替滨镇车田村出土
宋钱隶书靖康元宝

● 白竹东桥：通广西的西山大道

● 白竹西桥：通广西的西山大道

● 西山大道上的白竹东桥、白竹西
桥、二峒陂拱桥

● 白庙旧照

● 鸡梯岭古道上的石阶

● 鸡梯岭古道

● 作为两广古驿站白庙州宪示碑

● 鸡梯岭古道

● 鸡梯岭古道

南江古道与"一带一路"
文化论坛论文集
LUODING~Nanjiang Gudao yu Yidai Yilu
Wenhua Luntan Lunwenji

● 龙龛岩摩崖石刻全景照片

● 唐代龙龛道场遗址彩绘佛头

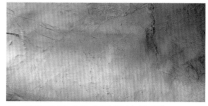

● 唐代石刻《龙龛道场铭并序》

● 西岸石拱桥：通东安的古道上

● 西岸村砖拱桥：通东安的古道上

● 金鸡岭石拱桥：通阳春

● 东山大道上的鲤鱼桥

● 周沙石拱桥

● 谈礼拱桥头村拱桥

● 凤阳古村落

《珠江文化丛书》总序：
多学科交叉的立体文化工程

黄伟宗

　　一个国家、一个民族、一个地域、一个地方的特点，从总体精神上说，实则是文化特点。其特点的形成，是由不同的地理条件（尤其是水的条件）和气候条件，使得人们有不同的生存方式、生产方式与生活方式，而长期形成的不同的精神意识、思维方式、人情风俗和道德观念等等。这些属于文化范畴的特征，既决定着又体现于每个国家、每个民族、每个地域、每个地方的政治、经济与文化的实体、措施与形态，以及自然科学、人文科学的研究思想和文学艺术的创作与研究中。正如法国19世纪著名理论家丹纳在《艺术哲学》中所说："要了解艺术家的趣味和才能，要了解为什么在绘画或戏剧中选择某部门，为什么特别喜爱某种典型，某种色彩，某种感情，就应当到群众中的思想感情和风俗习惯中去探求。由此我们可以定一条规则：要了解一件艺术品，一个艺术家，一群艺术家，就必须正确地设想他们所属的时代的精神和风俗概况。这是艺术最后的解释，也是决定一切的根本原因。"

　　当今世界已经进入了文化时代，也即是改变了过去只是以政治观点和政治利益去认识与把握一切，代之以从文化意识与方式去认识和把握一切的时代。西方各国现代文化学的兴起，学派林立，形成热潮，蔚然成风；中国的

"文化热"也从文艺创作而蔓延于各行各业、各种学科、各个地域、各个地方，以至人们日常生活的衣、食、住、行各个方面。其中，水流地域文化研究，如：黄河文化、长江文化、黑龙江文化等的研究，正在悄悄兴起，这是一种很值得注意的动向，是一个很有意义、很有前途的文化与学术领域。因为这个领域的研究，将会给每个水流地域总体特征作出科学的解释，找出其历史与现实和将来的契合点，并以多学科的并行和交叉研究论证的方法，将这些契合点科学化、综合化、立体化、实用化，使其可作为决策的依据或出发点，作为具有实用价值的新产品或具有可操作性的方略，具有可转化为生产力的科学理论或文化精品。

广东省珠江文化研究会，正是适应这样的文化时代潮流和需要，于 2000 年 6 月 28 日在广州正式成立的。宗旨是研究与弘扬珠江文化。因为珠江是中国的第三大河，其水流地域文化覆盖整个华南与南海诸多港湾和群岛，在中华民族历史及现代的文化上有重大贡献和重要地位。按照当今国内外公认的水流地域文化理论，当某种水流地域文化形成之后，除覆盖其本身水域之外，还覆盖其周边地区。由此，珠江文化的覆盖地域，不仅是作为中心的珠江三角洲地区，以及汇合为珠江的西江、东江、北江的各自流域地带，还包括韩江流域的潮汕地区、南渡河流域的雷州半岛，南海诸岛和北部湾、海南岛、香港和澳门；如从水流的源头而言，除西江流经的广西之外，尚有西江的源头云南、贵州，北江的源头湖南，东江的源头江西，韩江的源头福建省等，可见地域之广，水量丰富，文化组成成分多样而复杂，历史的发展和演变过程又极其曲折坎坷，在新时期的改革开放中的发展又极其迅速。因而以珠江文化作为一个研究领域，不仅是应时之需，而且是天地广阔，前景无限的。

珠江文化有着明显的特点。首先是它的多元性和兼容性，这特点似乎与珠江是多条江河自西、北、东之流而交汇的水态有关，是多元而后交汇汇聚兼容于一体之中：从历史上说，由土著的百越文化与来自五岭以北的华夏文化、荆楚文化、巴蜀文化、吴越文化，以及来自海外的印度文化、波斯文化、阿拉伯文化、西洋文化的先后结合与交融；从当今的珠江水流地域的文化类型而言，除此较明显的粤文化地区有着广府文化、客家文化、福佬文化和新起的深圳及珠江三角洲地区的移民文化之外，尚有可称之为珠江亚文化的滇云文化、黔贵文化、八桂文化、海湾文化、琼州文化等等，都是多元而相容于珠江文化的范畴中。其二是海洋性和开放性，珠江的总体形象，既是交汇型的，又是放射型的，它既像是蜘蛛网似的覆盖于整个水流地域，像是多龙争珠似的争汇于其中交汇中心（广州），而其中心又像是一颗明珠、每条河流又像是道道明珠发射出的光芒那样，向四面八方喷射。特别是珠江有众多出海口，即许多所谓"门"，如：虎门、崖门、磨刀门等等，仅珠江口就有八个门，可见珠江与南海是连成一体的；沿海港湾和港口甚多，也都同珠江水系密切连接，所以，从古至今是由陆路、沿海与海外的交通和交流枢纽，"海上丝绸之路"最早在此进发，而且数千年一直不衰：大量移民由此散布海外，海外文化也由此最早涌入，所以，海洋文化与开放意识是特别强的。其三是前沿性和变通性，由于珠江文化水系与海洋密切连接，海港特多，与西方和海外文化接收特快特多，因而前沿性也特强，另一方面，相对而言作为中国文化中心的中原文化，地理距离较远，又有以五岭为代表的崇山峻岭之隔，交通不便，由此而受中原文化控制偏少，同时也由于中原文化在这一带与海洋文化及本土文化碰撞的缘故，也就造成了相接于前沿性的变通性。此外尚有其他特点，有待深入研究，在此不一一列举。仅由此即可见，对珠江文化特点的研究，以及将这样的研究成果转化为决策依据，地域建设的方案与行为，转化为科学规划的文化产业，都是大有作为、必有成效的。

本着研究与弘扬珠江文化的宗旨，广东省珠江文化研究会组织了著名的文化学家、文史学家、考古学家、人类学家、语言学家、民俗学家、地理学家、海洋学家、气象学家、建筑学家、生物学家等学科的专家学者，以及著名的作家、编辑家、新闻出版家等，分别组成学术委员会、创作委员会、书画艺术委员会、地域企业文化委员会、影视出版委员会、规划策划委员会和理事会，既分工而又交叉地进行珠江文化的研究和宣传，将其作为一项长期的多学科交叉的立体工程去进行。为此目的，我们依靠和组织各种力量，撰写、编辑、出版《珠江文化丛书》。

2000—2005 年出版著作：1.《珠江传》（司徒尚纪著）；2.《珠江文化论》（黄伟宗著）；3.《开海》（洪三泰、谭元亨、戴胜德著）；4.《千年国门》（谭元亨、洪三泰、戴胜德、刘慕白著）；5.《中国古代海上丝绸之路诗选》（陈永正编注）；6.《广府海韵——珠江文化与"海上丝绸之路"》（谭元亨著）；7.《交融与辉映——中国学者论"海上丝绸之路"》（黄鹤、秦柯编）；8.《东方的发现——外国学者谈海上丝绸之路与中国》（徐肖南、施军、唐笑之编译）；9.《广东海上丝绸之路史》（黄启臣等编著）；10.《珠江文化与史地研究》（司徒尚纪著）；11.《祝福珠江》（洪三泰、谭元著）；12.《通天之路》（洪三泰主编）；13. 长篇小说《女海盗》（洪三泰著）；14.《岭南文化古都论》（谭元亨编著）；15.《岭南状元传及诗文选注》（仇江、曾燕闻、李福标编注）；16.《东方奥斯维辛纪事》（谭元亨著）；17.《日军细菌战：黑色［波字8604］》（谭元亨编著）；18.《中国文化史观》（谭元亨著）；19.《客家圣典：一个大迁徙民系的文化史》（谭元亨著）；20.《客家文化之谜》（谭元亨著）；21.《岭南文化艺术》（谭元亨著）；22.《呼唤史识——当代长篇创作的史观研究》（谭元亨著）；23.《广府寻根》（谭元亨著）；24.《南方城市美学意象》（谭元亨著）；25.《世界著名思想家的命运》（谭元亨主编、主笔）；26.《当代思维论》（谭元亨著）；27.《城市建筑美学》（谭元亨著）；28.《海峡两岸客家文学论》（谭元亨著）；29.《古代中外交通史略》（陈伟明、王元林著）。

2005—2006 年出版的《珠江文化丛书》"十家文谭"专辑，包括：1.《珠江文化系论》（黄伟宗著）；2.《珠江文化的历史定位》（朱崇山编）；3.《海上丝路的研究开发》（周义编）；4.《泛珠三角与珠江文化》（司徒尚纪著）；5.《海上丝路与广东古港》（黄启臣著）；6.《粤语与珠江文化》（罗康宁著）；7.《岭南文化珠江来》（张镇洪著）；8.《珠江诗雨》（洪三泰著）；9.《珠江远眺》（谭元亨著）；10.《珠江流韵》（戴胜德著）。"十家"，是以十位学者之所长从十个学科探析珠江文化之意。当然了，珠江文化研究会的专家学者不是仅有这些学科。11.《断裂与重构——东西思维方式比较》（谭元亨著）；12.《顺德人》（谭元亨著），《城市建筑美学》（谭元亨著）；13.《广信：岭南文化古都论》（谭元亨主编）；14.《客商》（谭元亨著）；15.《国家祭祀与海上丝路遗迹——广州南海神庙研究》（王元林著）。

2007—2008 年出版著作：1.《百年宝安》（洪三泰、谭元亨、载胜德著）；2.《良溪——"后珠玑巷"》（黄伟宗、周惠红主编）；3.《南江文化纵横》（张富文著）；4.《郁南：南江文化论坛》（黄伟宗、金繁丰主编）；5.《珠江文踪》（黄伟宗著）；6.《客家图志》（谭元亨著）；7.《顺德乡镇企业史话》（谭元亨著）。

2009—2010 年出版著作：1.《海上丝路的辉煌》（黄伟宗、薛桂荣主编）；2.《瑶乡乳源文化铭作选》（梁健、邓建华主编）；3.《千年雄州　璀璨文化》

（抹楚欣、许志新主编）；4.《湛江海上丝绸之路史》（陈立新编著）；5.《西江历史文化之旅》（江门日报等主编）；6.《凤岗：客侨文化论坛》（黄伟宗、朱国和主编）；7.《中国珠江文化史》上、下册（黄伟宗、司徒尚纪主编）；8.《黄伟宗文存》上、中、下册（黄伟宗著）；9.《创会十年——广东省珠江文化成立十周年庆典文集》（黄伟宗主编）；10.《客家文化史》上、下（谭元亨著）；11.《十三行新论》（谭元亨著）；12.《广东客家史》上、下（谭元亨著）；13.《客家文化大典》（谭元亨著）；14.《客家经典读本》（谭元亨著）。

2011—2012年出版著作：1.《客家第一珠玑巷——凤岗第二届客侨文化论坛》（黄伟宗、朱国和主编）；2.《云浮：中国石都文粹》（黄伟宗主编）；3.《封开：广府首府论坛》（黄伟宗、张浩主编）；4.《海上敦煌在阳江》（黄伟宗、谭忠健主编）；5.《雷州文化研究论集》（蔡平主编）；6.《中国凤岗客侨文化系列丛书——凤岗排屋楼》（张永雄主编）；7.《国门十三行》（谭元亨著）；8.《客家与华文文学》（谭元亨著）；9.《肝胆相照——饶彰风与邓文钊》（谭元亨著）；10.《华南两大族群的文化人类学建构》（谭元亨著）；11.《雷区1988：中国市场经济的超前探索者》（谭元亨著）；12.《开洋》人民文学出版社（谭元亨著）；13.《岭海名胜记》校注（王元林古籍标点校勘注释）；14.《内联外接的商贸经济：岭南港口与腹地、海外交通关系研究》（王元林著）。

2013年出版著作：1.《中国禅都文化丛书》（黄伟宗、吴伟鹏主编）包括6分册：《出生圆寂地》（罗康宁著）、《顿悟开承地》（戴胜德著）、《坛经形成地》（郑佩瑷著）、《农禅丛林地》（谭元亨著）、《报恩般若地》（洪三泰著）、《禅意当下地》（冯家广著）；2.《中国南海文化研究丛书》（黄伟宗主编），包括6分册：《中国南海海洋文化论》（谭元亨著）、《中国南海海洋文化史》（司徒尚纪著）、《中国南海海洋文化传》（戴胜德著）、《中国南海古人类文考》（张镇洪、邱立诚著）、《中国南海商贸文化志》（潘义勇著）、《中国南海民俗风情文化辨》（蒋明智著）；3.《广府文化大典》（谭元亨主编，陈其光、郑佩瑷副主编）；4.《广府人——首届世界广府人恳亲大会广府文化论坛论文集》（谭元亨等主编）；5.《广府寻根 祖地珠玑——广东省广府学会成立大会论文集》（黄伟宗等主编）；6.《广侨文化论——台山中国首届广侨文化论坛文集》（黄伟宗、邝俊杰主编）；7.《十三行习俗与商业禁忌》（谭元亨著）；8.《东莞历史名人》（王元林等主编）。

2014年出版著作：1.《海上丝绸之路研究书系》第一辑［开拓篇］（黄伟宗总主编）包括4部书：《海上丝绸之路的研究开发》（周义主编），《海上丝绸之路与海洋文化纵横论》（黄伟宗著），《广东海上丝绸之路史》（黄启臣主编）《中国古代海上丝绸之路诗选》（陈永正编注）；2.《海上丝绸之路画集》（谢鼎铭著）；3.《雷州文化概论》（司徒尚纪著）；4.《中国地域文化通览·广东卷》（司徒尚纪主编）；5.《海国商道》（谭元亨著）；6.《十三行习俗与商业禁忌》（谭元亨著）；7.《广府人史纲》（谭元亨著）；8.《城市晨韵》（谭元亨著）；9.《袁崇焕评传》（王元林、梁珊珊著）。

2015年出版著作：《海上丝绸之路研究书系》第二辑［星座篇］（黄伟宗总主编）包括10部书：1.《徐闻古港——海上丝绸之路第一港》（刘正刚著）；2.《南海港群——广东海上丝绸之路古港》（王潞、周鑫著）；3.《海陆古道——海陆丝绸之路对接通道》（王元林著）；4.《海上敦煌——南海1号及其他海上文物》（崔勇、肖顺达著）；5.《沧海航灯——岭南宗教信仰文化传播之路》（郑佩瑗著）；6.《十三行——明清300年的曲折外贸之路》（谭元亨著）；7.《侨乡"三楼"——华人华侨之路的丰碑》（司徒尚纪著）；8.《古锦今丝——广东丝绸业的"前世今生"》（刘永连、谢汝校著）；9.《香茶陶珠——特产及其文化交流之路》（冯海波著）；10.《广交会——海上丝绸之路的新生和发展》（陈韩晖、吴哲、黄颖川著）。另有四部丛书新著出版：1.《中国珠江文化简史》（司徒尚纪著）；2.《珠江粤语与文化探索》（郑佩瑗著）；3.《珠江文化之旅》（谭元亨著）；4.《珠江文行》（黄伟宗著）；5.《珠江文珠》（黄伟宗著）。

2016年出版著作：1.《珠江文痕——黄伟宗文存续补》（黄伟宗著）；2.《梧州：岭南文化古都》（王元林等编）；3.《佛山：海上丝绸之路丝绸陶瓷冶铁大港》（王元林等编）；4.《"一带一路"广东要览》（王培楠主编）。

（黄伟宗系广东省人民政府参事、广东省海上丝绸之路研究开发项目组组长、广东省珠江文化研究会创会会长、中山大学教授，《海上丝绸之路研究书系》、《珠江文化丛书》及《珠江—南海文化书系》总主编，是享受国务院特殊津贴的作家、文艺理论批评家、文化学者。）

目录

附录　南江古道与"一带一路"文化论坛各媒体宣传报道

上◆篇

罗定

南江古道与"一带一路"文化论坛

致辞汇编

黄伟宗：罗定是南江文化与古道文化集粹地

——论坛贺信

黄伟宗

（广东省人民政府参事室特聘参事、广东省珠江文化研究会创会会长、广东省海上丝绸之路研究开发项目组组长、中山大学中文系教授）

尊敬的罗定市委黄天生书记并来自全国各地的专家教授们：

首先，请允许我热烈祝贺"罗定：南江古道文化与一带一路"研讨会的隆重召开，向罗定市委市政府和大家表示热烈的欢迎和衷心感谢！

早在 2004 年夏天，我们珠江文化研究会考察团，在罗定考察时发现并提出：从粤西信宜鸡笼山发源，流经信宜、罗定、云安、郁南，于南江口汇合西江的罗定江，原来是珠江水系中与西江、北江、东江并列的南江，是"珠光四射"珠江文化不可或缺的组成部分，是岭南土著百越族文化遗存最多最古的文化圣地，并提出了为南江正名的呼吁，在海内外引起到高度重视和强烈反响。

从那时到现在 13 年来，我们对南江文化持续进行了多次考察，举办了多次学术研讨会，从而又进一步证实了：罗定是南江文化和古道文化的集粹地；南江古道是海上与陆上丝绸之路最早的对接通道之一，是海江山河古道汇通之要津和文化圣地，是南中国古代驿道与现代绿道交相辉映的亮丽风景线。

我热切希望通过这次学术研讨会，更进一步研究开发南江和古道文化，更大地发挥罗定作为南江文化和古道文化集粹地之凝聚和辐射作用；建议以整个南江流域及其古道文化覆盖地域，构建"珠江一南江经济文化带"，与"珠江一西江经济带"连体对接，纳入国家"一带一路"规划和战略；同时，将南江文化和古道文化与最近我省开展的古驿道"活化"工程结合起来，与现代绿道经济文化建设相互促进；尤其是应当与东盟诸国的古道文化对接相连，以开展旅游、探险等活动方式为纽带，加强国际交往与合作，为世界性的古道文化和"21世纪海上丝绸之路"建设做出贡献。

祝大会成功！

谢谢大家！

2017年4月21日

陈定三：代表黄天生书记和罗定市致辞

陈定三

（广东省云浮市罗定市政协主席）

尊敬的各位领导、各位专家，各位嘉宾朋友：

大家上午好！今天，众多致力于南江文化研究的专家学者齐聚罗定，就南江古道与"一带一路"的有机结合进行研讨，这是我市文化建设中的一件大事。受中共罗定市委书记、市长黄天生同志的委托，我谨向各位领导、各位专家学者、各位嘉宾朋友的到来，表示热烈的欢迎和衷心的感谢！

罗定位于粤桂两省（区）交界处，南江的上中游，古称泷州，是著名爱国将领蔡廷锴将军的故乡，广东省首批历史文化名城，曾获全国文化先进县、全国体育先进县、全国绿化模范县（市）、全国粮食生产先进县、"中国肉桂之乡"等殊荣。近几年来，罗定市抓住广东促进粤东西北地区振兴发展的战略契机，认真按照云浮市委"生态立市、产业兴市、特色美市、改革活市、依法治市，全面建设现代生态城市"的要求和对罗定"建设粤桂边工业新城"的新定位，深入推进"一个加强和四个坚定不移抓建设"工作部署，经济社会稳中向快发展，主要经济指标增速高于粤东西北地区平均水平，高于全国和全省同期平均水平，文化事业发展呈现出日益繁荣态势。

作为南江流域最大的县（市），罗定荣幸地被专家定为南江文化集萃地和百越文化腹地，正以其深厚的历史底蕴和近期扎实的工作，努力成为研究和发掘南江文化、南江古道的重要地区。

首先，罗定曾是南江流域重要的政治、经济、文化中心。从罗定境内两座战国墓出土的青铜器可以证明，早在春秋战国时期，罗定所在的南江地区，已经出现了越人自己建立起来的奴隶制政权，而且越族文化十分发达，是古代岭南地区经济文化最发达地区之一。秦汉时期，南江流域开始接受中原政权统治。到了明万历五年（1577年），平定罗旁瑶乱之后，设立了罗定直隶州，直属于广东布政使司，这是广东历史上设立的第一个"特区"，被称为"抚绥重地，门庭巨防"，在广东众多的州府中占有举足轻重的地位。悠久的历史和深厚的文化，为罗定这方土地留下丰富的人文遗址，如在古南江流域，制蓝工业遗址、炼铁铸铁业遗址、锡矿场遗址和石灰窑遗址有迹可循，古墟、埠头、码头遗址、古城址可见昔日商贸繁华；神滩庙、龙母庙、天后庙、大河庙、飞来庙、惠民庙、开元寺、普陀山寺、龙头寺和文塔，青铜器、四兽金手镯和高足莲纹碗的出土，依南江而建的古村落古建筑，见证着海洋文化与佛教文化的影响。同时还涌现了春牛舞、泷州歌、罗定山歌等传统歌舞和炮会、庙会、做醮等传统民俗活动，使罗定成为名副其实的历史文化名城和南江文化之魂。

其次，罗定曾是海陆丝绸之路上重要的对接通道。从地理位置上看，从长江进湘江，过灵渠入漓江，经漓江达西江，由西江转南江，自南江上信宜下鉴江，最后经徐闻出海，是古代中原到南海沿岸及印度洋最便捷的通道，罗定就是这一通道上的重要节点。从罗定出土的春秋战国青铜器、南北朝四兽金手镯和莲瓣纹高足碗等文物看，罗定一度为岭南与外界沟通最早最频繁的地区。从历史上的军事行动看，隋朝的冼夫人经罗定平定番禺之乱以及唐朝派兵平定泷州人陈行范等事件，表明当时的罗定古道已能进行大规模的行军打仗。进入明清时期，随着罗定州的建立，罗定在完善原有古道的同时，不断开辟新驿道，罗定被称为"全粤要枢"，交通枢纽地位更加突出。在近代，特别是在战争期间，罗定的罗信、罗阳古道更成了食盐补给的生命线。由此可见，无论从经济还是军事方面讲，罗定古道的地位都十分重要，它不仅是陆海丝绸之路的对接通道，而且在不同时期有着不同的贡献。

再次，近年来罗定十分重视南江文化的研究和发掘。自云浮市委、市政府提出要致力打造石文化、禅文化、南江文化三大文化品牌后，我市高度重视，

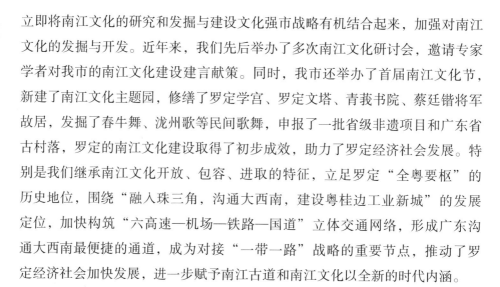

立即将南江文化的研究和发掘与建设文化强市战略有机结合起来，加强对南江文化的发掘与开发。近年来，我们先后举办了多次南江文化研讨会，邀请专家学者对我市的南江文化建设建言献策。同时，我市还举办了首届南江文化节，新建了南江文化主题园，修缮了罗定学宫、罗定文塔、青莪书院、蔡廷锴将军故居，发掘了春牛舞、泷州歌等民间歌舞，申报了一批省级非遗项目和广东省古村落，罗定的南江文化建设取得了初步成效，助力了罗定经济社会发展。特别是我们继承南江文化开放、包容、进取的特征，立足罗定"全粤要枢"的历史地位，围绕"融入珠三角，沟通大西南，建设粤桂边工业新城"的发展定位，加快构筑"六高速—机场—铁路—国道"立体交通网络，形成广东沟通大西南最便捷的通道，成为对接"一带一路"战略的重要节点，推动了罗定经济社会加快发展，进一步赋予南江古道和南江文化以全新的时代内涵。

今后，我市将继续加大对南江文化和南江古道的深入研究和开发利用，继续把罗定历史上的陆海丝绸之路对接通道地位与国家"一带一路"战略紧密结合起来，加快罗定的对外开放进程，为罗定建设粤桂边工业新城再添新的优势。我们坚信，通过这次南江古道与"一带一路"文化论坛的召开，在各级领导、各位专家、各位嘉宾对罗定的重视、关心和支持下，罗定这块古老的土地必将再创辉煌，迎来更加璀璨的明天！

最后，祝各位领导、各位专家、各位嘉宾朋友身体健康、万事顺意、阖家幸福！谢谢大家！

王元林：代表广东省珠江文化研究会致辞

王元林

（广东省人民政府参事室特聘参事、暨南大学教授、广东省珠江文化研究会会长）

尊敬的云浮市郭亦乐常委，尊敬的广东省社科联林有能专职副主席，尊敬的各位专家、各位领导、各位嘉宾：

借此"罗定：南江古道与'一带一路'文化论坛"召开之际，我谨代表广东省珠江文化研究会对论坛的召开表示热烈的祝贺！并对前来参加这次会议的领导、专家和朋友们表示衷心的感谢！

2001年6月，中共广东省委宣传部正式批准成立广东省珠江文化研究会。该会为省一级的社会团体，是广东省人民政府参事室（文史馆）指导下的学术团体。研究会成立至今十七年来，一直坚持参事、文史工作与学术研究结合，理论与实践结合，田野考察与文案研究结合，历史文化与现代文化结合，文化研究与多学科交叉结合的方针，在创会会长黄伟宗教授、名誉会长司徒尚纪教授的领导下，持续不断地取得新的学术成果和学术发现。我会1995年在南雄，1996年在封开，2000年在徐闻，2002年在韶关南华禅寺，2003年在阳江，2005年在郁南，2007年在南雄珠玑巷，2009年在东莞凤岗，2010年在台山等地，先后召开了多次学术会议，为地方文化建设奉献力量。2010年以黄伟宗教授和司徒尚纪教授为主编的 300 多万字的《中国珠江文化史》学术专著出版之际，正值广东省珠江文化研究会成立十周年，中共中央政治局委员、时任中共广东省委书记汪洋同志为此专门致信表扬。2013 年，我们关于加强海上丝绸之路研究的参事建议，受到了中共中央政治局委员、广东省委书记胡春华同志的高度重视和批示，并于 2014 年春将我会主编的"海上丝绸之路研究书系丛书"作为出访国外的礼品用书。2015 年 10 月，我会主编的《梅州："一带一路"世界客都》，被作为梅州举办第四届世界客家大会的重要礼品。2015 年，我们在广西梧州召开"梧州：岭南文化古都"的学术论坛，肯定了梧州在岭南文化与岭南古道上的地位。2016 年，我们在佛山召开了两次"佛山：海上丝绸之路丝绸陶瓷冶铁大港论坛"，在乳源召开了"乳源：'一带一路'建设与世界瑶族交流研讨会"。2016 年，我们与南方日报社、广东省文联联合参与评审了广东海上丝绸之路十大文化地标。我会所有这些成果，以及在广东文化建设和地方品牌打造方面取得的一点成绩，受到了国家、省、市各级领导以及广东省各地老百姓的欢迎和好评。

各位嘉宾，南江古道历史悠久，是陆海丝绸之路的对接通道之一。云浮物华天宝，人杰地灵。罗定的水路古道文化保存完整，文化遗迹丰富，对全省古道文化的建设具有代表性、典型性的作用。为了进一步发扬光大云浮南江古道文化资源，积极融入西江、珠江经济带，建设 21 世纪海上丝绸之路，推动云浮对外经贸与文化交流合作，同时结合古道文化树立历史文化品牌，凸显岭南地域特色，把古道文化与新农村文化建设结合起来，与精准扶贫结合起来，使山村经济焕发活力，为云浮"一带一路"的战略实施添砖加瓦，广东省珠江文化研究会与中共云浮市委宣传部、罗定市人民政府合作，决定举办"罗定：南江古道与'一带一路'文化论坛"，邀请海内外 30 多位专家，对南江古道进行深入研究，并呼吁将相关的文化遗存，列入海上丝绸之路遗迹名录，在全省打响古道文化论坛的第一枪，占领古道文化研究的战略高地。在中共云浮市委常委、宣传部部长郭亦乐同志，中共罗定市委书记、市长黄天生同志的多次指导和协调下，我们广东省珠江文化研究会与相关单位紧密合作，才有了今天这一次盛会的召开。在此，对各位领导所付出的辛勤劳动和汗水，致以崇高的敬意！

最后，预祝"罗定：南江古道与'一带一路'文化论坛"硕果累累，会议举办圆满成功！谢谢大家！

郭亦乐：代表云浮市委宣传部致辞

郭亦乐

（中共云浮市委常委、宣传部部长）

尊敬的各位领导、专家学者，嘉宾朋友们：

大家下午好！

在这个春暖花开的美好季节，我们相聚于广东历史文化名城罗定市，与省内外众多"一带一路"和南江古道文化研究的专家学者一起，共同考察研讨南江文化，这是云浮落实习近平总书记提出建设"一带一路"重大倡议的具体行动，也是罗定推动文化建设与文化品牌塑造的一件盛事。在此，我代表中共云浮市委、市人民政府对各位领导、各位专家学者的到来表示热烈的欢迎和衷心的感谢！

南江，不仅仅是一个地理概念，更是一个文化概念。它是中原文化进入岭南腹地以后，与海上丝绸之路对接的重要通道。在2000多年的历史长河中，南江流域诞生和发展了自己独特的南江文化，从而成为岭南文化的源头之一。今天，南江文化作为云浮市倾力打造的三大文化品牌之一，正在日益焕发青春的光彩。在国家"一带一路"倡议的大背景下，深入挖掘南江文化，擦亮古道文化名片，对推动云浮经济社会发展具有重要意义。

要充分认识南江文化的特殊意义，高度重视南江文化的研究。南江流域是古代百越族文化聚居的地方，是中原文化向粤西海岸传播的区域。南江文化显示了山地文化与海洋文化的交融，凸显了强烈的区域文化特色。南江文化精华荟萃，底蕴深厚扎实，优秀的民间民俗活动和民间艺术创造世代承传，独具魅力，是当地一笔巨大的精神财富。

对南江古道和南江文化的研讨，我认为，我们不仅要在宏观上研究，还应从宏观走向微观的研究，还要吸引不同学术背景的学者从事研究。要大力支持专家学者和云浮市南江文化研究中心的研究工作，建立一年一度的研讨制度，争取省级、国家级南江古道和南江文化的研讨课题，建立南江文化研究的资料库。要把南江文化从目前云浮一个小的区域扩大到粤西、桂东这一大范围来研究，研究这一区域内文化变迁与历史源流。

要把南江文化作为重要文化资产，抓好南江文化遗存的传承和保护。文化遗存包括南江的非物质文化遗产，应在研讨、传承的基础上，对南江文化遗存包括南江的非物质文化遗产进行全面的保护，一对一的保护，探索科学有效的途径和办法。在此期间，保护的首要任务还是要唤醒大家的文化自觉，在抢救、保护、传承、弘扬上多下功夫，用动态的眼光保护"活态文化"，让广大人民群众感受到南江文化遗存的价值，使南江文化遗存的抢救、保护意识在人们心目中的分量越来越重，更加自觉地加入到抢救、保护的行列中。随着时间的推移，南江文化遗存将成为云浮重要的文化资产，对社会产生意境深远的影响。

要做好南江文化这篇大文章，抓好南江古道和南江文化的开发利用。要进一步做好南江古道和南江文化资源开发利用这篇大文章，把南江古道和南江文化的历史记忆、历史信息，特别是南江文化流传下来的文化基因加以整合和拓展，打造云浮文化品牌，发展以南江古道和南江文化为载体的文化、旅游产业，更好地落实建设"一带一路"的倡议。

各位专家，各位嘉宾，这次研讨会标志着一个新的开始，我们要以此为契机，进一步传承和发展南江文化，为推动云浮经济社会发展、构建和谐社会、建设中华民族共有的精神家园而不懈努力。

最后，预祝今天的南江古道与"一带一路"文化论坛取得圆满成功！祝大家身体健康，万事顺意，阖家幸福。谢谢！

王培楠：广东不可小南江

——嘉宾致辞

王培楠

（广东省政府原参事、南方报业传媒集团原副总编辑）

　　曾有人把广东比喻为"改革开放中腾飞的大鹏"，珠三角是它"高昂的头"，人均 GDP 直逼发达国家。而粤东西两翼，是"沉重的翅膀"，人均 GDP 连全国的平均数也达不到。与经济现象相映成趣的是文化现象。近年来，省政府参事室研究珠江文化的学者，一直呼吁重视南江文化，但响应者寥寥。2014 年，云浮郁南磨刀山遗址的发掘，惊动了考古界，并被选为"2014 年度全国十大考古新发现"。磨刀山遗址的发现，创造了广东考古的多项突破：第一次发现旧石器时代露天遗址，第一次发现如此丰富、确凿的旧石器时代的打制石器，第一次发现分布如此密集的旧石器时代遗址群。更为重要的是，考古学家终于在广东接触到比马坝人更早的远古印记。

　　但如此重要的发现，也仅是新闻如流星般"一闪而过"，缺乏后续的重视与社会的热烈反响。在这样一个经济利益喧嚣浮躁的滚滚红尘之中，今天在这里云集这么多专家教授，力图从一个更广阔的历史时空，去彰显南江文化的魅力，就显得庄重而又意义深远。我不是文史专家，但作为一名长期跟踪广东发展的记者，我想围绕这个主题，谈谈南江文化的若干话题，我的发言题目是：广东不可小南江。

历史上乃至当代，文化学者在谈论广东地域文化时，一般是"四大文化"并提：广府文化、潮汕文化、客家文化、琼雷文化，但唯独很少单独提南江文化。海南单独设省后，有学者称不能跨越省界，故提出了雷州文化。依我之见，广东依然可以"四大文化"并称，就是要加上"南江文化"。

我们看看专家学者是如何定位南江文化的：珠江主干流的西江以南，珠江三角洲以西，云开大山以东的一大片土地都可以划入南江流域范围。南江流域是岭南文化的发祥地之一，流域内发现了多处旧石器时代晚期和新石器时代的文化遗址，说明至少在四五千年前我们的先人就在这里生息繁衍。地理位置：珠江主干流的西江以南，珠江三角洲以西，云开大山以东的一大片土地都可以划入南江流域范围。它不仅包括汇入珠江的南江（罗定江）、新兴江等，也包括了由北西向南东，直接流入南海的鉴江和漠阳江等。就是说，云浮市、茂名市、阳江市和湛江市都属于广义的南江流域。这一地区就是历史上的"广南"，一直到明代仍然把广东称为"广南东路"，把广西称为"广南西路"。

假如我们同意以上专家的界定。南江文化不但历史久远，而且是极其辉煌的。

广东"四江"之说古已有之。清代学者范端昂在《粤中见闻录》中称："西江水源最长，北江次之，东江又次之，南江独短"。但这"独短"的南江却了不得。若论古代广东称得上"圣人"的，诞生于南江流域的就有一文一武。文的"六祖惠能"，武的"冼太夫人"。六祖惠能，是中国的精神领袖，其影响超越宗教，而对中国文化产生极其重要的影响。冼太夫人，被誉为中国古代"巾帼英雄第一人"，她对祖国统一大业的卓越功勋，光昭日月。由此看来，若论"领军人物"，在广东区域文化中，南江文化不但没有"矮人三分"，反而应"高看一眼"。

但是，当我们单独讨论南江文化时，会遇到很大的困难。南江文化不像广府文化、潮汕文化、客家文化有独特鲜活的方言为载体，而依然正在流行的方言，却是文化最鲜明的特征。因此，研究南江文化，要从更广阔的历史时空，去挖掘、整理、研究、升华，才能显出南江文化的真正面目。

我以为，如果以中原人进入岭南为时间节点，无论是在此之前，还是在此之后，南江文化都堪称"岭南文化"的华彩乐章。当我们借助考古新发现，去还原南江文化在岭南发展史上的重要地位，就会发现，在广东区域文化中，南江文化完全有资格与广府文化、潮汕文化、客家文化并列，并有自己独特的魅力与风采。

首先，我们对南江流域是岭南文化发祥地之一，要有足够的认识与评价。

研究南江文化，从时间跨度来看，有两点是特别应该弄清楚的，即中原人进入南江流域之前，这里究竟发生了什么？在中原人进入的过程中，这里又发生了什么？

我们来回顾一下，在中原人进入之前，南江流域究竟发生了什么？

南江流域是岭南文化的发祥地之一。2014年，由于云浮郁南磨刀山遗址的发掘，广东在此接触到比马坝人更早的远古印记。流域内发现了多处新、旧石器时代的遗址，说明至少在四五千年前我们的先人就在这里生息繁衍。在南江两岸，分布了不少石器时代至青铜时代的文化遗址。罗定出土的战国初墓，有青铜器鼎、整套铜甬钟，带有"王"字图形的青铜矛以及人首柱形器等，表明当时南江地区早在中原人进入前，已经出现了越人自己建立起来的奴隶制政权。南江流域古为越族的骆、瓯等多个分支交叉居住区域，建立了自己的奴隶制土邦。当地发现的汉代铜鼓，与广西北流铜鼓特征一致。这些考古发现，不仅改写了岭南无青铜文化的历史，也说明当时南江流域越族文化十分发达，是古代岭南地区经济文化最发达地区之一。

其次，我们对南江文化在与中原文化交融碰撞过程中，所产生的升华，甚至"反哺"中原文化，要给予足够的重视和研究。

秦始皇统一中国，秦军的铁骑，越过南岭，从都安灵渠、潇贺古道，浩荡南下。在今广西梧州、广东封开形成广信大本营后，再顺南江继续向南，直至南海之滨。从秦汉至南北朝，这里的州县建制最多，也为当地带来了中原文化。

中原文化如春风化雨"南下"熏陶，为南粤大地带来了历史性的重大变革。但同样是在与中原文化交融碰撞的过程中，南江文化却在"反哺"中原文化的成绩单上，交出了更为亮丽的答卷。

有学者认为，从南朝梁中到唐初100多年间，岭南发生了五件被后来的史学家们认为是极具影响南方历史发展乃至整个中国历史进程的大事件，均与冼太夫人家族有关。（详见冯桂雄、吴刚著：《冼夫人家族与隋唐阳江》）这五件事是：第一，"冯冼联婚"，开创了朝廷汉官与南越俚人望族通婚的先河，形成广东南部实力最强的军事力量。第二，"赣石会师"，冼夫人力助长城侯陈霸先，巩固岭南，北上平乱，最终建立陈朝，成为中国历代王朝中唯一崛起于岭南的皇帝。第三，"迎护隋使"，冼夫人平定内乱，归顺隋朝。第四，冼夫人家族深明大义，以拥据岭表20余州的实力，率部"归顺唐朝"。第五，"俚汉融合"，使广东汉族人口，从原来20%的比例上升到94%，从而巩固了中国统一的版图。获得岭南人民崇敬的冼太夫人，从而为南江文化植下爱国、爱民、和谐和与时俱进的"文化基因"。

当今学者，在研究南江文化的时候，一定要注意这么一个特点，这就是南江文化有植根于本土、善于兼收并蓄，勇于变革创新的文化特征。在广东，无论是潮汕文化、客家文化，还是广府文化，都有一种以中原文化为"高贵血统"的情怀，唯独南江文化，具有鲜明的本土化、平民化特点，它是世俗的、变革的、直指人心而又为平民百姓所拥戴的。六祖惠能是我国历史上有重大影响的思想家，他与孔子、老子并称"东方三圣人"。六祖惠能所言"下下人有上上智"，极为传神地表达了这种文化精髓。六祖惠不能认字，但他高举"不立文字，教外别传"大旗，却在百家争鸣中，为"禅宗"在中国乃至世界的影响，做出了卓越的贡献。

若谈论南江文化对中原文化的"反哺"，我们还可以汤显祖为例。汤显祖被称之为"东方莎士比亚"，他与莎士比亚同年逝世（1616年），是我国明代的著名戏曲家、文学家和教育家，在我国乃至世界文学史上都占有举足轻重的地位。我们知道，韩愈、苏东坡等文化名人，是在享有盛名之后才被流放到岭南的，更多的是带来中原文化的传播与影响。但汤显祖与他们不同，汤显祖的创作高峰，如《牡丹亭》等名著问世，是在流放徐闻之后才出现的。正如"屈原放逐乃赋《离骚》"，文化的影响从来都是双向的。坎坷命运、岭南风情显然给汤显祖灌注了最深刻、最生动的文学涵养。汤显祖离别徐闻时，写了《徐闻留别贵生书院》一诗，"天地孰为贵，乾坤只此生。海波终日鼓，谁悉贵生情"。我们从中可以明显感受到《牡丹亭》等剧目蕴养的思想脉络。透过这一文学现象，我们不但可以更深远地去研究中原文化给岭南文化带来的影响，也可以研究岭南文化如何为中原文化灌注了极其鲜活的文化涵养。南江文化是多元文化的结晶，构成了历史悠久、底蕴丰厚、特色鲜明的地方文化。透过韩愈被贬潮州，致使江山改名，我们领略了中原文化的威力。但从汤显祖流放徐闻之后才出现的创作高峰，我们对岭南文化对中原文化的"反哺"，也要给予充分的肯定。我们在研究南江文化时，必须给予高度的关注。

作为一名记者，在学习专家学者们的论文著作后，发表一点读后感。这是零碎的、并不严谨的，甚至是错漏百出的，但如果有一点感悟，能为南江文化的深入研究"抛砖引玉"，就足感欣慰了。

司徒尚纪：论坛总结发言

司徒尚纪

（中山大学地理科学与规划学院教授）

各位领导专家：

上面几位专家学者的发言讲得很好，时间也控制得很好，为我赢得了几分钟的总结发言机会。

这次会议从论文来看，有二十几篇论文。从发言来看，有 11 个人。无论是从现场发言还是从论文来看，都有几个很重要的内容：一个就是南江古道的内容；一个是南江文化的内容；一个是海上丝绸之路的内容；最后一个是"一带一路"的内容。这四大内容扣紧我们这次会议的主题的关键词，所以今天下午这 11 位发言者，他们都从不同的视野、不同的学术层面、不同的角度来剖析了上面讲的四个内容。

我们领导王元林教授，他论述了罗定江在广东的地位作用以及地理构成；王培楠从南江文化的层面论述了对当代的意义；澳门文化杂志主编黄晓峰从中医药的名称与来源追溯罗定与海外的海上往来；罗康宁巡视员从方言的角度谈到了粤语的形成，跟南江流域、跟罗定的语言的关系；考古所邱立诚研究员，从先秦旧石器时代到近现代、现代的考古发现来探究；有从明清时期罗定的军事布防来研究；也有从商业贸易，从南江文化产业来探讨；等等。十几位发言者紧扣主题，为南江文化的进一步研究和提升提供了很好的材料。我个人的论文，是从罗定在整个广东的地位、作用等方面的认识来研究，也构成了我这个总结里面的一些不成熟的意见。

当年黄伟宗教授开始提出南江文化的时候，很多人还处于朦胧之中。经过了十年多的研究，特别是这次这么多论文对最核心的内容——南江文化进行研究。究竟南江文化能不能作为一个流域的文化内容出现在岭南文化版图，站不站得住，能不能与其他文化相区别？作为一个独立的文化类型，或者是作为一个地域文化的组成部分，能不能出现在岭南文化版图？在这里，我们通过这么多的专家学者论证与论文研究，还有经过十几年的研究论证，大家都确认这个南江文化的确是与其他地域文化有着很大的区别。比如说跟潮汕文化，跟客家文化，跟惠州文化，跟广府文化，跟广西八桂文化相比，都有着它的个性。所以黄伟宗老师有着前沿的洞察力，提出了南江文化。从这个比较，我们看出这个地方的地形关系，南江处在两广交界，是南北往来的重要通道。论文里面也讲到，南江不仅有土著的生活痕迹，还有新旧石器时代生活痕迹，还有中原文化、楚文化、海外文化的影响。各种文化构成了南江文化的个性和特点。所以我们有理由将南江文化继续深入不断地研究。今天，通过这次会议，我们提升了各界对南江文化的认同，更坚定了下一步深入研究南江文化的必要性。会议还论证了古代南江流域对海上丝绸之路的对接，特别是近现代交通的发达，南江（罗定江）作为交通要道的作用已经基本上没有了。随着现代作用的降低，南江的历史作用也被遗忘了。但是通过这次会议与论文，我们发现了很多闪光、很有文化品位的东西。南江作为海陆丝绸之路中的通道，通过本次会议的认定，我们不但跟雷州半岛，跟鉴江有了关联。南江不是独立的，是南北交流一个很重要的通道，并因此引起了很多人的注意。这些论文都很独特，不仅谈到陆上丝绸之路的对接，还谈到了海上丝绸之路的对接。南江文化，不仅包含了陆上文化，还包含了海上文化。南江是陆海丝绸之路的一段重要路线，论文也从不同的层面有谈到。海上丝绸之路作为一带一路的重要组成部分，作为时代的主题，也有不少论文把海上丝绸之路进行剖析，把海上丝绸之路与一带一路很好地对接起来，让南江的历史很好地为"一带一路"服务，这些内容在我们的论文里面占了很重要的地位。"一带一路"如何结合罗定产业、结合罗定的经济进行开发利用，如何利用好罗定这些重要的历史文化资源，如何建设这些文化产业，论文提出了历史发展、古丝路发展的一系列应用问题。

由于时间关系，有部分专家学者的观点，我无法全部覆盖。我在这里只能提出一个大纲性的内容，有待大家继续深入研究。我的发言到此结束，谢谢大家。

刘炳权：论坛闭幕词

刘炳权

（罗定市委常委、宣传部部长）

各位领导、嘉宾，各位专家学、同志们：

　　南江古道与"一带一路"文化论坛在大家的支持下和与会专家的努力下，取得了圆满的成功！我在这里代表罗定市委市政府和主办单位表示衷心的感谢！

　　今天上午，我们组织了专家学者和部分与会的同志参观了《南江古道系列专题展览》，领略南江的历史文化，共同探寻了南江古道的节点——龙龛岩摩崖石刻、罗定文塔、罗定学宫等；下午，聆听了 12 位专家学者的发言。专家们从不同角度、不同层面深入探讨了南江古道的重要作用，深入研究了南江古道的文化传承。南江是"珠光四射"的珠江文化不可或缺的组成部分。南江古道是海上与陆上丝绸之路最早的对接通道之一，是海江山河古道汇通之要津，是岭南土著百越族文化遗存最多最古的文化圣地。罗定是南江文化和古道文化的中心地、集粹地。

　　希望通过这次文化论坛，能进一步研究开发南江和古道文化，将南江古道文化与最近广东省开展的古驿道"活化"工程结合起来，构建"珠江—南江经济文化带"，与"珠江—西江经济带"连体对接，纳入国家"一带一路"规划和战略；将南江古道文化与东盟诸国的古道文化结合起来，以开展旅游、探险等活动方式为纽带，加强国际交往与合作，为建设世界性的古道文化和"21 世纪海上丝绸之路"建设做出贡献。

　　本次论坛到此结束，散会。

下 ◆ 篇

罗定

南江古道与"一带一路"文化论坛

论文汇编

挖掘岭南古道文化，与绿道交相辉映纳入"一带一路"建设并申报"世遗"①

——关于广东古道文化的调研报告

黄伟宗

（广东省人民政府参事室特聘参事、中山大学教授）

王元林

（广东省人民政府参事室特聘参事、暨南大学教授）

摘要：本文简述了古道文化的意义及现状，指出广东具有丰厚的古道文化资源，阐述了古道文化的九大深厚内涵，并就打造广东古道文化提出举办古道文化论坛、发表《古道文化宣言》、编撰出版《广东与珠江流域古道地图与研究》和《岭南古道文化丛书》等具体建议，使古道历史文化遗产在广东大地上重新焕发青春。同时，结合近年来广东绿道建设取得的光辉成果，构成一道特具岭南特色的人文生态古今辉映的亮丽风景线，积极与"一带一路"建设对接联结，使之成为广东省又一条做出独特贡献的渠道，并申报世界文化遗产。

---

① "世遗"：世界非物质文化遗产简称。

中外文明相互吸引，相互影响。为了加强文明之间的交流，道路便孕育而生。古代中国与域外文明各国交流，形成了驰名中外的陆上"丝绸之路""海上丝绸之路"。可以说，古道承载了人类文明发展的史迹，传承了许多可歌可泣的精神与文化。对于今天建设"一带一路"，研究古道历史文化仍然有着重要的作用与意义。

一 广东具有丰富的古道文化资源

从新世纪开始到现在的十七年间，我们结合海上丝绸之路研究，以及启动《中国珠江文化史》的著述需要，对广东省和珠江流域地区的古道进行了多次实地考察，发现其资源是极其丰富的，而且其分布颇有规律、甚有特点，总结广东古道的特征如下：

（一）水决定人的生命、生活、生产，决定人的观念、思维方式和行为方式，决定地域的政治、经济、文化。在古代，地域与地域之间的人，主要靠自然河流和人造河流与水陆之间的沟通而相互往来。由此，有历史文化价值的古道，往往在国家或省区交界的河流或人造河流地带。如广东深圳与香港交界的深圳河（沙头角）、两广交界的贺江、粤湘交界的武水、粤赣交界的浈江和定南水、闽粤交界的韩江上游的汀江，等等。

（二）古道以陆路为多，通常穿山越岭，经悬崖绝壁，过原始森林；古代交通多靠马和马车，故古道又称马路或马道；又由于古代开辟陆路交通的能力有限，古道往往沿绕河岸开凿，或者水陆联运，船车换行。如广东南雄的乌径古道、云浮罗定的南江古道、怀集的绥江古道、封开的贺江古道、乳源的西京古道、鹤山的彩虹古道、连州的星子古道，等等。

（三）古道历史悠久，与关隘密切相关。岭南古道历史久远，诸如阳山秤架古道，早在秦汉已经闻名。而封建割据，战争频繁，常在地域交界或军事要地，设置水陆关卡，也即随之修建古道。如广东南雄的梅岭珠玑巷古道、乐昌的金鸡岭古道、英德的贞阳峡古道、连州的南天门古道，等等。这些古道与重要军事设施一起，成为广东重要的防御设施，成为转输军用物资、传递军令军情以及军事防御的重要屏障。

（四）广东古代通道不仅是交通要道，而且是对外与中央、周边地区联系的通道，也是对内缩短省内地区地域间路程的便道。广东古道不仅是商贸物流通道，包括省内粤南北地区的物资运输、文化传递，以及国内与中原地区的经济贸易、文化交流，还是海外贸易的重要通道与出海口。如广州的黄埔港、澄海的樟林港、吴川的梅菉、陆丰的甲子港、新安的南山港等，与中外贸易密切相关。

（五）岭南古道还是人口迁徙的路径。不管是历史上汉人随军南下，还是躲避战乱迁徙，他们不断地与岭南民众融合，形成岭南文明的主体。而更有一些古代的广东人，"下南洋"，赴东南亚以及欧美。梅县的松口镇以及附近的南洋古道，就是客家人开拓"印度洋之路"的始发港；台山的广海湾即是"广府人出洋第一港"。

以上这些仅是我们在广东省和珠江流域地带初步查到的古道，尚未查到的古道估计还有不少，其他地方以及其他国家可能会更多。所以古道文化资源是极其丰富的，是有普遍意义的。

■ 二　古道文化内涵深厚

从迄今所见的古道情况上看，每条古道都有其特定的地理和历史条件，使其文化负载和性质与其他古道不同。但又由于所有古道都在根本上属交通性质，所以其文化内涵元素往往是综合性的，而且是普遍性的，只不过其在不同历史阶段的主要作用有所不同，从而使其特点与其他古道有别而已。因此，我们要对古道文化进行具体分析，首先要弄清楚古道文化中有哪些带普遍性的文化元素或文化内涵。从迄今调研情况看，其文化内涵是很丰富的，其内容大致有：

（一）丝绸之路和海陆丝绸之路对接通道文化内涵。丝绸之路即海外交通线，是中国与世界通商和交往之路，也包括国内的商贾之路。丝绸之路实质上也是古道，其文化也即是古道文化。前些年，联合国教科文组织和中国国家文物局先后宣布：拟将全世界丝绸之路（包括海上、陆上丝绸之路及相关文化遗存）统一申报世界文化遗产。在泛珠三角合作区的古道中，有两条属于陆上丝绸之路，即云南贵州的边境丝绸之路，以及四川经贵州到广西梧州的西南丝绸之路。海上与陆上丝绸之路对接点或通道，理当属于丝绸之路文化遗产的

"相关文化遗存"。我们查有实据、保存较好而有条件列入申遗的古道有：南雄梅岭珠玑巷古道、乳源西京古道、封开贺江古道、云浮罗定南江古道、广西潇贺古道等。

（二）政治军事文化内涵。秦始皇统一中国时，规定全国"车同轨"，并且在云南曲靖修建"五尺道"，在广西修建连接长江与珠江两大水系的桂林灵渠。这两项工程，与在北方建的万里长城并列为秦始皇的"三大贡献"。三国时代，诸葛亮在四川"明修栈道，暗度陈仓"，又"六出祁山""七擒孟获"，关羽"过五关斩六将"和败走"华容道"，张飞大闹长坂坡和快捷方式入蜀，等等，都是发生在古道上的政治军事文化故事。

（三）文人文化内涵。古代文人进京做官或应试，被贬文人南下任职或流放，都要走古道，从而使古道留下古代文人的印痕，使古道文化更有文化内涵和沧桑感。如南雄梅岭古道，载有岭南第一宰相、第一诗人张九龄的开路史绩、开明政绩和开一代诗风、开一方文气的辉煌文化内涵；连州古道和武水古道，留有唐宋名家韩愈、刘禹锡、王勃、苏轼、苏辙、杨万里、周敦颐、米芾、包拯等文人的文气；汤显祖携他的杰作《牡丹亭》，过梅岭古道，直下徐闻办书院；康有为、梁启超经梅关古道，赴京"公车上书"，揭开中国近代史的序幕……

（四）思想学术与宗教文化内涵。汉代陈钦、陈元父子和士燮四兄弟从古道承受和传播经学；葛洪经古道到罗浮山修道；南北朝时印度和尚达摩经海路进广州，又经古道到开封启传佛教禅宗；唐代六祖惠能经梅关北上黄梅受经，又南下开创中国禅宗；意大利传教士利玛窦从海路进大陆，又经古道到内地传天主教，并引进西方文明。

（五）移民文化内涵。中国数千年历史，近半是移民史。每次改朝换代、外族入侵所引起的动乱，每次瘟疫流行、虫旱、洪水所造成的灾难，都造成一批批的移民潮，而移民的足迹又都深印于条条古道之中，造成古道大多不具有移民文化。在南雄梅关珠玑巷古道、江门蓬江"后珠玑巷"古道、乳源西京古道等的移民足迹至今仍历历在目。

（六）文学文化内涵。中国许多古代诗词和文学名著，大都与古道密切相关。从屈原的"路漫漫其修远兮，吾将上下而求索"，到李白的"噫吁兮！危乎高哉！蜀道难难于上青天"；从王昌龄的"秦时明月汉时关，万里长征人未还"，到马致远的"古道西风瘦马，断肠人在天涯"；从《西厢记》的"碧云天，黄花地，西风紧。北雁南飞"，到《城南旧事》的"长亭外，古道边，芳草碧连天"，都有不可胜数的著名古道诗词。著名的文学散文集《史记》《老残游记》，不乏脍炙人口的古道散文名篇。著名戏曲也多有古道折子，如《梁山伯与祝英台》的"十八相送"，《天仙配》的"狭路相逢"。著名小说也与古道缘中有缘：《聊斋志异》是蒲松龄在古道搜集材料写成的，所写的鬼怪故事大都发生于古道；《西游记》写的是唐僧经历九九八十一苦难的古道取经史；《水浒传》写宋江等一百零八条好汉被逼从不同的古道上梁山；《三国演义》写魏、蜀、吴三国从不同的古道走过"天下事合久必分、分久必合"的百年历程。如此等等，不胜枚举。

（七）人生文化内涵。悲欢离合、生离死别是人类社会的常有现象，是人生文化的普遍内容和表现形式。这些人生文化内涵，也常常发生和体现于古道，其文字的记载则见诸古代史书、地方志、族谱、家谱、传记中，尤其生动地表现于古代文学作品（包括诗词、戏曲、散文、小说）中。"诗圣"杜甫是写古道人生文化的能手。他的《兵车行》中描述"车辚辚，马萧萧，行人弓箭各在腰。耶娘妻子走相送，尘埃不见咸阳桥。牵衣顿足拦道哭，哭声直上干云霄"，写的是生离；他的《梦李白》中描述"死别已吞声，生别常恻恻。江南瘴疠地，逐客无消息。故人入我梦，明我长相忆。恐非平生魂，路远不可测"，写的是死别；而《闻官军收河南河北》中"剑外忽传收蓟北，初闻涕泪满衣裳。却看妻子愁何在，漫卷诗书喜若狂。白日放歌须纵酒，青春作伴好还乡。即从巴峡穿巫峡，便下襄阳向洛阳"，则可谓一诗写全了悲欢离合。尤其是文天祥的《过零丁洋》中"辛苦遭逢起一经，干戈寥落四周星：山河破碎风飘絮，身世浮沉雨打萍。惶恐滩头说惶恐，零丁洋上叹零丁。人生自古谁无死，留取丹心照汗青"，更是将个人和民族的浮沉与陆海古道寓于一诗之中，使诗与古道名垂千古。

（八）革命文化内涵。中国革命之路，是坎坷崎岖之路。从农村到城市、从山区到海边的奋斗历程，大都在古道中跋涉。所以在古道文化中也有辉煌的革命文化内涵。著名的陈毅《梅岭三章》中描述"此去泉台招旧部，旌旗十万斩阎罗"，是于梅岭古道抒发的英雄篇章；著名的毛泽东《长征诗》写道"红军不怕远征难，万水千山只等闲。五岭逶迤腾细浪，乌蒙磅礴走泥丸。金沙水拍云崖暖，大渡桥横铁索寒。更喜岷山千里雪，三军过后尽开颜"，为珠江流域的古道注入了光辉的革命文化内涵。大革命时代江西苏区的民歌《十送红军》，萧华创作的《长征组歌》，也都是中国古道文化的不朽诗章。

（九）旅游文化内涵。古道既是古人的旅游途径和圣地，又是古人考察人文地理资源的科学基地，郦道元的《水经注》，以及徐霞客的《徐霞客游记》，既是经典的地理学术著作，又是千古传诵的古道旅游散文。古道更是今日的重要旅游资源和宝库，是爱国主义教育、传统教育、乡土文化教育的重要基地和胜地。当今研究开发古道文化的旅游资源，很大程度上是开发其胜地资源和基地资源，使其古为今用、旧物新用，使代代青少年都能有似当年"诗仙"李白那样，高歌"古人秉烛夜游，良有以也"；学革命领袖毛泽东学生时代那样"携来百侣曾游，忆往昔峥嵘岁月稠"；寻找陈子昂《登幽州台歌》的足迹，发思古之幽情"前不见古人，后不见来者。念天地之悠悠，独怆然而涕下"；沿杜牧《山行》的诗路，去寻觅古道的意境"远上寒山石径斜，白云生处有人家。停车坐爱枫林晚，霜叶红于二月花"。

三 打造广东古道文化的具体建议

（一）建议举办古道文化论坛。由于韶关市、清远市、梅州市、肇庆市、云浮市、罗定市等古道文化资源特别丰富，保存较好，条件比较成熟，希望由省"一带一路"办、省住房城乡建设厅、省文物局协调，在以上六市择一举办古道文化论坛。广西贺州和湖南江华已经开始打造"潇贺古道"，梧州也已打造"最早陆海丝绸之路对接点"，广东不应把古道历史文化资源浪费，而应更加发扬光大，结合绿道，树立历史文化品牌，凸显岭南地域特色，并借"精准扶贫"之势，切实把古道文化与新农村文化建设结合起来。古道论坛开会费用及出版论文集费用，由当地人民政府、省住房城乡建设厅与省文化厅协商解决，或者由省政府统筹解决。

（二）建议以主办论坛所在市的名义，发表《古道文化宣言》。在地方上举办古道文化论坛的主要目的，是在学术上肯定海陆丝绸之路对接通道的古道是丝绸之路文化的组成部分，应当作为其"相关文化遗存"而列入世界文化遗产之中。如果因范围过大或其他原因而为难，也应当而完全有条件将古道文

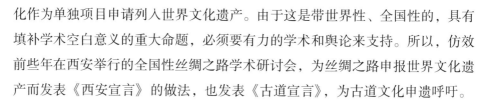
化作为单独项目申请列入世界文化遗产。由于这是带世界性、全国性的，具有填补学术空白意义的重大命题，必须要有力的学术和舆论来支持。所以，仿效前些年在西安举行的全国性丝绸之路学术研讨会，为丝绸之路申报世界文化遗产而发表《西安宣言》的做法，也发表《古道宣言》，为古道文化申遗呼吁。

（三）建议将古道文化论坛与阳江在"南海一号"举办的海上丝绸之路文化论坛联合举办。即在相同月份先后连续举办，这样做意味着广东省陆上和海上两项高峰文化遗产学术论坛，有似双子星座那样并行崛起，在文化战略上"双拳出击"，举世瞩目，影响更大，是增强文化软实力的有效举措。同时，也可并请联合国教科文组织官员和专家、中国国家文物局领导和专家，以及世界著名考古学家、海洋学家、历史学家、文化学家等，能连续参加两会，效果会更好，也可节省一些财力、人力。由于这两个国际性论坛关系重大，最好由省政府统筹举办。

（四）建议编撰出版《广东与珠江流域古道地图与研究》和《岭南古道文化丛书》。省委、省政府领导高度重视广东古道文化的保护与研究，希望能进一步加大工作力度。如批准设立广东古道文化研究项目，划拨专项经费作为考察广东古道文化和编撰出版《广东与珠江流域古道地图与研究》之用。在此基础上，条件成熟后，再继续出版一套《岭南古道文化丛书》，持续发挥建设"21世纪海上丝绸之路"的文化影响力。

（五）建议组织作家、记者采写古道文化散文或报告文学，拍摄古道文化系列电视片。这样既可作为史料文献，又可作为旅游读物，记住乡愁，留住"古道"。建议省旅游局和省新闻出版广电局划拨专项资金，请有关社会团体和机构策划组织并提供学术指导与支持。

（六）建议积极展开古道保护与宣传。结合第三次文物普查，为全省古道做好登记，摸清家底，分类分层规划管理，设计好线路，逐步良性开发。同时，结合目前全省已建成超过一万公里绿道，展开"绿道"加"古道"自由行，休闲健身，建设"公共文化休闲目的地"，充分挖掘古道沿线历史文化，架通不同地方文化联系的桥梁，结合山区扶贫，弘扬社会主义核心价值观，把中国传统文化的"古道"（古代道行、道德、道理等，引申为精神）发扬光大。

浅议南江古道历史文化与罗定在陆海丝路的地位

王元林

（广东省人民政府特聘参事，暨南大学历史系教授、博导，广东省珠江文化研究会会长）

广东古道历史悠久，水路、陆路交通发达，水陆联运不绝于书，而且与关隘联系密切。云浮的南江古道即是其中的代表。这条通道不仅是连接西江与鉴江、漠阳江的交通要道，而且是对外与中央、周边地区联系的通道，对内缩短省内地区地域间路程的便道。它不仅是商贸物流通道，也是省内粤南北地区人口迁移、文化交流的通道，还是海外贸易与文化交流的重要通道，更是历史时期海上丝绸之路与陆上丝绸之路对接的主要通道之一。因此，南江古道文化资源是极其丰富的，对全省古道开发与利用具有普遍指导意义。

一 南江得名与南北交通通道

古道承载了人类文明发展的史迹，传承了许多可歌可泣的精神与文化。历史上古道有九大文化内涵：丝绸之路和海陆丝绸之路对接通道文化内涵；政治军事文化内涵；文人文化内涵；思想学术与宗教文化内涵；移民文化内涵；文学文化内涵；人生文化内涵；革命文化内涵；旅游文化内涵等。今天建设"一带一路"，古道历史文化仍然有着重要的作用与意义。而云浮南江通道即是这一古道的代表。

罗定江，又名晋康水、泷水、南江，自古以来就是珠江水系的南支流，与东江、西江、北江一起组成完整的珠江水系。清屈大均《广东新语·卷四·水语》："南江，古泷水，一名晋康水。其源出西宁大水云卓之山，会云河松抱坎底上乌之水至大湾，又会东水至德庆南岸入于西江。予诗：'西江一道吞南北，南北双江总作西。'北谓浈水，南谓晋康水也。西江之源最长，北江次之，东江又次之，南江最短。然其水清于西江，西江岁五六月必暴涨，瘴气随之而东而南，饮者腹胀。惟北江绝清，潮之力仅至中宿。故禹峡之水，甘冽不减中泠，流至羚羊峡外，每厓门潮至，则截西江之水使逆流。或半入于北江，而北江之水浊矣。江间见泡沫色黑，则知天将寒，风雨且至。白则否，西江亦然。"东西南北四江并列，南江地位十分重要。清初范端昂《粤中见闻》也有广东东西南北四江记载。《明一统志·卷八十一》也云："晋康水，在德庆州东南一十五里，一名南江，古晋康在此。"水因晋康郡得名。晋康郡，东晋永和七年（351年）置，治元溪县（今广东德庆县东），属广州，辖境相当今广东省德庆、郁南、罗定等市县地。南朝宋初徙治龙乡县（今广东罗定市南），元嘉中又移治端溪县（今广东德庆县），齐又徙治威城县（今广东郁南县南），梁复治端溪县。隋开皇时废。唐天宝元年（742年）复改康州置晋康郡，仍治端溪县，属岭南道，辖境相当今广东省德庆、郁南、云浮等市县地。乾元元年（758年）废。因此，南江古名晋康水，早在六朝时已经闻名。

无独有偶，南江除古称作晋康水外，还被称作泷水。泷水或因上游水流湍急得名。南朝梁、陈年间（502—581年）开始设立泷州，至北宋开宝六年撤销泷州，长达六百多年。泷水得名与自然水流湍急这一情形有关，泷州得名也是与邻近泷水有关。故六朝时，这一江水晋康水、泷水已经闻名，成为州郡命名的依据。

而隋开皇十八年（598年）设立泷水县。至明万历五年（公元1577年），因罗旁地区的"瑶乱"被平定，泷水县升格为罗定直隶州，"罗定"（取"罗旁"安定之意）一名自此载入史册。罗定直隶州管辖东安（云浮县）、西宁（郁南县）两县，俗称"三罗"，至辛亥革命改罗定州为罗定县止。三罗地区成为广东一个重要行政区域，长达三百四十余年。

晋康水、泷水，何时称作南江？从上述《广东新语》来看，至迟到明末清初已经有南江的称谓。从泷水县置废时间隋开皇十八年至明万历五年（598—1577年）来看，特别是万历五年（1577年）泷水县升格为罗定直隶州而废，泷水在官方作为县的称谓消失，但在民间现在一直称谓晋康水为泷水。从泷水称作南江，应是从西江北岸而言的。有人认为南江得名与德庆府、德庆州有关。德庆府，南宋绍兴元年（1131年）升康州置，治端溪县（今广东德庆县），属广南东路，辖境有今广东省德庆、罗定、郁南、云浮等市县地。元代至元十七年（1280年）改肇庆府为肇庆路，置总管府，隶广西道。至元二十九年（1292年）隶广东道。至顺元年（1330年）设七县，隶二路二州：端溪县、泷水县隶德庆路。明代洪武元年（1368年），复称肇庆府，隶广东布政使司。九年德庆府降为州。肇庆府领五县一州：高要、四会、新兴、阳春、阳江及德庆州（领三县：封川、开建、泷水）。万历五年（1577年）升泷水县为罗定州（领东安县、西宁县），直隶广东布政使司。南江从宋元至明代后期，由于在德庆府、德庆州南，而且基本上属其管辖，故称作南江。实际上，早在南朝齐、梁时，已设置"南江都护"。《陈书·卷一·高祖本纪》云，梁大同中，杜天和、杜僧明等举兵，"执南江督护沈颙"，进占广州。可见，南江在六朝时，已与泷水、晋康水一样，逐步被人们所认知。

至于称作罗定江，应是在万历初年设置罗定州以后逐步形成的，特别是与现今的认定有关。上海辞书出版社出版的《辞海》（1979年版）缩印本中，对"南江"一词的解释则没有"泷水"之意。20世纪60年代，珠江水利委员会在省级报刊公布的"广东河流标准地名"中，因泷水的主要流域及经济文化中心均在罗定，故将泷水定名为"罗定江"。此后，该河流在信宜、罗定、市、省甚至国家的出版物上一直使用罗定江之名。罗定江及其流域全部在宋朝时的泷水县境和明、清时的罗定州辖地内。其中，现罗定江信宜段和郁南段的地方原来属罗定州西宁县（今郁南）管辖。1990年广东省地名委员会公布，罗定江为南江的标准名称。因此，从晋康水、泷水、南江到罗定江，河流名称因不同时代而称谓不一。但前三个无疑与六朝关系密切，而南江的称谓确实是在六朝最为兴盛的时期。六朝隋唐前期，应是罗定江流域最为繁荣的时期。今天称作罗定江，与明清时期这一河流流经的罗定州有关。

二 南江（罗定江）文化是今云浮市历史文化的地域代表

河流孕育文明，河流孕育社会，有河流的地方就有文明的曙光。世界上的四大文明古国都在河流的流域内。中华文明就是由黄河、长江流域的文明组成的。因此，今天粤西罗定、郁南等，甚或包括信宜在内的南江流域，共同组成了南江（罗定江）文化的核心代表。

罗定江，发源于广东信宜市的鸡笼顶，流程长 201 公里，流域面积 4493 平方公里。上游自然风光优美，但也是广东省水土流失最大的河流之一。在信宜市境内河段称白龙河，也称合水河，长 45.9 公里，流域集水面积 749 平方公里，有耕地 2598 公顷，人口 14 万人。流域内植被好，多年平均降水量 1800 毫米，河流落差 700 米，河床平均坡降 11.6‰。水力资源蕴藏量 2.34 万千瓦，可装机容量 2.28 万千瓦。在罗定境内，罗定江从信宜市流经罗镜、新榕、连州、罗平、生江、黎少、素龙、罗城、附城、双东等 11 个镇和郁南县的大湾、河口、宋桂、东坝、连滩、南江口等 6 个镇，后在南江口汇入西江。流经罗定市河段长 81 公里，多年平均流量每秒 53.4 立方米。在郁南县境内，罗定江称为"南江"，经罗定双东流入郁南县大湾筶蓬、河口、宋桂、连滩、东坝至南江口汇入西江。县境内河道长 112 公里，集水面积 960 平方公里，全河道平均坡降 0.87‰。郁南县河道水面天然落差 26 米。

罗定江流域，在广东省西部，西江之南，西有云开山脉，称为西山；南部是信宜大田顶山地，又称粤西古陆，属单斜重叠结构的古老山体，南坡较平，北坡陡斜，南坡的雨水透过岩层沿单斜构造流向北坡，形成山沟、河流；东有云雾山脉，也称作东山。从罗定至连平一带山脉，是广东南北地理气候的分界，又是中国热带与亚热带的分界，罗定江还是两广的地理分界线，古南海郡与苍梧郡就是以罗定江为界的。明清广东设十府，罗定位于十府中间，东面广、肇、韶、惠、潮称上五府，西面高、雷、廉、琼、钦称下五府。以东西而言，过了罗定江称粤西，以南北而言，过了罗定江称南路。全流域地形地貌复杂，民风淳朴，自然资源异常丰富。

罗定江流域属南亚热带季风气候区，年平均降雨量 1380 多毫米，河道水量充足，常年可行走货船。南部信宜山地为罗定江发源区，至罗定罗镜泷喉马垺以上的河道为上游，水流急湍多险滩，其中以泷喉马垺和浪沟峡最为著名，水量丰富，可行刀形小船，是南路高州、信宜等通往西江各地的唯一水道。泷喉马垺至罗城段为中游，属罗定红盆盆地，东、南、西各支流有流向盆地集中的趋势。河水出了泷喉马垺，在新榕接新榕水，在生江河口接连州水（又称云致水和抱水），在替濮接泗纶水（又称三都河），在罗城河仔口接替滨水（俗称到沙河，又称小海）后汇流到罗城。这段河道汇流多，河面宽阔，水量较大，水流平缓，适宜航行。罗城至南江口一段为下游。河水流出罗城后经双东流入郁南的大湾、河口、东坝、连滩，在南江口汇入西江。下游河道弯曲，且有围底水（又称东水、上乌水）在东水口、云浮水（又称粉电河）在河口、历洞水（又称牛墟河）在连滩、古蓬水在古蓬汇入，水量十分充足，水流异常缓慢，与中游一样，适宜大船航行。罗定江流域的很多河湾，如信宜的平塘、大坝，罗定的水摆、石淇湾、官渡头、古榄、泗盆、替濮、罗城、船步、替感，郁南的大湾、河口、宋桂、东坝、古蓬等，都十分适宜航船停泊，船步、官渡、古榄、罗城、连滩、南江口均曾是异常繁忙的港口码头。从上游运下来的货物小部分在古榄、泗盘转驳大船，大部分在罗定罗城的货物转运站集中后用大船外运。从下游运上来的货物，则在罗城转运站分装到小船上运到上游各地，罗定因而成为罗定江流域的货物转运中心，很多商家在罗城均设有货物转运站。罗定江沿江两岸建有不少寺庙。信宜河段有始建于清乾隆五十七年（1792年）的平塘林洞河石印庙，建于清光绪十年（1884年）的贵子函关老虎山太保庙。罗定河段的寺庙很多，有龙母庙、神滩庙、华光庙、北帝庙、大河庙、小河庙、天后宫、鲁班庙。郁南河段有建于明万历六年（1578年）的张公庙，建于明天启三年（1623年）的龙井寺。这些寺庙，大部分是用来祈求航运安全的，小部分为民间祭拜的神佛偶像。不过，这些庙宇大多数在新中国成立后已被拆除，现仅存部分遗址。

从唐代至明万历五年（1577年）前，罗定流域瑶族分布很广。东部山区今云安区、云城区为东山瑶，西部今郁南县为西山瑶。万历时，官府以泷水河以及南江口为界，其东山脉称作东山，其西山脉称作西山，将泷水县南部云开山脉余脉称作后山。明万历五年成立罗定州，下辖东安、西宁两县，西山之都城、晋康乡基本划归西宁县，东安县由高要杨柳、新兴芙蓉、阳春西山等组成。此二县就是后来的郁南县、云浮县的前身。因此，排除新兴江流域的新兴县，今云浮市所辖的二区一市二县，基本上都在罗定江流域。因此，在一定程度上，从所辖地域以及流域上而言，罗定江文化即南江文化是今天云浮市文化的代表。退一步说，按照今云浮的行政区划而言，加上新兴县、云安区的新兴江（后经肇庆高要区南岸镇注入西江），今云浮市最大的河流无疑是罗定江，以最大江作为区域的母亲河，无可厚非。

▣ 罗定：陆海丝绸之路对接通道之一，南江上最重要的节点

罗定江流域（包括其支流）全部在古罗定直隶州境内，是古代岭南经济文化最发达的地区之一，造就并留存有丰富灿烂的文化遗产。因此，"罗定江"不仅仅是一个地理概念，更是一个具有悠久历史传统的地域文化概念，有着自己的文化基因、民族特色和精神纽带。罗定江水系古粤族民俗文化特征，是界定古代罗定江文化地理范围，整合现代罗定江文化带的前提。罗定江流域是泛珠三角区域历史与现实的对接点，研究、整合、开发以罗定江水系为代表的罗定江文化，实行罗定江及整个广南区域与泛珠三角经济文化的跨境合作，对促进罗定、郁南、信宜三地社会和经济的发展，具有十分重大的历史和现实意义。

罗定江流域交通多依靠水道，原罗定江流域多为森林覆盖，罗定江及其支流水量充足，比较大的木船经围底河可直达船步，从而有古开阳县和开阳郡的繁华。经主河道直达今罗定罗镜、太平，从而有古龙乡县、古泷州的设置。罗定江及其支流是古代楚人南下以及此后中原汉人南迁岭南的主要通道，也是中原到南海乃至海南岛的一条交通要道，更是岭南与楚地以及中原地区经济文化沟通联系的一条重要纽带。

考古证明，早在先秦时期，今罗定太平河上游南门垌等地出土的战国墓葬与青铜器，具有楚文化特色，罗定江及其支流是楚人南下海岸的主要通道。其中一件为车書，即车的轴头，现藏于广东省博物馆，证明今罗定境内已经出现交通工具与道路，而且，其道路与交通在岭南占有十分重要的地位。今天，沿雷州半岛至海南岛以北发现汉代六耳铜锅（可做 40～50 人米饭），当是汉军

通过高凉与罗定南下，太平河、罗镜河支流林峒河等都是通道所经①。因此，罗定江是岭南与楚地以及中原地区经济文化沟通联系的一个重要通道，它在历史上具有十分重要的地位。

1983年考古工作者在罗定罗镜鹤咀山一处南朝墓葬中，出土瓷器和金手镯等，上面的纹饰忍冬纹是中亚粟特地区常见，走兽花纹也是西亚地区常见的狐、飞狮等，应是舶来品，呈鲜明的西亚风格，证明当时罗定江流域已经与海上丝绸之路有所联系，罗定江是海陆丝绸之路的对接通道之一。由于历史上罗定江上游的河流与阳江市的漠阳江上游、茂名市的鉴江上游非常接近，甚至只有一山之隔。因此，以罗定江和鉴江作为南海丝绸之路与内陆地区的对接通道无疑在魏晋南朝已经形成，从南江上游有两条南通高凉出海的"交通走廊"。

另一方面，南江在郁南南江口衔接西江，斜对面即是贺江与西江汇合的封开江口。封开即古广信，是汉武帝派黄门译长从长安至徐闻合浦出海的中转地。从水路而言，显然，黄门译长是从封开江口过郁南南江口进入南江，然后一路沿南江直上，在罗定进入广西境内的北流江转南流江、鉴江而至徐闻、合浦的。现已证实，汉武帝于元鼎六年（前111年）平岭南后，派黄门译长经广信（封开）至徐闻、合浦出海，是史载最早的海上丝绸之路，那么，罗定南江古道，就理所当然是海陆丝绸之路的对接古道。

实际上，岭南溪洞豪族世代传袭。梁陈时，泷州陈氏与钦州宁氏、高州冼冯氏，号称岭南三大豪族。南朝梁时，颍川郡陈法念举家迁至泷州（今广东罗定），"以孝义教化溪峒，所至镇俗戢奸，盗贼屏息"，因而成为酋长。其后被敕封为新州（今广东新兴）刺史，其势力也就从南江流域扩展到新兴江流域。当时还有一批颍川郡陈氏族人迁至西江两岸，包括苍梧（今广西梧州）陈坦，康州（今广东德庆）陈顗，高要陈文彻、陈文戒兄弟等，他们都成为当地土著首领与地方官，与陈法念家族相呼应。没有姓氏的僚民纷纷姓陈，西江中段与南江流域几乎成了陈氏的天下。陈法念之后，历经佛智、龙树、集原、仁谦等，历陈、隋代。至唐玄宗开元十六年（728年），泷州刺史陈行范领导僚族人民反唐称帝，攻占了粤西四十余城。唐王朝派宦官杨思勖率十万大

① 曾昭璇等：《西江流域南江水系的人文地理概述》，《罗定史志》，2002年第3期。

军围剿泷州，陈行范与六万多起义僚人被杀，许多僚人因此被迫西迁。留居原地的唐代僚人，到宋元年间改称僮族（今壮族）。泷州陈氏统辖粤西，影响巨大，当时也是陆海丝绸之路对接通道发达的时期。今天，岭南第一唐刻——《龙龛道场铭》，分别是唐高祖武德四年（621 年），由时任泷州永宁县令的陈普光与僧人惠积主持建造。上元年间（674—676 年），陈普光长子陈叔琼又增建，交趾郡（治今越南河内）僧人宝聪，来龙龛道场顶礼膜拜，并与泷州陈叔琼一道，对道场做了进一步的修建，宝聪并做住持。这些足以证明，唐代开元时，罗定仍是陆海通道所经重要地区之一。

据上所述，六朝时，南江称作晋康水，与晋康郡有关。而在晋康郡之上，就是泷州设置。南朝梁、陈年间（502—581 年）开始设立泷州，唐初改永熙郡为泷州，流经泷州的泷州水、泷水。乾元元年（758 年），复名泷州，所辖泷水、开阳、永熙（后改永宁）、安南（后改镇南）四县，大致包括今罗定全部及云安、信宜、郁南、岑溪小部分地区。北宋开宝六年撤销泷州，四县并为泷水一县，泷州存在长达六百多年。而隋开皇十八年（598 年）设立泷水县。至明万历五年（1577 年），泷水县升格为罗定直隶州，泷水得名与自然水流湍急这一情形有关，泷州得名也是与邻近泷水有关。唐代，宋之问诗《过泷州水》："孤舟泛盈盈，江流日纵横。夜杂蛟螭寝，晨披瘴疠行。潭蒸水沫起，山热火云生。猿躩时能啸，鸢飞莫敢鸣。海穷南徼尽，乡远北魂惊。泣向文身国，悲看凿齿氓。地偏多育蛊，风恶好相鲸。余本岩栖客，悠哉慕玉京。厚恩尝愿答，薄宦不祈成。违隐乖求志，披荒为近名。镜愁玄发改，心负紫芝荣。运启中兴历，时逢外域清。只应保忠信，延促付神明。"证明唐代泷水（泷州水）水上交通的发达。今在罗定罗平镇竹围龙塘阁村发现铜钱 220 斤，大部分为唐代武德、开元、天宝等唐前期铜钱；另一处罗定车田乡发现窖藏铜钱 160 斤，内有五代前蜀货币，证明这些钱币与我国西南有联系。这些出土的铜钱，证明罗定在中外交通与商贸交流中的地位。

至今，罗定江水上交通遗迹、金山古道等仍然十分有名。据有关史料记载，从抗日战争爆发到 20 世纪 70 年代，是罗定江航道的黄金时代，当时罗定江河货物运输相当繁忙，运送的货物主要有煤炭、矿石、建材、机械设备、百货等。后来由于公路运输发达了，加上罗定下游的大湾、宋桂等处筑起水坝修建电站，罗定江的水路运输才退出了历史舞台。

综上所述，罗定江就是历史上的南江，称谓多变，但在西江乃至岭南交通格局中，占有十分重要的地位，是历来联系中原、岭南的重要通道，是历史上陆上丝路与海上通道对接的重要走廊。在一定程度上，从所辖地域以及流域上而言，罗定江文化即南江文化，是今天云浮市文化的代表，今云浮最大江罗定江为云浮的母亲河。罗定江作为海陆丝绸之路的重要对接通道之一的证据，是找到战国时期罗定交通工具车軎及六朝带有异域文化风格的瓷器和金手镯。六朝隋唐前期，罗定是岭南的政治、军事、文化中心之一，泷州陈氏影响巨大，其《龙龛道场铭》以及宋子问《过泷州水》，证明了岭南罗定江交通的发达，以及中外宗教交流的繁荣。大量窖藏铜钱的出土，证明了唐五代罗定对内外商贸交流的繁荣。当时罗定的交通主要依靠航运，南江成为罗定人西上梧州，东下肇庆、广州的交通要道，同时，也是西江流域通往高州地区的交通走廊。因此，罗定是海陆丝绸之路对接通道重要的节点。在现今"一带一路"的战略下，从历史发展脉络中，借古鉴今，做好做大对外交通与交流的大文章，让罗定这块璞玉，联系中外，成为"21世纪海上丝绸之路"内联外接的新通道。

"一带一路"视域下的南江古道(罗定)价值探究

彭祖鸿

(云浮市南江文化研究中心、罗定职业技术学院副教授)

摘要: 作为对接海上丝绸之路与陆上丝绸之路最早的通道之一,南江流域的古道一直发挥着重要的作用。在"一带一路"、中国—东盟自贸区等国家大战略的新形势下,应该深入发掘南江古道的价值,充分发挥南江流域特别是罗定沟通两广、连接大西南的作用,为建设世界性的古道文化和"21世纪海上丝绸之路"建设贡献力量。

关键词: 南江古道;丝绸之路;地位;机遇

地处两粤交接处的南江流域一度是沟通内陆与沿海港口最早、最便捷的通道之一,也是沟通粤西南乃至整个西南地区与珠三角的重要路线。在广东地区海上丝绸之路的历史变迁中,以罗定为代表的南江古道虽然在不同的时期所处的地位略有差异,但始终都发挥着重要的作用,是海上丝绸之路与陆上丝绸之路重要的对接通道。在"一带一路"战略背景下,需要正视南江古道在古代丝绸之路的发展变迁中发挥的重要作用,也要在政策的指引下,继续发掘和发挥好南江流域,特别是罗定在当下"一带一路"建设,中国—东盟自贸区、珠江—西江经济带、两广合作特别试验区的建设中发挥沟通两广、连接大西南的应有价值。

一　南江古道（罗定）在丝绸之路的重要价值

（一）徐闻为海上丝绸之路始发港时期

公元前219年，秦始皇开通灵渠，将湘水引入漓江，打通了中国重要的两大水系——长江水系与珠江水系之间的连接通道，也打通了从中国内陆进入南海的重要途径。虽然开通灵渠是基于军事动机，却也为长江流域与珠江流域的经济、文化及民族交往创造了便利，为后来汉武帝开创的与海外进行贸易、文化交往的海上丝绸之路提供了较为便捷的路线。汉武帝元鼎六年（前111年）置合浦郡①，"自日南障塞、徐闻、合浦船行可五月，有都元国；又船行可四月，有邑卢没国；又船行可二十余日，有谌离国；步行可十余日，有夫甘都卢国；自夫甘都卢国行船可二月余，有黄支国……自武帝以来皆献见。有译长，属黄门，与应募者俱入海市明珠、璧流离、奇石异物，赍黄金、杂缯而往。所至国皆禀食为耦，蛮夷贾船，转送致之②"。从引文中清晰的行驶线路和对海上丝绸之路贸易货物的介绍可以看出，以徐闻为始发港的海上丝绸之路至迟在汉武帝时就已经开辟出来了。那么中国带出的"杂缯"等货物从哪条路线输送到徐闻港，而那些舶来品又是如何从徐闻运回内陆的呢？国史并无明确记载。据学者考证，广西地区主要是从南流江入海，"合浦港在今南流江出海口，附近有上万座汉墓，清理出近万件文物，产地在印度、非洲、欧洲，与海上丝路记载相符③"；广东方面主要有一条是由"今南江口溯罗定至船步镇，越过分水岭，再沿鉴江顺流而下，可到今湛江、吴川之间出海④"，另一条则

---

①　（东汉）班固《汉书·卷二八·地理志下》[M]，北京：中华书局，1962年，第1630页。

②　（东汉）班固《汉书·卷二八·地理志下》[M]，北京：中华书局，1962年，第1671页。

③　司徒尚纪、许桂灵：《中国海上丝绸之路的历史演变》[J]，《热带地理》，2015年第5期，第628-636页。

④　李俊康：《西江文化研究》[C]，南宁：广西人民出版社，2004年，第39页。

是在云浮市新兴县，可以"经西江支流新兴江，下漠阳江出南海①"。"在《汉书·地理志》已写明，汉武帝派黄门译长开创海上丝绸之路，就是从水陆联运的潇水至贺江古道到广信，然后又沿南江、北流江到达徐闻而出海的，这不就是名正言顺的海陆丝绸之路对接通道么？②"

在陆路交通不发达的时期，南江的特殊地理位置（与入海的漠阳江、鉴江毗邻）决定了南江流域在内陆与海外的经济、文化及人员交流过程中发挥重大的对接作用。郁南县通门镇出土有大量的东汉制钱，为大宗的商品交换提供了资金支持。在罗定太平镇南江河边南门垌山口出土的青铜器中，有很多的铜斧和铜矛是未经研磨过的青铜器铸件，极有可能是作为交换的商品（南江流域最早的货币形式）③。在罗定市罗镜镇罗镜河支流林垌河两岸发现了鹤咀山南朝墓和汉墓，出土的金器、铜镜和大量精美的南朝青釉瓷器等，都是从西江运入的物件。罗定市罗镜镇龙甘村委会河坝铺村鹤咀山发掘的南朝墓葬，出土器物78件，随葬品有金手镯、金指环、铜镜、铁剪、瓷器、陶器等。其中出土的青瓷器釉色滋润，青中泛黄，属于一千多年前浙江会稽郡越窑系统产品，是青黄釉瓷器的精品。出土文物中有两件尤其引人瞩目。一件是金手镯，为国家一级文物。手镯重33克，纯金打制而成，有4组走兽与花纹图案，图案为中、西亚的走兽纹饰④。专家推断，金手镯显然是西方的舶来品，很有可能为粟特的产品。另一件是刻画莲瓣纹的高足碗，这件越窑青瓷高足碗的器型较特殊，受古罗马拜占庭高足杯艺术风格影响，莲瓣纹与忍冬纹受佛教艺术的影响，可能是为外国定制的出口外销瓷器。

南江流域早在先秦时期就大量种桑养蚕，背夫山战国墓出土文物中有丝织

---

① 司徒尚纪：《历史时空视野下的广府文化发祥地—封开》［A］；黄伟宗：《封开—广府首府论坛》［C］，香港：中国评论学术出版社，2011年，第60页。

② 黄伟宗：《海上丝绸之路与海洋文化纵横论》［C］，广州：广东经济出版社，2014年，第19页。

③ 徐恒彬：《广东罗定出土一批战国青铜器》［J］，《考古》，1983年第一期，第43－48页。

④ 陈大远：《广东罗定县鹤咀山南朝墓》［J］，《考古》，1994年第3期，第216－220页。

品，据《汉书·地理志》记载，汉元封元年西江沿岸的端溪一带已有种桑、养蚕和织绸活动。南江流域本身也在为历朝历代的海外贸易提供优质的丝绸产品。另外从行政区划来看，在以徐闻为始发港时期，从苍梧郡顺西江南下再到南江流域到漠阳江流域和鉴江流域的区域，行政区划的密度与北流江、南流江流域相近，远大于岭南其他地区。在南朝梁时，这一区域州一级政权就达六个，其中南江流域州有两个（分别是泷州和建州），可以看出南江流域的经济文化和军事地位的重要性，再结合前述南朝墓葬的事实可以充分地说明南江流域在中国与海外的经济文化交流中发挥了重要的作用，南江古道（包括南江水道和连接南江与鉴江、漠阳江的陆路通道）构成海上与陆上丝绸之路最早的对接通道之一。

（二）广州为海上丝绸之路始发港时期

随着珠三角地区作为岭南地区政治、经济、文化中心地位的确立和加强，再加上造船技术的发展（有一种叫做"苍舶"的大海船，长二十丈，可载六七百人，"运粮的海船装载量都达到千石以上[①]"），广州作为海上丝绸之路始发港的地位和影响也逐渐突出。另外陆路交通的变化和发展也改变了海上丝绸之路与陆上丝绸之路的对接路线，影响最大的当属唐开元四年（716年）起开建的梅关驿道，打通了珠三角与中原地区之间最快捷的通道，使珠三角与内陆地区的经济、文化和人员交流更为便捷，西江作为对接广州与中原的首要地位被取代，相应的作为连接海上丝绸之路与陆上丝绸之路通道的南江流域的角色和作用也发生了较大的变化。

南江流域作为中原对接海上丝绸之路的通道作用逐渐减弱，但作为粤西地区乃至西南内陆连接海上丝绸之路的作用并未削弱（甚至在某一特定时期还有所强化），主要表现为：

1. 粤西地区甚至远到越南与中原地区（以广州为中心）的人员往来。唐代最有名的宦官高力士本为岭南名猷冼夫人的后代，随母流徙于南江流域，后从南江入京做太监。另外唐代有多位官员流寓于南江流域。宋之问作为张易之的女婿和骈从被贬为泷州司马，从他这一时期的诗文可以看出他的贬谪路线比

---

① 王赛时：《论唐代造船业》[J]，《中国史研究》，1998 年第 2 期，第 70－78 页。

较清晰，从江西过大庾岭，过韶关，从北江入西江至肇庆，再由西江入南江；张柬之反对武三思被贬新州（即现在新兴县）司马，再流放到泷州；桓彦范与武氏斗争，被贬为泷州司马；另外与宋之问并称为"沈宋"的沈佺期亦因张易之事被贬端康，后又从南江流域被流放到驩州（今越南中部），他与天竺来交趾（越南古称）的佛教僧人也有过来往①。

2. 南江流域是以广州为中心的海外贸易的重要商品的来源地。南江流域的农产品茶、胶（上石粉）、肉桂行销海内外。南江流域的手工业也为海外贸易提供优质的产品，其中一大宗便是罗定的铁。明洪武六年（1373 年）置 13 处冶铁所，此时广东之铁始以质佳著称。清人屈大均在所著《广东新语·货语·铁》中有"铁莫良于广铁"之说；又有"诸冶惟罗定大塘基炉铁最良，悉是镴铁，光润而柔，可拔之为线，铸镬亦坚好，价贵于诸炉一等。诸炉之铁冶既成，皆输佛山埠②"的记载。另民国《罗定志》记载："按粤镬有二，曰佛山、曰连滩，镬薄而俭柴，人尤多用。然非出于连滩，实由罗定输出③。"1978 年广东省博物馆对罗定大塘基进行了调查，发现并测量了分界公社金田大队炉下村铁炉遗址。1982 年广东省博物馆、中山大学和广东省社会科学院组成的调查小组第二次赴罗定调查，除考察分界公社炉下村铁炉遗址外，并对船步公社铁炉遗址进行采访调查。在调查中获悉有铁炉（村）、旧炉督、鸡公炉、勒揸炉、凿石炉与水源炉等六座铁炉（后两座在信宜境内），可见明清时期南江流域的冶铁规模庞大，且生铁产品质量很高。生铁产品由南江下西江再到佛山，最后由佛山制成品行销海内外④。手工业产品的另一大宗为蓝靛及其制品，南江流域地方志均有制蓝工艺方面的记载，第三次全国文物普查工作开始至今，罗定市在龙湾、分界、罗镜等镇均发现了"种蓝制靛"工场遗址。

---

① （清）刘元禄：《康熙罗定直隶州志》［M］，上海：上海书店，2003年，第 149 页。

② （清）屈大均：《广东新语》［M］，北京：中华书局，1985 年，第 409页。

③ 周学仕：民国《罗定志》［M］，上海：上海书店，2003 年，第 315页。

④ 曹腾騑、李才垚：《广东罗定古冶铁炉遗址调查简报》［J］，《文物》，1985 年第 12 期，第 70 - 74 页。

其中龙湾镇有制靛工场遗址 6 处，并有 19 处厂坪遗址，较大的制蓝工场可以容纳近百人工作，可见当时制蓝业盛极一时。罗定的蓝多产于连州、新榕和罗镜等地，所出的蓝米最佳，年产大约三十石，罗镜镇的水摆旧圩曾是蓝靛的集散地①。蓝靛及其制品也成为南江域流输出海外的重要商品。另外，南江流域还是湛江、茂名地区商品与广州之间的重要通道，高州、信宜的许多产品经由罗信古道（又称泷窦古道）入南江到西江，再到广州。到抗战期间，罗信古道更成了西南内陆地区食盐补给的生命线，阳江、电白的盐，通过罗信古道，源源不断地肩挑至罗定，然后转运各地。

尽管不同时期南江流域，特别是罗定，在海上丝绸之路与陆上丝绸之路对接中，所扮演的角色有所不同，但始终在为海上丝绸之路的发展和延伸发挥着不可替代的作用。

二　罗定在南江流域的中心地位

在南江古道及南江文化的发展变迁中，罗定始终起着至关重要的作用，可以说在南江流域，罗定在历史上一直处于政治、经济、文化、教育和交通的中心地位。

（一）在南江流域的政治史上，第一个县级以上的政权和级别最高的政权都出现在罗定。在南江流域出现最早的县级以上政权，据《康熙罗定直隶州志·卷一·沿革便览图书并图》载为秦时的开阳县，学者多有异议，但东晋时设龙乡县于罗定则是不争的事实，"分端溪地置龙乡县"②。南朝时南江流域迎来了政治区划的高密集时期，州郡一级的政权有晋康郡（郡治曾设于郁南连滩，后迁至德庆）、平原郡、永熙郡、罗阳郡、泷州、建州等，其中平原郡、永熙郡、罗阳郡、泷州、建州治所均在罗定境内；县一级政权有端溪、晋化、都城、平原、泷水、开阳、夫阮、安南等，县治可以较为确定在郁南的有

①　杨红雨等：《罗定文物普查发现多处明清"种蓝制靛"遗址》[N]，《南方日报》，2009 年 8 月 14 日，A 版 13。

②　（清）刘元禄：《康熙罗定直隶州志》[M]，上海：上海书店，2003年，第 19 页。

晋化、都城两县，在罗定的有平原、泷水、开阳、夫阮等，罗定郡县一级政权的密集程度高于南江流域其他地区，且是州郡的所在地，是南江流域当然的政治中心。隋唐时期南江流域主要由泷州、建州（南建州）管辖，泷州治所在罗定，是隋唐时期岭南三大酋首陈法念及其后人居住之所，宋以后南江流域大部分属泷水县所辖，治所均在罗定，与冼氏所在的高凉郡一样是两粤俚僚族的政治中心。明万历五年（1577年）升泷水县为罗定州，领东安、西宁两县，至此南江流域全部为罗定州所辖，南江流域的政治格局基本稳定下来，罗定州城设于今罗定罗城，罗定作为南江流域政治中心的地位也得到了进一步确立和巩固。

（二）罗定历史上也是南江流域的经济中心。南江流域东有云雾大山，西、南有云开大山，北有西江，大部分地区为山区和丘陵，总体来说耕地面积较小，但也有广东地区最大的盆地——罗定盆地。南江流域总量较少的可耕土地多集中在罗定盆地，罗定盆地也具备了得天独厚的水稻种植条件，水稻种植技术很早就达到了较高水平，据唐刘恂的《岭表录异》记载："新泷等州，山田拣荒平处锄为町畦。伺春雨，丘中聚水，即先买鲩鱼子，散于田内。一二年后，鱼儿长，食草根并尽。既为熟田，又收鱼利。及种稻，且无稗草。乃养民之上术。①"说明唐以前，罗定的农业耕作水平就远远领先于岭南其他地区（即使在当前，"2014年，全省粮食产量1357万吨，消费量约4220万吨，外购粮食约2860万吨，粮食自给率仅32%②"。罗定也是广东地区少数粮食有盈余的县市之一）。在自给自足的农耕时代，先进的农业生产技术使罗定成为南江流域的经济中心。除农业生产外，罗定还是南江流域的商贸中心。南江流域乃至毗邻的广西岑溪、信宜的很多产品如肉桂、茶叶等产品经由罗定运往珠三角地区，湛江、茂名和阳江所产的海盐也经由罗定运往全国各地，前述的罗镜水摆圩以及多处商埠、码头也见证了罗定的商贸繁荣；罗定还是南江流域最大的手工业生产基地，前文提到的铁炉、制蓝工场等证明了南江流域手工业的发

---

① （唐）刘恂撰，商壁、潘博校补：《岭表录异》[M]，南宁：广西民族出版社，1988年，第5页。

② 薛江华：《广东粮食自给率仅32%》[DB/OL]，http://news.sina.com.cn/o/2015-02-08/130431496206.shtml，2015-02-08。

展主要集中在罗定。

（三）罗定还是南江流域的文化教育中心。南江流域诸多的文化遗产见证了南江文化的辉煌历史，这些文化遗产的代表作品多在罗定。文化遗迹方面，广东地区现存最早、保存最完好的摩崖石刻是罗定苹塘的龙龛岩道场（同时也是南江流域最早的佛教寺庙）的石刻，粤西地区最大的庄园建筑是罗定黎少的梁家庄园，西江流域保存最完好、规格最高的学宫是罗定学宫；罗定曾经存在的大量水神庙宇（以北帝庙为代表的水神庙、以妈祖庙为代表的海神庙、以神滩公为代表的江神庙）证明了海洋文化和江河文化对南江流域的影响；另外前文中提及的众多的商业、手工业遗迹也多出现在罗定。非物质文化遗产方面，泷州歌与连滩山歌一起成为南江流域民间歌谣的代表形式，不过泷州歌保存的数量远多于连滩山歌，在艺术上也更讲究；跳禾楼习俗曾在南江流域普遍存在，文献所述最详的是民国《罗定志》，罗定还保存着多个跳禾楼的脚本。

罗定自古就是南江流域教育的中心，南江流域的最高学府是罗定学宫（直隶州学宫），古代通过科举考试输出的人才数量也最多，民国《西宁县志·卷二十选举志一》载郁南县自明万历朝至清末的进士 4 名（含武进士 1 名），文举人（含进士）44 名，武举人 25 人，贡生（岁贡、选贡、恩贡等）243 名[1]；民国《罗定志·卷六·科目表》载罗定明万历以来的进士 9 名（武进士 7 名），文举人 19 人，武举人 48 人，贡生（仅清代）264 名[2]。虽然依据考试评定教育水平可能会有失偏颇，但也能大体上反映出一个地方的教育状况，上引的数字可以基本看出罗定教育在南江流域的地位。即使现在罗定依然是南江流域拥有最多省级示范高中的县市，也是每年输出的重点大学、普通本科院校大学生最多的地区。

罗定历史上还是南江流域交通的中心和中转地，南江水道上最大的码头在罗定（由南江上游的官渡头逐渐下移至中游的罗定罗城旧大埠码头），陆路交

①　何天瑞：《西宁县志》［M］，上海：上海书店，2003 年，第 175 - 185 页。

②　周学仕：《罗定志》［M］，上海：上海书店，2003 年，第 361 - 369 页。

通方面的罗信古道、罗阳古道起点均是连接路上丝绸之路和海上丝绸之路的最早通道之一，明万历五年后修建的东山大道、西山大道等驿道均是罗定州城连接南江流域其他地区以前南江流域连接珠三角和广西地区的重要通道，罗定是这些古道和古驿道的枢纽。

另外罗定的方言（特别是能古话）、为数众多的古越语地名遗存以及瑶壮的生产生活遗迹也能够进一步证明罗定是南江文化和古道文化的中心地、集萃地，是海江山河古道汇通之要津和文化圣地，是南中国古代驿道与现代绿道交相辉映的亮丽风景线。

三　南江流域，特别是罗定的发展机遇

虽然原因相当复杂，但在长期的经济社会发展中，不争的事实是南江流域现在落后于周边地区，特别是珠三角地区，不过南江流域的经济社会发展还是有着良好的机遇和条件，我们认为，云浮南江流域，特别是罗定的机遇和条件主要有以下几点：

（一）政策机遇

从国家到广东省，都出台了一系列的发展战略，国家的"一带一路"发展战略中的海上丝绸之路部分与南江流域有着直接的关系，作为海上丝绸之路与陆上丝绸之路的最早对接通道之一的南江流域，也在政策覆盖范围内；国家战略中的中国—东盟自由贸易区建设以及珠江—西江经济带建设以及两广共同出台的粤桂合作特别试验区等政策都覆盖南江流域，甚至可以说南江流域是这些政策中对接广东广西的关节点，所以南江流域要充分利用好这些国家和省级层面的政策，努力承担起自己的发展使命，敢于担当。我们建议以整个南江流域及其古道文化覆盖地域，构建"珠江—南江经济文化带"，与"珠江—西江经济带"连体对接，纳入国家"一带一路"规划和战略；同时，将南江和古道文化与最近广东省开展的古驿道"活化"工程结合起来，与现代绿道经济文化建设相互促进；尤其是应当与东盟诸国的古道文化结合起来，以开展旅游、探险等活动方式为纽带，加强国际交往与合作。

（二）交通机遇

南江流域地处广东与广西交界处，素有"两粤要枢"之称，是连接两广

最便捷的地区，现连接广西的陆路通道主要有南广高铁、广梧高速、深岑高速（罗定到岑溪段亦称罗岑高速或云岑高速）以及 324 国道，其中南广高铁（客运）和广梧高速经由肇庆封开进入广东，连接珠三角、南江流域、广西腹地的陆路交通中，最快捷、成本最低的通道分别是深岑高速和 324 国道（在没有高速的时期，324 国道一直是两广之间最繁忙的通道，罗岑高速修通之后，很快就取代广梧高速成为连接两广最繁忙的通道）；罗定还有罗阳高速和罗阳铁路通往阳江，也成为阳江通向广西最重要的通道。除此之外，还有在建的怀（怀集）信（信宜）高速罗定到信宜段（亦称罗信高速）和罗岑铁路，将要建设的广州新机场（在云浮和佛山交界处）和将要扩建改造成通用机场的罗定机场，交通网络的建成将会使南江流域特别是罗定沟通两广、连通粤西北、连接大西南的交通要冲地位愈加显现。南江流域，特别是罗定，要充分利用好这些交通优势，发挥好这些交通要道对经济发展的带动作用，建议大力发展现代物流业，充分培育电商业，建设物流产业园和电商产业园，更好地为本区域经济社会发展以及周边地区的经济社会发展服务。

（三）资源条件

南江流域，特别是罗定，农林业资源丰富，生产的农林产品很早就行销各地，一些特色农产品更是成为南江流域的农业支柱产业，罗定素有"玉桂之乡""蒸笼之乡"等称号，生产的桂油、蒸笼远销海外，罗定特产绉纱鱼腐、罗定大米更是成为南江流域独特的地理标志，罗镜花生、郁南无核黄皮、沙糖橘、贡柑等农产品也很值得开发。南江流域要继续提升这些产品的知名度和认可度，依靠现代农业科技进一步提升这些农产品的质量，建立和完善农产品深加工平台，增加农产品的附加值，充分利用现代电商、物流推销产品。

南江流域旅游资源也非常丰富，既有文化积淀深厚的古迹名胜（兰寨、大湾古民居、罗定学宫、文塔、龙龛岩、梁家庄园、南江古道等），也有旖旎迷人的自然风光（蟠龙洞、同乐山、龙湾、聚龙洞等），还有假日休闲的乡村美景（连滩万亩油菜花、苹塘生态农业观光园等），更有引人入胜的民俗活动（云浮烧炮、郁南禾楼舞、连滩飘色、连滩山歌、泷州歌以及各种庙会醮会等），需要罗定联合南江流域其他县市区聘请一些专业人士做好旅游规划以及旅游宣传推广，推动旅游资源的绿色利用。还要联动附近的信宜、高州、阳江以及广西梧州、玉林等地，开展旅游文化和旅游资源的合作。

四 小结

  南江流域的古道是古代海上丝绸之路与陆上丝绸之路最早的对接通道之一，在丝绸之路的发展史上发挥了重要的作用，而作为南江古道和南江文化中心地和集粹地的罗定，其地位更为突出。在当前经济形势下，南江流域，特别是罗定，更应该充分利用政策机遇、交通条件以及资源优势，在中国—东盟自贸区、珠江—西江经济带、两广合作特别试验区的建设中发挥沟通两广，连接大西南的重要作用，进而为建设世界性的古道文化和"21世纪海上丝绸之路"做出自己应有的贡献。

医药与古代罗定的海上丝绸之路

黄晓峰

（澳门文化杂志主编）

刘月莲

（澳门镜海学院校长）

罗定地处广东与广西交界的丘陵地带，植被茂密，物种多样，古代的医药产品丰富。史书记载的罗定古代医药不仅与中国很多地方的医药有关，还与海外医药有关。有的药材如木橘、甲香等是通过海上丝绸之路来到中国，再经过陆路来到罗定。研究罗定古代的医药，不仅有助于探寻罗定古代的社会经济史，还有助于研究罗定与丝绸之路的关系，甚至促进今日罗定的发展。

一　罗定木橘与海上丝绸之路

北宋乐史《太平寰宇记·卷一六四·康州土产》："荆杨树，一名豕树，皮白，味如脂。《异物志》云：斯调州有木名摩树，汁如脂。"下文泷水县："有树冬荣，子曰猪肪，大如杯，其肉如肪，炙而食之，其味似猪肉而美焉。"

显然，这是一种树，因为果实汁液类似猪油而名为豕树，果实名为猪肪。这种树木来自海外，斯调是今斯里兰卡。

美国著名学者劳费尔（Berthold Laufer）认为斯调是叶调之误，叶调即爪哇（Java）。北宋的唐慎微《证类本草·卷二三》引《异物志》说："木有摩厨，生自斯调。厥汁肥润，其泽如膏。馨香射，可以煎熬，彼州之人，仰以为储。斯调，国名也。"但是劳费尔也不能肯定这种树来自爪哇。法国著名学者费琅（Gabriel Ferrand）指出摩厨即爪哇的木橘（Maja）树，叶调即爪哇。①

木橘主要产自东南亚，现在中国的西双版纳也有。罗定古代的木橘树很可能来自海外，木橘的果实中有透明的黏胶质液。

木橘，拉丁学名：Aegle marmelos（L.）Correa，是芸香科木橘属植物，树高可达 10 米。树皮灰色，叶片差异大，花芳香，有花梗，花瓣白色，花丝很短，花药线状而长。种子多，扁卵形，端尖，果期 10 月。

木橘的根、树皮、叶、花均可用作清热剂，果肉有香气，可用作清肠胃药，作缓泻剂用。缅甸人用木橘嫩叶捣烂治创伤、疮疖及肿痛、脚及口腔疾病，叶捣烂后留汁液治疗眼病，食嫩叶可避孕或引致流产。

二　甲香

北宋乐史《太平寰宇记·卷一六四·康州土产》有大甲香，甲香是海螺制成的香料，故名甲香。甲香最初来自海外，东晋葛洪《太清金液神丹经》："唯夫甲香螺蚌之伦，生于歌营、句稚之渊。"据周运中考证，歌营国在今马来西亚的巴生（Klang），句稚国在今泰国素叻他尼府。②

孙吴万震《南州异物志》说："甲香，螺属也。大者如瓯，面前一边直，才长数寸，围壳岨峿有刺。其掩可合众香烧之，皆使益芳，独烧则臭。"③

南朝宋刘义庆《世说新语·汰侈》说石崇的厕所置甲煎粉、沉香汁之属，

---

① （法）费琅：《叶调斯调与爪哇》，《西域南海史地考证译丛》第二编，商务印书馆，第 96 – 104 页。

② 周运中：《中国南洋古代交通史》，厦门大学出版社，2015 年，第 88、138 页。

③ （宋）李昉等编：《太平御览·卷九八二》，中华书局，1960 年，第 4349 页。

南北朝庾信《镜赋》："脂和甲煎。"甲煎即甲香，李时珍《本草纲目》引苏颂《本草图经》："甲香，生南海，今岭外、闽中近海州郡及明州皆有之，或只以台州小者为佳。"[1] 这里特地提到台州甲香很好，另外还提及明州，明州的技术很可能来自台州。《元和郡县图志》记载循州（治今广东惠州）贡赋有大甲香、小甲香，唐代《元和郡县图志》《唐六典》记载岭南出产甲香的地方还有潮州、广州、漳州、陆州，都在沿海。[2]

康州治端溪县（今德庆），此处出产的甲香或制作甲香的技术来自沿海，应是通过罗定。

三　石斛

北宋乐史《太平寰宇记·卷一六四康州》："废泷州土产：旧贡石斛，其土草多卷施，拔心不死，《离骚》谓之宿莽。"

泷州在今罗定，古代盛产石斛，作为贡品。石斛即今兰科石斛属植物，拉丁学名：Dendrobium Nobile Lindl，又名仙斛兰韵、不死草、还魂草、紫萦仙株、吊兰、林兰、禁生、金钗花等。茎直立，肉质状肥厚，稍扁的圆柱形，长10～60厘米，粗达1.3厘米。

石斛是药用植物，性味甘淡微咸，寒，归胃、肾，肺经。益胃生津，滋阴清热。用于阴伤津亏，口干烦渴，食少干呕，病后虚热，目暗不明。

药用石斛分为三种：

（一）金钗石斛：产于台湾、湖北南部、香港、海南、广西的西部至东北部、四川南部、贵州西南部至北部、云南的东南部至西北部、西藏东南部。生于海拔480～1700米的山地林中树干上或山谷岩石上。分布于印度、尼泊尔、锡金、不丹、缅甸、泰国、老挝、越南。

（二）鼓槌石斛：产于云南的南部至西部。生于海拔520～1620米，阳光

---

①　（明）李时珍：《本草纲目·卷四十六》，人民卫生出版社，1977年，第2546页。

②　周运中：《中国南洋古代交通史》。周运中：《台州大陈：从唐代闽商基地到现代台湾北门》，《海洋文明研究》第一辑，中西书局，2016年。

充足的常绿阔叶林中树干上或疏林下岩石上。分布于印度东北部、缅甸、泰国、老挝、越南。

（三）流苏石斛：产于广西的南部至西北部、贵州南部至西南部、云南东南部至西南部。生于海拔 600～1700 米，密林中的树干上或山谷阴湿岩石上。分布于印度、尼泊尔、锡金、不丹、缅甸、泰国、越南。

罗定靠近广西，原来可能有金钗石斛、流苏石斛等多种石斛。石斛很早就入药，屈原的《离骚》称其为宿莽。说明楚人熟悉石斛，因为楚人在南方，所以很早就利用了石斛。

四　乌药

北宋乐史《太平寰宇记·卷一六四康州》记载有乌药，这也是一种药材，为毛茛目樟科山胡椒属植物乌药（Lindera aggregata（Sims）Kosterm）的干燥块根。全年均可采挖，除去细根，洗净，趁鲜切片，晒干，或直接晒干。

乌药性辛、温。行气止痛，温肾散寒。用于寒凝气滞，胸腹胀痛，气逆喘急，膀胱虚冷，遗尿尿频，疝气疼痛，经寒腹痛。

乌药的主产地有浙江、湖南以及安徽、湖北、江苏、福建、广东、广西、台湾等地。

正是因为罗定古代盛产各种药材，甚至还有来自海外的药材，是名副其实的药材之都。所以唐代曾经在罗定附近设置药州，北宋乐史《太平寰宇记·卷一六四·康州》泷水县："废永宁县，唐武德四年于安遂县，治药州，领安遂、永宁、安南、永业四县。贞观中，废药州，以永宁属泷州。本隋永熙县，武德五年改为永宁。"药州在今罗定北部到郁南县一带，历史上曾经属于罗定的泷水县管辖。药州之名证明了罗定历史上曾经以盛产药材闻名，这启示我们今天可以发掘历史上的罗定药材资源，加强罗定的医药产业发展。

罗定："一带一路"文明交流、和平纽带的承传者

罗永生

（香港树仁大学历史学系教授）

2016 年罗定市博物馆黄健恩副馆长发表《海上丝绸之路对罗定的影响分析》一文①，综论泷水、南江、罗定江经西江，往返徐闻与中原之间的古时水陆交通路线与相关的文化遗址，阐发罗定与海上丝绸之路的直接关联。内容丰富，立论明确，释述细致，非此方专家，难有此力作。今狗尾续貂，班门弄斧，亦为文数语，抛砖引玉，以求教于四方大雅君子。

自从 2013 年国家领导人提出建设"丝绸之路经济带"和"21 世纪海上丝绸之路"（简称"一带一路"）的战略构想后，"一带一路"的研究与探讨成为热门课题。至 2015 年 3 月，习近平主席在博鳌亚洲论坛上进一步指出，"让文明交流互鉴成为增进各国人民友谊的桥梁、推动人类社会进步的动力、维护世界和平的纽带"。这让原先集中视"一带一路"为横跨欧亚大陆的经济、交通大走廊的学者专家们，了解到"一带一路"更是蕴含中外文明交流互动的和平纽带。正如联合国教科文组织前文化交流项目主任 D. 迪安所指出：

---

① 黄健恩：《海上丝绸之路对罗定的影响分析》，《丝绸之路》，2016 年第 12 期（总第 325 期），第 27 - 28 页。

文化，就其最广泛的意义来说，是民族间相互沟通与和平共处的坚实基础……丝绸之路的历史是全人类共同的遗产……丝绸之路项目不仅仅是单纯学术活动……它的作用，正如联合国宪章的作用一样，是在人们心中构建一道和平的防线，并在此基础上建设我们这个时代的和平文化。[①]

中国作为"一带一路"战略构思的发起国，应当深挖"一带一路"的文化底蕴，弘扬中国传统历史文化的世界意义，发挥文明连接纽带的作用。[②] 然而陆上丝绸之路与海上丝绸之路，都离不开对历史的认识与掌握。对历史不了解或误解，往往会把经历教训当作经验，最终影响到"一带一路"的建设。[③]丝绸之路是由无数中外先行者开创的一条连接中国与中亚、西亚、北非与欧洲大陆的大动脉，漫长而久远。在古代，它是传播友谊的道路，是商旅往返、使团穿梭、僧侣传教的道路，它也是一条曾被战争铁骑践踏过的道路，然而在其背后，却是连接东西方文明的孔道。早在 20 世纪 80 年代，联合国教科文组织发起"丝绸之路研究计划"，把丝绸之路称作"对话之路"，以促进东西方的对话与交流。对于中国人来讲，今天的丝绸之路，是开放之路，是奋进之路，是通向 21 世纪的光明之路。[④]

罗定，位于广东省西部，西江之南，是罗定江（即南江）上的名城，东有云雾山脉，西有云开山脉，南接高雷，西通桂、黔、滇，是西江走廊的交通要冲，自古被视为门庭防卫、抚绥重地。罗定更是广东省首批历史文化名城，了解岭南历史的朋友大抵都知道，早在春秋、战国时期，罗定为百越地。秦始

---

① 联合国教科文组织、中国社会科学院考古研究所编：《十世纪前的丝绸之路和东西文化交流：沙漠路线考察乌鲁木齐国际讨论会（1990 年 8 月 19 – 21 日）》，北京：新世界出版社，1996 年，D. 安迪序言，第 3 页。

② 范周：《"一带一路"的文化遗产价值体现与保护利用》，《遗产与保护研究》，第 1 卷第 1 期，2016 年 1 月。

③ 葛剑雄：《"一带一路"的历史被误读》，厉以宁、林毅夫、郑永年等着《读懂一带一路》，北京：中信出版社，2015 年 11 月，第 299 页。

④ 荣新江：《中古中国与外来文明》，北京：三联书店，2001 年 12 月，第 15 页。

皇三十三年（前 214 年），平定南越，设置南海郡，领十八县，其中有开阳县，开阳县治所约在今罗定市船步镇。秦末汉初南海郡尉赵佗兼并桂林郡、象郡，建立南越国。至汉武帝元鼎六年（前 111 年），南越地设置南海、苍梧等七郡。苍梧郡下置端溪县。今天罗定市大部分地属汉朝苍梧郡端溪县范围。至东晋时期因要广设侨郡、侨县以安置南来的北人，东晋朝廷乃于永和五年（344 年），从苍梧郡分置晋康郡，晋康郡领十四县。又把端溪县分为龙乡、夫阮两县，龙乡县为泷水县的旧名，是现罗定治地罗城镇成为县治的开始。及至南朝，因政权数易，地名屡改，龙乡、泷州、平原、罗平之名每有更迭。至隋文帝开皇九年（589 年），天下一统，废郡名，改龙乡县为平原县，隶属泷州。开皇十八年（598 年），改平原为泷水县，罗定始有泷水县名。入唐代，泷州（治所今罗定市）之名每见史传，发动"五王政变"推翻武周政权，重建李唐管治的两位著名历史人物：张柬之与桓彦范，于唐中宗神龙二年（706 年）先后被流贬至泷州，而张柬之更极有可能死于泷州。[①] 宋太祖开宝六年（973 年），开阳、建水、永宁、正义并入泷水县，同年废泷州。从此直至明万历四年（1576 年），其间 600 余年，罗定地域只设泷水县。泷水县辖大致约今罗定及郁南、云安、云城、信宜、岑溪部分地区，先后隶属广南路康州晋康郡、广南东路德庆府、湖广行中书省广西道德庆路、广东布政使司肇庆府等。明万历五年（1577 年）可以说是罗定历史上最重要的一年，是年明朝用兵平罗旁瑶乱后，升泷水县为罗定直隶州，设罗定直隶布政使司。以泷水县东部东山黄姜峒等和德庆、高要、新兴部分地区建东安县，又以泷水县西部西山大峒等和德庆、封川部分地区建西宁县。罗定直隶州领东安、西宁两县。罗旁平定，因以罗定为州名，罗定州之东西也安宁，便以东安、西宁为县名。由是泷水之名始革，而罗定之名亦始于此。清朝设罗定直隶州，州治罗城，辖本州（罗定州）和东安县、西宁县。罗定州直隶广东省。民国元年（1912 年），政府统一撤销州、府一级建制。罗定州改为罗定县，原隶属罗定直隶州之东安（云浮）、西宁（郁南）县始分出，均隶属广东省。1949 年新中国成立后，罗定的沿革在

---

① 刘昫：《旧唐书·卷九十一·桓彦范传》，北京：中华书局，1975 年 5 月，第 2930 – 2931 页。又参曹南才：《从〈罗定县志〉中发见的两个历史人杰》，《岭南文物》，2010 年第 2 期，第 34 – 38 页。

这里就不再缕述。无疑从地理位置而言，属古泷水流域的罗定难与汉唐丝路，这条又被视为古代和中世纪从黄河流域和长江流域，经印度、中亚、西亚接连北非和欧洲，以丝绸贸易为主要媒介的文化交流之路①，直接连贯起来。然而在保存古代文化遗产，延续和平文化的传统上，罗定可谓是在全广东省，甚至全国的前列。首先在考古遗址方面，罗定发现并基本保存了：

1977 年冬，在太平镇太平河东岸南门垌，原太平公社旧址，发现三座分别属战国早、中、晚期的墓葬遗址，出土石器 2 件、陶器 8 件、青铜器 141 件。②

1983 年 11 月，在罗平镇沙头横垌村背夫山，发现一战国古墓，出土青铜器、玉器、陶器、石器、原始陶瓷器共 116 件。③ 其中一件青铜鱼叉属极为罕见的战国时期的渔猎工具。④

1983 年 8 月，在罗镜镇水摆鹤咀山发现一座属南朝晚期的古墓，墓内出土金饰 2 件、铜镜 1 件、铁剪 1 件、青瓷器 63 件、滑石器 1 件。⑤ 其中的一只金手镯，曾作为新中国成立五十周年广东省送往北京作出土文物专题展览的一号文物，是国宝级文物。而从纹饰来看，金手镯是西方输入，应属中亚粟特地区产品。此外，墓中还出土一件颇有古罗马拜占庭艺术风格的高足碗，亦深受考古学界的重视。⑥

1984 年 3 月，在东田乡出土 160 斤的古钱币，即著名的"罗定窖藏铜钱"。经整理后，面文可辨认的共 12764 枚。上自西汉文帝"四铢半两"，下迄南宋理宗"开庆通宝"，含西汉、新莽、东汉、隋、唐、五代十国、两宋和金朝的钱币，共六十七种。在单一考古发现中，出土如此数量、品种与朝代的

---

① 林梅村：《丝绸之路考古十五讲》，北京：北京大学出版社，2006 年 8 月，第 4 页。

② 徐恒彬：《广东罗定出土一批战国青铜器》，《考古》，1983 年第 1 期。

③ 邱立诚、毛衣明：《广东罗定背夫山战国墓》，《考古》，1986 年第 3 期。

④ 陈大远：《广东罗定出土战国青铜鱼叉》，《考古》，1987 年第 10 期。

⑤ 陈大远：《广东罗定鹤咀山南朝墓》，《考古》，1994 年第 3 期。

⑥ 黄健恩：《海上丝绸之路对罗定的影响分析》。

窖藏铜钱，在当时而言，尚属首例。[1]

1984 年冬，在罗定金鸡区和萍塘区两处，发现属旧石器时代洞穴遗址内属古人类的石制品与蚌制品。[2]

在同一县市范围高度集中地保存了自旧石器时期至两宋、金朝的考古遗址与出土发现，在全国来说，实属少见。这足以说明千百年来，罗定的和平环境与人文因素，足以与古往今来丝绸之路上所绽放的和平文化相互辉映。

其次，在保存传统历史文化艺术层面上，罗定亦汇聚了丰厚的遗产。其中最重要的莫过于在苹塘镇谈村龙龛岩内，被誉为"岭南第一唐刻"的《龙龛道场铭并序》石刻。据史籍所载，龙龛道场是唐武德四年（621 年）由时任泷州（今罗定）永宁县令的陈普光与僧人惠积主持建造。至圣历二年（699年），由泷州开阳人陈集原为道场撰写《龙龛道场铭并序》，并镌刻在岩洞北壁上，故石刻距今已超过 1300 年历史。石刻全文共 1238 字，除三两字剥蚀外，其余仍清晰可读。文字内容涉及隋唐史、宗教史、文学史以及盛唐时期岭南地区经济、政治、文化、民俗和地方诸方面，为研究我国唐代政治、文化、宗教提供了宝贵的第一手史料。而尤为珍贵者，石刻中竟保存了武则天篡唐称帝后所颁行十五个"武周新字"，学界研究所得"武周新字"凡十八个，[3] 而在罗定石刻中却能保存其中十五个，这对研究"武周新字"而言，是提供了史籍记载以外最重要的实物第一手史料。而从石刻史料角度而言，《龙龛道场铭并序》亦属全国仅有五处"唐刻"中相对较完整、缺字较少的一处。[4] 同属唐刻的广西上林县《大宅颂》与《智城碑》，便因其颇有残缺，为研究者带来

---

① 陈大远：《广东罗定发现窖藏铜钱》，《考古》，1992 年第 3 期。

② 宋方义、张镇洪、郭兴富、陈大远：《广东罗定饭甑山岩、下山洞洞穴遗址发掘报告》，《人类学学报》，1989 年第 2 期。

③ 蒋爱花、安劲凡：《"武周新字"研究情况概述》，《渤海大学学报（哲学社会科学版）》，2014 年第 2 期。

④ 按：其余四处"唐刻"分别为：敦煌莫高窟的《柱国李公旧龛刻》、广西上林县的《大宅颂》与《智城碑》、云南的《刺史王求碑》、新疆的《万岁通天造像》。

罗定：『一带一路』文明交流、和平纽带的承传者

055

不少困扰。① 可以说没有罗定的宁静与和平的文化环境，《龙龛道场铭并序》或许会落得如前述广西唐刻一般残缺不全。

同样，作为重要文化艺术遗产的罗定市古建筑泥水画，传承了我国古代宫廷壁画和古建筑壁画的余韵，在宋代以后，开始走进民间。现存罗定市有过千处古建筑泥水画，作为民间建筑物附饰部分的泥水画，在明清到民国时期达到鼎盛。其时，稍具规模的民间建筑，不管是私家大宅，还是寺庙道观，都会聘请画师在壁上绘制泥水画。在细小的罗定，竟保存了过千处的泥水画，和平的氛围是不可缺少的。透过对这千余幅民间艺术遗产的探索，为研究当时的社会状况、民间风俗、宗教信仰、文化修养和壁画艺术提供了重要的实物依据，具有一定的历史文化和艺术价值。② 最后，数百年来，在罗定与南江流域范围内，有源自大江南北，不同理念与背景的民间信仰和平并存，如：孔庙、关帝庙、盘古庙、天后庙，甚至出现过龙母庙和鲁班庙等。其中孔庙属文，关帝庙属武，俱是来自古代中原地区尊崇传统圣贤的文化反映。盘古庙祭祀盘古，原是南荒（山地）民族所信奉的神，天后崇拜则是宋代以后，产生于福建一带沿海民众的一种新兴民间信仰。短短数百里的南江流域，正好发挥了"文明交流、和平纽带"的作用，让前述四庙共存，为居住于南江流域的居民及往返南江的商旅过客提供精神上的慰藉，心灵上的寄托。如此众多来自南江以外的民间信仰汇众南江流域，发挥精神保卫师的作用。这不禁令人联想起中古时期丝绸之路上出现过的佛教、袄教、景教和摩尼教等外来宗教，传入中国后，和平共存，并各自为不同信众提供寄托与慰藉，这就是古丝绸之路发挥"文明交流、和平纽带"的作用。

---

① 黄桂凤：《从壮人〈大宅颂〉与〈智城碑〉看〈大唐文化之南渐〉》，《社会科学家》，2004 年 7 月第 4 期（总第 108 期）。

② 徐子明：《罗定古建筑泥水画艺术特色初探》，《丝绸之路》，2012 年第 10 期（总第 227 期）。

从方言看南江—鉴江古道

罗康宁

（广东省政府参事室原副巡视员）

在南江—鉴江两岸，分布着多种独具特色的小方言，如郁南的建城话、罗定的能古话①、化州的下江话、吴川的吴阳话等，其语音、词汇跟当地"白话"既有着共通之处又有着明显的差异。本文就这些小方言的语音特点与形成轨迹做初步探讨，为南江—鉴江古道的论证提供一些有价值的依据。

一 从语音特点考察其源流

郁南建城话、罗定能古话、化州下江话、吴川吴阳话都属粤语的次方言，具有粤语的普遍特点：尖团音分得很清楚，其中团音（见组细音）字发为舌根音；有一整套鼻音韵尾与塞音韵尾，形成整齐的对应关系：－m/－p、－n/－t、－ŋ/－k；有平、上、去、入四种声调，平、上、去、入俱分阴阳，等等。与广州话及周边白话对照，这些小方言又有各自的语音特点。

郁南建城话：分布于郁南县建城、平台、桂墟、罗顺、通门、宝珠等镇，其音系主要特点是：古帮、端母发全浊音

---

① "能"字在此读阴平。

b、d；古精组声母与端组合流，发舌尖音，其中古心母发舌尖边擦音 θ；有舌面前半低不圆唇元音 ε 及以它为主要元音的一系列韵母 εu、εm、εn、εŋ、εp、εt、εk，分别来源于古效摄开口二、三、四等韵，咸摄开口二、三、四等韵，山摄开口一、二、三、四等韵和合口二、三等韵，宕摄开口三等韵。

罗定能古话：分布于罗定市太平、罗平、围底、素龙、华石等镇及罗镜、分界、船步、苹塘、双东的部分地区，其音系主要特点是：古全浊塞音并、定、群及全浊塞擦音从母字不送气，带浊音气流；古歌韵字读为 u，梗摄开口三、四等韵读 εn，古岩摄部分字白读音韵尾脱落；除单韵母 y 以外没有其他撮口呼韵母，山合三、山合四及臻合一中广州话念为 –yn、–yt 韵母的字，能古话念为 –un、–ut 韵母。

化州下江话分布于化州市同庆、长歧、杨梅等镇，吴川吴阳话分布于吴川市吴阳、中山、振文、漳浦、塘尾、黄坡、板桥等镇及湛江市坡头区，熊正辉《广东方言的分区》将它们统称为"吴化片"，其音系主要特点是：古帮、端母发全浊音 b、d。古精组声母与端组合流，发舌尖音，其中古心母发舌尖边擦音 θ；有舌面前半低不圆唇元音 ε 及以它为主要元音的一系列韵母 εu、εm、εn、εŋ、εp、εt、εk，分别来源于古效摄开口二、三、四等韵，咸摄开口二、三、四等韵，山摄开口一、二、三、四等韵，合口二、三等韵和宕摄开口三等韵。

上述可见，这些粤语次方言的音系跟广州话有着较为明显的差异，而跟封开话有许多共同之处。笔者已经论证，粤语是从汉朝雅言中分化出来，融合当地土著居民语言而形成的。当时的交趾刺史部所在地广信（今封开与梧州）是雅言在岭南最早的传播地，又是雅言与岭南土著居民语言融合的始发地，因此是粤语的起源地。今天的封开话依然保存着一些汉代雅言的特点，是汉代雅言的活化石，如全浊塞音声母及"轻唇归重唇""舌上归舌头"等。将封开话与上述粤语次方言比较，可以看到早期粤语发展演变的轨迹，其中最明显的是全浊塞音声母清化的轨迹。在封开话中，古帮母与并母合流，古端母与定母合流，古见母与群母合流，均为全浊音；而在郁南建城话、化州下江话、吴川吴阳话中，古并、定、群母首先转化为清音，接着，古见母也转化为清音，古帮、端两母至今保持全浊。罗定能古话情况不同，古并、定、群母仍带浊音气流，古帮、端、见母则转化为清音。在同一地区的粤语发展过程中，为何出现两种截然不同的全浊清化轨迹？笔者认为，在上古中原雅言音系中，所有同部位的不送气声母，包括"帮"与"并"、"端"与"定"、"见"与"群"等，应是合流的，均发全浊音，也就是说，只有清浊对立，没有送气与不送气的对立，今天封开话中的全浊音就是这一情况的存留。六朝时期，中原汉语由于受到游牧民族语言的影响，全浊音逐步清化，其中帮、端、见母变为清音，并、定、群母保持全浊，成书于隋初的《切韵》所记录的正是这种情况；与此同时，从雅言分化而形成的早期粤语在传播过程中，则受俚僚的侗台语影响，正如陈其光《民族语对中古汉语浊声母演变的影响》一文指出："侗台诸语言的声母古代跟汉语一样，也是全清、次清、浊音三分的。但是塞音、塞擦音早已演变为清不送气与清送气对立，浊音已转化为清音，只在声调的阳调中留有遗迹。越人在转操汉语时，像北方少数民族一样，母语中缺少浊音的特点，也会带到汉语中来。"[①] 因此出现有别于中原的全浊音清化现象：并、定、群母变为清音，帮、端、见母保持全浊，尔后，见母亦变为清音，仅帮、端两母保持全浊，郁南建城话、化州下江话、吴川吴阳话便属这种情况，可见这些粤语次方言中的全浊音与封开话是一脉相承的；同时，这些粤语次方言中古精组声母与端组合流，与封开话一致，也说明它们来自广信早期粤语。罗定能古话则比较特殊，它跟早期粤语全浊音清化的轨迹迥然不同，而保存着南北朝时期中原汉语全浊音清化的痕迹，说明它是这一时期传入的中原汉语跟早期粤语融合的产物，是粤语发展历史长河中的一条支流。

二　从方言形成见证古道历史

汉武帝时期，在贺江、漓江与西江交汇处设置广信县，并以广信为苍梧郡和交趾刺史部（后改为交州）治所。广信成为当时的岭南首府和经济重镇，成为中原文化与百越文化交流的中心。同时，"为恢复和发展外贸，即以广信为中心分路入南海各港。但番禺其时已毁，日南又塞，故只能西南沿北流、南流江至合浦出海，东南下南江至船步而穿群山，出信宜、高州而下徐闻港。且

---

① 陈其光：《民族语对中古汉语浊声母演变的影响》，《民族语文》，1999年第 1 期，第 21－26 页。

以徐闻港口水文及地理位置为佳，又有 20 万亩洋田，可富一州，遂成为汉家皇商出海主港，成为汉代丝绸之路的起点。"① 因此，南江—鉴江成为海陆丝绸之路最早的一条对接通道。具体来说，就是由广信溯南江至船步登岸，走陆路经信宜合水，越过鸡龙顶旁边的山坳（当地称"马跳坳"）至高州长坡，然后沿鉴江南下化州、吴川，再走陆路往徐闻港。古谚说："欲拔贫，诣徐闻。"当时全国各地的商贾纷纷南下徐闻"淘金"，南江因而成为当时一条黄金水道，鉴江流域及其以南则称为"南路"。在高州良德汉墓，曾经出土 100 多粒玛瑙珠及绿松石珠；在罗定罗镜，曾经出土两件南朝墓葬的金手镯和陶器皿，均有阿拉伯图案，经鉴定为汉代文物，都是这条海陆丝绸之路对接通道的见证。海外贸易不仅促进了南江—鉴江流域的经济发展，而且使这个地区的社会面貌和文化形态发生了重大变化。形成于广信的早期粤语沿这条通道向南传播并发生某些变异，形成郁南建城话、化州下江话、吴川吴阳话等多种粤语次方言。因此，这些粤语次方言跟当地出土的玛瑙珠、绿松石珠、金手镯及陶器皿一样，都是这条海陆丝绸之路对接通道的见证。

从西晋永嘉年间起，中原战乱不断，因而出现前所未有的南迁移民潮。据有关资料，东汉末年交州总人口还不足 200 万，而六朝时期迁入的汉族移民就达 250 万。② 在众多的汉族移民中有不少中原衣冠望族，他们举家迁入岭南，落脚于俚僚土著聚居之地，以儒家礼仪之道教化俚民僚民，从而树立威望，成为俚僚首领。南朝推行"以俚治俚""以僚治僚"的政策，大量敕封土著民族首领为官，他们当中一些人也就成为集地方官与土著首领于一身的名门豪族，泷州陈氏家族便是其中一例。

泷州陈氏原居住于颍川郡鄢陵（今河南鄢陵）。南朝梁时，族人陈法念举家南迁，沿南江古道进入泷州（今罗定），定居于开阳乡（今罗太盆地），"以孝义教化溪峒，所至镇俗戢奸，盗贼屏息"③，因而成为南江流域僚民的首领，

---

① 曾昭璇、曾新、曾宪珊：《西瓯国与海上丝绸之路》，《岭南文史》，2004 年第 3 期，第 33 页。

② 刘希为、刘盘修：《六朝时期岭南地区的开发》，《中国史研究》，1991 年第 1 期。

③ 民国《罗定县志》。

后被敕封为新州（今新兴）、石州（今藤县）刺史，其子陈佛智任罗州（今化州）刺史、南靖（今怀集）太守。当时还有一批颍川郡陈氏族人迁至西江两岸，包括苍梧（今梧州）陈坦，康州（今德庆）陈頠，高要陈文彻、陈文戒兄弟等，他们都成为当地土著首领与地方官，与陈法念家族相呼应。没有姓氏的僚民纷纷姓陈，西江中段与南江流域几乎成了陈氏的天下。值得注意的是，陈佛智曾在鉴江流域的罗州担任刺史，其接任者正是后来成为冼夫人家公的冯融。史书载冯融任罗州刺史期间，"以礼义威信镇于俗，汲引文华，士相与为诗歌，蛮中化之，蕉荔之墟，弦诵日闻。自是溪洞之间，乐樵苏而不罹锋镝者数十年。"① 由此可见当时南江—鉴江这条古道不仅促进了这一地区经济的发展，同时也大大促进了中原文化的传播。隋灭陈后，陈佛智与广州王仲宣结盟叛乱，兵败被杀，其子陈龙树逃往安州投靠宁猛力。唐武德四年（621年），陈龙树随宁猛力之子宁长真归唐，便向朝廷提议在鉴江上游设南扶州（后改名窦州，今信宜），并亲任南扶州刺史。后来，其长子陈普光任永宁（今罗定西南）县令，次子陈集原官至冠军大将军行左豹韬卫将军，授"上柱国颍川郡开国公"爵位。圣历二年（699年），陈普光对泷州龙龛岩道场进行重修，由陈集原作《龙龛道场铭并序》镌刻于岩洞北壁。铭中除了描述当地佛教盛况、弘扬佛教思想之外，还反思了陈氏家族与朝廷多次兵戎相见的经历，盛赞武则天"御绀殿以抚十方，动金轮以光八表，弘护大乘，绍隆正教。覆载之恩，均黔黎于赤子；云雨之施，等润泽于苍昊"。透过这些颂词，可以感受到当时南江流域的升平景象。

罗定能古话古并、定、群母带浊音气流，古帮、端、见母转化为清音，这一特点来自南北朝中原汉语，跟陈氏家族南迁的年代吻合；同时，音韵学研究成果表明，这一时期洛阳地区的古全浊声母是不送气的，关中地区至少在中唐时期的资料显示全浊声母都是送气的，而能古话中古全浊塞音并、定、群母字都不送气，这一特点显然来自当时洛阳一带的汉语，跟陈氏家族南迁之前的居住地吻合，这些特点说明能古话的形成跟陈氏家族南迁有着密切关系。这个家族所带入的南北朝时期中原雅言与从广信传入的早期粤语及当地百越土著语言

---

① 《广东通志·列传一·冯融传》。

逐步整合，便形成一种独具特色的粤语次方言——能古话。正如南江是珠江的支流一样，能古话是粤语发展历史长河的一条支流，它在早期粤语发展史上有着重要的作用，是南北朝时期南江古道的见证。

三 结语

李如龙教授指出："研究语言，不了解民族文化就不能有真切的理解，研究方言也必须关注地域文化；换一个角度看，要了解民族文化或地域文化，透过语言和方言这个载体也是一条便捷的途径。"① 透过南江—鉴江流域小方言研究，考察形成于广信的早期粤语在沿南江—鉴江这条古道传播的过程中如何与原住民语言进行整合，在南北朝时期又如何受中原汉语的影响而发生变异，可以证实：汉朝开通的南江—鉴江古道，与北面的潇贺古道贯通，成为海陆丝绸之路最早的对接通道，它不仅促进了该地区的经济发展，而且使该地区的社会面貌和文化形态发生了重大变化。由此可见，这些小方言跟遍布南江—鉴江流域的文物古迹一样，都是当地人文历史的积淀，都是有价值的文化遗产。本文所述仅限于全浊塞音声母方面，还有其他语音特点，以及词汇、语法特点等，都可以为南江文化研究提供许多珍贵资料。

参考文献：

[1] 宋长栋，余伟文，庄益群. 罗定县志·方言. 广东人民出版社，1994.

[2] 叶国泉，廖灼材. 郁南县志·方言. 广东人民出版社，1995.

[3] 何科根. 吴化片粤语的语音特点. 语文研究，1997.3.

[4] 张振兴. 广东省吴川方言纪略. 方言，1992.3.

[5] 罗康宁. 粤语起源地是怎样发现和论证的. 梧州，岭南文化古都，广东旅游出版社，190－200.

---

① 李如龙：《关于方言与地域文化的研究》，《泉州师范学院学报》，2005年第1期。

从考古资料探索南江古道在南海丝路中的历史作用

邱立诚

（广东省文物考古研究所）

南江古道连接了西江与鉴江，既是与中央、周边地区联系的通道，也是沟通内河与海上丝路的要道。其考古发现为研究各时期各地的商贸文化以及岭南北地区的人口迁徙、文化交流等课题提供了重要的实证。本文介绍有关南江古道的考古资料，以方便学者们的研究。

一　先秦时期有关南江古道的考古发现

（一）南江流域的旧石器[①]

为配合云浮至阳江高速公路罗定至阳春段项目的建设，广东省文物考古研究所组织文物考古调查队伍于 2012 年 3 月至 6 月对项目用地进行考古调查，在南江流域发现若干旧石器时代文化遗存的线索。为确认文化遗存线索的性质、年代及其分布范围，同时围绕旧石器时代考古调查与研究项目开展工作，广东省文物考古研究所再次派出专业技术人员组成旧石器考古调查队，于 2012 年 11 月至 2013 年 1 月联合云

---

① 刘锁强：《南江旧石器时代地点群》，《中国考古学年鉴（2014）》，中国社会科学出版社，2015 年。

浮市博物馆、郁南县博物馆与罗定市博物馆等单位，在南江流域进行旧石器时代考古专项调查。

这次调查取得了突破性收获，在南江流域郁南县、罗定市境内发现60多处旧石器地点，采集到200余件石制品标本。初步研究表明，南江流域旧石器时代文化遗存把广东的远古人类文化从已知的距今13万年左右，追溯到数十万年前。

南江流域境内地貌以山地丘陵为主，郁南东南部与罗定中北部即南江中游为罗定盆地，形成于第三纪，基岩为红色砂岩、页岩，盆地内发育有数级的河流阶地。盆地东南侧为岩溶地貌，发育较多石灰岩溶洞，20世纪80年代在罗定下山洞与饭甑山岩曾分别发现晚期智人化石与打制石器材料，研究者认为其时代应在晚更新世，属于旧石器晚期遗存。这次发现的旧石器地点群均为旷野类型，分布在南江中游两岸阶地，其中绝大多数发现于三级阶地与四级阶地，目前仅有东水口一处地点发现于二级阶地。

南江流域的旧石器地点主要集中分布于盆地东北缘郁南县河口镇与大湾镇境内，少量地点分布于罗定市华石镇与罗平镇等地。河口镇与大湾镇的旧石器地点分布极为密集，在约20平方公里的地域范围内已发现有50余处地点。南江两岸台地水土流失严重，部分台地顶部直接暴露基岩风化壳，其上的阶地堆积剥蚀殆尽，石制品多裸露于地表，仅有郁南磨刀山、围顶、古甑西、瓦厂头与簪栋等地点尚存阶地堆积，磨刀山、簪栋等地点所采集到的石制品也相对较多。其中磨刀山第一地点的部分石器采集自四级阶地底砾之上的网纹红土堆积中，地表采集的石器表面也多见网纹印痕，该地点出露的阶地堆积厚度超过20米。

采集的石制品标本，以石器为主，还有少量石片、石核与断块等，原料岩性以石英岩、砂岩与石英为主。石制品原料来源于古南江的河滩砾石，石器主要直接利用砾石进行加工，也有少量利用石片为毛坯二次加工。剥片技术主要采用简单锤击法，石器修理技术以单面硬锤加工为主，部分石器刃缘使用转向与错向加工，手斧与少量手镐则可见两面加工技术。石器类型较为丰富，有手镐、手斧、砍砸器、刮削器、小尖状器、凹刮器等，其中数量以手镐为最，其次为砍砸器与刮削器。手镐在石器中所占比重甚大，根据刃部特征与形态可分为舌形手镐、三棱手镐、矛形手镐、短刃手镐等，其中又以舌形手镐数量最多。石器个体较为粗大，手镐与砍砸器的长度都在 10 厘米以上，不乏长度超过 20 厘米者。值得注意的是，在粗大砾石石器之外还发现少量体形相对较小的石片刮削器与小尖状器，长度不超过 10 厘米，小者仅在 5 厘米左右（图1）。考虑到石制品采集自不同阶地，南江流域的旧石器文化可能存在不同时期的阶段性特点。

图1　南江的旧石器

以砾石为原料、石器技术以单向简单加工为主、工具组合以手镐与砍砸器为主，南江的旧石器清楚地显示出中国南方砾石石器工业的典型特征，与广西百色、湖南澧水、安徽水阳江以及汉水流域等地的旧石器文化同属砾石石器工业系统。南江旧石器地点群所发现石器中最具特色的是舌形手镐与手斧，其形态特征与西邻的广西百色旧石器在文化面貌上更为接近，而与其他地区的旧石器文化存在一定差异，显示出共饮西江水、同处岭南地的两广地区在早期旧石器文化上的渊源关系。

根据石制品的类型特征与工艺技术、石器地点的地貌特征与阶地地层堆积，初步判断南江旧石器地点群的时代最早可至中更新世，属于旧石器时代早期。与南江旧石器文化面貌相近的广西百色旧石器最早可至距今 70 多万年，而湖南旧石器文化最早可至距今 50 万年。南江旧石器的最早年代可以前两者

为参考，而参考云浮蟠龙洞人化石的年代，数据在 25 万年以前。具体年代有待今后的田野发掘工作与年代学研究来进一步证实。

（二）蟠龙洞人①

蟠龙洞是一处位于云浮市云城区狮子山西麓的石灰岩洞穴，系裂隙型发育，总长 526 米，宽 3 米，高 8 米。洞口向东，高出地面 12 米。从洞口内进 40 米处有黄褐色胶结堆积，含第四纪哺乳动物化石。堆积中出土两颗人类牙齿化石，其中一颗为左下第三臼齿，齿冠相当粗壮。齿冠咬合面似圆形，咬合面的各齿尖只有中度的磨损，所以其前、后、原、次等齿尖以及颊沟、远中沟、近中沟、舌沟、中央缺隙均清楚可见，而且相当发育。下次尖虽比下原尖稍小，但也很发育，在下次尖后面有一下次小尖存在，这是其原始特征的表现，可能属于 30 岁左右的青年个体；另一枚为左下第二前臼齿，齿根单支，已残，似乎还未发育完全，齿冠面各尖没有磨损的痕迹，据此估计可能属于一颗乳齿，和前者分属不同的个体，属于 10 岁左右的儿童（图2）。

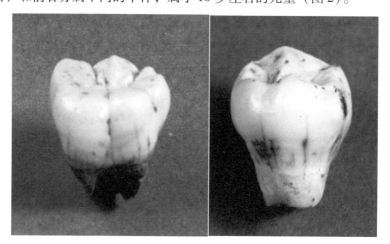

图2　蟠龙洞早期智人左下第三臼齿（左）、左下第二前臼齿（右）

---

① 邱立诚、张镇洪：《广东云浮蟠龙洞出土的人类牙齿化石》，《天道酬勤桃李香——贾兰坡院士百年诞辰纪念文集》，科学出版社，2008 年；邱立诚、涂华、沈冠军、赵建新：《广东云浮蟠龙洞人类牙齿化石地点釉系测年初步结果》，《岭南考古研究》第 11 辑，香港，中国评论学术出版社，2011 年，第 6-9 页。

蟠龙洞第四纪化石哺乳动物群有 6 目 23 种，其中有巨羊化石。说明蟠龙洞动物群所反映的年代有可能早于马坝人和硐中岩两个地点，与人类牙齿化石本身所表现出来的结构较为原始的特征是一致的。因此，蟠龙洞人的年代有可能与马坝人同期或稍早，生存年代当为中更新世晚期。据测定显示，年代为 25.6 万年，早于马坝人地点的测年数据 23.7 万年，属于远古时期"西江走廊"中古人类东进的一支。

（三）苹塘下山洞与饭甑山①

下山洞位于罗定城区东面 21 公里处，在洞内堆积的第二层出土一段人的挠骨，残长 178 毫米，骨壁厚 3 毫米。石化程度一般。骨体表面一端有豪猪啃咬痕迹，共存动物化石有黑鼠和一些破碎的兽骨。据堆积情况分析，时代为旧石器晚期，人骨化石可归入晚期智人。罗定苹塘下山洞的第二层堆积中，与人骨化石共存的 60 余块破碎蚌壳，个体较大，且坚硬厚重。其中一些有人类加工痕迹，有的标本边沿有两处平直截面，刃部锋利；不少标本保留有经人为加工使用后所形成的直刃；还有的标本留有受火烤熏过的黄褐色壳面。发掘者认为这是人类加工使用的蚌器。

饭甑山在罗定金鸡，是大云雾山山脉支系的一座石灰岩孤峰，洞口向东北，相对高程 6 米，附近是一个山间盆地，洞前有小河流经。洞内的东北壁堆积中含有哺乳动物、贝类及龟鳖类等化石，并见有 30～40 厘米的灰烬层，说明这里曾是一处古人类居住的遗址。堆积物的第二层出土 5 件石制品，砾石制作，有砍砸器、石锤和刮削器。其中一件刮削器是石片制作，有一个弧刃，刃面有经多次打击留下的片疤；另有一件刮削器是用小砾石制作，向两面加工出一个刃缘，经多次打击，刃部留有修理疤。砍砸器用锤击法打制，刃面陡直，这类陡刃器在两广地区分布普遍。石器中个别已出现两面打击技术，较上述地点的石器形态显然要进步一些，年代为旧石器晚期。

（四）罗定背夫山墓与南门垌墓②

背夫山墓位于罗定市罗平镇横垌村背夫山西南坡。1983 年清理。为长方

①　宋方义、张镇洪、郭兴富、陈大远：《广东罗定饭甑山岩、下山洞洞穴遗址发掘报告》，《人类学学报》，1989 年第 2 期。

②　广东省博物馆等：《广东罗定背夫山战国墓》，《考古》，1986 年 3 期；徐恒彬：《广东罗定出土一批战国青铜器》，《考古》，1983 年 1 期。

形竖穴土坑墓，人骨葬具均无存。墓坑长 4 米，宽 2 米，残深 2.3 米，属中型墓。墓向 220°。随葬器物共 116 件，在墓坑内呈纵轴线放置，前后端各竖立一对人首柱形器；墓底中部有一个圆形腰坑，内置一件大陶瓮；后端距墓底 0.6 米高的填土中有一件铜矛，估计原来装柄竖立。随葬器物有铜器鉴、鼎、铎、人首柱形器、戈、剑、矛、镞、钺、斧、叉、镰、锯、削、刮刀、凿等，部分器身有"王"字形纹样，多见有织物包裹痕迹，剑有木鞘，镞有矢箙；陶器瓮、罐、豆，其中瓮饰勾连云雷与方格组合纹，罐饰篦点、弦纹、水波、方格组合纹；原始瓷器杯；玉器块、觽形器以及石器凿、砺石等。所有器物排列有序，丰富多样，说明埋葬时举行过很隆重的葬仪。年代为战国时期。

南门垌墓位于罗定市太平镇太平河东岸的山丘。1977 年清理墓葬 2 座，均为长方形竖穴土坑墓。其中一号墓长 4 米，宽 2 米，深 1.7 米，墓向 230°。属中型墓。随葬器物 136 件，有青铜器鼎、缶、鉴、钟、铚、盉、人首柱形器、剑、矛、戈、钺、斧、镞和陶缶。其中鼎、盉、鉴饰蟠螭纹、绹纹，铸造精致；甬钟 6 件，但所铸饰勾连雷纹各有不同，似属凑合起来的编钟；43 件铜钺均有打磨、使用痕迹，说明墓主人拥有大量生产工具；陶器纹饰为勾连雷纹与方格纹组合。推断该墓的年代为春秋晚期至战国早期。二号墓长 2.5 米，宽 1.5 米，深 1.6 米，为小型墓。方向为南偏西。随葬器物 11 件，包括有铜器剑、矛、刮刀；陶器瓮、碗、盒以及滑石环。其中瓮饰米字纹，盒饰弦纹、水波纹、篦点纹。年代为战国晚期。此外，在这个地点北面 1 公里处还有一座墓，墓穴已毁，随葬品仅收集到 1 件长剑和 1 件陶罐，罐为垂腹、圜平底，饰席纹与细方格纹组合。年代在战国早期。

（五）其他

1993 年，罗定太平镇潭白傍城岗农民张锦威在屋地挖泥时，挖到青铜车马器三件，为车軎、衡饰和鸾铃。[①] 车軎通长 9 厘米，口部为 4.8 厘米的大孔，颈部饰变体兽面纹。底部平面为鸟纹图案，阴纹呈旋涡状。衡饰呈蝶形，宽 5 厘米，高 2.7 厘米，背面有半环形扣，器表饰兽面纹。鸾铃器小体薄，呈扁钟形，高 5 厘米，铣距 3 厘米，重 18 克，顶有环钮，身开长条形孔。这是残存

① 陈大远：《罗定博物馆藏东周青铜车马器》，《岭南考古研究》，中国评论学术出版社，2009 年。

的车马器（图3）。年代为战国晚期。一种解释是，车马器很可能是当地越人与秦军作战时的战利品，故此流落越地。这与秦军在瓯骆越地的战事是吻合的。

图3　罗定战国晚期车马器

还应提及罗定的船埠镇旧县顶遗址、河边山遗址、河口鲤鱼岗遗址、围底镇山顶岗遗址、篱山遗址、中学背遗址、黎少镇三家店遗址、楛辣遗址、两塘镇长冈遗址，罗镜镇罗镙冈遗址、罗平镇狮子山遗址、牧牛河遗址，横洞村李屋顶遗址等地点，出土陶器上的纹饰有云雷纹、勾连云雷纹、夔纹组合纹、凸块纹、曲折纹、席纹、方格纹、米字纹、简化米字纹、水波纹、篦点纹、乳丁纹、弦纹、戳印纹等，年代为西周，历经春秋战国，至秦汉时期。[①] 这些遗存，从各个侧面反映了生活在南江地区土著人的生活情景。

从南江地区的先秦文化遗存看，旧石器时代所呈现的是从西向东的发展趋势，即通常所说的"西江走廊"。[②] 大约在距今一万年前后，古人类通过南江

① 邱立诚：《南江流域早期文化探源》，《珠江文化》，2007年第4期。
② 张镇洪、邱立诚：《中国南海古人类文化考》，广东经济出版社，2013年。

流域、漠阳江等向南即海滨地区发展，阳春独石仔、罗定苹塘下山洞与饭甑山遗存就是古人类迁徙过程中的居住地或停留地。可以说，南江古道就已在此时初步形成。历经新石器时代的发展，南江地区的人类在商周时期更多地受了来自东面的文化影响。如双肩石器、有肩或有段石器、梯形锛凿类石器等石质工具；还有前述拍印各类纹样的陶器，这也是百越文化的遗留，反映了以珠三角地区为中心的夔纹陶文化（考古学称大梅沙文化）和来自华东地区的米字纹陶文化（考古学称西瓜岭文化）等先进越文化的影响。① 当然还有来自西面的文化烙印，如带扉棱的有肩石铲（主要中心地在广西隆安）。因此，在罗定以南、阳春以西，夔纹陶文化（年代为西周至战国早期）和米字纹陶文化（年代为战国中期至西汉南越国时期）的分布也有一些，直至雷州半岛。这正是南江古道通向粤西南地区的有力证据。

先秦时期的考古遗存证明，西江流域通过南江古道与鉴江接轨，再向南与南海汇流，形成今天所说的海陆丝路通道。这条通道是内河文化与海洋文化的交汇点之一，其历史作用也是不能忽略的。

二　汉唐时期有关南江古道的考古发现

（一）肇庆"广信侯"墓②

汉晋时期南江地区在罗定一带的考古发现较为零散。更多的发现是在云浮的安塘古宠，古宠即古冢的今称，在这里有不少汉晋时期的墓葬，直至南朝。随葬器物多收藏在云浮市博物馆，包括有许多青瓷器、陶器，也有金指环等器物，说明墓主人有相当的身份。南朝陈霸先的后人曾建衣冠冢在云安，推测安塘古宠的南朝墓与陈霸先在这一地区的经营有很密切的关系。这里暂且不述。值得注意的是，2001 年在肇庆市城区北面的坪石岗清理了一座东晋泰宁三年（325 年）的砖室墓，墓室由墓道、前室、过道、后室、耳室、壁龛六部分组

---

① 杨式挺、邱立诚、冯孟钦、向安强：《广东先秦考古》广东人民出版社，2015 年，第 770–774 页。

② 邱立诚：《广东肇庆市坪石岗东晋墓》，《华南考古》第一辑，文物出版社，2004 年。

成，全长 9.55 米。随葬品虽略有散失，但仍收集到 50 件，包括有金器手镯、指环，银器钗、簪、耳勺，铜器瓿、盒、弩机，铁器矛、剑、刀，青瓷器罐、碗、盏、魁、洗、唾壶、熏炉、灯、虎子、水注，陶器瓮、罐和作为明器的人俑、马、城堡、水田、井、畜圈、鸡笼。还有一件属舶来品的玻璃器。可以肯定，这是一座级别较高的夫妻合葬墓，又以随葬器物中有剑、矛、刀等武器，男性墓主无疑当是一位武将，遗憾的是未见随葬的墓主人印章，未能得到墓主姓名及所任职务等信息。所幸的是，在一块墓砖的平面阴刻有草隶"高×××广州苍梧广信侯也"，由此而推断墓主人生前曾被封为"广信侯"。广信县最早建于西汉元鼎六年（前 111 年），其后一直为苍梧郡所辖。其时苍梧郡的辖地包括了今肇庆城区一带（属高要县）。一般地说，埋葬之地应就是墓主家乡，广州黄埔姬堂西晋墓（M3）墓主为南海郡增城县西乡梁盖可做例证，故坪石岗东晋墓墓主应为苍梧郡高要县人，如判断无误，则是苍梧郡人在本郡域内被封侯的一例。再以此推论砖铭的"高×××广州苍梧广信侯也"，其意很可能是"高要某某"为"广州苍梧广信侯也"。据传言，墓主人的石印已流失在民间，尚待寻找。东晋永和七年（351 年），苍梧郡又分设了晋康、新宁、永平三郡，今肇庆城区一带划属元溪县，为晋康郡所辖。据此，肇庆坪石岗这座"泰宁三年"墓，是苍梧郡辖属该地的历史见证。我们的关注点，是这座东晋墓出土的属于舶来品的玻璃器，侈口略盘，束颈，鼓腹，圜底。通高 7 厘米，口径 8.8 厘米（图 4）。关于它的用途，我们到现在还不能确定。一是认为可能是盛水类的容器，平时置于器座上，需用时盛酒倒进酒杯，以供尊贵的客人使用；这类玻璃器在大同、南京亦有发现，器形基本相同，称为钵或碗。如山西大同北魏墓出土的磨花玻璃碗，江苏南京仙鹤观 6 号晋墓出土的两件玻璃钵，[①] 形体与肇庆的东晋玻璃器最为接近，它们都属于钠钙玻璃系统，被认为是从波斯进口之物。二是可能属头饰，与粤西遂溪县附城边湾村发现的南朝时期饰錾刻忍冬莲瓣鸟鱼纹鎏金铜器一样，通高 7.2 厘米，口径 8.3 厘米（图

① 关善明：《中国古代玻璃器》，香港中文大学文物馆，2001 年，第 59 页。

5），① 当为女性贵族使用。共存有波斯银币等物。稍有区别的是，这件鎏金铜器口微敛，弧收圜底。当然，肇庆这件玻璃器应是墓主人在广信任职时所拥有之物，目前还难以论定是从合浦港通过西江流域上游地区所输入抑或是从徐闻港通过南江古道所输入，但它通过南江流入肇庆应是最有可能的。至于这一点，还可参考罗定罗镜镇水摆鹤咀山发现的南朝墓。

图 4　肇庆坪石岗东晋泰宁三年"广信侯"墓出土玻璃器

图 5　遂溪县附城边湾村南朝鎏金铜器

---

① 遂溪县博物馆：《广东遂溪县发现南朝窖藏金银器》，《考古》，1986年第 3 期。

（二）罗定鹤咀山南朝墓①

鹤咀山南朝墓所在的水摆是一处古渡口，鹤咀山是云贵山脉北面凸出的一个山冈，而墓葬在山的东北面，山的西侧有信宜林垌河流出，与罗镜河交汇而流向东，形成南江上游。墓为双室，呈两个"中"字形，全长9.84米，宽5.47米，高2.65米。墓向107°，即墓向南江。主室地面有柱洞，应属棺架遗迹，是以干栏式结构来构建棺床。可以说，这是典型的一夫一妻合葬墓。随葬品有金饰2件，铜镜1件，铁剪1件，青瓷器63件，滑石器1件。另有棺钉57枚。青瓷器包括有罐、碗、杯、豆、唾壶、砚等。从六耳罐下腹内收较甚来看，应是南朝晚期之器，很靠近隋代了。金饰是手镯与指环各一件，手镯直径7厘米，面宽1厘米，重31.3克，錾压出四组神首忍冬纹，神兽形态各异，造型有别，制作工艺精细，极具西亚风格（图6）。这两件金器，都应是通过海路而输入的，在罗定南部出土，更是南江古道与海丝交通之物证，也进而判定，鹤咀山南朝墓的主人应属当地拥有非富则贵身份之人，干栏式棺床是其居住干栏式房子的写照，随葬品之丰富及青瓷砚、铜镜、金器等贵重物品的出现，正是地方豪族的反映。

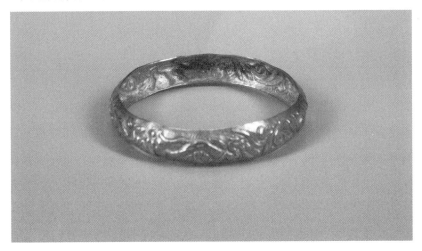

图6　罗定鹤咀山南朝墓金手镯

---

① 罗定县博物馆：《广东罗定县鹤咀山南朝墓》，《考古》，1994年第3期。

南江古道在南海丝路中的历史作用

上述考古发现证明，南江自古以来就是西江与南海的通道之一，远古人类通过西江走廊从云贵到达两广，再向东发展，其中就有一些在南江流域，如蟠龙洞人、下山洞人，并留下了石制工具等器物，如磨刀山、饭甑山的打制石器等。可以证实，南江古道在旧石器时代已经开通。历经新石器时代与两周时期，生活在南江流域的人民，也受到来自粤东、广西以及岭北、华东南地区的影响，出现的双肩石器、有肩有段石器、各青铜器、陶器纹样等，无不打上各地的烙印。通过南江古道，进而使粤西地区产生各时期的元素，也为南江古道通向南海海洋打下了基础。汉晋时期，南江流域分别属苍梧郡端溪县、晋康郡、平原郡等，1980 年在德庆县高良官村东汉墓出土的陶船模型，[①] 通长 54 厘米，通高 18.5 厘米，宽 21 厘米，船首有前舱，中部分两舱，尾部有舵室，附有船舵。船首与尾部两端翘起，颇具海船形态特征（图 7）。德庆汉时即为端溪县，县治就是南江与西江交汇处，这艘海船模型应是南江经鉴江通向南海的反映与见证。南朝梁天监六年（508 年）置泷州（泷州之名源于今罗定江罗镜段的泷喉），州治在今罗镜、太平镇境内。鹤咀山南朝墓的男主人很可能就是州治的土著高级官员（如知州、主簿等），随葬的青瓷砚等物应是其身份的象征；而女主人则随葬金手镯与金指环，是其尊贵地位的反映。

隋唐以后，南江流域进入了新的历史时期，作为古道与海陆丝绸之路的对接关系更为明显。唐宋时期，以罗定为中心，其建置主要是泷州或泷水县，明清时期则主要为罗定州。南江流域始终以罗定为中心区域的历史一直存在，故而出现许多重要的古代建筑，如第七批国家级文物保护单位郁南大湾的清至民国古建筑群、省级文物保护单位罗定明代文塔、清代学宫、清代菁莪书院、清代平南村古建筑群、郁南清代光二大屋、清至民国兰寨古建筑群等。此外，罗定是 1991 年公布的第一批广东省历史文化名城，郁南大湾镇五星村是 2008 年

---

① 杨耀林等：《广东德庆汉墓出土一件陶船模型》，《文物》，1983 年第 10 期；广东省文物管理委员会等：《南海丝绸之路文物图集》，广东科技出版社，1991 年，第 34 页。

图7 德庆高良官村东汉墓出土陶船

公布的第一批广东省历史文化名村，罗定双龙街道倒流榜、围底镇陀埇古村、苚滨镇金滩古村、郁南大湾镇大湾寨于 2014 年被列为第一批广东省传统村落。① 这些遗迹与遗留，都是南江古道的历史见证。保存和保护，并做好开放和展示、活化利用工作，既是我们的义务，也是我们的责任，也是我们实现"一带一路"国家战略目标的具体行动。

---

① 《广东省全国重点和省级文物保护单位名录》，《广东文化遗产》，2015 年第 2 期。

罗定通往海上丝绸之路的古道

周运中

（厦门大学历史学系助理教授，中国南海研究协同创新中心
兼职研究员）

广东罗定地处西江南岸支流罗定江流域，向南经过南江
源头所在的今信宜县东部地区，翻山可到鉴江和漠阳江流
域，再通往南海，连通海上丝绸之路。因为这条道路非常便
捷，所以罗定在古代就和海上丝绸之路有密切联系。

一　海外金器揭示泷水通往南海的古道

1983 年罗定县文物普查队在罗定县南部的罗镜镇水摆渡
口附近的鹤咀山发现一座南朝晚期墓葬，是当时广东省已经
发现的最大南朝墓葬。出土金手镯 1 件、金戒指 1 件、铜镜
1 件、铁剪 1 件、青瓷器 63 件等。金手镯（图 1）直径 7 厘
米，面宽 1 厘米，重 31.3 克，纯金制成，外圈有神兽和忍
冬纹图，有明显的西亚风格。金戒指直径 1.8 厘米，重 6.1
克，纯金制成，无疑也是来自海外。[①] 这里正是罗镜、太平
两镇的小盆地通往南部山地再通往南海的口门，所以有来自
海外的商品。

值得注意的是，1970 年在罗镜镇水摆村山瑶坑还出土了

---

① 罗定县博物馆：《广东罗定县鹤咀山南朝墓》，《考
古》，1994 年第 3 期。

一面汉代的铜鼓，面径 96 厘米，身高 57 厘米。附近还有天龙顶，也出土铜鼓。铜鼓是越族酋长财富的象征，说明这一带在古代非常富庶。

在罗镜镇西部的分界镇先径围村还有唐代的莲花石雕，石面 1.8～1.95 米，刻成覆莲状，共八片。

罗镜镇东南的太平镇潭白村有泷州城址，面积约 5 万平方米，现存夯土城墙，外有城壕。①

图 1 罗定鹤咀山南朝墓出土金手镯

泷州城始于东晋设立的龙乡县，北宋乐史《太平寰宇记·卷一六四·康州》泷水县："本汉端溪县地，属苍梧郡。晋分端溪，立龙乡县，即今州理。梁分广熙郡，置建州，又分建州之双头洞，立双州。隋改龙乡为平原县，又改为泷水县……废泷州，本开阳郡。土地所属自汉以上与康州同。晋分端溪置龙乡县，今州理即其地。《南越志》云：龙乡县属广熙郡，梁大同中分广熙，置建州，又分建州之双头洞，立双州，即此是也。隋炀帝初，废州置永熙郡。唐武德四年，平萧铣，置泷州。天宝元年，改为开阳郡。乾元元年，复为泷州。"

康州："至（开宝）六年，又废泷州，开阳、建水、镇南等县入泷水一县，来属康州。"

① 广东省文化厅编：《中国文物地图集》广东分册，广东省地图出版社，1989 年，第 464－466 页。

泷水县："废开阳县，在县东三十五里。本隋废县，唐武德四年分泷水置，今为开阳镇。废镇南县，在县北九十里。本隋安南县，唐至德三年改为镇南县，今为镇南镇。废建水县，在县北六十里，唐置。以上三县，皇朝开宝六年废入泷水县，并废州额，仍属康州，入为建水镇。"

泷州城在罗定南部，辖有四县，说明这一带最重要的政治中心在罗定南部。东南通往漠阳江流域，西南通往鉴江流域。正是因为泷州城扼守两条通往海路的要冲，所以才成为政治中心。

二 鉴江通道与遂溪、雷州出土的金器

1984 年，广东省遂溪县附城区（今属遂城镇）边湾村出土 1 个陶罐，其中发现 1 件口沿刻有波斯文的银碗、20 枚波斯银币、1 件银盒、73 件银镯、2 件银首饰、2 件鎏金盅、2 件金环、6 件金戒指。边湾村现在不在海边，但是原来在海边，这批货物无疑从海路来到这里。这批银币的时间是沙卜尔三世到卑路斯时期（383—484 年），下限是南齐武帝永明二年（484 年），陶罐是南朝式样。1960 年，广东省英德县南齐墓中出土 3 枚波斯银币是卑路斯时期，埋藏时间是南齐明帝建武四年（497 年）。遂溪县波斯金银器地附近，未发现隋唐遗物，所以应是南朝时期来到中国的。①

1983 年，海康县（今属雷州市）松竹镇塘仔坡西坡地发现的南朝墓葬，出土鎏金戒指、玛瑙、琉璃珠项链，② 还出土了银戒指、银项链。原来是海边的港湾，有码头，无疑是来自海外的商品。③

再向南是汉唐时期的重要海港徐闻县，《汉书·地理志》记载中国通往印度的航路，开头说："自日南障塞、徐闻、合浦船行可五月，有都元国。"《元

---

① 遂溪县博物馆：《广东遂溪县发现南朝窖藏金银器》，《考古》，1986 年第 3 期。

② 陈志坚：《雷州文化》，香港科技大学华南研究中心，2011 年，第 43 页。

③ 陈志坚：《南海丝绸之路雷州半岛港埠变迁的探索》，《海上丝绸之路与明清时期广东海洋经济学术研讨会论文集》，2014 年 9 月，第 50 页。

和郡县图志》："汉置左右候官，在徐闻县南七里，积货物于此，备其所求，与交易有利，故谚曰：欲拔贫，诣徐闻。"① 徐闻县五里乡临海的二桥、仕尾村发现汉代建筑遗址，有万岁、云纹瓦当等官府建筑构件，发现汉代龟纽铜印臣固私印，附近有汉墓群13个，其西不远的华丰岭汉墓发现玛瑙、琥珀、水晶、紫晶、檀香、琉璃等物品，应是来自海外。②

从徐闻到雷州、遂溪，再向东北不远，经过鉴江，就可以到达泷水。所以罗定南部出土的西亚风格金器无疑可以与徐闻、雷州、遂溪发现的西亚商品联系起来，构成一条海上丝绸之路的内陆延伸线。特别是雷州、遂溪、罗定都出土了金戒指，更证明了这条道路。

三 阳江的海路贸易中心

六朝的广州、交州最富，此时北方多战乱，而岭南安宁，广州出土的晋代墓砖铭文说："永嘉世，九州荒，余广州，平且康。"东晋："时东土多赋役，百姓乃从海道入广州。"③ 又"广州包带山海，珍异所出，一箧之宝，可资数世，然多瘴疫，人情惮焉。唯贫窭不能自立者，求补长史，故前后刺史皆多黩货"。④ 东晋岭南已经传入玻璃制造术，《抱朴子·论仙》："外国作水精碗，实是合五种灰以作之，今交广多有得其法而铸作之者。"南齐时："南土沃实，在任者常致巨富，世云：广州刺史但经城门一过，便得三千万也。"⑤ 萧梁史臣曰："至于南夷杂种，分岐建国，四方珍怪，莫此为先。藏山隐海，环宝溢目。商舶远届，委输南州，故交、广富实，牣积王府。"⑥ 相传广州的六榕寺、

---

① （宋）王象之撰、李勇先校点：《舆地纪胜·卷一八·雷州风俗形胜引》，第3801页。

② 广东省文物考古研究所、湛江市博物馆、徐闻县博物馆：《徐闻县汉代遗址的发掘》，《文物》，2000年第9期；杨式挺：《试论海上"丝绸之路"的考古学研究》，《岭南文史》2002年增刊。

③ 《晋书·卷七三·庾亮附庾翼传》。

④ 《晋书·卷九十·吴隐之传》。

⑤ 《南齐书·卷三二·王琨传》。

⑥ 《南齐书·卷五八·蛮东南夷传》。

华林寺都是南朝时建，六榕塔供奉从海外迎来的佛舍利，广州四大名刹有三个建于六朝。

萧梁时王僧孺："寻出为南海太守，郡常有高凉生口及海舶每岁数至，外国贾人以通货易。旧时州郡以半价就市，又买而即卖，其利数倍。"① 广州刺史萧劢时："广州边海，旧饶，外国舶至，多为刺史所侵，每年舶至不过三数。及劢至，纤毫不犯，岁十余至。"② 每年外国商船来往南海郡数次，南海太守低价购入商品，高价卖出，可以赚得丰厚利润。沿海的俚人即黎族，萧梁征讨俚人，获得很多"生口"，也即奴隶。奴隶贸易是高凉的重要商业，但不是唯一的产业。外国商人到广州，经过高凉，顺便贩卖奴隶，也会在高凉贸易各种货物。

汉元帝刘奭初元三年（前46年）罢珠崖郡后，海南岛不再属中原王朝直接统治。刘宋大明四年（460年）曾经重开海南岛航路，但是最终失败，《宋书·夷蛮传》："世祖大明中，合浦大帅陈檀归顺……四年……乃以檀为高兴太守……遣前朱提太守费沈、龙骧将军武期率众南伐，并通朱崖道，并无功。"

萧梁时期的海南岛归顺冼氏，使得从广东经过海南岛东部直接到南洋的航路开通。这是海上丝绸之路划时代的变革，从此中国到南洋的航路不必绕道雷州半岛和北部湾等地。阳江从原来丝绸之路的一个普通海港，变成了航路的枢纽要冲。因此高州成为岭南的政治中心，冼夫人也成为岭南的最高首领，冯氏成为岭南最重要的豪族。这也为唐宋时期阳江在海上丝绸之路的地位继续提升，奠定了稳固的基础。

南朝后期到唐代前期，高凉冼夫人逐渐统一岭南，《隋书·谯国夫人传》说侯景之乱时，梁朝土崩瓦解，岭南群龙无首，一片混乱。在此大难之际，冼夫人驱逐谋反的高州刺史李迁仕，又与陈霸先会兵于赣江上游，帮助陈霸先平定江南，有功于民。陈朝建立，永定二年（558年），冼夫人又遣率诸首领朝于丹阳（今南京）。后陈朝的广州刺史欧阳纥谋反，冼夫人又率兵平定。陈朝灭亡，岭南诸郡共奉夫人为圣母，保境安民。隋军南下，冼夫人遣其孙冯魂迎隋军，岭南平定。后有番禺人王仲宣谋反，冼夫人遣孙冯盎平定。隋文帝杨坚

---

① 《梁书·卷三三·王僧孺传》。
② 《南史·卷五一·梁宗室传》。

拜冯盎为高州刺史，拜冯暄为罗州刺史，冼夫人为谯国夫人。

冼夫人自己虽然在岭南的沿海边缘之地，不能参与北方的群雄逐鹿，但是她从梁到陈到隋，一直拥护中央政权，为中央政权多次平定岭南的叛乱，受到中央的嘉奖。

阳江在南朝后期到唐代前期，因为有冼夫人保境安民，局势稳定，所以成为岭南的政治中心，也成为海洋贸易枢纽，经济基础雄厚。冼夫人原来就参与海外贸易，所以她不希望地方动乱。阳江的贸易要依靠广州港口连接北方，所以冼夫人多次平定广州的叛乱，一直支持中央稳定广州。唯有如此，才能稳定北方与南洋的商路。

萧梁时期，高凉郡又升为高州。《隋书·卷三十一·地理志下》说高凉郡在萧梁时，升为高州。又在合浦郡海康县下说："梁大通中，割番州、合浦立高州。"此处的番州其实是番禺之误，所谓割番禺、合浦，其实是用汉代番禺、合浦的古名来指代广州、越州，也即割广州、越州之地，设置高州。

南朝晚期，在今阳江的高州不仅是政治中心，也是商业中心，所以从罗定南部向东南通往漠阳江的道路也应是通往海上丝绸之路的一条道路。从阳春到阳江海岸的路，比通过鉴江到海岸还近。但是这一条路上未发现出土汉唐时期的海外商品的遗址，很可能是因为阳江的政治势力垄断海外贸易，并把海外商品主要运往广州，因而不主要运往泷水流域。不过也有可能因为考古的偶然性导致有的遗址尚未被发现，也不排除一般海洋商品从这条道路销往泷水流域。

四　龙龛道场铭文中的道路

唐代岭南第一石刻《龙龛道场铭并序》在罗定境内，其中说：

> 近有交趾郡僧宝聪，弱岁出家，即诣江左，寻师问道，不惑图南。闻有此龛，振杖顶礼，睹佛事之摧残，心目悲眩，共成胜因。又檀越主善劳县令陈叔珪、陈叔玮、陈叔瑛，痛先君之肇建，悲像教之陵迟，敦劝门宗，更于道场之南，造释迦尊像一座。遂得不日而成，功德圆满，为七代之父母修六道之缘。

交趾的僧人宝聪，从交趾到江东，不知是走陆路还是海路。回来经过罗定，说明从罗定到交趾有道路。这条道路很可能在汉代或六朝时期早已开辟，这也是连接海外和中原的道路。

陈寿《三国志·卷四十九·士燮传》说：

> 燮兄弟并为列郡，雄长一州，偏在万里，威尊无上。出入鸣锺磬，备具威仪，笳箫鼓吹，车骑满道，胡人夹毂焚烧香者常有数十。

士燮是广信县（今封开）人，东汉佛教已经在岭南流传，士燮在交趾尊重胡人的佛教，所以那时佛教很可能就在从海外经过罗定到西江流域的道路上传播，这是到达广信县的近路。

《龙龛道场铭并序》说：

> 此龙龛者，受形于浑沌之颜，擢秀于开辟之日。孤峰峻峙，罩素匣而出云霞。危壁削成，排日晨而蔺霓汉。峭崿秀丽，为众岩之钦抱。花药奇卉，实仙璧之安憩。是故龙出龙入，每脱骨于岩中；仙隐仙栖，屡承空於香气。因得龙骨，故曰龙龛。去武德四年，有摩阿大檀越永宁县令陈普光，因此经行，遂回心口，愿立道场，即有僧惠积，宿缘善业，响应相从。

龙龛道场原来应是民间祭祀之地，唐初设立寺庙，但是此前佛教已经在罗定境内传播，所以陈普光才能尊崇佛教。

总之，罗定南部经过鉴江、漠阳江连接海上丝绸之路的古道是海上丝绸之路延伸到岭南内陆的重要通道。

古代粤桂经济文化走廊南江古道与西江段的历史地位

吴建新

（华南农业大学历史学教授）

摘要：论述了粤桂经济文化走廊罗定的南江道和罗定所处西江段的历史地理，说明此地与广西、肇庆以下地区、粤西南等地的交通状况，并通过此地流经的物资交流，说明这一地区在粤桂经济走廊中的重要性。并提出了粤桂经济文化走廊罗定的南江道和罗定所处西江段申报历史文化遗产的可行性建议。

关键词：古代粤桂经济文化走廊南江道与西江段；物资交流；申报历史文化遗产

■ 序言

粤桂经济文化走廊广东方面，主要指西江南北路地区。其中罗定的南江道和罗定所处西江段是重要的一段。罗定的南江道古代称泷水，民国《罗定县志》对泷水有这样的描述：

"川流以泷水为经，源出信宜，入州境西南。北流经州西，谓之建水，东经城北，又东北至界牌，出州境，至东水口，复入州境二里许，又东北过东安、西宁两县，间行百余里，入于西江。"① 泷水流入西江，所以泷水流入西江的一段也非常重要，因此，从以西江南北路为主的粤桂经济文化走廊，必须将泷水与西江联系起来考察，才能看出罗定的南江道和罗定所处西江段的历史地位。

一 古代粤桂经济文化走廊南江道与西江段的历史地理概况

从石器时代起，南江道流域与西江段估计就有古代人类活动的踪迹。毗邻罗定的封开峒中岩人类化石，可能是从云南元谋人及与其有关系的百色人这些远古人类发展而来。晚于封开峒中岩人，其第三层和第二层的牙齿化石和石制品，距今4.8万年至2.24万年。更晚的有封开黄岩洞和阳春独石仔遗址，以单面打击的石砾为特征。与这两个"中石器"时代遗存相联系的百色旧石器，或通过西江流域向东发展，在桂东和粤西有相当多的洞穴遗址。我以为，沿着泷水南下，未免不是一条"中石器"时代古人向西江南北路进发的路径。尤其是当穴居人类向江边河岸、滨海、平原谷地、岛屿进发的时候，粤西南的古人类从泷水向东北方向或是另一条路径。当然这些猜想需要考古遗址来证实。

在先秦，罗定古人类的足迹就十分明显了。1983年出土了战国时期罗定的青铜器，数量达136件。1986年在罗定背夫山更是发现了战国墓，出土的青铜器也有98件。这些战国时代的青铜器和战国墓表明先越居民在罗定的活动，而且这些青铜器和战国墓并不是孤立的，它们与封开、怀集、广宁、德庆、四会等地以青铜器为主要随葬品的墓葬有非常密切的关系，而且与岭北的青铜器遗址有密切关系，数量不多的青铜器墓葬说明了为数不多的贵族的出现，而且有更多的原始瓷器的出现，反映出陶瓷业较之青铜器更为发达的写照。邱立诚认为在这些考古遗址中，可能已经出现岭南古国。② 罗定或者就处于这些古国的边缘地带。

在秦始皇统一岭南中，西江走廊是秦军进军岭南的一条重要通道。到了汉

---

① 民国《罗定县志·卷一》。
② 邱立诚《珠江古代文明的起源、形成和发展》，《粤地考古求索——邱立诚论文选集》，科学出版社，2008年，第8-9页。

魏晋南朝时期，罗定是岭南越族（后为俚人）的活动地区。陈朝和隋朝之间，罗定的俚人部落受到冼冯集团的节制，曾经为安定岭南、统一岭南做过贡献。

但是长期以来，罗定的大片原始森林，限制了泷水，即南江作为粤桂走廊重要部分的作用。原始森林广布，瘴岚充斥，人易于得病，农业生产的发展得到很大的限制。这可以从明清文献的记载往上推：如万历时，西宁"万山丛障"，有参将因瘴病"以狂病卒"，"兵士疫死者半，称为髑髅渊薮"。①

清初瘴岚减少，但还是有，如西宁县："县治之山，丛岗叠嶂，郁珍成岚，以故民多疟病……一日之间气候屡变，炎征则热，风雨即寒。"②

明万历至清初尚且如此，则往上溯到宋元，瘴岚情况亦大致差不多，甚至更严重。明代始，罗定的俚人部落与为逃脱里甲制度的汉人，与从广西流入的瑶族一起，占据罗旁山，对粤桂西江走廊造成了极大的威胁。"前明设抚瑶土官领之，俾略输山赋，羁縻而已。"③ 地方广大和险峻的罗旁山成为瑶族聚集的地区："罗旁在德庆州上下江界、东西两山间，延袤七百里。"④范围很大，甚至比海南黎族占据的地方还大："黎峒其地四方仅可三四百里。不能及罗旁三之一。"⑤

瑶族势力扩张，甚至占据西江段两岸，占耕民田，不仅中断了粤桂走廊的交通，还与广西等地的瑶族互为呼应，对明朝在两广的统治造成了极大的影响。罗旁山汉族居民与瑶族有密切关系："罗旁之地，土著之民多质悍，利入瑶为雄长。客籍之民多文巧。利出瑶为围夺。"⑥

罗旁山瑶族部落最多，甚至影响了粤西南和粤中新会地，如嘉靖、隆庆间，"罗旁贼猖獗，村袭破之周高山，设屯以守。贼有三巢在新会境。调副总兵梁守愚由恩平，游击王瑞由德庆入，身出肇庆中道，夜半斩贼五百级，毁庐舍千余，空其地，募人田之"⑦。

① 万历《西宁县志·卷之五·名宦》。
② 康熙《西宁县志·卷之一·舆地志》。
③ 道光《东安县志·卷四·外纪》。
④ 《明史·卷二二二列传第一一〇·凌云翼传》。
⑤ （清）屈大均《广东新语·卷二·地语》。
⑥ （清）屈大均《广东新语·卷七·人语》。
⑦ （清）张廷玉等《明史·卷二二七·李材传》。

罗旁山瑶族和梧州等地的瑶族相互呼应，对粤桂走廊造成极大的威胁："广西全省惟苍梧一道无土司，猺患亦稀。万历初，岑溪有潘积善者，僭号平天王，与六十三山、六山、七山诸猺、獞据山为寇，居民请剿。"① 又史载："岑溪西北为上、下七山，介苍藤间，有平田、黎峒、白板、九密等三十七巢。东南为十三山，有孔亮、陀田、桑园、古榄、鱼修等百余巢，与广东罗旁接。山险箐深，环数百里无日色。贼首潘积善等据之，久为民患。"②

罗旁山瑶族之乱是明代中叶各种社会矛盾综合激化的结果。明初洪武、永乐间瑶汉之间关系还算融洽的，但是明军守将对瑶族诛求无限，瑶族与统治者的关系紧张起来。加上里甲制度下，汉族居民无法忍受繁重的赋税徭役，被迫进入瑶山亦耕亦盗，就是所谓的"伪瑶"。明军的无情镇压，瑶族被迫反抗，"乱"由是而起，粤桂经济文化走廊无安定之日。明军对罗旁山瑶族进行了大规模的镇压。比较大的镇压行动，从成化年间已经开始。"成化中，韩雍经略西山颇安辑，惟东山瑶阻深箐剽掠，有司岁发卒戍守。"但是瑶区不断有汉族流民加入，明军加大对罗旁山的围剿，从凌云翼万历元年"提督两广军务"起。稍后，殷正茂继其事，"云翼乃大集兵，令两广总兵张元勋、李锡将之。四阅月，克巢五百六十，俘斩、招降四万二千八百余人。岑溪六十三山、七山、那留、连城诸处邻境瑶、僮皆惧。贼首潘积善求抚，云翼奏设官成之。论功，加右都御史兼兵部侍郎，赐飞鱼服。乃改泷水县为罗定州，设监司、参将。积患顿息。六年夏，与巡抚吴文华讨平河池、咘咳、北三诸瑶，又捕斩广东大庙诸山贼。岭表悉定。"史载："云翼有干济才。罗旁之役，继正茂成功。然喜事好杀戮，为当时所讥。"③ 万历初，罗旁山瑶族平定，意味着粤桂走廊南江道流域与西江段的安定，这一"安定"是以瑶族民众的鲜血奠定的。平定瑶族之乱后，泷水县立为罗定州，下辖东安、西宁两县。

自万历年罗旁瑶族被平定后，罗定基本上没有大的动乱，粤桂走廊一直到清近代都是较为安定的，剩下的瑶族或被杀害，或迁徙别处，居住原地的逐步汉化，"所余残孽在东（安）者，设瑶官四名，瑶总一名，瑶甲二十三名，瑶

---

① （清）张廷玉等《明史·卷三一七·列传第二〇五·广西土司一》。
② 《明史·卷二四七·列传第一三五·童元镇传》。
③ （清）张廷玉等《明史·卷二二二·列传第一一〇·凌云翼传》。

众四百六十四名，居二十二峒。自后渐染民俗，生齿日繁，至有事绽诵而列子矜者"①。即使是在平瑶族过程中迁入罗定的壮族，人数也大为减少："亦以佃田输租为名，生聚日繁，遂分各乡，间亦有入版籍者……分拆东安，（壮族）日久渐衰，间有一二亦且混而为民矣。"②

而且，在罗定的行政地理变化以后，大量的外地人迁入，逐步改变了土地与人口的比例和人口结构。这显然是因为万历初镇压瑶族之后，大量的外地人迁入罗定，从而引起罗定山区的大开发。

"迩来闽广附籍居多，俗尚各异，然县饶山林，大抵男务耕稼，女务织作，或以伐山为业，或以渔猎为利"③

"宁虽新设，荒邑五方之民，麇然杂处，然山川之气，浑朴未凿，人民椎鲁，俗尚简素，衣服多用绵葛，妇女衣绮罗，饮食粗粝，器用不饰，乡人火耕水耨，少事商贾，其地山多田少，禾稼苦于阴翳，居民各就田采柴作货，以除农害，兼资月给。近因上人比照他州，开采事例，不时稽查，差役烦扰，其利渐浸……"。④

"（东安）袤延四百余里，大半崇山峻岭，不通海洋，城东北一隅，濒临西江大河，东汇端江，南绕卢溪，田地低洼，夏多潦涨，其余田畴种植多借溪源"。⑤

从以上记载可见，罗定在明万历年到清代还是以山林资源的开发及以水稻作主作物的产业为主。行政变迁，也带来了文化的进步："西宁于万历五年大征平定，创立县治，招广属人民筑城立籍。拨德庆生员镇学。嗣而生齿日繁，英秀日盛"。⑥人口的增加和人才的兴盛，是经济发展和经济交流的重要基础。

进入清代以后，罗定南江水道两岸还受到生态环境变迁的影响。如西宁县

---

① 乾隆《东安县志·卷四·外事志》。
② 道光《东安县志·卷四·外纪》。
③ 康熙《罗定州志·卷一·风俗》。
④ 康熙《西宁县志·卷之一·风俗》。
⑤ 道光《东安县志·卷四·艺文》，知县汪兆柯《禀复陈抚宪到任询访地方利弊事宜疏》。
⑥ 康熙《西宁县志·卷之十·艺文》，《详复土附分案碑》。

东西二圳，"其沿河数里，仅存激流，两旁积岸概被附近田邻侵垦为浆，以致大洞之田艰于圳灌，旱而失耕"①。

进入民国时期，这种情况更加严重："川流以泷水为经，源出信宜，入州境西南。北流经州西，谓之建水，东经城北，又东北至界牌，出州境，至东水口，复入州境二里许，又东北过东安、西宁两县，间行百余里，入于西江。州据泷水上游，其源清冷，自北流受三都诸水，沙泥并下游，日渐淤淀，（水）性湍曲，舟行若穷，忽又无际，支派频资灌溉，惟秋霖连日，复遇东风，则流迟涨暴，濒河尽成泽国，竟月乃退。西江之患恒在夏，泷水之患恒在秋，斯亦异矣。"②

即使如此，从明万历年到民国时期，罗定是粤桂经济文化走廊的一个重要支点。在平定罗旁山瑶族的过程中，罗定西江段陆路交通也在开发中，当然目的是为了增强对瑶族的军事压力。万历初年，明军将"茂林蔽天"的蒲竹径，"两旁林木砍伐各三四十丈，相度山腰，改辟道路，间有溪询，大治桥梁。余诸山又修治道路七百二十八里，砍伐路旁林木八千二百七十五丈，架过桥梁一百八十九处，自是贼险尽夺，风气大开，商民往来无患矣。惟过往州旧路一线鸟道陡，明季有原把总何应龙捐工改凿自大绎岭顶至茅丝岭脚计二十五里，坦平便行"③。清初，泷水与西江南路的交通也畅顺了："舟自黄泥湾乘流至阳春县。一路重峦复嶂。与罗旁诸山相接。百余里不断。"④ 开山辟路架桥的过程，大大开拓了罗定与外地的交通，也保证了粤桂走廊的南江道与西江段商路的正常运行。

在清代，罗定境内的不少河流可以行舟，水上交通能促进物资的交流。如：

"小河……直通新兴江，可通舟楫。知县吕……设墟于此，贸易繁盛，商民赖之。"

"罗银水……近富霖财，直通阳毅。"

---

① 康熙《西宁县志·卷之十·艺文》，（清）王光信：《东西圳记》。

② 民国《罗定县志·卷一》。

③ 乾隆《东安县志·卷二·屯隘》。

④ （清）屈大均：《广东新语·卷四·水语》。

"舡峒水……合州水，由连滩上下坝，直抵南江口，通大河舟楫利之。"①

"建康都……地当罗定咽喉，入高凉者每间取道，舟楫往来，百货辏集，负贩咸聚于此，市廛栉址，故逐末者多趋焉。……其地枕山滨江，上接封川，下达德庆，东西水陆往来之冲，商舟云集，百货所辏。其民五方杂处，土著乐诗书，勤耕缘，商贾多境人"。②

从这一记载看，外地人大多爱在罗定经商，罗定建康是一个贸易枢纽，从粤西南到德庆的西江段，这其中的贸易非常繁盛的。

无论如何，粤桂走廊南江河和西江段的安定，为粤桂走廊的经济文化交流创造了条件。这可以从历史上粤桂走廊南江古道和西江段的物资交流可以看出。

二　古代粤桂经济文化走廊南江道与西江段的物资交流

（一）盐

罗定不产盐，但是产自广州环珠江海的盐，在历史上都是通过粤桂走廊运往广西的。在廉州等地，虽然产盐，但是没有水路通向广西中部，陆路则崎岖难行，只有从西江运盐到广西。宋乾道年任广西提点刑狱的林光朝在给朝廷的多道奏疏中就提到"东路盐船"。③ 林光朝提到的"东路盐船"，是小贩船即疍家船之类的，还有大商船、官船运的盐。由于广西缺盐，我估计广东盐从广州运往广西，可能从汉代就已经开始。宋代广西人口增加，运往广西的"广盐"数量就更多了，明清时期亦如此。故研究粤桂经济文化走廊中的两广的经济关系、财政关系，盐是一个很好的切入点。本文不是专门研究这一方面的，仅提出来以供学界参考。

（二）米

米是粤桂走廊中盐之外的另一重要商品。两广米互有往来。宋代文献上出

---

① 康熙《罗定州志·卷二·水利》。
② 道光《西宁县志·卷首·图经》。
③ （宋）林光朝：《广南两路盐事利害状》，《全宋文》，210册，卷四六五一，第2—4页。

现"广米"的概念。但是宋代文献中的"广米"，概念很大，既有广西米，也有广东米。广西米大量运往广东，两宋时多见于记载。南宋周去非的《岭外代答》中有记载："广西米斗五十钱，谷贱莫甚焉。夫其贱非诚多谷也，正以生齿不蕃，食谷不多耳。田家自给之外，余悉粜去，曾无久远之积。富商以下价来之，而舶舫衔尾，运之番禺，以圈市利。"① 广西米多，而广州是岭南米谷的集散地，故广州商船大量往广西买米。但是广西米不尽是广西产的，一部分湖南产的米通过灵渠转运到西江入粤，故亦被称之为广西米。宋代广西的传统农业只是集中在西江两岸流域和桂东南部分地区，大部分地区还处在农业的落后形态，故宋代广西米大量运往广东，广西米存量减少，广西农民不蓄积，政府办常平仓不力，故广西歉收时，反而要广东米接济。明代前期，广东米还运往广西接济驻扎在桂的明军。但明清，总的是广西米运往广东的多。而且，广西米和广东盐运往广西，是一个关联度极高的经济关系。宋代林光朝《广南两路盐事利害状》就提到了这个问题。林光朝提到"东船"运销广西米，大多是小商贩，盐价高而米价贱，"东船"运来的盐只有若干箩，但是运走的却是一船米，几年下来的双途贸易，小船贩就变成富商。明清时期，罗定以稻作为主的农业经济，为广州等城镇提供粮食。清初《广东新语》对罗旁山区的稻米生产有记载："西宁在万山中，树木丛翳，数百里不见峰岫，广人皆薪蒸其中，以小车输载，自山巅盘回而下，编簰乘涨，出于罗旁水口，是曰罗旁柴，其古木数百年不见斤斧，买田者必连柴山，山近水者价倍之，西宁稻田所以美，以其多水，多水由于多林木也。"②

这说明，粤桂走廊中的米盐贸易存在不等价交易。笔者以为，粤桂经济走廊中的米盐贸易可以结合起来研究。米盐贸易中的商业关系不仅可以研究，其中所反映的粤桂之间的生态关系也是一个不错的切入点。

（三）铁

两广铁的应用，从战国、汉代就已经开始。但真正大规模应用是在两宋时期。在广东的珠江三角洲出现了"农业变革"，伴随这一现象的是民间冶铁业的飞跃发展。到了熙宁时，广东的铁冶达到最高峰。宣和六年，诏："坑冶之

---

① （宋）周去非：《岭外代答校注·卷四·法制门·常平》。

② （清）屈大均：《广东新语·卷二十五·木语》。

利，二广为最，比岁所入，稽之熙、丰，十不逮一。令漕臣郑良提举经画，分任官属典掌计置，取元丰以来岁入多数立额，定为常赋，坑冶司毋预焉。"① 宋史记载元丰九域志所没有记载的铁场有：清远的静定铁场，翁源的大众、多田铁场，梅州的龙坑铁场，南恩州和博罗各有铁场。② 宋代广东的铁在全国来说，占一定的比例，这是汉唐时代所没有过的。

元代的资料不多，元史载："铁，其在各省者，独江浙、江西、湖广之课为最多。"③ 原宋代的广南东路在元代分属江西、湖广行省，说明元代广东铁资源的供应不会比宋代少。铁场的增多，为农业生产提供了铁工具制作原料。

宋元冶铁业基本上是民营的。南宋时，岭南的锻铸工艺进一步提高。可以广南西路的锻铸水平为旁证。南宋人周去非的《岭外代答》多处提到广西梧州、临桂、滕州、静江的锻铸业，在粤西南"雷州铁工甚巧"。④ 以上的材料虽然没有提到农器的锻铸，不过可以说，农器较之上述的铁器锻铸，工艺简单多了。这些都突出说明了岭南铁器铸锻的技术水平，完全适应农具的需要。

但笔者认为，广西的铁冶铸以及锻铸水平仍比不上广东。从族谱资料看，元末明初在佛山周边善于冶铸业的一些手工业和农业并举的家族迁到佛山，从而形成了佛山在明清时期作为岭南冶铸中心的地位。而广西却没有这样的城市。故明清时期，广西所用的生铁，大多是从佛山运去的。

佛山作为岭南的铁冶铸中心之后，罗定就成为一个重要的铁矿供应基地之一。明清时期罗定一地有矿山9处⑤，其中以大塘基产的优质铁最有名，它的大冶炉在《广东新语》中有记载，谓"诸冶惟罗定大塘基炉最良"。根据罗一星等人在20世纪80年代中期的实地考察，大塘基并不产铁，而是沿着罗镜河上游，包括信宜县的贵子公社、罗定分界公社、罗镜公社、船步公社等地大炉

---

① （元）脱脱：《宋史·卷一八五·食货志·坑冶》。

② （元）脱脱：《宋史·卷九〇志第四三·地理六》。

③ （明）宋濂：《元史·卷九四·志第四三·食货二》。

④ （宋）周去非：《岭外代答·卷六·器用门·梧州铁器》；《岭外代答·卷六·器用门·茶具》。

⑤ 邓开颂：《明至清前期广东铁产地和冶炉分布的统计》，《明清广东社会经济形态研究》，广东人民出版社，1985年，第183页。

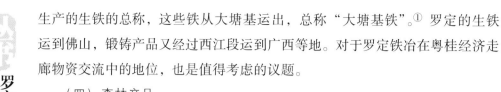

生产的生铁的总称，这些铁从大塘基运出，总称"大塘基铁"。① 罗定的生铁运到佛山，锻铸产品又经过西江段运到广西等地。对于罗定铁冶在粤桂经济走廊物资交流中的地位，也是值得考虑的议题。

（四）森林产品

森林产品是万历年以后罗定山区最重要的商品，其中以木材为主。罗定原属肇庆府，其森林地理与肇庆府各地是一样的。我们以崇祯《肇庆府志》记载的木材用途来说明罗定地区输出的木材用途，见表1。

表1　明代肇庆府主要材木种类表

木材名	性状描述与用途	材用类别
松	松最多，有糠松、油松，有马尾（俗呼牛尾），南中易招蚁蠹，油与马尾止。堪作舟，其最大者海舟帆樯用。	器用类、薪炭类
杉	杉如松，而劲直，其最大年久者，呼为沙木，偃藏于沙水中，千万年不朽，出之作棺椁用。	器用类、建材类
铁力	铁力，俗名格木，稍小者呼为山檐。色黑坚重，用以作屋，千百年如新。出德庆、广宁。	器用类
海枣	海枣，俗名紫京，用作屋嫌小皱裂，若其坚重过于力木，盖力木不甚宜水，此则入水及风雨不朽。	器用类
柟	柟，最美材。有香、黄、金钗、紫背四种。宫室器皿无不宜。然金钗、紫背稍难得。	器用类
黎木	黎木，嘉靖志作橀，有数种。惟石斑、朱血二种作室最良。	器用类、建材类
（木樀）木	（木樀）木俗作稿，有桂（木樀）、黑骨（木樀）、臭（木樀），皆美材。	器用类
桂	桂与木樨花之桂，及桂皮、桂枝之香桂俱不同。山中美材呼为桂耳，比于橀（木呇），理稍粗，然不酸不蠹。	器用类
柏	柏与侧柏、桧、栝不同，一种名油柏，出阳江山中，大数十围，高十余丈，岁久，油久者名灰柏。扇柏入土耐久，与沙木等，出他邑者常材耳。	器用类

---

① 曹腾騑等：《关于明清广东的冶铁业的几个问题》，《明清广东社会经济形态研究》广东人民出版社，1985年，第123－124页。

木材名	性状描述与用途	材用类别
棕	棕亦名罗木，材之最美。	器用类
（木桐）	（木桐）木甚多，子亦可食。有四等，沙桐为上，赤可次之，风桐、绢带又次之，唯反瓦桐，久之曲，不可用。	器用类、薪炭类
樟	豫章俗作樟，有油、糖二种，可作器，辟蠹蚁，亦可作舟。	器用类
槠	俗作槠，水栗样为上，黄槠次之，赤笑、白花、羊犬三种不堪用。	器用类、薪炭类
乌饭	乌饭出阳春，一名员，亦槠之别种，青黑色，坚于黄槠。	器用类
椮	椮，三种，猪血椮、桃花椮，皆美材。练子树，亦名椮，器皿少用。	器用类
漆	漆，木汁可漆器皿，生德庆，阳春山中，转贩海内。	器用类
枫	枫有青、白、赤三种，……有胶可以为香。	器用类
水椰	叶如鱼子兰，略尖，质有文类者佳，文粗次之。	器用类
水杉	叶如罗汉松，挺生三丈许，色黄，性最腻润，取供屋梁，差拟铁力。惜大者难得。	器用类、观赏类
山荔枝	子生毛，味酸，肉少，树大十数围，坚如海枣。	器用类
楹	木性不裂，山中削锅盖、杓用之。	器用类
榄木	非橄榄之类，有黄、白二种，然性招蠹，不良于器用。	薪材类
槌木	出子如锥，木坚韧，以子得名。然力木子谓格木锥，桐木、黎木子亦谓。桐木、黎木锥皆橡栗之属。	器用类、薪炭类
绸木	生山中，枝叶婆娑，木理细致。	器用类
椆	椆有二种，一名牛耳椆，一名过坑椆，皆小材之坚美。	器用类
刺桐	俗呼素桐，漆器素朴用之，花如木棉而黄淡。	器用类
梓	梓为百木长，……木理如楸，色红者为上，呼为羊肝梓，可作琴瑟栋梁。	器用类
楸	楸亦梓属，盖椅木也，作琵琶面，谓之云楸。	器用类
黄桐木	质松脆不耐，取其滑泽而已。	器用类
红椰	似水椰，而红纹粗而坚。	器用类
春花木	云入土不朽。	器用类
秋风木	高者十余丈，与梓相类，相传入土岁久如生。	器用类

木材名	性状描述与用途	材用类别
柞木	其材亦美，可为宫室用。	器用类、建材类
檞木	极韧，有金丝檞，可作弩用。白檞如象牙，可作器皿。	器用类
棠梨	出四（会）、高明山中，坚致可镌书。	器用类
黄杨	……世尤重之……作器不裂。	器用类
侧柏	……亦不甚香，作器亦易皲裂。	观赏类
桧	俗名珠柏木，心正赤，岁久甚香。……人家庭院多（种之）。	庭院树木
栝	刺柏也。自中土传于肇，今家多有。	观赏类
枞	水松也。……人家庭院，千百植之，合抱为材，文亦可爱。	观赏类
青兰	一名青栴，最坚韧，堪作戈戟之柄。	器用类
绵木	柔而不挠，干戈之精良者。	器用类
黄胆木	广人呼黄橙，染币用之。	器用类
鹤木	一名白鹤木，高数丈，好招鹭鹤为筑。……亦非珍材也。	观赏类
卢木	可染玄色。……木亦坚良。	器用类
苏方木	可染赤，此土苏也。番苏木，深浓，得广土苏木，浅淡合之，乃成鲜赤。亦贩鬻海外。	器用类
胭脂木	色正赤，以为器血，可玩。生阳春、阳江山谷中。……相传此木入土千年不朽。	器用类
紫花木	花正紫，木亦坚润，可大用。	器用类
蜡木	即冬青木也。子堪入药，木性柔腻，最堪车乘之用。叶上有虫，作巢扫粪煮之，即得白蜡。	器用类
山栌	非卢木种，生阳江各邑。……子外白如梧，子大作油，最良。	器用类
山桦木	木乃轻脆。	薪材类
石楠	花紫白，堪玩，木与楠同用。	观赏类
吐珠木	出封川山谷，广叶高干，拟于力木，色拟紫京。	器用类
相思木	大木也。类铁力，实如珊瑚。……用以藏龙脑，经久香不消。	器用类
皂角木	能涤衣服，作木，亦坚耐。	器用类
狗骨木	稍白似狗骨，一曰枸橘也，制器精良。	器用类
狗果木	木亦粗疏。	薪材类
谷树	皆可剥皮作纸，楮实尤堪入药。	器用类

续上表

木材名	性状描述与用途	材用类别
乌桕	供薪用，子可作油。	薪材类、油用类
粟木	最坚贞，根下有原栗，子如瓜，人挖食则不结。……民间木主必用，取其不忘本也。	器用类
山桔	结实如桔，而小不堪，叶似柑，可为趣药用。	药用类
柔葵	生阳江、恩平大山中，树如蒲葵，稍柔，俗取作蓑，御雨耐久。	器用类
仁面木	其大十围，岁收子数石，木亦中材，差可。木扉舂凳之用。	器用类
茱萸木	似楉木，而赤质坚而灿。	器用类
无患子	青翠可制念珠，皮老多胶，涤洗甚良，木坚黑，罕作宫室用。	器用类
苦桉	苦桉，椒类也，似胡椒而小，罗浮道人谓之汉椒木，亦粗顽，治之无文采。	器用类
黄荆	鲜有大者，唯棍杖用之，丛生，所在山谷（有之）。	器用类
山柿	即小柿也，野生，山阪子无核，可食，木纹理条畅，颇堪削琢。	器用类
山粘木	遍满山麓，性堪作炭。	薪炭类
株木	株亦不株，然坚劲如石，作炭甚坚。	薪炭类
鸭脚木	质轻松，文理疏达，有须之者亦取其轻。	器用类
大槎叶	似管桂，木疏易裂，枝脆易折，甘薪之下也。	薪材类
管木	与大叶榕相似，易生，尤过于榕，数岁成围，炝炊之需。	薪材类
罗汉松	人家清玩，亦有高大者。	观赏类
慎火	俗呼火殃，又名霸王树。……种之岁久，有高三四丈，大十围者，百年以上作琴，千年以上木心结香，过于沉速。一种形匾薄，小叶清细，可玩，盆盎种，置屋上以御不祥，久旱不枯。	观赏类
铁树	铁树无枝，一节一叶，赤如铁，高数尺，堪玩而已。	观赏类

资料来源：崇祯《肇庆府志·卷之十·地理三物产》。

　　除了木材之外，还有其他土产：罗定州，"货：有麻（其种四，曰白、黄、青葛）白麻布、青麻布、葛布、棉花棉布、靛、蜜糖、片糖、黄蜡、麻油、虎皮、麞皮、牛皮、翠毛、火纸、香菌、木耳、白藤、漆。"①《东安县志》记

① 康熙《罗定州志·卷一·物产》。

载的货物有："藤、蜜糖、乌桕茧、黄腊、棉花（紫白二种）、油（茶麻菜及果子各种）、香、木耳、白藤、铁、席、石器、茶（出西山）、薯茛、纸（出西山）①。"

以上动物皮张、香、木耳、白藤、石器都是产自天然，其余大多是手工业或农副产品。可见，罗定从肇庆府分出之后，农业和手工业有较大的发展。

（五）鱼苗

泷水本身就产鱼，"葵鲤出罗旁水口。圆如葵扇。已上皆鱼之美者。"② 但最重要的是西江段四大家鱼鱼种。

明清广东淡水养殖业以鲩、鲢、鳙、鲮四大家鱼为主。而四大家鱼鱼种不能人工繁殖，要从西江上捕捞。西江下游河段因为多"多渊潭"，即有许多适合四大家鱼产卵孵化的水流湾环处，江面平阔，水流不甚急速，也适合捕捞业的进行。而西江上游支流及北江，没有这样的地势，只有西江下游水段有。所以当时就有渔谚云："北江鱼种让西江"和西江"下流鱼花上流鱼"，"上江鱼放下江花"。③史称："鱼花产于西江。粤有三江，惟西江多有鱼花。取者上自封川水口，下至罗旁水口，凡八十里，其水微缓，为鱼花所聚，过此则鱼花稀少矣。"唐代的《岭表录异》记载泷水、新兴等县农民用鲩鱼子放养于未开垦过的山田，待鲩鱼吃尽草根，山田土壤熟化，就改种水稻。这是最早关于鱼稻轮作的记录。而且，如果鲩鱼子采自泷水或西江，则四大鱼花的捕捞从唐代已经开始。

明初设立河泊所，向西江上捕捞鱼花的疍民收取鱼课。由于鱼课重，成化以前西江疍民就开始逃亡，导致肇庆府河泊所"无人无课"。明朝政府为了保证西江渔课，弘治年间对西江鱼花捕捞业的征税制度进行了改革，允许南海九江乡人承饷。④ 从此造成了九江乡对西江鱼花捕捞业的垄断地位。这对保证西江鱼花捕捞业的发展非常重要。当局令九江人承饷，"永著令典，凡势要占

---

① 乾隆《东安县志·物产》。
② （清）屈大均：《广东新语·卷二二·鳞语》。
③ （清）屈大均：《广东新语·卷二二·鳞语·鱼花》。
④ 顺治《九江乡志·第二卷·鱼饷》。

争，许抚、按拿问"①，九江乡的岸人则不容易象蛋民那样容易受土豪、河泊官的凌辱，又可以雇用蛋民，利用其技术捕捞鱼花，而鱼花的后续养殖就在九江乡进行。九江人有非常专业的鱼花养殖技术，垄断西江上的鱼花捕捞业和鱼花的养殖几百年。部分九江的鱼花可以从南江古水道运到粤西南以及邻近的阳春等地，而罗定所处的西江段不仅出产四大家鱼鱼种，更是九江人养殖后的鱼花运往广西的一个重要通道。

（六）新大陆作物

南江古道接粤西南，在明代后期和清初是新大陆作物传入广东的一个重要通道。

肇庆府是广东普及番薯栽培的地区之一。天启二年，番薯在封川已经普及："番薯，自西番传来，表红里白，蔓延节生，著土中，叶可作茹，摘苗插泥，即生根一岁三熟，为利（甚）溥，民间不可不种。亦名紫芋，生啖味亦清佳。"② 到了崇祯八年，崇祯《肇庆府志》记载："番薯，即红薯也。近传于外国，所在山麓种之，易生结子，千百浮露土上，味不如薯，土人或杂米作酒用之。"③ 电白县是中国番薯最早的传入地，农史界对此有共识。估计肇庆府的番薯是万历后期从电白先传到信宜，再由信宜如泷水，传到封川，崇祯八年已经传遍全肇庆府。至于在清代，番薯种植更为普遍，在食物结构中比例上升。如封川县，"农夫手足胼胝竭，终岁之力，往往煮地瓜、薯芋以为食"④。杂粮的大量种植也能补充粮食的不足："粟有数种，狗尾、鸭脚、包粟、高粱粟，宜于山田，皆可为粮。"⑤ 烟草在明代传入中国之后，是重要的经济作物。肇庆府也是最早传入这一作物的地区。广东最早记载烟草栽培的地方志为崇祯九年《恩平县志》。康熙以前是烟草传入的第一阶段，烟草栽培大规模发展在雍正、乾隆以后。烟草在清代肇庆府西宁县连滩烟草"诸乡多种之"，是黄烟

---

① 顺治《九江乡志·第二卷·鱼饷》。
② 天启《封川县志·卷之二·舆地·物产》。
③ 崇祯《肇庆府志·卷九·地理二》。
④ 道光《封川县志·卷一·舆地》。
⑤ 道光《封川县志·卷之一·物产》。

类的。① 味道虽不及南雄，但在粤西和粤中的销路也是很广的。

罗定还有其他新大陆作物的传入。如康熙《西宁县志·卷之一·物产》记载番瓜（南瓜）、落花生、万寿果（今称番木瓜）。这也是新作物传入广东早期的记载之一。其传播可能是自粤西南先传到泷水，然后传到肇庆府各地。

从本文所述各种经济资源，通过南江古道和西江段的交通，有力地支持了广州府的经济发展，甚至对广西、西江南北路和粤西南的经济发展也有贡献。在研究明清珠江三角洲后来居上的社会发展历程中，罗定山区的地位不可忽视。而明清时期粤桂走廊的经济交流，对罗定山区的资源开发有拉动作用，促进了当地的经济发展。

三　粤桂经济文化走廊南江道与西江段申报历史文化遗产的可行性

粤桂经济文化走廊南江古道与西江段，在两广之间的经济文化交流，以及通过粤西南与粤桂走廊的南海与岭南的经济文化交流，有重要的历史地位。如果考虑将这一交通要道申报历史文化遗产，笔者以为要做到以下几点：

第一，粤桂经济文化走廊南江古道与西江段联合申报历史文化遗产，单独申报会有一定的困难。因为南江古道与西江段不是一个独立的经济文化区域，必须把它放在更广阔的地区内考察，才能充分显示它的重要地位。建议将南江古道与西江段的罗定地区与肇庆地区、广西地区联合申报"粤桂经济文化走廊"历史文化遗产。其次是与粤西南的信宜、高州、茂名等地合作，联合申报"南海贸易通道：罗定南江古道与西江段—粤西南历史文化遗产"。

第二，要做好基础研究，充分论证南江古道与西江段在粤桂经济文化走廊、广东与南海贸易之间的关系。一些基础研究是需要深入的，例如：首先，"罗定南江古道与西江段"的地域范围，万历以后罗定是州，并含西宁和东安，现在的研究是否包含今郁南县和云浮地区？其次，"罗定南江古道与西江段"作为一个文化经济交流的通道，起始时间是远古时期还是在万历以后？

---

①　道光《西宁县志·卷三·物产》。

我认为在万历以后比较妥。因为文献显示，万历以前罗定的瘴疠还是较重的，原始森林很多，是不适合作为一个频繁的文化经济交流通道的。如以石器时代和万历以前就有人类活动的踪迹就定为"文化经济交流通道"，则需要充分论证。在这方面，要设立一个专题研究小组，通过深挖文献，实地考察，才能以充分和可靠的资料，说明南江古道与西江段在粤桂经济文化走廊、广东与南海贸易之间关系的重要性。

第三，设立的专题研究小组，要与罗定毗邻地区充分广泛合作，如与广西、肇庆、信宜、阳江、高州、茂名等地联系，就申报历史文化遗产达成共识，做到材料共享。

笔者以为，粤桂经济文化走廊南江古道与西江段，申报"交通要道类"历史文化遗产的可能性是存在的，但是要做好基础工作。

基于文化线路视野的广东南江流域，对接海上丝绸之路的历史演变及价值研究①

邓辉

（罗定职业技术学院副教授）

摘要：广东南江流域是对接海上丝绸之路的重要通道，它形成于先秦及秦汉时期，在隋唐之前都扮演着中原地区对接海上丝绸之路重要的货物、文化、人员交往通道的角色。唐以后，广州的岭南中心地位上升，南江流域依然是粤西地区对接海上丝绸之路的重要通道。本文基于文化线路的理论视角，主要研究广东南江流域对接海上丝绸之路的历史演变，探究其作为文化线路遗产的价值，旨在更好地说明广东南江流域对接"一带一路"的战略依据和意义。

关键词：文化线路；丝绸之路；广东；南江流域

文化线路是近年来国际上关于文化遗产保护与研究的前沿理论，它自 20 世纪 90 年代提出，1994 年马德里文化线路世界遗产专家会议《专家报告》提出了其概念内涵，标志着其理论诞生，后经 9 次国际学术研讨会的探讨和完善，2009

① 本论文是广东省哲学社会科学"十二五"规划 2014 年地方历史文化特色项目（批准号：GD14DL04）成果。

年 4 月，在我国无锡举行的"文化线路遗产的科学保护"为主旨的论坛，并将论坛形成的共识《关于文化线路遗产保护的无锡倡议》向国内外发布。目前，一些学者开始关注并应用这种文化线路新视角来进行研究。

一 运用文化线路理论进行研究的基础

根据《关于文化线路的国际古迹遗址理事会宪章》的阐释，文化线路是指："无论是陆地上，海上或其他形式的交流线路，只要是有明确界限，有自己独特的动态和历史功能，服务的目标特殊、确定，并且满足以下条件的线路可称为文化线路：（一）必须来自并反映人类的互动和跨越较长历史时期的民族、国家、地区或大陆间的多维、持续、互惠的货物、思想、知识和价值观的交流；（二）必须在时空上促进涉及的所有文化间的交流互惠，并反映在其物质和非物质遗产中；（三）必须将相关联的历史关系与文化遗产有机融入一个动态系统中。"①

我们可以看到：在国家层面，2013 年 9 月和 10 月，中国国家主席习近平在出访中亚和东南亚国家期间，先后提出共建"丝绸之路经济带"和"21 世纪海上丝绸之路"（简称"一带一路"）。②

在广东省层面，省委、省政府对参与"21 世纪海上丝绸之路"建设高度重视，广东特殊的历史、地理、经贸、文化等优势，在建设"21 世纪海上丝绸之路"的进程中，具有不可替代的重要地位和作用。我们可以看到：广东南江流域是岭南文化的发祥地之一，清代学者曾将南江列为广东"四江"之一，康熙、雍正年间，范端昂在《粤中见闻录》曾言："西江水源最长，北江次之，东江又次，南江独短"，③ 屈大均在《广东新语·水语》中有言："西江

① 丁援：《国际古迹遗址理事会（ICOMOS）文化线路宪章》，《中国名城》，2009 年第 5 期，第 51 页。

② 习近平：《创新合作模式，共同建设"丝绸之路经济带"》［EB/OL］，中国共产党新闻网，2013－09－09；国家发展改革委、外交部、商务部：《推动共建丝绸之路经济带和 21 世纪海上丝绸之路的愿景与行动》［EB/OL］，新华网，2015－03－28。

③ （清）范端昂撰；汤志岳校注：《粤中见闻》，广州：广东高等教育出版社，1988 年，第 126 页。

一道吞南北，南北双江总作西。"① 黄伟宗认为："屈大均这段话，指明了南江与北江都汇流于西江之事实，同时也实际认同了即使南北双江都汇于西江，但仍都可与西江并列为四江的说法，并不将其只作为西江的一条支流看待。"②南江（图1）处于广东省中西部西江南岸的云浮市境内，发源于信宜市合水镇的鸡笼山、平塘镇的平塘河和茶山镇的大营坳，主干流和支流主要流经信宜、罗定、郁南、云安4个县（市），在郁南县南江口汇入西江。在漫长的历史长河中，它是古广信（今梧州、贺州、封开一带）到南海的交通要道，是海陆丝绸之路对接通道。据学者研究，目前在该流域至少有两条可以出海洋的路线，一条是由"今南江口溯罗定至船步镇，越过分水岭，再沿鉴江顺流而下，可到今湛江、吴川之间出海"，③ 另一条则是在云浮市新兴县，可以"经西江支流新兴江，下漠阳江出南海"。④

图1 南江区域图

① （清）屈大均；李育中等注：《广东新语注》，广州：广东人民出版社，1991年，第117页。

② 黄伟宗：《南江正名与珠江文化》，《同舟共进》，2005年第9期，第31页。

③ 李俊康：《西江文化研究》，南宁：广西人民出版社，2004年，第39页。

④ 司徒尚纪：《历史时空视野下广府文化发祥地——封开》，转自《封开——广府首府论坛》，香港：中国评论学术出版社，2011年，第60页。

近年来，我们通过采取文献查证、实地考察、座谈交流、实物考证等方式，先后对南江河道，南江流域古码头、古墟市、出土文物、古寺庙，民俗等进行调研和查证。在此期间，黄伟宗教授也多次对我们的调查和研究工作给予指导。

二 南江流域对接海上丝绸之路的历史演变

从历史维度来看，南江流域与海上丝绸之路的渊源深厚绵长，南江流域内一直有着丰富的经济和文化的交流，历史上曾是中原对接海上丝绸之路的最便捷通道。

（一）先秦、秦汉时期——对接海上丝绸之路的初始期

南江流域内有旧石器和新石器时代文化遗址，说明早期已有人类参与南江流域的开发。被列入 2014 年度全国十大考古新发现之一的郁南磨刀山遗址与南江旧石器地点群是目前确认年代最早的古人类文化遗存，填补了广东旧石器时代早期文化的空白，将本地区最早有人类活动历史由距今 13 万年左右大幅提前至数十万年前，是广东史前考古的重大突破。[1] 进入奴隶社会时期，南江流域被越人开发，并建立土邦，后越人所建之国多被楚国所灭，南江流域、鉴江流域及雷州半岛同为楚国的属地，受楚文化的影响。罗定太平南门垌战国墓出土青铜器 136 件，为广东省出土青铜器最多的墓葬之一，其中铜矛和铜斧是原铸件，未经使用，陈大远认为它们是当时商品，用为贸易上使用货物，即表示太平河谷为战国时通高州入海要道之一。[2] 郁南县出土有大量的东汉制钱，为大量的商品交换提供了资金支持。曾昭璇认为罗定太平河通路的下海道路，为楚人南下海岸的可能通路。古徐闻即今海康县，故海康县城早有楚建楚豁楼的传说，硇洲岛亦有楚兵器墓发现，可指出太平河谷是先秦南下目的地所在。后汉人南侵路线也必须经由南江古道，汉代南下路线又多了罗镜河一道。故汉

---

① 刘锁强：《广东史前考古重大突破》，《南粤远古文化填补空白》，《中国文物报》，2015 年 1 月 30 日第 5 版。

② 曾昭璇、曾新、曾宪珊：《西江流域南江水系的人文地理概述》，《广东史志》，2002 年第 3 期，第 6 页。

墓也应为道路所经。①

班固的《汉书·地理志》中就明确记载了一条秦汉时期从徐闻、合浦通往印度洋的航路："自日南障塞，徐闻、合浦船行可五月，有都元国；又船行可四月，有邑卢没国；又船行可二十余日，有谌离国；步行可十余日，有夫甘都卢国；自夫甘都卢国船行可二月余，有黄支国，民俗略与珠崖相类。其州广大，户口多，多异物，自武帝以来皆献见。有译长，属黄门，与应募者俱入海市明珠、壁流离、奇石异物，赍黄金杂缯而往。②"

秦汉时期，南江流域的罗定、郁南与鉴江流域的信宜、高州同属苍梧，在张镇洪的《潇贺古道（北段）调查的启发》一文中，他提到了苍梧郡广信县地理位置的重要性，认为它"正是当时岭南与岭北的交通枢纽。由此溯江西行，可经柳江、邕江、左江到龙洲，进入今越南境内；西行不远，从今广西藤县溯北流江而至北流县，过鬼门关，再顺南流江到合浦，直接进入北部湾海域；东南行不远，从今南江口溯罗定至船步镇，越过分水岭，再沿鉴江顺流而下，可到今湛江、吴川之间出海，向东可经西江前往汉代大都会番禺（今广州）。"③ 在黄伟宗看来："在《汉书·地理志》已写明，汉武帝派黄门译长开创海上丝绸之路，就是从水陆联运的潇水至贺江古道到广信，然后又沿南江、北流江到达徐闻而出海的，这不就是名正言顺的海陆丝绸之路对接通道么？"④ 综上所述，通过考古证据、实地调查及史书记载都说明南江流域是沟通内陆及当时海上丝绸之路的重要对接通道。

（二）魏晋南北朝时期——对接海上丝绸之路的兴旺期

我们可以看到：秦汉时期贺州、封州所在的苍梧地区是岭南三郡统治中心时，潇贺道的开发难度要远远大于湘漓道，湘江和漓江两水源距离较近，沟通两水比开辟陆路的工程量要小得多，这一古道可以看作是与海上丝绸之路相接

---

① 曾昭璇、曾新、曾宪珊：《西江流域南江水系的人文地理概述》，《广东史志》，2002 年第 3 期，第 6 - 7 页。

② （汉）班固：《汉书》，北京：中华书局，1964 年，第 1671 页。

③ 李俊康：《西江文化研究》，南宁：广西人民出版社，2004 年，第 39 页。

④ 黄伟宗：《海上丝绸之路与海洋文化纵横论》，广州：广东经济出版社 2014 年，第 19 页。

的通道。当时大批汉人从中原南下，并且在古代广东南江流域上游地区设县；东晋末年，汉人在罗镜河、太平河交汇河口设立龙乡县。到了梁朝，梁武帝萧衍委派陈法念任新石二州刺史，管理西江以南的泷江（南江）大片地区（西到苍梧、东至新兴），南江流域在此时期行政区划的密集程度远高于珠三角和粤东、粤北地区，可以看到其社会经济发展已达到了相当高的水平。从出土墓葬文物来看，在罗镜水摆鹤咀山南朝墓出土器物78件，随葬品有金手镯、金指环、铜镜、铁剪、瓷器、陶器等。其中出土的青瓷器釉色滋润，青中泛黄，属于一千多年前浙江会稽郡越窑系产品，是青黄釉瓷器的精品。出土文物中有两件尤其引人注目。一件是南朝四兽金手镯（图2），为国家一级文物。手镯重33克，纯金打制而成，有4组走兽与花纹图案，图案为中、西亚的走兽纹饰。专家推断，金手镯显然是西方的舶来品，很有可能为粟特的产品。另一件是刻画莲瓣纹的高足碗（图3），这件越窑青瓷高足碗的器型较特殊，受古罗马拜占庭高足杯艺术风格影响，莲瓣纹与忍冬纹受佛教艺术的影响，专家推断可能是为外国定制的出口外销瓷器。

图2　南朝四兽金手镯　　图3　南朝刻莲瓣纹越窑青瓷豆形高足碗

　　这些物品做工精美，陈大远认为它们："说明当时的商业流通已逐渐繁荣。泷水县已成为广东省南通高凉（高州、雷州半岛地区）开辟海上丝绸之路的重要通道。"①

---

　　① 陈大远：《罗定春秋·卷二》，广州：羊城晚报出版社，2012年，第68页。

（三）隋唐宋元时期——对接海上丝绸之路的变迁期

隋唐宋元时期，政府对潇贺道采取了有效的控制，其发展可谓迅速，并多次整修灵渠，除了政府整修之外，古代南江流域地区的生产工具的进步，生产技术的提高亦是一大关键。唐代刘恂在《岭表录异》中记载："新、泷等州山田，拣荒平处以锄锹开町畦。伺春雨，丘中聚水，即先买鲩鱼子散于田内。一二年后，鱼儿长大，食草根并尽。既为熟田，又收鱼利。及种稻，且无稗草。乃《齐民》之上术。"① 这种生态农业耕作技术的出现，既有利于水稻生长，又收鱼利，实乃一举两得的方式。我们知道古代海上丝绸之路不仅是商业贸易交流之路，还是一条宗教文化交流之路，佛教文化传播属于精神文化传播范畴，但是它必须借助物质通道才能实现。杜继文认为："交州佛教原是由海路南来，并由此北上中原，成为佛教传入内地的另一渠道。"② 相对于广州航海技术的不断提高以及岭南中心地位逐步确立的客观现实，南江流域作为中原对接海上丝绸之路的通道作用逐渐减弱，但作为粤西北地区连接新海上丝绸之路的作用日愈显著，这些可以从宗教文化交流方面得到印证。唐代时南江流域佛寺众多，还出现了龛岩石窟开凿的情况，由罗定市苹塘镇谭礼村龙龛岩石室内中的《龙龛道场铭并序》（图4、5），我们可以知道该石窟道场是在唐高祖武德四年（621年），由当时永宁县令陈普光辟立，于龛之北壁当阳造像，左右两厢，绘画飞仙、宝塔、罗汉、圣僧。上元年，普光之子叔琼重修道场，在龛中当阳造连地尊像一躯。其后，普光之子，善劳县令陈叔珪以及陈叔玮、陈叔□在道场之南造释迦尊像一座。武则天圣历二年（699年）镌刻于"龛座"中央位置的右（西）壁靠洞顶处，距地表高3米。这座石窟道场前后经历近八十年的增修，成为当时岭南地区最重要的佛教道场之一，吸引了包括来自交趾的僧人。值得一提的是690—698年之间，交趾僧人宝聪来龙龛道场顶礼膜拜，并与陈叔琼一起对道场做了进一步的修建，宝聪并做住持。宝聪从交趾来到罗定的交通路线，可以由交趾到苍梧广信，然后往东南方向到南江口，再到

---

① （唐）刘恂撰；商壁，潘博校补：《岭表录异校补》，南宁：广西民族出版社，1988年，第4页。

② 杜继文：《佛教史》，北京：中国社会科学院出版社，1995年，第48页。

罗定，这是一条已经能交往的古代海上丝绸之路通道。

图4　龙龛岩摩崖石刻所在的
　　　"龙龛卧佛石山"

图5　龙龛岩摩崖石刻拓片

与宋之问并称为"沈宋"的沈佺期亦因张易之事被贬谪到古代广东南江流域，后又从南江流域被流放到驩州（今越南中部），他与天竺来交趾的佛教僧人也有过来往。

（四）明清时期——对接海上丝绸之路的振兴期

明清时期，南江流域成为以广州为中心的海外贸易的重要商品来源地，尤其是冶铁业最为突出，明嘉靖年间，霍与瑕在《上吴自湖翁大司马》中有言："两广铁货所都，七省需焉。每岁浙直湖湘客人腰缠过梅岭者数十万，皆置铁货而北。"清人屈大均的《广东新语·货语·铁》记载有"铁莫良于广铁"之说；又有"诸冶惟罗定大塘基炉铁最良，悉是锴铁，光润而柔，可拔之为线，铸镬亦坚好，价贵于诸炉一等。诸炉之铁冶既成，皆输佛山埠"的记载。罗定的冶铁业发达主要表现在生产规模较大，铁的质量优良。（图6）明洪武六年（1373年）置十三处冶铁所，1978年11月，广东省博物馆的同志，曾在罗定分界公社金田大队炉下生产队发现了明代的冶铁大炉，1982年11月又约同广东省社会科学院和中山大学的同志前往该地进行调查，了解到更多的情况，又发现了船步公社聂洞大队铁炉生产队的清初冶铁炉遗址。[①]（图7）据李振翥

---

① 陈大远：《罗定春秋·卷一》，广州：羊城晚报出版社，2012年，第251页。

的《两广盐铁志·卷三五·铁志》记载罗定生铁"运至佛山铸锅,炒成熟铁售卖。"这反映出当时生铁产品由南江下西江,再到佛山制成成品,南江流域发挥着极其重要的作用。

图6　炼铁渣　　　　　　图7　铁炉村冶铁遗址

除了冶铁业之外,南江流域罗定区域的罗镜镇(图8)、龙湾镇和分界镇(图9)等地发现了多处明清时期的"制蓝制靛"工场遗址,其中龙湾镇有制靛工场遗址6处,并有19处厂坪遗址,较大的制蓝制靛工场遗址可以容纳近百人工作,可见当时制蓝制靛盛极一时。① 这些蓝靛运至佛山销售,获利丰厚。罗镜镇的水摆旧圩曾是蓝靛的集散地,我们曾实地调查过一些旧址,据罗定博物馆工作人员介绍,蓝靛及其制品当时已成为南江流域输出海外的重要商品。

图8　罗镜镇水摆旧圩制蓝遗址　　图9　罗定分界金河村制蓝遗址

---

　　① 陈大远:《罗定春秋·卷一》,广州:羊城晚报出版社,2012年,第101页。

明清时期亦有南江流域的民众从南江下到南江口，再入西江到珠三角地区出海下南洋谋生，流传于南江流域的长篇叙事歌《南洋歌》反映出这些下南洋人的境遇，全歌共 35 节 210 行，每节 36 字，共计 1269 字，叙述了一个创业者到达新加坡，通过自身艰苦创业并最终取得成功的故事。

三　从文化线路角度阐释南江古道的价值

之前我们将南江流域回归到历史的大背景中去进行分析，可以看出南江流域在历史长河进程中呈现出其丰富多彩的面貌。南江流域除了作为现实的物质通道之外，更重要的是作为一条文化线路的存在以及对其价值的阐释。《关于文化线路的国际古迹遗址理事会宪章》对于文化线路的认定基于五个要素，即背景（Context）、内容（Content）、跨文化整体意义（Cross – cultural Significance as a whole）、动态特征（Dynamic Character）、环境（Setting），以下我们进行展开分析：

（一）《关于文化线路的国际古迹遗址理事会宪章》将背景解释为：文化线路产生于自然和/或文化背景中并对其产生影响，作为互动过程的一部分赋予其特征并以新的维度丰富其内容。[①]

南江流域位于广东西部，北以西江为界，西邻广西，南为茂名信宜，它不仅是对接海上丝绸之路的重要通道，亦是岭南与楚地以及中原地区经济文化沟通联系的重要通道。该流域不仅有着其生态环境以及优美的自然景观，还有着在漫长而艰辛的历史发展进程中，由劳动人民创造，逐渐发展，最终积淀成具有丰富文化历史内涵的人文景观。该流域居住着汉、瑶、壮等民族，受生态环境的影响，该流域的民众成为较早探索水稻人工栽培技术的族群，他们不仅善于改良恶劣的土壤环境，还将水稻耕种的经验，创作成通俗易懂、入耳成诵的农事歌谣，并很好地传承下来。

---

① 丁援：《国际古迹遗址理事会（ICOMOS）文化线路宪章》，《中国名城》，2009 年第 5 期，第 52 页。

（二）《关于文化线路的国际古迹遗址理事会宪章》将内容解释为：文化线路必须具备必要的物质要素作为文化遗产的见证并为其存在提供试题证明。所有非物质要素也给予构成整体的各元素以支持和意义。①

南江流域既是古水道也是古陆道，古水道全长 201 公里，由西江入南江，从今郁南县南江口溯连滩、大湾至罗定市船步、太平、罗镜、加益等镇，越过分水岭到信宜，再沿鉴江顺流而下，可到高州，并至湛江、吴川之间出海。其中罗镜河支流林峒河南可入信宜，与鉴江上游钱排河仅一山之隔，顺鉴江南下可达海岸；镇安河经富林、阳春顺漠阳江而下，可抵阳江进入大海。古陆道有 8 条，全长约 370 公里，分别是古西大道、古官大道、云安古道、云城古道、东山古道、古道西线、古道东线。

（三）《关于文化线路的国际古迹遗址理事会宪章》将跨文化的整体意义解释为：文化线路的概念暗示了作为整体的价值，要比单个部分简单相加的价值更大并赋予线路真正的意义。②

南江流域是中原文化向粤西海岸传播的区域。南江流域的文化显示了山地文化与海洋文化的交融，显示了强烈的区域文化特色。从广东水系文化来看，呈现出文化地理历史也各不相同，南江水系为百越文化，东江水系为客家文化，北江水系为客家文化和广府文化的混合，韩江水系则是潮汕（福佬）文化。南江文化是古海上丝绸之路文化的重要组成部分，南江流域沿线中的众多历史遗迹共同见证了其作为交通线路的重要价值，明清时期的古建筑物及民居遗址的多样性构成了南江流域丰富的文化遗产。

（四）《关于文化线路的国际古迹遗址理事会宪章》将动态性特征解释为：除了与文化遗产要素共同展现历史道路的实际证据，文化线路还包含一个动态要素，发挥着导线或渠道的作用，使相互的文化影响得以传递。③

纵观历史长河，早在旧石器时代，南江流域就有先民在劳作、生息繁衍。

---

① 丁援：《国际古迹遗址理事会（ICOMOS）文化线路宪章》，《中国名城》，2009 年第 5 期，第 52 页。

② 丁援：《国际古迹遗址理事会（ICOMOS）文化线路宪章》，《中国名城》，2009 年第 5 期，第 52－53 页。

③ 丁援：《国际古迹遗址理事会（ICOMOS）文化线路宪章》，《中国名城》，2009 年第 5 期，第 53 页。

先秦时期，南江流域已有种桑养蚕和织绸活动，楚人也由此南下海岸，至汉时，对接海上丝绸之路的南江古道正式形成。在魏晋南北朝时期，南江流域是中原地区对接海上丝绸之路的重要通道。隋唐至宋元时期，广州的岭南中心地位上升，南江流域成为粤西地区对接海上丝绸之路的重要通道。基本路线是从信宜入南江，下行至南江口及西江，到达广州、佛山等地出海。明朝万历年间，除了水路之外，又建立了罗定州，开通了古官大道、古西大道和东山古道。清代的何仁镜《答人问罗定》中有言，"橹声摇尽一枝柔，溯到康州水更幽。一路青山青不断，青山断处是泷州"，即是南江流域水路通达的真实写照。

（五）《关于文化线路的国际古迹遗址理事会宪章》将环境特征解释为：文化线路与周围环境密切相关，是其不可分割的一部分。[①]

南江流域存有许多重要古遗址：如郁南磨刀山遗址、连滩镇古街、大湾古明清古建筑群、罗定文塔、罗定学宫、南江口古蓬古码头、南江口码头（图10）、罗定六竹村古码头（图11）等，以罗定为例，据《民国罗定志》记载，罗定有重要古渡34处，古桥69处，其中罗定文塔位于南江河畔，始建于明代万历三十九年（1611年），是一座八角形仿楼阁式砖塔，外观为7层，内分为13层，高47米，铁铸塔顶、塔刹、宝珠等重达7吨，为广东古塔顶之最，塔

图10　南江口码头遗址一角

图11　罗定六竹村古码头石阶

①　丁援：《国际古迹遗址理事会（ICOMOS）文化线路宪章》，《中国名城》，2009年第5期，第53页。

111

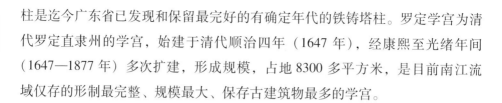

柱是迄今广东省已发现和保留最好的有确定年代的铁铸塔柱。罗定学宫为清代罗定直隶州的学宫，始建于清代顺治四年（1647年），经康熙至光绪年间（1647—1877年）多次扩建，形成规模，占地8300多平方米，是目前南江流域仅存的形制最完整、规模最大、保存古建筑物最多的学宫。

四 打造南江流域文化线路遗产的价值分析

（一）历史价值

通过对南江流域对接海上丝绸之路历史演变的梳理，我们发现南江流域具有深厚的历史价值。经云浮市住建局、云浮市文广新局、《云浮日报》社等部门调查发现，南江流域有"四纵四横"八条古驿道，总长度约370公里，见表1。

表1 南江流域有"四纵四横"概况表①

方位	驿道名	交通线路	总长
一纵	古西大道	从郁南县西江罗旁码头起点，经建城镇、通门镇、罗定市的㙟滨镇夜护村至加益镇，接信宜怀乡，有支道往广西岑溪	约57.5公里
二纵	古官大道	自郁南南江口码头起点经连滩镇、大湾镇、罗定市的生江镇、连州至分界镇接信宜掘峒	约72.5公里
三纵	云安古道	自云安区六都码头经高村镇至郁南县的宋桂后转水路经河口镇、大湾镇至罗定市	约47.5公里
四纵	云城古道	自都杨镇牛远码头经思劳镇至腰古镇水东村，接新兴江及珠三角地区	约25公里
一横	东山古道	自罗定市起点经云安区白石镇、云浮市城区、云城区安塘街至腰古镇接新兴江	约60公里
二横	古道西线	自新兴县城南门，经十里村、横水村、二十四山到河头镇至天堂镇，接阳春交界	约47.5公里

---

① 云浮市住建局、云浮市文广新局、《云浮日报》社：《云浮古驿道》，《云浮日报》，2016年3月26日第3版。

方位	驿道名	交通线路	总长
三横	古道南线	由新兴县城南门，沿 S276 国道，经六祖镇至里洞镇，经天露山，接恩平市	约 25 公里
四横	古道东线	自新兴县城东门，沿 S113 国道经东成镇、稔村镇、水台镇，接佛山市和江门市	约 25 公里

古驿道沿线历史文化遗产众多，在国内亦颇为少见，例如古西大道沿线重要古遗迹有白竹东桥、白竹西桥、建城文昌桥等，这些古驿道和沿线遗址对于研究我国交通发展史以及邮驿系统无疑具有重要意义。

（二）经济价值

南江流域境内曾出土过大量钱币，郁南县通门镇出土有大量的东汉钱币（图12），罗定罗平镇竹围龙塘阁村出土唐钱220斤，罗定䢺滨镇也出土有大量的窖藏铜钱160斤，"面文可以辨认的共12764枚，上自西汉文帝'四铢半两'，下迄南宋理宗'开庆通宝'，含西汉、新莽、东汉、隋、唐、五代十国、宋和金的货币67种"，① 这无疑为大量的商品交换提供了资金支持。古官大道又被称为古瓷器之路，沿线多古窑址，在这之中，南江口陶瓷窑群遗（图13）址最为典型，南江口陶瓷窑群"位于广东省郁南县南江口镇木格村、南瑶村、南渡村一带，多是靠近西江或南江河的山冈。年代为唐宋时期。木格村水瓜口尚存10多座窑址，属马蹄形馒头窑。遗物堆积厚1米多。出土器物有陶六耳罐、四耳罐，施黑釉，胎厚重。其他器物还有网坠、弹丸等。属唐代。南瑶村龟嘴山与南渡村虾捞山分别发现有龙窑，长约30米，窑顶已塌毁。堆积厚0.8～4米。两地出土器物基本相同，瓷器有碗、碟、壶、杯、盆、炉、灯、钵、匙等，胎质较白，多为青釉，少量为青白釉，均开冰裂纹，施釉大多不到底，器足底露胎，其他还有漏斗形匣钵、垫座、垫环、渣饼等。此外，附城古平村、白木村均冲、罗旁镇罗子村小山岗、冲口村大山脚等西江沿岸多处山

---

① 陈大远：《罗定春秋·卷一》，广州：羊城晚报出版社，2012 年版，第 120 页。

冈，也有同类窑址。均属唐、宋年代"①。由此可见，南江流域陶瓷生产技艺在唐宋时期就相当兴旺，南江流域沿岸众多古码头对外可以输出陶瓷商品，因码头而繁荣的还有圩集。

图12　郁南县通门镇出土的东汉钱币

图13　南江口镇边唐代古窑遗址及周边埋藏的陶瓷碎片

除了瓷器，还有桑蚕业，以罗定为例，在背夫山出土的战国墓已发现有丝织品，到了民国时期，罗定的桑蚕业发展达到了鼎盛时期，年产茧丝10余万

① 广东省地方史志编纂委员会：《广东省志·文物志》，广州：广东人民出版社，2007年，第139页。

斤，名噪西江。当时的调查材料记载中亦有南江，"有一条类似的狭长桑地沿着南江两岸，从南江口起点一直远伸至罗定县"。西江流域（含广西段）年产干茧量4760担，可产生丝952担，罗定生产的蚕茧差不多占整个流域的四分之一。收购后的蚕茧，用船运往顺德各地缫丝厂①。南江流域便利的交通运输，商业贸易的繁荣，彰显出其经济价值。

（三）文化价值

黄伟宗认为："南江流域有自身的文化带，自古是中原文化进入地带，又是海上与陆上丝绸之路的对接要道，显然，它起到实现中原文化与粤西南文化、内陆文化与海洋文化中转和交汇的作用，既在岭南文化的框架上，具有填补从未受到注目却又具有鼎足意义的岭南或广南文化空白，又在珠江文化的结构和特质上，具有重现它在中转和交汇作用中所显示的江、海、山共体的文化特色，并以此增添和丰富珠江文化江海一体文化特质的重大作用和意义。"②南江流域存有受海洋文化影响的遗迹，天后宫及三圣宫供奉着妈祖。2014年4月，我们在实地走访时发现，仅郁南县南江口镇就有三圣宫三处，罗定南江口边原有一座天后宫，可惜只留残迹，原貌已毁。南江流域与其他流域文化交流与传播最明显之处还可以体现在语言上，一些特定的称谓在南江流域、鉴江流域和雷州半岛存在，如旧时称平人为僚、佬，呼岭北人谓外江僚，谓婢曰妹仔等无不显示着这些区域之间的文化血缘。这在朱正国看来："珠江—西江带不仅是主流文化与非主流文化、外来文化与中华文化的交汇融合地带，在交汇融合中创造出新的文化形态，成为岭南新文化的发源地，而且是各种文化最重要的传播通道。……但最重要的一点是，所有的文化传播到岭南，多会沿着珠江—西江干支流水系传布，并汇集珠江—西江两岸附近，不断地积累、化育、发展，形成新文化的创造源头。"③南江流域让不同地域和不同文化的人都在这

---

① 广东省地方史志编纂委员会：《广东省志·文物志》，广州：广东人民出版社，2007年，第210–211页。

② 黄伟宗：《南江正名与珠江文化》，《同舟共进》，2005年第9期，第32–33页。

③ 朱正国、康就升：《从文化地理角度看"珠江—西江文化带"》，《广西社会科学》，2014年第12期，第21–26页。

一区域交汇，并与当地文化相互融合，从而形成新的文化，在这之中，影响力最大且最具特色的是禅宗六祖文化，惠能从南江流域的新州龙山走出，奔流不息的南江水哺育过他，又曾目送他远赴黄梅求法寻真。我们知道在惠能之前的禅宗祖师，晚年均没有回归家乡，而惠能以自己的身体力行，所觉所悟，最终以和谐社会人的形象，实现自我人生以及回馈社会的圆满，这不正是广东南江文化强大内聚力的展现吗？我们还可以发现：这种凝聚着南江流域民众的内在力量在南江习俗文化中还有着诸多案例，例如南江流域的国家非物质文化遗产的跳禾楼习俗。跳禾楼的习俗起源于百越时期，分布主要是在南江流域（罗定、郁南、云浮），此外四会、广宁、德庆、清远、台山、阳江（漠阳江流域）及化州（鉴江流域与雷州半岛连接处）等地亦有此习俗，虽然尚不清楚这一习俗具体的传播途径和相互之间的影响关系如何，但可以肯定的是这种习俗的存在说明这些区域之间有着紧密的文化血缘关系。它之所以能传承至今，很大程度是在这种习俗背后承载着南江流域的民众在漫长而艰苦的历史发展过程中凝聚的精神，吸引族人心理的向心力，以形成群体的团结、统一的秩序，增强群体为生存而拼搏的斗志，这种地域文化以一种或隐或现的传承方式影响着当地民众的文化个性及思维方式。惠能涅槃之后，留下千年不腐的肉身，这也使得修习禅宗的佛学信徒，往往都会追寻六祖曾经传法的足迹，经过海上丝绸之路或者经由南江流域前往韶关南华禅寺以及惠能家乡新兴国恩寺进行朝拜，以表达对这位高僧的崇敬。惠能的佛学思想也由他的众多信徒，通过海上丝绸之路或者南江流域传播出岭南，传播出国门，流布五洲，影响全世界。

综上所述，南江流域作为对接海上丝绸之路的重要通道已有二千多年的历史了，在该流域内至今仍然存有多种多样的文化遗产及文物古迹，具有重要的历史价值、经济价值与文化价值。南江流域作为复合型的文化遗产，极大地促进了政治、经济、文化的交流，有着其对接"一带一路"的战略依据和意义所在，因此我们可以将其认定为文化线路遗产类型。当然，认定它亦是为了更好地打造它，通过"南江流域文化线路"的打造和宣传，我们才能在认清它的价值的同时，更好地保护并传承下去。

（注：本文部分图片由罗定市博物馆徐子明提供，在此表示感谢。）

重兴南江古道,拉动罗定经济发展

刘新荣

(暨南大学)

摘要: 本研究基于南江古道的人文和自然景观的双重价值,探讨南江古道拉动罗定经济发展的实际可行性,认为南江古道对整体拉动罗定经济发展具有市场驱动力和文化拉动力。提出以文化产业构建拉动南江绿色经济发展,将罗定的资源优势转化为效益优势,寻找既能保持南江古道的自然原生形态又能拉动经济发展,统筹人与自然和谐发展的新模式。

关键词: 南江古道;文化拉动;双重价值;罗定经济

一 南江古道概况

广东南江流域是中原地区对接海上丝绸之路的重要通道。它的基本路线是从西江入南江,上行至罗定船步或太平、罗镜,再至信宜新宝、合水,越过分水岭,再沿鉴江顺流而下,到湛江、吴川之间出海。罗定江,又名晋康水、泷水、南江,自古以来就是珠江水系的南支流,与东江、西江、北江一起组成完整的珠江水系。早在先秦时期罗定等地出土的战国墓葬与青铜器,具有楚文化特色,罗定江及其支流是楚人南下海岸的主要通道。同时,罗定江也是此后中原汉人南迁岭南，以及中原到南海乃至海南岛的一条重要交通要道。因此，罗定江是岭南与楚地以及中原地区经济文化沟通联系的一个重要通道，它在历史上具有十分重要的地位。云浮罗定的南江古道是连接西江与鉴江、漠阳江的交通要道，是对外与中央、周边地区联系的通道，对内缩短省内地区地域间路程的便道。它不仅是商贸物流通道，还包括省内粤南北地区人口迁移、文化交流等，是海外贸易与文化交流的重要通道，也是海上丝绸之路与陆上丝绸之路对接的主要通道之一，文化资源极其丰富。

二 南江古道的经济历史作用

古代海上丝绸之路是商业贸易交流之路，南江流域一直扮演着对接海上丝绸之路重要的货物、文化、人员交往通道的角色，在历史发展中起着不可替代的作用。南江古道就是历史的见证，具有人文景观和自然景观的双重价值。

（一）南江古道在对接海上丝绸之路中的重要地位

在张镇洪的《潇贺古道（北段）调查的启发》一文中，他提到了苍梧郡广信县地理位置的重要性，认为它"正是当时岭南与岭北的交通枢纽。由此溯江西行，可经柳江、邕江、左江到龙洲，进入今越南境内；西行不远，从今广西藤县溯北流江而至北流县，过鬼门关，再顺南流江到合浦，直接进入北部湾海域；东南行不远，从今南江口溯罗定至船步镇，越过分水岭，再沿鉴江顺流而下，可到今湛江、吴川之间出海，向东可经西江前往汉代大都会番禺（今广州）"。我们可以看到广信东南方向这条古代水陆海河联运的南江流域地区路线尤其值得关注。在《汉书·地理志》已写明，汉武帝派黄门译长开创海上丝绸之路，就是从水陆联运的潇水至贺江古道到广信，然后又沿南江、北流江到达徐闻而出海的，由此可以看到海陆丝绸之路的对接通道。

（二）海上丝绸之路是商业贸易交流之路

秦汉时期贺州、封州所在的苍梧地区作为岭南三郡统治中心，其时潇贺道的开发难度要远远大于湘漓道，湘江和漓江两水源距离较近，沟通两水比开辟陆路的工程量要小得多，这一古道可以看作是与海上丝绸之路相接的通道。当时大批汉人从中原南下，并且在古代广东南江流域上游地区设县，东晋末年，汉人在罗镜河、太平河交汇河口设立龙乡县。到了梁朝，梁武帝萧衍委派陈法念任新石二州刺史，管理西江以南的泷江（南江）大片地区（西到苍梧、东至新兴）。从出土墓葬文物来看，在罗镜水摆鹤咀山南朝墓出土器物78件，随葬品有金手镯、金指环、铜镜、铁剪、瓷器、陶器等。其中出土的青瓷器釉色滋润，青中泛黄，属于一千多年前浙江会稽郡越窑系产品，是青黄釉瓷器的精品。出土文物中有两件尤其引人注目。一件是金手镯，为国家一级文物。手镯重33克，纯金打制而成，有4组走兽与花纹图案，图案为中、西亚的走兽纹饰。专家推断，金手镯显然是西方的舶来品，很有可能为粟特的产品。另一件是刻画莲瓣纹的高足碗，这件越窑青瓷高足碗的器型较特殊，受古罗马拜占庭高足杯艺术风格影响，莲瓣纹与忍冬纹受佛教艺术的影响，专家推断可能是为外国定制的出口外销瓷器。这些物品做工精美，陈大远认为它们："说明当时的商业流通已逐渐繁荣。泷水县已成为广东省南通高凉（高州、雷州半岛地区），开辟海上丝绸之路的重要通道。"证明当时罗定江流域已经与海上丝绸之路有所联系，罗定江是海陆丝绸之路的对接通道之一。由于历史上罗定江上游的河流与阳江市的漠阳江上游、茂名市的鉴江上游非常接近，甚至只有一山之隔。因此，以罗定江和鉴江、漠阳江作为南海丝绸之路与内陆地区的对接通道无疑在魏晋南朝以前已经形成，从南江上游有两条南通高凉出海的"交通走廊"。

至今，罗定江水上交通遗迹、金山古道等仍然十分有名。据有关史料记载，从抗日战争爆发到20世纪70年代，是罗定江航道的黄金时代，当时罗定江河货物运输相当繁忙，运送的货物主要有煤炭、矿石、建材、机械设备、百货等。后来由于公路运输发达了，加上罗定下游的大湾、宋桂等处筑起水坝修建电站，罗定江的水路运输才退出了历史舞台。

三 重兴南江古道对拉动罗定经济发展的意义

古道是古时的交通要道。古时一条艰险的砂石小道可能就是一个村庄与外界联系的唯一途径。古道记录着时代车轮滚动的喧嚣，烙刻着社会历史变革的印记，承载着文化的重要内涵。古道经济内涵比较复杂，但是无论古今其至少都会表现出社会价值、经济价值、文化价值等三种价值。因此，以古道保护利用工作作为纽带，发展本地特色的"古道经济"具有积极的意义。

（一）有利于整合罗定旅游资源，提升旅游品位

"古道旅游"概念的引入，能为罗定山区的发展找到新的旅游驱动点。可把各大景区穿成线，以点带面，形成以古道为主脉络的环形旅游圈。"古道旅游"是罗定旅游一道新的亮丽风景线，是罗定新的品牌和名片。

（二）有利于促进罗定文化的繁荣和发展

毋庸置疑，南江古道是文化线路，其所具有的文化线路特质主要表现在两个方面：古道记录着特定时空范围内经济、文化的交流和联系，加强了经济上的互补和依赖，促进彼此间的相互联系、相互融合，文化上相互渗透，民族心理上彼此相近，发展了共同的社会经济文化。

（三）有助于带动文化产业与经济产业竞相发展

南江古道风景优美，保存完整。再造南江古道的市场主题文化，以富有浓郁罗定特色的"南江文化"为抓手，形成风格独具的旅游热线，对于将自然、人文资源转化为经济效益有整体性推动力的作用。

四　促进南江古道经济发展的建议

古道不仅是一笔根植于特定区域的文化遗产，也有着与乡村田园相融合的自然之美，千百年间它在沟通中原与岭南经济、文化交流中，所起到的作用不可或缺，这其中留给我们诸多的启示，且对当前我们发展经济、文化仍有重要的借鉴意义。只要找准都市人对于田园牧歌式生活向往的共性，就有机会"唤醒"那些沉睡的古道。如何盘活南江的青山绿水，将罗定的资源优势转化为效益优势，寻找一条既能保持罗定的自然原生形态又能拉动罗定经济发展，统筹人与自然和谐发展的新模式，这就需要我们挖掘南江古道的旅游资源、历史作用、民俗风情、区域文化、产业要素等资源，把古道线路上升为文化线路进行研究，进而合理开发古道资源，发展古道自然风光之旅、体验之旅、休闲之旅、健康之旅、文化之旅，以促进区域社会经济文化发展。

从构建市场主题文化的角度去思考，走文化产业拉动经济发展的开发模式。文化旅游是最具环保意义的新兴产业。市场文化印象，具有引领经济发展突破口和推动机的作用，对于拉动绿色经济的发展意义重大。

（一）以古道旅游强力支撑，挖掘独特的产业要素

整合生态、民俗、审美三大要素，进行古道周边城镇旅游开发与城镇景观规划，针对古道旅游文化的特色定位和整体设计的问题，全面、充分调动与融合生态、民俗和审美三大要素，以此进行旅游的资源开发和整体设计，开展景观、产品的宣传、营销等问题的研究、操作与实施。生态、民俗和审美是当代民众处理与表现人与自然、人与人、人与社会、人与精神等关系的基本要素与要点，是人区别于其他动物的生存方式和文化特色。从旅游角度说，是游、购、娱、吃、住、行的文化观念实施的原则、动力和内涵。从当代的社会与时代角度看，生态强调的是人与自然的和谐，民俗突出的是民族根脉和地方特色，审美则是人们在社会实践中的感性化、形式化和消费化的特征。生态、民俗和审美三大要素的有机融合，可以有效地解决地方旅游文化的特色定位问题；这三者的有机组合，又可以整体性地、有效地实施一些既定的方案与计划，为更深、更新一轮的旅游规划与开发提供一些有效的理念与思路。

（二）促进文化产业与经济产业竞相发展

以绿色产业为主攻方向，依托山水，立足富民，产业推进，多元发展。建议政府制定绿色龙头企业发展的优惠政策，如减税免税、财政贴息、信贷支持、产品流通、土地流转等方面的优惠政策，积极帮助绿色龙头企业申报项目、争取资金支持、切实解决贷款难、用地难等问题。同时应培育一批新的绿色龙头骨干企业，实施项目带动战略，对技术含量高、带动能力强的项目重点支持，全面推广，搞大搞强龙头企业，再以龙头企业带动中、小企业发展，甚至该地区其他产业的发展，真正达到企业增效、区域发展的目标。

（三）加强项目开发推进，形成特色旅游产品和旅游路线

一是整合资源，形成完善的古道旅游线路。

结合现有资源，综合开发古道附近村域范围内的文物古迹，形成完善的古道旅游线路，带动民俗旅游业的多层次发展，形成镇域内旅游业的联动发展。

二是开展古道商旅文化体验，深入挖掘古道文化的旅游文化价值。

古道沿线许多地方自然风光优美，人文景观奇特，民族风情多姿多彩，文化旅游资源丰富，因此要在沿线区域有重点地开发有卖点的旅游景区，增加人气，形成市场；对古道圈内的村庄历史古迹如古镇、古桥、古庙、关岭、祠堂等联合开发，进一步丰富旅游产品体系；深入挖掘古道的人文精神，收集各类

民间传说，展示民情风貌。

三是大力发展民俗旅游业，完善配套服务设施。

要整治村庄环境，开展生态建设和水环境治理，修复、修缮和改造影响村庄整体风貌的建筑，利用闲置地进行村庄的绿化美化；修复遭到破坏的山体植被，加强村庄生态涵养建设，保护村域范围内珍贵的山泉水资源；修缮村庄传统老宅院，限制破坏村庄传统风貌的建设，保持村庄风貌的完整性与协调性，建设较为集中的旅游接待设施，提高旅游接待能力和水平。

四是扩大古道宣传力度。

"酒香也怕巷子深"，因此，应加大宣传，利用媒体、网络等手段以及其他推广形式来扩大古道知名度，把古道文化、古道旅游推向外界。

五是促进体验式旅游发展。

围绕古道，打造"一村一品"，借助古道附近丰富的生态环境资源，发展"观光农业园"。

（四）加强政府引导规划，进行产业整合提升

成立南江古道景区旅游服务部和古道旅行社，为游客提供南江古道徒步旅游的专业服务，还要大力对外做宣传。打好"南江古道"牌，政府引导是关键。路线规划、山林的整合、景点的划分都需要政府来协调和引导。政府还必须做好古道开发的规划工作。一是要做好旅游项目开发的规划，包括市场定位、产业定位、开发方式等；二是要做好古道文化遗产整体性保护规划和文化遗产保护规划。整体性保护规划的制订重点包括：对古道保护范围的确定，对线路形态和走向的调查，对古道线路文化遗产资源的调查、整理，对古道总体价值及历史文化内涵的挖掘和归纳，等等。文化遗产的保护规划应以整体性保护规划为指导，针对不同层次、不同地区、不同类型的文化遗产做明确的且具有可操作性的保护规划。

（五）加强资源保护利用

一是要做好生态环境的保护工作。近年来，随着游客人数的不断增加，给古道附近的生态环境带来了一定的影响，在一定程度上对古道环境造成了污染和破坏。对古道开发，应开展调查规划，并实施修复保护，科学开发利用，此外，还要健全相关制度。制定古道保护办法，明确古道保护的责任、义务、权益，做到有法可循；确定重点保护路段，竖立古道保护标志；明确保护职责，

把任务分解到沿线乡镇政府；未经许可，不得随意在古道保护范围内开建项目。

二是要做好文化遗产的保护工作。南江古道是一条历史悠久的古商道，更是商贸交流、文化交流、情感交流和精神认同的纽带，古道保留了丰富的历史文化遗产要素，但也面临着种种消亡和破坏的危机：古树被砍伐，古桥、古庙被拆，古建筑被破坏，传统文化弱化，传统手工艺丢失，等等。因此，保护古道整体价值及其文化遗产要素是我们当前所面临的刻不容缓的任务。从南江古道作为文化线路的角度出发，首先，应强化文化线路的保护理念，扩大古道文化遗产资源的保护范围，包括文化资源、自然资源、物质文化遗产和非物质文化遗产，对古道实施线形遗产资源的整体保护，对有特色的文化遗产，应向省市申报文化遗产保护。应研究制定出台传统村落保护政策，尤其在土地流转、项目用地、资金投入、业态培育等方面给予更多的政策支撑，省、市、县资金配套到位。

最后，应借鉴文化线路的保护方法，构建古道跨区域合作保护机制。

参考文献：

［1］黄启臣．广信是西汉海上丝绸之路与内动互动的枢纽［J］．广州：岭南文史，2004（3）：19.

［2］黄伟宗．海上丝绸之路与海洋文化纵横论［C］．广州：广东经济出版社，2014：19.

［3］陈大远．罗定春秋（卷二）［C］．广州：羊城晚报出版社，2012：68.

［4］姚雅欣，李小青．文化线路的多维度内涵［J］．文物世界，2006（1）.

［5］蓝韶昱．古道研究促进经济社会发展［J］．中国社会科学报，2012（12）.

罗定历史文化名城特色的评估解析

肖旻

（华南理工大学建筑历史文化研究中心）

一 引言

"南江文化"是进入 21 世纪以来岭南地方性文化研究的一个热点。[①] 通过历史文化的研讨有助于深入认识一处地域的整体特色及其发展规律，也有助于对当前地方社会经济文化的发展的把握。尽管对于"南江文化"的概念和具体内容仍有争议，但大部分讨论仍集中关注以罗定为核心的地域。

"古道"研究是近期地方历史文化研究的另一热点。通过对历史文化、交通与商贸路线的研究，强调地方文化发展研究中的时空脉络与区域间的互动，有助于打破地域性文化研究中可能存在的相对封闭、静态的消极倾向。对罗定而言，通过其境内的南江古道文化研究，也是对当前"一带一路"战略和地方发展的响应。

罗定还是广东省的省级历史文化名城。历史文化名城是一种法定的遗产类别。和南江文化研究或古道文化研究不同，历史文化名城的研究既涉及文化研究，也强烈地指向现

---

① 邓辉、马聘：《六年来广东南江文化研究回顾》，《南方论刊》，2008 年第 8 期，第 80 页。

实的保护管理对策。同时，作为实体性的遗产，历史文化名城的研究重点关注的是建成环境中的文化资源。地方历史文化研究最重要的实体资源包括文献与实物两大类。其中，城乡建筑遗产作为"石头的史书"，一直占有重要的地位。由于学科体制等方面的局限，古建筑或传统建筑研究在文史研究领域尚未得到足够的重视。基于此，本文尝试从历史文化名城保护的角度对罗定地区（以明清罗定直隶州为代表）的建筑历史文化特色进行初步的梳理和思考。文章并未直接切入南江古道文化的讨论，而是希望通过这一分析，为历史文化相关研究和历史遗产保护提供参考基础。

二 研讨思路

彭祖鸿对南江流域的古建筑研究做过综述分析[1]，为本文提供了一定的基础。为了更好地从地域整体上把握罗定的城乡建筑文化遗产这一课题，本文拟通过历史文化名城的视角，一方面梳理资料，一方面参照历史文化名城研究、评定与保护的相关方法和经验开展初步的综合工作。这样做既有助于把视线从建筑物的层面上升到城乡建筑遗产的整体层面，也有助于将讨论从历史研究跨越到当代的城市建设议题。

《国家历史文化名城保护评估标准》是 2010 年中华人民共和国住房和城乡建设部和国家文物局发布的重要文件。文件明确了历史文化名城的若干评估标准，为我国历史文化名城的申报以及保护管理提供了一个重要的工作框架，对于城市价值的理论分析和城市管理策略有指导意义。罗定作为广东省历史文化名城，以之为参照，可以清晰地看到自己的优势和不足，也有利于开展针对性的城市研究与建设管理工作。

三 《国家历史文化名城保护评估标准》 简介

《国家历史文化名城保护评估标准》包括定性评估和定量评估两方面。

---

① 彭祖鸿：《南江流域古建筑研究综述及展望》，《玉林师范学院学报（哲学社会科学版)》，2015 年第 6 期，第 23 页。

定性评估方面包括两大项目："城市历史文化特色与价值"以及"保留着传统格局和历史风貌"。前一项指向城市的总体状况，后一项需要具体的城市遗产（特别是城区遗产）来支撑。"城市历史文化特色与价值"细分包括三部分。第一部分为"城市在历史上的地位作用"；第二部分为"历史文化名城的历史、艺术和科学价值"；第三部分为"历史文化名城保护与当代社会经济发展的关系状态"。第二部分是一种总结性的价值判断，第三部分实际指向了城市保护管理。本文重点将针对第一部分的评估要求开展对比分析和思考。

四 罗定城市历史文化特色的思考

罗定城市历史文化特色，即城市在历史上的地位作用，在评估标准中，其内容和释义为：历史上曾经作为政治、经济、文化、交通中心或军事要地，或发生过重要的历史事件，或其传统产业、历史上建设的重大工程对本地区的发展产生过重要影响，或能够集中反映本地区建筑的文化特色、民族特色。这其中包含了三个方面的定性要求：其一是城市的时空定位；其二是城市建设史上的重大事件（包括重大工程）；其三是城乡建设的特色。这三个条件并非需要同时达到，单一条件突出的情况下也表明该城市具备足够的特色，但能兼顾其中一个以上的条件，将是城市特色的有力支撑。

（一）时空定位

时间方面，即历史久远度，包括生产生活的历史，也反映为历史上的制度建设，如城市建制的历史年代；空间方面，反映在行政、经济、军事、交通、商贸的区位。行政区位主要通过建置反映，但非制度性建设的历史现象，则需要研究者细心梳理分析。如"南江古道"作为切入点，就是一较新视角。对罗定而言，具体可以从以下方面考虑：

1. 早期的人类活动遗址。如2014年罗定地区的考古发现，是广东地区首次发现旧石器时代早期遗存，也是广东地区迄今为止发现最早的古文化遗存，填补了华南地区旧石器考古研究的空白。

2. 两千年历史的古郡县。罗定得名较晚，历史上基层政区政府的治所亦不太稳定，这是其短处，不似某些古城，在置地、得名、建城方面前后连贯，因而有"千年古县城"之类的美誉。然而，所谓的短处从另一方面观察也就是特色。正是因为其区位重要，才早在两千多年前即得以置县（秦设南海郡开阳县，治所位于罗定船步镇）；而同时由于其通道性的文化地理特征，区域内部的向心力不足，核心聚落的首位度不足，导致建制多变，治所也有所游移。从整个历史时期来看，治所还是集中在几个主要的镇，包括船步、罗镜、太平、罗城，形成了一个多中心的城镇格局，并持续影响到近代。

此外，明清时期罗定直隶州的建置，也反映了罗定两方面的特点。一是反映其区域在文化地理学上具有一定的独立性；二是缺乏传统意义上州府一级建置的地域辐射能力。

3. 历史上连绵不绝的文化交流与传播通道。这种文化交流包括两方面，指向内陆的即与早期中原文化、楚文化的联系，以及指向海外的即与"海上丝绸之路"的关联。对于上述两个大课题，可能更多依赖于早期文献和考古学研究。民俗文化、地名文化等也可以为上述研究提供有力的佐证。"南江古道"的研究将是对上述内容的针对性回应。但不能忽略的是，"古道"研究应该既涵括时空尺度较大的文化线路，也需要包括时空尺度较小的，历史时代较为晚期的以及相邻区域间联系的事项。此时，古道研究不仅仅是典型的古代驿道、商旅路线，也将包括晚期较为发达也较为宽泛的交通格局，并通过历史研究将不同尺度的时空关联打通。如今天所见的反映清代以来的城乡建筑特色，如建筑的风格、聚落的形态与制度等，与之关联的则是历史上较晚时期的华南地区区域间的人口流动和文化交流。

例如郁南的大湾村民居群、光仪大屋等著名案例，它们是否反映了客家移民与客家文化的影响，在族群特征与建造工艺上又发生了什么变异等，它们和粤西地区其他的案例的比较如何，这些都需要建筑学、民族学等多学科的综合深化研究。目前这方面的状态是整个粤西地区传统建筑资料不少，但由于地区本身的边缘性特征，导致学界关注不足，以及认识上整体把握不足。

（二）历史事件与重大工程

罗定古代作为粤西门户地区，如前所述其通道性的文化地理特征将会在军事、交通、商贸、手工业等方面呈现。但据笔者目前所见的资料，在城市建设方面重大的单一事件与单一工程上尚难找到典型的代表。

明万历年间的罗旁之役，是涉及政治军事经济文化的一个重要转折事件，经过这一战争基本上终结了自宋至明近六百年的瑶乱。战后泷水县升格为直隶州，这是广东历史上第一次设立直隶州。罗旁之役的历史地位或许值得进一步研究，即便如此，这一战事也很难作为城市建设史的直接事件。

如果把时间的视角放到近现代，被称为广东"红旗渠"的著名水利工程的罗平镇长岗坡渡槽，在城建史上具有重大工程的价值则是没有问题的。

（三）城乡建设特色

对罗定城乡建设特色的探讨，可以考虑如下几方面：

1. 延续至近代的多中心聚落体系。除了早年治所的迁移，近代最典型的表现是罗镜镇的地位。清乾隆以后，罗镜作为分州府驻地，成为罗定南部的中心，交通商贸发达，墟市长达数里，商铺云集，铸铁业发达，有"小佛山"的美誉。作为近代城镇化建设重要表现的骑楼街，也在罗城、罗镜、泗纶各镇都有出现。

2. 作为现代城镇体系的雏形，历史上罗定的墟市体系值得深入研究。已有姜丰丰硕士学位论文《明清时期广东罗定直隶州墟市发展与社会变迁》①，论文强调了市场力量对于汉、瑶等民族融合与地方社会转型的影响，有别于以往侧重军事干预或者政府编户齐民的自上而下的视角。论文提出明清时期罗定地区市场层级的建立及其与社会力量的联系对于认识传统中国内地的商业经济发展的多元路径有重要的意义，但是论文集中于明清之际，对近代以来墟市体系发展变迁并未涉及。

3. 作为古代水道（驿道）的南江水系，其相关的水利、交通与商业设施建设。这一课题是典型的"南江古道文化"研究的课题。对于城市建设史而言，将着重关注伴随着交通行为的设施建设及其反映的社会文化状况。如能开展系统的水道设施调查，摸清其历史情形，做出系统的总结，并挖掘其遗迹遗存，进行系统的保护，是罗定历史文化名城保护建设的重要任务。

4. 罗定州城作为广东最早的直隶州城，其传统城市的建设具有代表性。其选址建设的军事防卫、水利防洪、风水形胜观点均值得深入挖掘，而建城之后的城市规模的快速发展也值得注意。值得一提的是，对州城建设史的研究可以一直延续到近代，包括骑楼街的开辟、近代西洋建筑的传入等。

---

① 姜丰丰：《明清时期广东罗定直隶州墟市发展与社会变迁》，中山大学硕士学位论文，2011 年。

5. 作为广东内地骑楼商业街具有一定的典型性。罗定的骑楼是小型的砖木结构骑楼。1930 年陈济棠主粤时期，广东多地有类似的城市建设。相对沿海而言，若非交通商贸要地，内地骑楼街的建设规模普遍偏小。罗定骑楼街道的数量和总长度，应该在广东内地城镇中居于前列。

6. 乡村聚落与民居方面。根据李睿在其硕士学位论文中的研究，"粤西（西江流域）地区具有三个地方文化的中心区。封川、高要与泷水（即罗定）。其中，罗定地区直到明代中期仍是本区内最集中的土著族群聚居地，受中央政治的强烈清剿和外来移民的猛烈冲击下，其聚落与建筑所呈现的文化现象更多是由客居族群带来的。罗定江流域的传统村落形态类型主要为多中心散村型，这一类型村落的显著特征就是有着较多路或更多进的 C 型民居（多开间穿堂式——引者注），这些民居都组成了紧密而大型的 1 型民居组团（以祖堂、祖厅为核心、组团封闭性较强的向心式布局组团——引者注），并相对独立地分散在村落之中"。

"这种紧密而独立的民居组团也通常容纳更多的核心家庭生活在一起，并在组团内实现家族对祖先的崇拜与礼仪。因此，村落多数由各组团自身的中心空间——祖厅——作为村落中的多个中心空间存在，也有部分村落会另外兴建宗祠、房支祠等，形成一个强烈的、单一的村落中心。"[1]

在笔者看来，罗定江流域的典型村落民居最重要的因素可以大致归结为边缘地区晚期的移民文化。受其影响，呈现出以祖厅为核心的组团式的聚居和一定程度的封闭性。祖先崇拜是移民族群内部团结的需要，但未能如珠三角发达地区晚期的独立祠堂建设普遍化和程式化；封闭性和防卫性是移民安全的需要，也和区位有关，因此也没能如珠三角发达地区出现小型天井式民居或肇庆地区的小型单体民居。以若干大屋为核心的村落形态是罗定地区典型的表现。过往研究有时候会将这种大屋与粤东北的客家民居样式联系起来，但从部分资料看，大屋的建设者并不一定是客家族群。不排除罗定地区部分人口迁移来自客家地区，但更大的可能是这种"大屋"是岭南地区基于相似的文化心理与区位因素的类似选择。

---

① 李睿：《西江流域传统村落形态研究》，华南理工大学硕士学位论文，2014 年，第 64－76 页。

五　罗定历史文化名城的研究与保护

（一）南江文化与历史文化名城研究

上述对罗定城市历史文化特色的思考，初步提示了从名城的角度如何进一步深入研究的若干切入点。对于城市特色的总体把握，参照其他历史文化名城的做法，我们发现地域性文化的概念提供了一个良好的工具，这就把南江文化研究和名城研究联系了起来。

国家历史文化名城中，不少名城的价值特色是以地方文化的特定类型作为总体的代表。例如安庆，是以桐城文化和皖江文化为代表，也扩展包含了禅宗文化、徽班进京、黄梅戏等文化事象；金华，则是以婺江文化为代表；中山，以香山文化为代表，包含了近代名人、商业、华侨等文化内涵。罗定历史文化名城，以南江文化为表征，是顺理成章的选择。

需要注意的是，一些地域性文化的命名，源于历史文化传统，本身具有较强的生命力，如桐城文化与历史上的"桐城文学"；一些地域文化命名源于当代，如中山（旧名香山）的香山文化。在命名缺乏历史资源支撑的情况下，很容易仅仅起到一个符号性的作用，此时其独特性需要更多的研究与阐释。较多的地域性文化命名源于山水资源，具有天然的文化地理学色彩。

南江文化以南江（罗定江）流域为命名，在进一步的研究中，需要注意如下两方面的问题：一是避免文化命名仅仅起到符号化的作用。应加强南江水系历史实际作用的分析。应该说，南江古道作为水道，相关研究对此会有较大的支撑。而前述的将相关的水利、交通与商业设施建设研究融合进来，将使得这一文化研究有更坚实的实证基础；二是充分认识到前述本地区的通道性的文化地理特征，避免仿照其他地区，特别是较发达地区的中心地模式，即过于强调地域核心城镇对于全地域的代表性、典型性与辐射能力。

（二）罗定历史文化名城的保护

罗定虽然是广东省历史文化名城，但是毋庸讳言，目前这一省级名城的称号在法定的遗产保护管理体制中并未得到足够的重视，也在相当程度上存在管理缺位的问题。

广东省被国务院核定公布为国家级历史文化名城的城市共有 8 个①，公布为广东省历史文化名城的城市共有 16 个②。在这 16 个城市当中，由于惠州、肇庆已经被评定为国家历史文化名城；韶关市、东莞市与高州正计划申报国家级历史文化名城；汕尾市碣石镇已经被评定为中国历史文化名镇。排除上述或多或少有进一步保护举措的城市，余下尚有 8 个城市（连州、英德、新会、陀城、海丰、揭阳、揭西、罗定）。作为余下 8 个省级名城之一，罗定应借助南江文化研究之力，进一步做好名城保护工作。相关建议如下：

1. 重点保护好古城的传统格局和历史风貌

对照《国家历史文化名城保护评估标准》，历史文化名城的"传统格局和历史风貌"是评估的重要指标，具体内涵包括：

"城市的地域历史环境。市域中能代表本地历史文化特色的古村镇，具有重要历史意义的自然景观，以及与古城有重要历史联系的区域环境要素。

古城格局。古城的选址特征，与周边山水自然环境关系延续的情况，古城的街巷肌理、传统格局、城墙城门，重要的公共建筑的遗存状况，古城在城市规划建设史中的典型性和影响力。

历史风貌。城市整体的风貌特色，及其对历史文化特色的体现；历史文化街区历史风貌的保护情况。"

就罗定古城保存状况而言，其传统格局及其重要节点地标，如城墙、文塔、学宫、骑楼街等较为完整地得到保留，在广东省的古城中是较为稀缺的。特别要指出的是，20 世纪 80 年代以前，罗定尚有 1500 多米的骑楼，经过 30 多年的建设，已经大幅度减少，应充分认识到这一资源的价值，停止继续拆除骑楼街道，结合城区历史文化资源丰富的地段，开展历史文化街区的划定工作。同时还应加强古城墙以及相关自然山水风貌的保护，划定保护区，严格控

①　包括：广州、潮州、佛山、肇庆、梅州、雷州、中山和惠州。

②　包括：（1）高州（茂名市）；（2）连州（清远市）；（3）英德（清远市）；（4）新会（江门市）；（5）平海（惠州市）；（6）佗城（河源市）；（7）碣石（汕尾市）；（8）海丰（汕尾市）；（9）揭阳（揭阳市）；（10）揭西（揭阳市）；（11）惠州（惠州市）；（12）南雄（韶关市）；（13）罗定（云浮市）；（14）德庆（肇庆市）；（15）韶关（韶关市）；（16）东莞（东莞市）。

制高度和视线效果。

2. 点线面结合的市域保护

点的要素，包括其他历史古镇、墟市、重要的文物古迹所在地；线的要素，以南江古道为主要脉络展开调查与保护；面的要素，主要指广大的传统村落与民居。

《国家历史文化名城保护评估标准》要求名城保护管理应该明确"城市的空间布局、功能组织、产业经济等与历史文化名城保护之间的关系是否协调，城市经济社会发展对历史文化遗产保护产生的影响。新的发展是否保障了历史的延续性"。

罗定应及时编制名城的保护规划，研究城区土地利用、经济发展模式和工业化道路对于遗产保护的影响，在规划空间布局上研究处理好城区空间拓展与历史城区保护的关系，对旧城区功能进行再组织，使得古城的传统格局和历史风貌得以延续。

汉晋南江古道的隙地贸易及其扩展

周永卫　冯小莉

（华南师范大学历史文化学院）

摘要： 在许倬云、陈伟、鲁西奇等前人研究的基础上，对"隙地"与民间贸易的关系进行诠释，指出岭南与周边地区以及岭南内部存在的"隙地"是岭南民间贸易的温床，南江古道正是这个隙地的一部分。汉晋时期，基于地缘优势以及龙母信仰的庇佑，南来北往的移民和商人多以南江古道为最佳选择，他们和岭南俚僚民族一起构成隙地贸易中最为活跃的市场因素。随着南江古道隙地贸易的发展，其贸易范围开始向濒临地区扩展，进而推动海上丝绸之路的进一步繁荣，并导致非法和走私贸易的猖獗。南江古道隙地贸易的极大扩展，以及其内联外接作用的极大发挥，使得汉晋南江流域一跃而成为中原王朝发展海外贸易的桥头堡，在中外文化交流史上发挥了不可忽视的作用。

关键词： 汉晋；南江古道；隙地贸易；海上丝绸之路

　　南江之名始见于《南齐书·州郡志》，云："西南二江，川源深远，别置督护，专征讨之。"① 自古以来有不少学者

---

　　① 萧子显：《南齐书·卷十四·州郡志上》，北京：中华书局，1972 年，第 262 页。

对南江古道曾有所关注，清人屈大均将南江与东江、西江、北江并列①；今人曾昭璇先生也曾以此为南江定名，并窥其源流②；在此之后有更多的学者开始关注于此③。然而，囿于资料的限制，前辈学者对汉晋时期南江流域的经济贸易状况涉及甚少，由于南江古道处在郡与郡交界处，与交广分界基本吻合，形成一个地域广阔的"隙地"，为民间贸易的发展提供了天然的优势，以此为依托，南江古道内联外接的作用得到了极大的发挥，因此笔者不揣谫陋，在前辈研究的基础上对汉晋时期南江古道的隙地贸易及其扩展进行论述，不当之处，望方家批评指正。

一 隙地贸易的地缘结构

"隙地"一词，先秦时期就有记载④，陈伟先生认为"大概在西周时，间田（隙地）在王畿内外都有分布……对其采用隙、间的称谓，可能是就它们预备分配或分封而尚未实施而言的；不好理解为闲置、撂荒之地"⑤。许倬云先生则另辟蹊径认为"在发展过程中，纲目之间，必有体系所不及的空隙。这些空隙事实上是内地的边陲。在道路体系中，这些不及的空间有斜径小道，超越大陆支线，连紧各处的空隙。在经济体系中，这是正规交换行为之外的交易。在社会体系中，这是摈于社会结构之外的游离社群。在政治体系中，这是

---

① 屈大均：《广东新语》，北京：中华书局，1985年，第128页。

② 曾昭璇、曾新、曾宪珊：《西江流域——南江水系的人文地理概述》，广东史志，2002年第3期。

③ 比较有代表性的著述有：黄伟宗：《南江正名与珠江文化》，同舟共济，2005年01期；陈大远：《南江文化析疑》，珠江经济，2008年第10期；邓辉：《佛教文化传播视域下的古代广东南江古道研究》，玉林师范学院（哲学社会科学），2015年第4期；徐子明：《从文物古迹看南江流域对海上丝绸之路的对接作用》，丝绸之路，2016年第22期等。

④ 《十三经注疏》整理委员会整理，李学勤主编：《十三经注疏·礼记正义·卷五·曲礼下》，北京：北京大学出版社，1999年，第141页。

⑤ 陈伟：《关于宋、郑之间"隙地"的性质》，载《九州》第3辑，商务印书馆2003年，第172-179页。

罗定：南江古道与『一带一路』文化论坛论文集

政治权利所不及的'化外'，在思想体系中，这是正统之外的'异端'。"① 在许氏的基础上，鲁西奇先生又提出了"内地的边缘"这一概念，指出"在中华帝国的疆域内，一直存在着并未真正纳入王朝体系或官府控制相对薄弱的区域。这些区域多处于中华帝国政治经济乃至文化体系的空隙处。这些边缘区虽处于王朝统治的整体版图之内，但却并未真正纳入王朝统治体系之中，故仍得称为'化外之地'，因其地是在帝国政治疆域版图之内，故可视为'传统中国内部的'化外之区。'"② 实际上，这里的"化外之区"具体到汉代还与汉武帝时期"沉命法"的颁布有一些关系。"沉命法"下郡守在镇压农民暴乱时相互推脱，使"机智的暴动农民就往往选择那些郡与郡交界处，即各郡郡守都认为不属于自己管辖的地区，在这些各郡都不管的、郡与郡的结合部发展起来。"③ 因此，我们也可以窥探到"隙地"的又一政治状况。"流民"这个群体往往就是"沉命法"中郡守的打击对象，他们部分逃离至此也是可以想见的。《三国志》载："众议咸以丹杨地势险阻，与吴郡、会稽、新都、鄱阳四郡邻接，周旋数千里，山谷万重，其幽邃民人，未尝入城邑，封长吏，皆仗兵野逸，白首于林莽。逋亡宿恶，咸共逃窜。山出铜铁，自铸甲兵。俗好武习战，高尚气力，其升山赴险，抵突丛棘，若鱼之走渊，猨狖之腾木也。时观闲隙，出为寇盗，每致兵征伐，寻其窟藏。其战则蜂至，败则鸟窜，自前世以来，不能羁也。皆以为难。"④ 由"时观闲隙"可见，丹阳与其濒临的郡县也存在"闲隙"之地，这里的"民人"自主性很强，一定程度上威胁了政府的统治。

就许氏所言的经济体系中存在"正规交换行为之外的交易"似应包括民间贸易甚至走私贸易。鲁先生也曾指出，这些区域有可能成为新生因素的发源

① 许倬云：《试论网络》，载《许倬云自选集》，上海：上海教育出版社，2002年，第30－34页。

② 鲁西奇：《内地的边缘——传统中国内部的化外之区》，学术月刊，2010年第5期。

③ 陈长琦：《官品的起源》，北京：商务印书馆，2016年，第68页。

④ 陈寿撰，裴松之集解：《三国志·卷六四·吴书·诸葛恪传》，北京：中华书局，1959年，第1431页。

地，乃是封建后期的资本主义萌芽的因素①。然而，他们所指向的主要是整个封建时期的概况，对隙地贸易的情况并没有具体而论。而《史记·货殖列传》中的记载给我们提供了线索，云："及秦文、（孝）［德］、缪居雍，隙陇蜀之货物而多贾。"徐广曰："隙者，间孔也。地居陇蜀之间要路，故曰隙。"索隐："徐氏云隙，间孔也。隙者，陇雍之间闲隙之地，故云'雍隙'也。"② 徐氏所说的"隙"是陇蜀间的交通要道，属于许倬云先生的道路体系范畴，而司马贞的补充政治意义较为明显，它不是鲁西奇先生所说的化外之地，倒更符合陈伟先生之说。

"陇雍"与"陇蜀"的不一致使我们注意到两地的地望。所谓陇蜀之地，即"陇山南连蜀之岷山，故云陇蜀也"③。陇蜀之间的交通要道即陇蜀道，先秦时期由氐羌民族开创，主要有嘉陵道、祁山道、沓中阴平道以及洮岷迭潘道等，是"介乎西北与西南文化、经济与交通的孔道，说它是南北丝绸之路的又一座桥梁，这似乎是毋庸置疑的"④。而雍之地在关中，"雍，县。岐州雍县也"⑤。所以，雍陇之间的闲地非汧渭河道之间莫属，也即是说"陇蜀之货物而多贾"是往来于陇蜀道的商人与货物，非雍陇之隙。方苞《史记注补正》曰："居雍为句，隙陇蜀之货物，与下东绾濊貉朝鲜之利，文义正相类，盖居其隙而竝受之也。"⑥ 那么，此处的"隙"当为动词，即后所云"居其隙"之意，"雍"处在"陇蜀"隙地，并受货物之利。因此我们可以理解为，隙地只是商人往来和转送货物的交通要道，真正受益的是周边地区，这是隙地活动的辐射地带，属于广泛意义上的"居其隙"。

---

① 鲁西奇：《内地的边缘——传统中国内部的化外之区》，学术月刊，2010 年第 5 期。

② 司马迁撰，裴骃集解：《史记·卷一二九·货殖列传》，北京：中华书局，1959 年，第 3261－3262 页。

③ 《史记·卷五五·留侯世家》，第 2044 页。

④ 高天佑：《陇蜀古道考略》，文博，1995 年，第 60－67 页。

⑤ 《史记·卷一二九·货殖列传》，第 3262 页。

⑥ 泷川资言考证，杨海峥整理：《史记会注考证》，上海：上海古籍出版社，2015 年，第 4274 页。

二 汉晋南江古道隙地贸易

（一）岭南地区的隙地贸易的产生

岭南与内地之间的交通要道也是上述隙地体系的一部分。

岭南主要指五岭以南，一般来说五岭主要是指大庾岭、都庞岭、萌渚岭、骑田岭、越城岭。宋人周去非曾云入岭之途有五："自福建之汀，入广东之循梅，一也；自江西之南安，逾大庾入南雄，二也；自湖南之郴入连，三也；自道入广西之贺，四也；自全入静江，五也。"① 这些通道即是以五岭为基础的交通要道。整体而言，五岭横亘于此，出现了一个南北走向的"隙地"，再加上汉初为提防南越而形成的犬牙交错分界带，使这个"隙地"又呈"〰"型走向。

以骑田岭道为例，桂阳郡的含洭、浈阳，曲江三县，本为越之故地，武帝平定南越时，归属于桂阳，将五岭的自然分界划入行政区内。这里的居民状况是："民居深山，滨溪谷，习其风土，不出田租。去郡远者，或且千里。吏事往来，辄发民乘船，名曰'传役'。每一吏出，徭及数家，百姓苦之。（卫）飒乃凿山通道五百余里，列亭传，置邮驿。于是役省劳息，奸吏杜绝。流民稍还，渐成聚邑，使输租赋，同之平民。"② 可以看出，卫飒的行为为隙地贸易提供了时间和空间。汉灵帝时桂阳太守周憬对武水上游河道，使"小溪乃平直，大道永通利，抱布贸丝，交易而至"③，也说明了交通的整治为贸易提供了便利的交易场所，且当地还处于以物易物的民间贸易阶段。这种交易场所至魏晋南北朝时期已发展为"墟"，"越之市为墟，多在村场，先期召集各商或歌舞以来之，荆南领表皆然"④。"墟"多集中在荆南领表的村场，召集而来的

---

① （宋）周去非撰、杨武泉校注：《岭外代答·卷一·五岭》，北京：中华书局，1999 年，第 11 页。

② 范晔撰，李贤等注：《后汉书·卷七六·卫飒传》，北京：中华书局，1965 年，第 2459 页。

③ 洪适：《隶释·卷四·桂阳太守周憬功勋铭》，北京：中华书局，1986 年版，第 55 页上。

④ 骆伟：《〈南越志〉辑录》，广东史志，2000 年第 3 期。

商人，在此之前大多应是民间的。其实，早在武帝时期刘安就已经注意到了这种情况，云："越非有城郭邑里也，处溪谷之间，篁竹之中，习于水斗，便于用舟，地深昧而多水险，中国之人不知其势阻而入其地，虽百不当其一。得其地，不可郡县也；攻之，不可暴取也。以地图察其山川要塞，相去不过寸数，而间独数百千里，阻险林丛弗能尽著。视之若易，行之甚难。"① 溪谷篁竹之间便是上文所谓的"隙地"，相去数寸的地方，却"间独数百千里"，颜师古将其具体化曰："间，中间也。或八九百里，或千里也。"② 足见"隙地"之阔，即使攻取其地，仍不可郡县。因此，此处也是非法贸易者的天堂，如"耒阳县出铁石，佗郡民庶常依因聚会，私为冶铸，遂招来亡命，多致奸盗"③。越骑田岭，顺湘水、耒水北上，岭南与耒阳之间交通便利，参与其中的岭南郡民似应占绝大部分，他们与亡命之徒一起，私自冶铸，多致奸盗。这里正是鲁西奇先生所说的不在政府控制的体系范围内。

牂牁道是岭南与西南地区之间长期交往的重要通道之一。《史记·西南夷列传》记载：唐蒙在南越吃到蜀地枸酱，后被告知"独蜀出枸酱，多持窃出市夜郎。夜郎者，临牂牁江，江广百余步，足以行船。南越以财物役属夜郎，西至同师，然亦不能臣使也"④。可见夜郎、巴蜀一带的商人与岭南之间的关系十分密切。在西汉前期，蜀商充当了南方走私贸易的主角⑤，由此看来他们走私行为也是"隙地"贸易的一种。又"蛮夷虽附阻岩谷，而类有土居，连涉荆、交之区，布护巴、庸之外，不可量极"⑥。那么包括前述的骑田岭在内，隙地范围中都有大量的蛮夷之众，他们是隙地贸易市场上最重要的因素可为一证。

---

① 班固撰，颜师古注：《汉书·卷六四上·严助传》，北京：中华书局，1962 年，第 2778 页。

② 《汉书·卷六四上·严助传》，第 2778 页。

③ 《后汉书·卷七六·卫飒传》，第 2459 页。

④ （汉）司马迁撰，（宋）裴骃集解：《史记·卷一一六·西南夷列传》，北京：中华书局，1959 年，第 2994 页。

⑤ 周永卫：《西汉前期的蜀商在中外文化交流史上的贡献》，史学月刊，2004 年第 9 期，第 36 - 43 页。

⑥ 《后汉书·卷八六·南蛮西南夷列传》，第 2860 页。

（二）南江古道——隙地贸易的温床

岭南内部的交通要道主要以西江、北江、东江和南江四条水系为主。四条古道及其支流水系遍及岭南各处，形成一个水网密布的交通模式，它们便紧密着连紧各处的空隙，是隙地贸易发展的前提之一。

四条古道中，南江古道在隙地贸易中地位十分优越。南江古道的西南是云开大山，东南是云雾大山，以南是大田顶山地，中间是罗定红盆地，两山之间的广阔地带就是隙地的自然呈现。同时这里还是西瓯骆越、俚僚杂居之地，使隙地贸易具有得天独厚的地利、人和优势。其基本路线是"从西江入南江，上行至罗定船步或太平、罗镜，再至信宜新宝、合水，越过分水岭，再沿鉴江顺流而下，到湛江、吴川之间出海"①，四通八达，交通便捷，所谓"岭西舟车之会"② 即此也。并且正处于合浦与苍梧的结合部，交州与广州的交界地带。史载"交广之界，民曰乌浒。东界在广州之南，交州之北，恒出道间，伺候二州行旅。有单回辈者，辄出击之，利得人食之，不贪其财货也"③。"恒出道间，伺候二州行旅"是这里存在"隙地"并有商贸往来的有力证据。

此外，封建政府在此的管辖较为松懈。汉武帝平定南越后，只是在南江与西江的交汇处设端溪一县，曾昭璇先生曾云"县设于此，当和管理南江南下商道有关。但未见在流域中建县，直到东晋才初建龙乡县于南江上游船步至罗镜广大平原谷地中。表明是当日经济开发与汉人的通商和地方肥美相结合的产物"④。端溪县的管辖范围几乎涵盖整个南江古道，较南地区的郡界处地方政府鞭长莫及，这里便成为南来北往商人贸易的天堂，按曾先生所言龙乡县的设置亦是此种贸易进一步扩展的结果。由以上可以看出，南江古道是岭南隙地民间贸易的温床无疑。

---

① 邓辉：《佛教文化传播视域下的古代广东南江古道研究》，《玉林师范学院学报（哲学社会科学）》，2015 年 4 期。

② 杨文骏主编；朱一新纂修；关棠，黎佩兰续纂；叶镜辉等点校：光绪《德庆州志·卷七·营建志·古迹》，2002 年，第 290 页。

③ 《后汉书·卷八六·南蛮西南夷列传》，第 2834 – 2835 页。

④ 曾昭璇、曾新、曾宪珊：《西江流域——南江水系的人文地理概述》，广东史志，2002 年第 3 期。

（三） 南江古道隙地贸易的特点

1. 内联外接作用的凸显

与五岭其他地区的隙地贸易相比，南江古道的隙地贸易突出表现在其内联外接的优势上。从南江口沿西江以西可至广信，再走潇贺古道或湘桂走廊与内地相连；以东可至番禺，沿溱水北上至中原地带。向南至徐闻，正是南江古道南下出海的最佳出海口。汉代交趾—徐闻—番禺一线是水上交通频繁的一条黄金水道，七郡中的交趾、合浦、九真、日南四郡的贡物都要经过徐闻，或者从徐闻出发，甚至珠崖、儋耳郡转运贡献也要经过徐闻港①。徐闻位于雷州半岛，与海南岛仅隔琼州海峡，在南江流域的西南方位，向南可至海南岛，向西绕北部湾，南至南亚、东南亚等地。其地位的重要性还反映在汉政府在此设置左右侯官②，侯官是囤积货物的仓库，它的设置是为了内地商品出海或海外商品北上的暂时囤积，以满足中外商人的贸易需求。

经徐闻等港口，再经南江古道北上的贡物主要有：珠玑、玳瑁等饰物；翠鸟、孔雀、能言鸟（鹦鹉）、白鹇等珍禽；犀、象等奇兽；异香之属；美木之属；异果之属以及其他如珠崖地区的贡物③。而且1983年在罗定罗镜鹤咀山南朝时期的墓葬中，出土一件金手镯饰物，"器表向外弧出，用捶打方法，在镯外圈压出四组神兽忍冬纹饰，每组神兽造型不同，神态各异，走兽鳞爪清晰，制作工艺精湛，具有明显的西亚风格"④。这只带有西亚风格的手镯很有可能就是海外贸易而来的商品，说明南江古道在内联外接中的确扮演了重要的角色。此墓虽是南朝时期，但这个角色的形成不是一蹴而就的，当在汉代应已有雏形。如海外慕义贡献仅汉代就达12起，涉及有越裳氏、黄支国、大秦、天竺、日南和九真徼外等国家和地区，贡献的内容多是本国特产像白雉、黑雉、犀牛、象牙、犀角、玳瑁等，这些慕义贡献的代表通常还扮演着商人的角色，

---

① 周永卫：《两汉交趾与益州对外关系研究——以若干物质文化交流为主》，汕头：汕头大学出版社，2009年，第141页。

② 李吉甫著：《元和郡县图志·逸文卷三·岭南道》，北京：中华书局，1983年，第1087页。

③ 王元林：《内联外接的商贸经济：岭南港口与府邸、海外交通关系研究》，北京：中国社会科学出版社，2012年，第15-19页。

④ 陈大远：《广东罗定县鹤咀山南朝墓》，《考古》，1994年第3期。

将大量的海外商品贩卖而至，并源源不断地北上，供统治阶级消费和使用，正如《汉书》所载的那样："自是之后，明珠、文甲、通犀、翠羽之珍盈于后宫，蒲梢、龙文、鱼目、汗血之马充于黄门，巨象、狮子、猛犬、大雀之群食于外囿。殊方异物，四面而至。"① 南江古道内联外接作用因此而得到极大的发挥。

2. 以越人为中心的贸易地带

据曾昭璇先生的研究，早在先秦时期，骆越人在南江流域已经建立自己的土邦②。《南越志》云："晋康郡扶阶县，民夷曰狑带，其俗栅居，实惟俚之城落。"③《太平寰宇记》也载："康、泷一同，并夷獠相杂"④，至南朝齐时仍是如此，"广州，镇南海。滨际海隅，委输交部，虽民户不多，而俚獠猥杂，皆楼居山险，不肯宾服"⑤。说明这里是原著居民的聚集地，几乎不受政府的控制，是南江古隙地贸易中较为活跃的市场因素。如万震《南州异物志》中载："广州南有贼曰俚。此贼在广州之南，苍梧、郁林、合浦、宁浦、高凉五郡中央，地方数千里。往往别村各有长帅，无君主，恃在山险，不用王法。自古及今，弥历年纪。民俗蠢愚，惟知贪利，无有仁义道理。土俗不爱骨肉，而贪宝货及牛犊。若见贾人有财物、水牛者，便以其子易之，夫或鬻妇，兄亦卖弟。"⑥ 此苍梧、郁林、合浦、宁浦、高凉五郡中央，且地方数千里，大致也即是交广分界处，商人往来于此，贸易商品有宝货、牛犊、水牛等。这里的土俗"不爱骨肉""以子易"等明显带有当地土著人的风格。

① 《汉书·卷九六下·西域传》，第 3928 页。
② 曾昭璇、曾新、曾宪珊：《西江流域——南江水系的人文地理概述》，广东史志，2002 年第 3 期。
③ 骆伟：《〈南越志〉辑录》，广东史志，2000 年 03 期。
④ 乐史著，王文楚等校：《太平寰宇记·卷一六四·岭南道八·康州》，北京：中华书局，2007 年，第 3134 页。
⑤ 《南齐书·卷十四·州郡志上》，第 262 页。
⑥ 《太平御览·卷七八五·四夷六·南蛮》，第 3478 页。

三 汉晋南江古道隙地贸易的内部扩展

（一）龙母传说与南江古道的选择

翻越五岭经西江支流入海的通道，与南江并行的还有广信—北流江—南流江—合浦—廉江一线，然而中原移民南下经商、避难、仕宦时以南江古道为最佳选择，除其地缘优势之外，还与龙母崇拜关系密切。

关于龙母传说最早的记载是南朝宋沈怀远的《南越志》①。沈氏所记，龙母温氏为端溪人，在今德庆城东。从汉代开始历代王朝曾不同程度地敕封龙母②，这不但强化了普通民众对龙母的认识，更重要的是以龙母为媒介来表达封建国家的意志，"一方面，龙母信仰在岭南地区有着广泛的群众基础，封建帝国通过龙母信仰可以强化国家意志在群众中的影响；另一方面，凭借龙母信仰增添封建帝国的统治威力；以及龙母所在地的战略地位决定的，即北方人南下依赖龙母的保佑"③。这种封敕的效果使龙母呵护与庇佑民众的功能更加神化，北人南下就更加愿意选择有龙母庇佑的南江古道。如宋邓桓显所述："晋康郡悦城之龙母，闻于天下矣。自秦迄今，盖千数百年，其威神灵享如在，凡仕宦之南北，商旅之往来者，靡不乞灵于祠。"④ 不难看出，龙母所呵护的对象主要是仕宦及商旅，说明龙母保佑和庇护的地带，以南江古道为主的南下路线是仕宦、商旅南北往来路线的首选。然而，南北流江一道却一路荆棘。《太平御览》引《十道志》曰："鬼门关，在北流县南三十里，两石相对，状若关形，阔三十馀步。昔马援讨林邑经此，立碑石碣尚存。昔时趋交趾，皆由此关。已南尤多瘴疬，去者罕得生还，故谚曰：'鬼门关，十人去九（不）还'。

---

① 骆伟：《〈南越志〉辑录》，广东史志，2000 年第 3 期。
② 程鸣：《孝通祖庙旧志》，见欧清煜：《古坛仅存——悦城龙母祖庙》，北京：文史出版社，2002 年，第 43－46 页。
③ 蒋明智：《悦城龙母——从传说到信仰》，文化遗产，2008 年第 2 期。
④ 邓桓显：《孝通庙记》，见欧清煜：《古坛仅存——悦城龙母祖庙》，第 23 页。

《郡国志》曰：斯地瘴气，春为青草瘴，秋为黄茅瘴，有瘴江水。"[1] 唐代这里还"尤多瘴疠，去者罕得生还"，汉晋的情况就可想而知了。

唐宋以后关于龙母的记载更加丰满形象，这源于龙母信仰的加深，王元林先生曾考证认为："龙母信仰是以西江为中心，跳跃式在江西、四川出现零星分布的特征，这与岭南俗信鬼神、朝廷推崇、民间信仰的地方性与广府正统性相结合，也与流动的官员、士商和移民集团的推动等密切相关。"[2] 秦汉时期龙母信仰已经有官方意志的体现，再加上有商贾、移民愿意选择有龙母庇佑的道路（或许一开始那里并不是龙母庇佑的范围，但他们宁愿相信自己行走的路线有龙母的庇佑），其经商和落籍的地域及贸易范围亦随之扩展。这是南江古道隙地贸易发展及扩展的因素之一。

（二）南江古道隙地贸易内部扩展的表现

南江古道隙地贸易的内部扩展主要表现在其对濒临地区的辐射。

干宝《搜神记》中有载：

> 汉，九江何敞，为交州刺史，行部到苍梧郡高要县，暮宿鹄奔亭，夜犹未半，有一女从楼下出，呼曰："妾姓苏，名娥，字始珠，本居广信县修里人。早失父母，又无兄弟，嫁与同县施氏，薄命夫死，有杂缯帛百二十匹，及婢一人，名致富，妾孤穷羸弱，不能自振；欲之傍县卖缯，从同县男子王伯赁牛车一乘，直钱万二千，载妾并缯，令致富执辔，乃以前年四月十日到此亭外。于时日已向暮，行人断绝，不敢复进，因即留止，致富暴得腹痛。……敞曰："今欲发出汝尸，以何为验？"女曰："妾上下着白衣，青丝履，犹未朽也，愿访乡里，以骸骨归死夫。"[3]

虽然《搜神记》中所记事件较为荒诞，但仍能反映当时一定的社会面貌。

---

① 李昉等撰：《太平御览·卷一七二·州部一八·容州》，北京：中华书局，1960年，第841页上。

② 王元林、陈玉霜：《论岭南龙母信仰的地域扩展》，中国历史地理论丛，2009年第10期。

③ 《太平寰宇记·卷一五九·岭南道·端州》，第3059 – 3060页。

文中提到：苍梧广信人苏娥丈夫死后所留财产是"杂缯帛百二十匹"，缯是对丝织品的总称，她本人也是"着白衣，青丝履"，并"欲之傍县卖缯"，反映了苍梧广信及其附近地区穿丝贩丝较为常见，她丈夫生前也应以贩丝为业，属民间贸易的范畴，说明广信县附近应有专门从事买卖的市场。考古发现证明，战国时期南江流域的背夫山战国墓就已经有丝织品（大量的青铜器多用丝织物包裹）出土①，说明这一带早在先秦时期就有种桑养蚕的活动，是贩丝业的材料来源之一。苏娥的行走路线是从广信至鹄奔亭辗转至高要，那么苏娥所谓"傍县"应是高要或者是高要附近的贸易市场，这里应是南江流域隙地贸易的辐射地带，民众自由买卖，受政治的约束力小。也就是说，南江流域的隙地贸易在汉代就已经在附近地区扩展，这是商品经济发展的必然结果。

此外，这种扩展还波及高凉一带。"从出土古墓文物看，如铜镜、金器及南朝青釉瓷器等来看，这些都是由西江输入制器，表明南下高凉货物的通道，在汉代已经开始，并且延续到六朝时期。以文物出土的时期来看，汉人开发南江上游，亦于晋代开始在此建龙乡县，管理过山口的南北交通的枢纽，以后南朝在南江流域更多设郡县。"② 由此来看，南江古道是连接中原与高凉贸易的重要通道。事实上，从汉代开始政府在南江流域就设置有临允、高凉二县，三国孙权又重设高凉郡，并实现交广分治，使南江东南部地区包括高凉郡在内逐步受到重视。薛综曾云："今日交州虽名粗定，尚有高凉宿贼；其南海、苍梧、郁林、珠官四郡界未绥，依作寇盗，专为亡叛逋逃之薮……"③ 这里只是设想选能者而治，还未到派兵镇压的境地。赤乌十一年"（陆）胤入南界，喻以恩信，务崇招纳，高凉渠帅黄吴等支党三千余家皆出降。引军而南，重宣致诚，遗以财币。贼帅百余人，民五万余家，深幽不羁，莫不稽颡，交域清泰。就加安南将军。复讨苍梧建陵贼，破之，前后出兵八千余人，以充军用"④。至晋代政府继续招降，"广州南岸周旋六千余里，不宾属者乃五万余户；及桂

① 邱立诚：《广东罗定背夫山战国墓》，考古，1986 年第 3 期。

② 曾昭璇、曾新、曾宪珊：《西江流域——南江水系的人文地理概述》，广东史志，2002 年第 3 期。

③ 《三国志·卷五三·吴书·薛综传》，第 1253 页。

④ 《三国志·卷六一·吴书·陆胤传》，第 1409 页。

林不羁之辈，复当万户；至于服从官役，才五千余家"①。南齐时又于"西南二江"别置督护②。政府对高凉一带俚僚的步步镇压、招降，从侧面说明了高凉地区已成为越人活动的中心地带。事实证明，在之后的发展过程中，这里的贸易活动也曾一度为越族豪族所控制。需要注意的是，上文提到南江古道是以越人为中心的贸易地带，而从它内部的扩展又可以看出，中原文化向岭南地区的推广和渗透，使汉文化圈逐渐向南推进，越人文化圈逐渐缩小，直至在高凉一带更加活跃起来，隙地贸易的地域范围亦随之扩展于此。

四　隙地贸易的延伸与海上丝绸之路

隙地贸易除了在内部扩展以外，还与海上丝绸之路关系密切，如前文所述南江古道内连外接作用的凸显上，就是隙地贸易外部扩展的最佳表现。

《汉书·地理志》有关海上丝绸之路的记载③，一般视为汉代官方对外贸易的开始。它所记载的远洋贸易路线，通常被称为"海上丝绸之路"，参与的执行人员主要是译长和应募者，他们携带黄金、杂缯而使我们联想到上文苏娥贩卖杂缯的情况，似乎可以肯定的是南江一带是有本地丝绸物品的产出，它不仅用于本地贸易，还通过海上丝绸之路远销海外，这是岭南隙地贸易在地域上的极大扩展。译长属黄门是少府的属官，汉政府在岭南地区专设一个由中央直接管辖的官职，不受地方控制，其目的想必也是为了把这些异国特产直接转送中央，供上层统治者使用和消费。正如余英时所言："海上贸易被置于黄门翻译人员（译长）的掌管之下，这似乎表明汉朝皇帝个人也对海上贸易产生了相当浓厚的兴趣。"④，经徐闻——南江古道北上的贡物即是此种"兴趣"的反映。"应募者"多是因自身技能高超，政府招募的条件待遇丰厚，又有利可

---

① 房玄龄撰：《晋书·卷五七·陶璜传》，北京：中华书局，1964年，第1560页。

② 《南齐书·卷十四·州郡志上》，第262页。

③ 《汉书·卷二八·地理志》第1671页。

④ 余英时著，邬文玲等译：《汉代贸易与扩张：汉胡经济关系结构研究》，上海：上海古籍出版社，2005年，第144页。

图，成为汉代较为普遍的一种身份认同，尤其是部分岭南越人，他们自身经验丰富，成为政府招募的首选，推动了海上丝绸之路的开辟。《南州异物志》载："珊瑚生大秦国，有洲在涨海中，距其国七八百里，名珊瑚树洲。底有磐石，水深二十余丈，珊瑚生于石上。初生白，软弱似菌。国人乘大船，截铁网，先没在水下，一年便生网目中，其色尚皇，枝柯交错，高三四丈，大者围尺余。三年色赤，便以铁钞发其根，击铁网于船，绞车举网还载鉴凿，恣意所作。若过时不凿，便枯索虫蛊。其大者输之王府，细者卖之。"① 这里的"国人"获取珊瑚的技术炉火纯青，应是汉时应募者的传承。

然而，随着封建专制政权对外贸易的扩张以及对外来珍宝的需求上涨，政府控制下的海外贸易，就朝着为统治阶级服务的方向发展，越来越多的商人开始投机于此，不法贸易也渐趋频仍。汉桓帝时，梁冀就曾"遣客出塞，交通外国，广求异物……金玉珠玑，异方珍怪，充积藏室"②，说明非法或走私贸易在权势贵族中有一定的市场，进一步导致了沿海非法和走私贸易的猖獗。如前所述，西汉前期蜀商在这个过程中扮演了重要的角色，这些因官商勾结而进行的贸易活动，是隙地贸易的扩展就不言而喻了。晋时"（司马）奇亦好畜聚，不知纪极，遣三部使到交广商货，为有司所奏，太康九年，诏贬为三纵亭侯"③。司马奇遣使到交广商货，就为政府所不允许，反映了此种贸易的非法性。

除此以外，还有海外奴隶的贸易。广州西汉中期到东汉后期墓出土有托灯的陶塑俑和侍俑，他们的形象不同于汉人，很有可能由官方的船队带回或者是印度的商人贩运而来，成为当时贵族家族的家内"奴隶"④。《异物志》载："翁人，齿及目甚鲜白，面体异黑若漆，皆光泽。为奴婢，强勤力。"⑤ 这种翁

① 刘义庆撰，余嘉锡笺疏，周祖谟、余淑宜整理：《世说新语笺疏》下卷《汰侈》注引《南州异物志》，北京：中华书局，1983 年，第 883 页。

② 《后汉书·卷三四·梁冀传》，第 1181 – 1182 页。

③ 《晋书·卷三七·义阳成王望传》，第 1087 页。

④ 广州市文物管理委员会，广州市博物馆编：《广州汉墓》，北京：文物出版社，1981 年，第 478 页。

⑤ 杨孚、梁廷枬等撰，杨伟校注：《南越五主传及其他七种》，广州：广东人民出版社，1982 年，第 38 页。

人很可能就是汉墓出土的黑奴俑①。汉以后又有岭外酋帅"因生口翡翠明珠犀象之饶，雄于乡曲者，朝廷多因而署之，以收其利。历宋齐梁陈，皆因而不改。"② 此处的"生口"即奴隶贸易的缩影。他们与海外"翁人"都是隙地贸易商品的特殊扩展。而出现在南海郡的高凉生口，在某种程度上还担任了外国商船的向导，如"（南海）郡常有高凉生口及海舶每岁数至，外国贾人以通货易，旧时州郡以半价就市，又买而即卖，其利数倍，历政以为常"③。他们的角色与前述"应募者"较为相似，且在此之前尤其是徐闻港处于绝对优势之时，高凉生口也应曾从事过同样的工作。

五 结语

南江古道是岭南交通的重要组成部分，不仅有龙母信仰的庇佑，而且还处于苍梧郡与合浦郡的交界处，并与交广之界线基本吻合，形成了典型的"隙地"，其滋生出的贸易活动与其他贸易一起构成汉晋时期岭南经济发展的重要因素。随着南江古道隙地贸易辐射至濒临地区，其贸易市场进一步扩大，并延伸至海外，且有非法甚至走私贸易的成分。南江古道的地缘优势得天独厚。以南江古道为中心，向南有徐闻，乃至交趾，向东有番禺，所辐射范围构成岭南对外贸易的重要区域。通过这条古道，大量海外商品源源不断地输入内地，同时，又把丝绸、陶瓷等中原商品输送到雷州半岛、海南岛，乃至东南亚、南亚和中东地区。汉晋时期，南江流域一跃而成为中原王朝发展海外贸易的桥头堡，在对外贸易的发展过程中起的作用不可忽视。

---

① 胡肇椿、张维持：《广州出土的汉代黑奴俑》，中山大学学报，1961 年第 2 期，第 84 – 87 页。

② 魏征，令狐德棻著：《隋书·卷二四·食货志》，北京：中华书局，1973 年，第 673 页。

③ 姚思廉著：《梁书·卷三三·梁僧孺列传》，北京：中华书局，1973 年，第 470 页。

明清时期罗定南江流域的军事布防与道路开发

吴宏岐　王亚哲

（暨南大学历史地理研究中心）

　　摘要：罗定市位于广东省西部，区域开发历史悠久，历来是中国大西南地区通往珠江三角洲的一个重要门户和粤西军事重镇，而南江古道作为历来海上丝绸之路与陆上丝绸之路对接的主要通道之一，在岭南地区历史发展中起着不可替代的作用。明清时期不仅注重罗定南江流域的军事布防，而且对当地交通条件的改善也十分关注。从某种意义上来说，明清两代重视军事布防和大力开发道路，正是保障当地社会环境稳定、商贸经济正常发展的两个重要因素。不过，这一地区的军事驻防制度与布防格局、道路开发运作模式均呈现出因时而变的特点。

　　关键词：明清时期；南江流域；军事布防；道路开发

　　关于广东的古道，每每被人们津津乐道的是与大名鼎鼎的"岭南第一关"——梅关有关的古道。其实广东历史悠久，不少地区山高水长，古道纵横，它们或为两省通衢，或为兵家要道，或为通商往来，皆为中原联系岭南的重要纽带，其中不少古道已有上千年历史，云浮罗定的南江古道就是其中之一。南江古道把西江与鉴江、漠阳江紧密地联系在了一起，虽然这条通道只是粤西地区的一条古道，但由于地缘方面的原因，实际上对于沟通广东与海外地区的联系也起着重要的作用。值得注意的是，作为历史时期海上丝绸之路与陆上丝绸之路对接的主要通道之一，伴随着省内、省际以及与国外地区的人口迁移、商贸物流、军事活动和文化交流，这条通道在岭南地区历史发展中起着其不可替代的作用。

　　罗定南江古道的基本路线是从西江入南江，上行至罗定船步或太平、罗镜，再至信宜新宝、合水，越过分水岭，再沿鉴江、漠阳江顺流而下，到阳江、吴川一带出海（见图1）。其间地形复杂，少数民族众多，情况复杂，管理起来十分困难，历朝历代皆有叛乱发生，向来是兵家必争之地。自从万历四年（1576年）明军平定罗旁之后，明清两代不仅注重该地区的军事布防，而且对当地交通条件的改善也十分关注。本文拟利用明清地方志书和地图史料，对这一时期罗定南江流域的军事布防与道路开发情况略加论述，不周之处，敬请方家指正。

图1　南江古道简明示意图

地图来源：广东省地图出版社编：《广东省地图册》，广州：广东省地图出版社，1997年，第3—4页。

一 罗定南江流域的政区沿革和地理概况

（一）罗定南江流域的政区沿革

罗定市位于广东省西部，区域开发历史悠久，历来是中国大西南地区通往珠江三角洲的一个重要门户和粤西军事重镇，史称"抚绥重地，门庭巨防"①。

就政区沿革方面而言，罗定地区在春秋时期为百粤之地，秦属南海郡开阳县，汉隶端溪县，隋唐时期为泷州、开阳郡辖县。北宋开宝六年（973 年）撤销泷州，开阳、建水、镇南三县并入泷水县。自此至明万历四年（1576 年）的 603 年间，市境只设泷水县，无州（郡）政权。明万历四年（1576 年）平定罗旁瑶民叛乱，次年即万历五年（1577 年）升泷水县为罗定直隶州，同时设东安县（今云安县、云城区）和西宁县（今郁南县），由罗定直隶州统辖，意为"罗旁平定，东安西宁"，"罗定"之名由此产生。②

在罗定政区沿革史上，有一个问题需要稍作考证，即关于北宋时期泷州的撤销时间问题。据康熙《罗定州志》记载："宋太祖开宝五年设康州隶于广南东路，废泷州而以泷水县隶康州。"③ 若据记载，则康州的设立与泷州的废除是在同一年即开宝五年（972 年）进行的，然而几部宋人志书关于泷州的废除时间皆记为开宝六年（973 年），与州志颇不相同，如《太平寰宇记》记载："皇朝开宝五年平广南，仍废康州诸县入端溪县隶端州，寻复旧，从部民之告请也。又六年废泷州，开阳、建水、镇南等三县入泷水一县来属康州。"④ 此处明确指出泷州的废除是在开宝六年。此外，在《舆地广记》当中亦有大致相同的记载："皇朝开宝五年废康州入端州，寻复立，六年废泷州入（晋）康

---

① （清）顾祖禹撰，贺次君、施和全点校：《读史方舆纪要·卷一〇一·广东二》，北京：中华书局，2005 年，第 4667 页。

② 罗定市地方志编纂委员会编：《罗定市志》，广州：广东人民出版社，2012 年，第 35 页。

③ （清）刘元禄：康熙《罗定州志·卷一·舆地志》，《广东历代方志集成·肇庆府部·四三》，广州：岭南美术出版社，2006 年，第 18 页。

④ （宋）乐史撰，王文楚等点校：《太平寰宇记·卷一六四·岭南道八》，北京：中华书局，2007 年，第 3133 页。

州，今县二。"①《元丰九域志》中亦明确记载："（开宝）六年废泷州，以泷水县隶州。"② 根据上引宋人的著作可知，实际情况则是康州在开宝五年（972年）先废后立，随后第二年即开宝六年（973年）又废泷州，以泷水县隶属于康州。康熙《罗定州志》的编纂者参考旧志记述北宋时期罗定政区沿革之时，由于剪裁粗疏，将康州的设立与泷州的废除误为同一年，不可为据。

关于明清时期罗定的建置沿革与隶属情况，旧志记载较为清楚，详见表1所示。

表1　明清罗定建置沿革表

朝代	时间	隶属	建置	备注
明	洪武元年（1368年）	江西行中书省广东道肇庆府	泷水县	改路为府
	洪武二年（1369年）	德庆府	泷水县	德庆府领县四，端溪、泷水。废封州以封川、开建来属。
	洪武九年（1376年）	广东布政使司肇庆府	泷水县	
	永乐年间（1403—1424年）	广东布政使司岭西道肇庆府	泷水县	
	成化二十一年（1485年）	广东布政使司肇庆府	泷水县	
	弘治九年（1496年）	广东布政使司岭西道肇庆府	泷水县	
	万历五年（1577年）	广东布政使司罗定道	罗定州	升泷水县为罗定直隶州，领东安、西宁二县。
清	康熙二年（1663年）	广东布政使司岭西道	罗定州	
	康熙六年（1667年）	广东布政使司高雷廉道	罗定州	
	康熙九年（1670年）	广东布政使司罗定道	罗定州	
	康熙二十一年（1682年）	广东布政使司肇高雷廉道	罗定州	

---

① （宋）欧阳忞撰，李勇先、王小红校注：《舆地广记·卷三五·广南东路》，成都：四川大学出版社，2003年，第1097页。

② （宋）王存撰，王文楚、魏嵩山点校：《元丰九域志·卷十·福建路、广南路》，北京：中华书局，1984年，第415页。

朝代	时间	隶属	建置	备注
清	雍正八年（1730年）	广东布政使司肇罗道	罗定州	
	同治六年（1867年）	广东布政使司肇阳罗道	罗定州	

资料来源：民国《罗定志》卷一《地理志》，《广东历代方志集成·肇庆府部》（四四），广州，岭南美术出版社，第135－137页。

（二）罗定南江流域的地理概况

众所周知，现在的珠江有三大水系——东江、西江、北江。为何单单少了南江？不少人以为珠江三角洲纵横密布的水网就是南江，其实不然。南江是历史上的一个称谓，曾经真实存在过。南江之名古来有之，为西江之一条支流，因在德庆附近的西江南岸流入西江而得名，今德庆南岸仍存南江口小镇便是佐证。不过，罗定江最早也不叫南江，汉时称为端溪。因汉灭南越后设端溪县于南江口北，端者可能是南端之义，故当时的南江被称为端溪。南朝齐时（479—502年）曾设置"南江督护"，可知南江之名最迟在南朝时期就已出现。旧时以其水多急滩，又称为"泷水"，另外此江也有"建水""晋康水"等诸多名称。据学者考证，晋置龙乡县于此，梁时又建建州、泷州，向为汉人南下徐闻要道。中游名"建水"，以唐天宝元年（742年）设建水县于罗定附近而得称；下游名"晋康水"，以南朝宋初于龙乡置晋康郡至唐又置晋康县于郁南县连滩而得名。① 20世纪60年代珠江水利部门以其主要流域及经济文化中心在罗定而定

---

① 曾昭璇：《西江流域南江水系的人文地理概述》，《广东史志》2002年第3期。按：曾氏原文中有一句为"梁时又建建泷州"，颇令人费解，可能是引用史书记载时有断句错误。据康熙《罗定州志·卷一·舆地志》记载："梁天监五年秋七月分广州置桂州，广分东、西，实始于此。六年兼置泷州，废平原郡，拆平原县为泷水、开阳、正义而隶于泷州。"民国《罗定志·卷一·地理志》记载："梁分广熙立建州，徙治安遂，析广熙置平原、开阳、罗阳等三郡，并立泷州，亦曰双州。"此外，《隋书·卷三十一·地理下》亦载，"安遂，梁置建州广熙郡，寻废，州大业初废"。可知应是南朝梁时又先后新设了建州、泷州两个州，而不是只建了"建泷州"或泷州一个州，所以如果曾氏的相关文字改作"梁时又建州、泷州"或"梁时又建建、泷二州"，庶几略近于史实。

名为罗定江。

清代学者多列南江为广东省"四江"之一，即东、南、西、北江，如清康、雍年间范端昂所撰《粤中见闻》曾记载："南江，古泷水也。其源出西宁云、卓诸山，会平窦水、新溶水合流东下，又会上乌水、钒峒水，由连滩、古蓬而出，为南江。直抵德庆州南岸，而入于西江，而南江之名遂隐。西江水源最长，北江次之，东江之水又次之，南江独短，江中但见泡沫。"① 该段文字不仅详细介绍了南江的发源地、流经路线以及南江称谓的范围，而且对东、南、西、北四江水道的长度也进行了比较。从中可以看出，南江虽然是四江之中最短的一条，但却是跟西江、北江、东江并列的。此外在屈大均的《广东新语·水语》中也提到："南江，古泷水，一名晋康水。其源出西宁大水云、卓之山，会云河、松抱、坎底、上乌之水至大湾，又会东水至德庆南岸入于西江。予诗'西江一道吞南北，南北双江总作西'。北谓浈水，南谓晋康水也。西江之源最长，北江次之，东江又次之，南江最短。"② 屈大均同范端昂一样，指出了东、西、南、北四江的长短差异，也承认了南江流入西江的事实，但同时也将南江与西、北、东诸江并列。不过，地方人士有时也把西江称之为南江，如清光绪《德庆州志》记载："大江，州南一里即西江也。州人亦谓之南江，一名晋康水又名锦水。"③ 晋康水即南江下游的称谓，而南江与西江交汇处亦在德庆州城南附近，因两者都在州之南，故而当地民众便混淆了西江与南江下游水道，皆笼统地称两者为南江。

现代地图上的罗定江即南江，是罗定境内的主要河流，也是西江的一级支流。罗定江发源于信宜市的鸡笼山，由信宜流入罗定的太平、罗境、新榕、连州、罗平、生江、黎少、素龙、附城、罗城、双东等 11 个镇，经郁南县的大湾、河口、宋桂、连滩、南江口汇入西江，全长 201 公里，流域面积 4493 平

---

① （清）范端昂撰，汤志岳校注：《粤中见闻·卷一二·地部九》，广州：广东高等教育出版社，1988 年，第 126 页。

② （清）屈大均：《广东新语·卷四·水语》，台北：广文书局，1978 年，第 270 页。

③ （清）杨文骏：光绪《德庆州志·卷四·地理志》，《广东历代方志集成·肇庆府部·四〇》，广州：岭南美术出版社，2006 年，第 329 页。

方公里。罗定江在罗定市境内长 81 公里，流域面积 2220.5 平方公里，占全市总面积的 96.4%，其中流域面积达 100 平方公里以上的二级支流有 7 条，三级支流有 4 条。[①] 罗定南江古道其中相当一部分路程就是由南江的这些二、三级支流组成的，如围底河（包括船步水），为南江航运较长的一级支流，小舟可直达船步，而沿着泷江主源南水太平河，小舟可航至信宜新堡乡、合水镇，通过西水罗镜河（南江一级支流）亦可航行至分界、信宜平塘等地。此后再越过分水岭，西南可沿鉴江顺流而下，到湛江、吴川之间出海，东南可沿漠阳江一路南下，到阳江出海。

罗定南江古道所经地区地形复杂，商人们想要成功带着货物完成长途贸易，其中艰难险阻可想而知。首先南江上游在信宜县山地区北流，汇于罗定，河床坡度大，水流急，行舟困难。加之山区由古生代石英岩、砂岩、页岩等地层所组成，一般石英岩层或原硬砂岩层横江而过时，往往又形成险滩，其中镜船盆地和罗定红盆两大河段间，过一山岭，即遇此层硬岩，形成峡谷即有名的"泷喉"，将南江分成中、上游两段。对此，道光《广东府志》曾有记载："泷水在城西南八十里，石峻陡险故谓之'泷'（《州志》）。旧泷水县以此得名（《粤东名胜志》）。源出西宁县西南，一名双林水，经县东南又东北流入州西，谓之'建水'。又东北经东安县西北七十里，又北经古蓬洞，又北入江，一名晋康水，又名南江（《大清一统志》）。源出云卓诸山，东流会平实水、新榕水。又五里许，有石屏高二丈许，峭削如壁，横亘水道，因之屈曲，瀑流飞下，若咽喉然，名曰'泷喉'，最为峻险。"[②] 到了罗定红盆之后，即入中流，虽然此段滩泷仍然不少，但由于各支流汇合，故河宽水深，航行条件较好，只有遇到坚硬的砂岩，才成小小滩险。罗定红盆为粤西良好河川之一，为罗定地区最富庶、开发最早的地区之一。而到了罗定红盆东北部之后，便处于罗定江下游。一般来说下游地区都有不少平原，而且由于众水汇入，故河宽水深，可以行驶大船，而罗定也因此成为粤西与南路沿海各县货物运输中心。但是就罗

---

① 罗定市地方志编纂委员会编：《罗定市志》，广州：广东人民出版社，2012 年，第 108 页。

② （清）阮元：道光《广东通志·卷一一三·山川略十四》，《广东历代方志集成·省部》（三），广州：岭南美术出版社，2006 年，第 1931 页。

定江而言，下游虽有不少小平原，但沿途仍经过大量的山地、丘陵区，并且由于西江洪水期水位高涨，倒流入南江，致使下游中部连滩各处平原常受水患。

总的来看，尽管进行贸易的道路上有着无数大自然设置的艰难险阻，再加上这里是少数民族聚集的地区，民风彪悍，路遇盗匪而致人财两空是常有的事，但是当地民众或为养家糊口，或为赚钱发财，往往不畏艰险，在这条古道上往返奔波，乐此不疲。也正是这样，才会有南江古道的长久不衰。

二　明清时期罗定南江流域的军事布防

（一）明代罗定南江流域的军事布防

罗定在明万历五年（1577年）升直隶州之前，为隶属于德庆州（府）的泷水县，境内最高军事单位为泷水守御千户所，统隶于肇庆卫。泷水守御千户所设千户一人，百户五人，吏目一人。[1] 此外，明代在重要的水路沿线附近地区设有营兵驻防。据嘉靖《德庆州志》记载，其中与罗定南江流域有关的营寨有："南江，在南岸泷水江口，嘉靖十二年立，以打手守之；石□，在泷江内，嘉靖十二年立，今除。大湾，在泷江内，嘉靖十二年立，今除（以上俱属德庆营）。泷水六营，水东、水西、龙角、铁场、云青、茅尖，以上俱以打手守之。"[2] 从该段记载可以看出，在明朝前中期，南江流域沿岸凡是比较重要的区域皆有营兵驻防把守，可见朝廷对南江流域的治理还是相当重视的。

此外，在南江河道上也有哨船往来巡逻，维护治安。据万历《肇庆府志》记载："自德庆州前上至都城为上江，下至杨乡为下江，上下凡二百里，以其在州之南又谓南江。往罗旁未平，徭贼每以急榜横江，夺舟越货，即制帅大吏不为惮，故江防最急（《通志》）。打手六百人，战船二十，哨船四十以防南江徭贼（《旧志》）。上江守各埇口，船一十九，巡哨船二；下江守各埇口四十九，巡哨船三。又言上江埠九，下江二十五埠，大都埠船二矣，每船打手二十

---

① （明）陆舜臣：嘉靖《德庆州志·卷一三·兵戎》，《广东历代方志集成·肇庆府部》（三九），广州：岭南美术出版社，2006年，第103－104页。

② （明）陆舜臣：嘉靖《德庆州志·卷一三·兵戎》，《广东历代方志集成·肇庆府部》（三九），广州：岭南美术出版社，2006年，第105－106页。

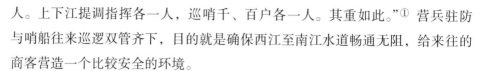

人。上下江提调指挥各一人，巡哨千、百户各一人。其重如此。"① 营兵驻防与哨船往来巡逻双管齐下，目的就是确保西江至南江水道畅通无阻，给来往的商客营造一个比较安全的环境。

万历四年（1576 年），明廷出兵平定罗旁"瑶贼"叛乱，这是罗定历史上具有划时代意义的一件事情。在此之前，"罗旁东界新兴，南连阳春，西抵郁林、岑溪，北□长江，与肇庆、德庆、封川、梧州仅隔一水，延袤千里，万山联络，皆徭盘踞其间，世称盘□氏遗裔。租赋不入，生□日繁，□食旁近，诸村州县赋税因而益缩。性顽横嗜杀，多伏毒弩，以急榜横江中，夺舟越货，即制帅大吏过之，不为惮。又多萃四方亡命，名曰'浪贼'，为之羽翼。尝曰：'官有万兵，我有万山，兵来我去，兵去我还。'其狡悍如此"。有鉴于此，时任总督殷正茂便奏请朝廷出兵讨伐，后因殷正茂被征为户部尚书，凌云翼代总督职，于神宗万历四年（1576 年）冬十一月，"调兵十万有奇，分十部，以总兵张元勋、李锡分驻泷水东西统督，以副使赵可怀监诸军，破巢五百六十又四，擒斩一万六千一百余级，降四百九十三人，获妻、子二万三千一百五十一人"②。

在罗旁"徭贼"平定之次年即万历五年（1577 年），"改泷水县为罗定州，设东安、西宁二县，立泷水、南乡、富霖、封门、函口五所"③。罗定之名由此产生，此后罗定作为一个直隶州一直延续到清末，行政区划上再无重大变动，前后长达三百多年，是罗定历史上最为稳定的一段时期。与此同时，南江流域的治安环境也得到了极大的提升，"旧所谓南江者，属东、西两山官兵戍守。肇庆府属则自杨柳埠上至贺县江口为上江，下至郡城迨贝水清岐抵大路峡为下江。戍守则自苍梧双鱼石界起至都城巡检司，拨封川县民壮弓兵守之。都城至德庆州，上班官军守之，德庆州至靖蛮营，复自靖蛮营至新村驿，北岸

---

① （明）郑一麟：万历《肇庆府志·卷一六·兵防志二·江防》，《广东历代方志集成·肇庆府部》（一），广州：岭南美术出版社，2006 年，第 325 –326 页。

② （明）郑一麟：万历《肇庆府志·卷一·郡事纪》，《广东历代方志集成·肇庆府部》（一），广州：岭南美术出版社，2006 年，第 39 页。

③ （清）刘元禄：康熙《罗定州志·卷一·舆地志》，《广东历代方志集成·肇庆府部》（四三），广州：岭南美术出版社，2006 年，第 27 页。

营兵分四哨守之。北岸中军营则把总驻扎,以遥制各埠焉。自新村驿至白沙,上班军及游击府右游哨巡守,自白沙至郡城抵黄江墟羚羊峡游击府左游哨巡守。"① 据此记载可知,大军平定罗旁"瑶贼"之后,肇庆府属的江防区划也发生了变化,原来划分的上、下江皆靠近罗定南江水道,而且以该处区域的江防最急,但平定罗旁"瑶贼"之后,南江流域则仅有东、西两山官兵驻守,江面上并无兵船巡逻,防守力量明显减弱,而江防的重点则已经转移到了西江水道。

虽然罗定南江流域的江防从当局者的主要视线范围之内移开,但是有限的兵力驻防也从一个侧面反映出罗旁平定后南江水道安全系数的提高,以前经常发生的"夺货越舟"现象已比较少见。这就说明,治安环境的大力改善与行政区划的及时调整,对保障罗定南江古道的畅通起着非常重要的作用。

(二) 清代罗定南江流域的军事布防

入清以后,罗定州政区变化不大,仍以直隶州领东安、西宁二县,但军事方面则有重大变动。清初,朝廷裁去明朝万历年间设置的五所,"州设协镇副将,县设东安等营,以都、游、守、把等官统领,镇兵、守城、守御,良以简精汰冗,计至善也"②。由此可见,入清以后,罗定州的最高军事长官已变为罗定协的副将,下面则分设营、汛、塘等,归都司、游击、守备、把总等官指挥,形成了一套完整的驻防体系。康熙年间,"罗定州设城守都司一员,把总二员,原额官兵九百一十五名,除移调广州虎门,尚实官兵四百二十五名驻扎。内拨官兵防守西宁怀乡、分水岭、平民岗、连滩本汛、林岗、金山迳、白鸠、牛路迳、泷水迳、龙眼迳各处隘。东安县设东安营,除奉文移调广州虎门,尚实官兵二百七十九名驻守县城,内拨兵分守西山、那林、腰古、难头、思劳、麦坑等隘。西宁县原额官兵四百三十旧名,内除调广州虎门,尚实官兵

① (明) 陆鏊、陈炬奎等:崇祯《肇庆府志·卷一六·兵防志一》,《广东历代方志集成·肇庆府部》(二),广州:岭南美术出版社,2006年,第472页。

② (清) 金光祖:康熙《广东通志·卷一三·职官下》,《广东历代方志集成·省部》(九),广州:岭南美术出版社,2006年,第864页。

二百九十九名，内拨官兵防守怀乡、封门、夜□、罗旁各要隘"[1]。各要隘的具体驻防情况详见表2所示。

表2 罗定地方要隘驻防情况表

类别	名称	驻防兵额
隘	麦坑	兵六名
	马鞍岗	兵七名
	思劳	兵七名
	滩头	兵六名
	怀乡	把总一员，兵一百名
	六都口	兵九名
	沙洞村	兵十名
	辣头	兵十名
	西山那林	百总一员，兵二十名
	永丰下峒	兵十名
	猪仔坪	兵十一名
	罗旁	兵二十名
	封门	兵二十五名
	东水	兵三十名
营	夜护营	兵二十九名
迳	金山迳	兵二十一名
	牛路迳	兵二十名
	水迳	兵二十名
	龙眼迳	兵二十名
	林洞迳	兵二十名
	云罗迳	兵二十名

资料来源：（清）金光祖：康熙《广东通志·卷一二·兵防》，《广东历代方志集成·省部》（九），广州：岭南美术出版社，2006年，第633页。

---

① （清）金光祖：康熙《广东通志·卷一二·兵防》，《广东历代方志集成·省部》（八），广州：岭南美术出版社，2006年，第633页。

图 2　康熙《罗定州治总图》

资料来源：（清）刘元禄：康熙《罗定州志·卷一·舆地志》，《广东历代方志集成·肇庆府部》（四三），广州：岭南美术出版社，2006 年，第 15 页。

　　至于江防的重点，仍是在西江干流河道，据雍正《罗定州志》记载："（东安县）外巡船一，缘县北四十里即西江，与封川、德庆、西宁河道相接，为西粤之通津。客商船只往来，解运饷盐，络绎不绝。常患盗船剽掠。康熙四十九年间，详奉批封川、德庆、东安、西宁四州县各捐造一橹六桨快船一只，昼夜游巡，聊络稽查。查知县张沆遵照造设，招募巡丁十名，配驾游巡，上至苍梧界白沙汛起，下至高要奇槎汛止，无分疆界，互相接应。历年巡丁工食俱系官捐。雍正八年知县陈洪范详允以南江口、大埇口等六埠归官批佃，将租银支给，有不敷，官仍捐足之。"① 据此可知，由于有众多河道相接，水运交通便利，清朝初年西江中下游河段商贸繁荣，商旅络绎不绝，有许多押运饷盐的船只。不过小规模的劫掠事件还是时有发生，故而从康熙四十九年（1710 年）起，"封川、德庆、东安、西宁四州县各捐造一橹六桨快船一只，昼夜游巡，

　　① （清）王植：雍正《罗定州志·卷二·建置》，《广东历代方志集成·肇庆府部》（四三），广州：岭南美术出版社，2006 年，第 312 页。

明清时期罗定南江流域的军事布防与道路开发

聊络稽查"，也就是要求西江沿岸四州县各备快船一只，各自负责境内水域的昼夜巡逻稽查，但需要相互通气，以便协调行动。至于东安县，虽然只有巡船一只，但在负责全县境内的巡逻稽查的同时，也要注意与邻近各县联系，"招募巡丁十名，配驾游巡，上至苍梧界白沙汛起，下至高要奇槎汛止，无分疆界，互相接应"。

值得注意的是，从康熙四十九年（1710 年）起，东安县"历年巡丁工食俱系官捐"，但这种制度只维持了二十年时间，雍正八年（1730 年）又改变了制度，"知县陈洪范详允以南江口、大埇口等六埠归官批佃，将租银支给，有不敷，官仍捐足之"。这说明，入清以后，不仅罗定南江河道没有安排快船往来巡逻，而且南江口、大埇口等六埠还被官府收没出租，收来的租银则用来支付西江河道巡丁的工资和食宿开销，如果"有不敷"，再由官捐补充。

进入清朝中叶以后，罗定州一直维持着比较安定的社会局面，道光《广东通志》记载："（罗定）一州两邑，界西粤肇、高之间，猺獠错处，旧称岩险。今驯服向化，边隅宁靖，所赖吏兹土者，毋恃乐土而忽保障尔。"① 这一时期罗定南江流域的驻防也未发生重大变化，只是个别营汛名称和驻防兵额略有变动，具体情况详见表 3、表 4。

表 3　方志、地图所见清代罗定协营汛驻防兵额情况表（不含下辖左右二营）

塘汛名称	道光《罗定州志》	《罗定州塘汛地图》	民国《罗定志》
六叠汛	左营把总一员，兵三十五名	把总一员，兵丁十六名	头司把总一员，防兵二十五名
云罗汛	外委一员，兵九名	外委把总一员，兵九名	头司外委把总一员，防兵一十名
牛路汛	兵五名	兵五名	防兵五名
白鸠汛	兵五名	兵五名	防兵五名
东水塘	兵四名	兵四名	防兵三名
龙虎塘（汛）	兵四名	兵四名	防兵四名
云廉汛	兵五名	兵五名	防兵五名

① （清）阮元：道光《广东通志·卷一二二·关隘略三》，《广东历代方志集成·省部》（一七），广州：岭南美术出版社，2006 年，第 2109 页。

续上表

塘汛名称	道光《罗定州志》	《罗定州塘汛地图》	民国《罗定志》
白石汛	把总一员，兵十四名	把总一员，兵丁十七名	无记载
龙眼迳汛	外委一员，兵二十六名	外委一员，兵丁六名	二司外委把总一员，兵七名
东水汛	兵三名	兵两名	防兵四名
龙冈汛	兵四名	兵四名	防兵四名
雄镇头塘	兵四名	兵四名	防兵四名
界牌汛	兵四名	无记载	防兵四名
水迳汛	兵四名	兵四名	防兵四名
滑石塘（汛）	兵四名	兵四名	防兵四名
连陂塘（汛）	兵四名	兵四名	防兵四名
东坝汛	兵三名	兵三名	
林垌汛	右营把总一员，兵十六名	把总一员，兵丁十五名	额外外委一员随营，右营头司把总一员，防兵十六名
木瓜下田心汛	外委一员，兵十二名	外委把总一员，兵七名	无记载
石根汛	兵五名	兵五名	防兵五名
太平汛	兵四名	兵四名	外委千总一员驻城，头司外委把总一员，防兵四名
罗镜汛	兵五名	兵五名	防兵五名
良村汛	兵五名	兵五名	防兵五名
金山迳上汛	兵五名	兵五名	防兵五名
金山迳中汛	兵五名	兵五名	防兵五名
尖冈塘（汛）	兵四名	兵四名	防兵四名
荔枝汛	兵四名	兵四名	无记载
马柜汛	兵四名	兵五名	无记载
连滩汛	把总一员，兵十五名	把总一员，兵十口名	二司把总一员，防兵十四名
云致汛	外委一员，兵三十三名	外委一员，兵七名	二司外委把总一员，防兵九名
林菁汛	兵五名	兵五名	防兵四名

续上表

塘汛名称	道光《罗定州志》	《罗定州塘汛地图》	民国《罗定志》
河口汛	兵四名	兵四名	防兵四名
大陂汛	兵四名	兵四名	防兵四名
泗沧汛	兵四名	兵四名	防兵四名
河六汛	兵四名	兵四名①	防兵四名
逍遥汛	兵四名	兵四名	无记载
旺久口汛	兵四名	兵四名	无记载
白石田汛	兵四名	兵四名	无记载

资料来源：（清）阮元：道光《广东通志·卷一七七·经政略二十》，《广东历代方志集成·省部》（七），广州：岭南美术出版社，2006 年，第 2937 – 2938 页；马学仕等：民国《罗定志·卷四·经政志》，《广东历代方志集成·肇庆府部》（四四），广州：岭南美术出版社，2006 年，第 459 – 461 页；华林甫：《英国国家图书馆庋藏近代中文舆图》，上海：上海社会科学院出版社，2009 年，第 133 页。

表 4　方志、地图中所见罗定塘汛设置情况表

归属	雍正《罗定州志》	道光《广东通志》	罗定州塘汛地图
罗定协营（驻罗定州城）	东水汛	–	–
	大湾界牌汛	界牌汛	– –
	龙冈汛	–	龙岗汛
	水迳汛	–	–
	龙眼迳汛	–	–
	金山迳中汛	–	–
	金山迳上汛	–	金山迳汛
	良郙汛	良村汛	–
	太平汛	–	–
	罗镜汛	–	–
	林峝汛	林峒汛	–
	石根汛	–	–
	牛路汛	–	–
	白鸠汛	–	–
	云罗汛	–	–

① 《英国国家图书馆庋藏近代中文舆图》中的相关地图注记为“拨兵四十”，应是“拨兵四名”之误。

续上表

归属	雍正《罗定州志》	道光《广东通志》	罗定州塘汛地图
罗定协营（驻罗定州城）	六叠分界汛	–	六叠汛
	大陂汛	–	–
	云致汛	–	–
	泗沦汛	–	–
	河六汛	–	–
	河口汛	–	–
	林菁汛	–	–
	连滩汛	–	–
	东水塘	–	–
	滑石塘	–	滑石汛
	连陂塘	–	–
	雄镇墟头塘	雄镇头塘	– –
		云廉汛	–
		荔枝汛	–
		马柜汛	–
		逍遥汛	–
		旺久口汛	旺久汛
		白石田汛	无
		龙虎塘	
罗定协左营（驻东安县城）①	永丰陆塘	永丰塘	– –
	都骑陆塘	都骑塘	都骑汛
	泽水水汛	泽水汛	–
	杨柳水塘	杨柳塘	–
	云朋水汛	云朋汛	云朋湾水汛
	埇坑陆汛	埇坑汛	– –
	小河陆汛	小河汛（属罗定协右营分防西宁县）	– –
	腰古陆汛	腰古汛	–
	茚田陆汛	茅田汛（属罗定协右营分防西宁县）	– –

---

① 道光《广东通志》记载："罗定协左营驻东安县城，在罗定州东南一百五十里。"此处方位记载明显错误，东安县当在罗定州东北方向，参见谭其骧主编《中国历史地图集》第八册《清时期》广东图幅，北京：地图出版社，1987年，第44–45页。

归属	雍正《罗定州志》	道光《广东通志》	罗定州塘汛地图
罗定协左营（驻东安县城）	猪仔坪陆汛	猪仔坪汛（属罗定协右营新兴县）	－ －
	黄沙陆汛	黄沙汛	－ －
	河头陆汛	河头汛（属罗定协右营新兴县）	－ －
	富霖陆汛	富霖汛	－ －
	参岗陆汛	参峒汛	－ －
	那霖陆汛	那霖汛	－ －
	长沙陆汛	长沙汛	－ －
	双滘陆汛	无	车滘汛
	头塘（城西附近）	附城头塘	东安头塘
	茅丝陆塘	茅丝塘	－ －
	枫木陆塘	枫木塘	枫木汛
	大茅坡陆塘	大茅坡塘	大茅陂汛
	白石陆汛	白石汛（属罗定协营）	白石塘汛
	白石陆塘	白石塘	
	东坝陆汛	东坝汛（属罗定协营）	－ －
	思约水汛	思约汛	－ －
	南江口水汛	南江口汛	－
	古雾水汛	古雾汛	－
	六都水汛	六都汛	－
	□石墟陆汛	□石汛	－ －
		糯糠塘	－
		车滘汛	－
		三拜岭汛	－
	罗旁汛	罗旁水汛	－ －
	古备汛	古备水汛	－
	冷水汛	冷水水汛	－
	蟠龙汛	蟠龙水汛	－
	南江口汛	南江口水汛	－
	都城汛	都城水汛	－
	双涌汛	水瓜双涌水汛	－
	中伙汛	中伙陆汛	－
	分水汛	分水陆汛	－
	平民汛	平民陆汛	－

归属	雍正《罗定州志》	道光《广东通志》	罗定州塘汛地图
罗定协右营（分防西宁县）	函口汛	无	－
	金锁汛	金锁陆汛	－
	厂底汛	白土厂底汛	－ －
	安鹅汛	安鹅陆汛	－
	怀乡汛	怀乡陆汛	－
	沙底汛	沙底陆汛	－
	云罩汛	云罩陆汛	－
	小峝汛	小峝陆汛	无
	麻地汛	麻地陆汛	－
	丁罗汛	无	无
	封门白石汛	封门白石陆汛	－
	大河汛	大河陆汛	－
	伍里塘	五里陆塘	五里塘
	封门塘	封门陆塘	－
	大伞塘	大伞陆塘	大伞汛
	石桥头塘	石桥头陆塘	－
	□久日陆汛	无	无
	木瓜下田心汛	－（属罗定协营）	－ －
		枫峝陆塘	枫峝汛
		黄金塱汛	黄金塱汛
		茅田汛	－ －
		小河汛	
罗定协右营（驻肇庆府新兴县）		石窝汛	－ －
		龙迳汛	
		瓮峝汛	
		芋头塱汛	芋头塱汛
		黄泥湾汛	－ －
		西山汛	西山新墟汛
		牛轭曲汛	－ －
		第什塘	第拾塘

罗定：南江古道与『一带一路』文化论坛论文集

归属	雍正《罗定州志》	道光《广东通志》	罗定州塘汛地图
罗定协右营（驻肇庆府新兴县）		天堂汛	－ －
		白马塘	白马汛
		曹峒汛	曹峝汛
		茶园汛	－ －
合计	75 处	106 处	105 处①

资料来源：（清）王植纂：雍正《罗定州志·卷四·兵防》，《广东历代方志集成·肇庆府部》（四三），广州：岭南美术出版社，2006 年，第 404－406 页；（清）阮元：道光《广东通志·卷一七七·经政略二十》，《广东历代方志集成·省部》（七），广州：岭南美术出版社，2006 年，第 2937－2940 页；华林甫：《英国国家图书馆庋藏近代中文舆图》，上海：上海社会科学院出版社，2009 年，第 133 页。

其中"－"表示与雍正《罗定州志》记载相同，"－－"表示与道光《广东通志》记载相同。

清朝中叶以后罗定塘汛设置情况，在英国国家档案馆庋藏《罗定州塘汛地图》中有所反映。《罗定州塘汛地图》原件是由英国国家档案馆庋藏的一幅编号为 F. O. 931/1907 ［Former Reference：F. O. 289/2（17）］的近代中文舆图。英国国家档案馆曾经将此图命名为 Military map of Lo－ting and environs，后来又改为 Map of military establishment of Luoding Zhou 。② 在第二次鸦片战争中，英法联军进攻两广总督衙门时，两广总督叶名琛从衙门带出一批文件，这些文件随叶名琛一起被英法联军俘获，几经辗转，最后为英国国家档案馆收藏，③ 此图是这批文件当中的一件。刘志伟、陈玉环主编的《叶名琛档案：清代两广总督衙门残牍》（以下简称《叶档》）一书收录了这批舆图的黑白图件及相关文字档案，华林甫编著的《英国国家档案馆庋藏近代中文舆图》（以下简称《英档》）则收录了这批舆图的彩色正片并做了简明的考释。与这两本书

① 华林甫：《英国国家图书馆庋藏近代中文舆图》，第 132 页统计为 106 处，其中一处为"贞元卡"，本文未列入表中。

② 华林甫：《英国国家图书馆庋藏近代中文舆图》，上海：上海社会科学院出版社，2009 年，第 132 页。

③ 刘志伟、陈玉环主编：《叶名琛档案：清代两广总督衙门残牍》（八），广州：广东人民出版社，2012 年，第 1 页。

收录的其他地图不同的是,《罗定州塘汛地图》保存得相当完整,内容大多清晰可见,除了界牌汛和石桥头塘两处塘汛在两书地图中皆没有文字注记,疑似有红签脱落的迹象之外(也有可能原本这两处就没有注记),不存在其他红签脱落的现象。整副地图共绘出州境汛址106处,其中有三处略有褶皱和小部分脱落,通过地图上邻近塘汛的文字注记再结合剩余部分字体,就可以辨识出来,分别是大伞汛、分水汛和连滩汛。

关于《罗定州塘汛地图》的绘制年代,华林甫称此图"庞百腾先生推定为1852年。这说明与凌十八起义挂了钩,可备一说"[①]。但并无详细论证。据民国《罗定志》记载:"十八本山民,其弟二十八佣岑溪时,洪秀全以拜上帝会聚党,散布广西,二十八传其术,归拥十八为首领。道光三十年春聚党大寨已数百人,官军抚剿失机,势寖盛。十二月率党由北流去欲西合秀全,为官军所阻,以是年五月遁还。六月总兵杨昌泗驻营白鸠岭,二十五日凌贼分道来攻,昌泗弃营走,十八旋入据罗镜。"[②] 其后官军屡攻不下,为平定起义,两广总督徐广缙、广东巡抚叶名琛先后前来督战,直到咸丰二年(1852年)六月庚寅罗镜始平。其中涉及的罗定地名,如罗境、白鸠、分界,在地图上皆有所显示,见图3。

此外,《叶档》第五、六两册中亦有与地图相对应的文档,共有四份,其中第五册两份,编号为FO931/1162、FO931/1190,第六册两份,编号为FO931/1314、FO931/1348。据四份文档的内容来看,其中编号为FO931/1190的文档时间最早,为道光三十年(1850年)九月,主要内容是信宜怀乡司巡检陈荣呈报赴信宜大寨查办凌十八起事始末缘由。[③] 接着则是编号为FO931/1348的文档,该文档时间为咸丰二年(1852年)六月二十二日,是两广总督徐广缙、广东巡抚叶名琛奏报剿办罗镜逆匪大获全胜一事,奏折从徐广缙咸丰

① 华林甫:《英国国家图书馆庋藏近代中文舆图》,上海:上海社会科学院出版社,2009年,第132页。

② 马学仕等:民国《罗定志·卷九·旧闻志》,《广东历代方志集成·肇庆府部》(四五),广州:岭南美术出版社,2006年,第891-892页。

③ 刘志伟、陈玉环主编:《叶名琛档案:清代两广总督衙门残牍》(五),广州:广东人民出版社,2012年,第484-502页。

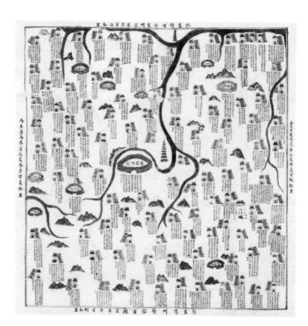

图3 《英档》中的《罗定州塘汛地图》

地图来源：华林甫：《英国国家图书馆庋藏近代中文舆图》，上海：上海社会科学院出版社，2009 年，第 133 页。

元年七月十四日移驻信宜会同将罗镜逆匪叠加痛剿开始讲述，直到次年六月罗镜平定。其间详细记载了官军的剿匪军策略、历次战斗的具体情形，以及破贼后的军队伤亡情况、物资缴获情况、逆匪余党的下落，等等。[①] 之后则是编号为 FO931/1314 和 FO931/1162 的两份文档，这两份文档都是与罗镜平定后请功封赏有关的内容。其中编号为 FO931/1314 的文档主要是剿捕罗镜凌逆西路文武委员始终勤奋出力，倍著辛劳，故开具名摺，恭呈钧鉴。其列举的人物大多有具体的官职和功劳。[②] 而编号为 FO931/1162 的文档则主要是罗镜西路军

---

① 刘志伟、陈玉环主编：《叶名琛档案：清代两广总督衙门残牍》（六），广州：广东人民出版社，2012 年，第 415－426 页。

② 刘志伟、陈玉环主编：《叶名琛档案：清代两广总督衙门残牍》（六），广州：广东人民出版社，2012 年，第 280－285 页。

营赏给绅民勇练顶戴开列清册。所列仅有人物名单而无其他信息。① 由此四份文档再结合《罗定州塘汛地图》上的有关内容以及当地方志的记载，基本可以确定贴有红签的《罗定州塘汛地图》就是官府征剿逆匪凌十八时所用的军事舆图之一，绘制时间大概在咸丰元年（1851年）与二年（1852年）之间。

此外，还发现了三组舆图与罗定地区有关，华林甫分别命名为《思约水汛图说、南江口水汛图说》、《东安县塘汛舆地图说》和《罗定协右营守备兼辖千总专管舆图》②，见图4。这些图说均为上图下说的形式，在上半页首先给出该处塘汛及其附近区域的草图，然后在下半页再详细说明塘汛的位置、上下汛之间的里程、兵力部署及更换、军备配置，以及其他重要信息，并且在很多

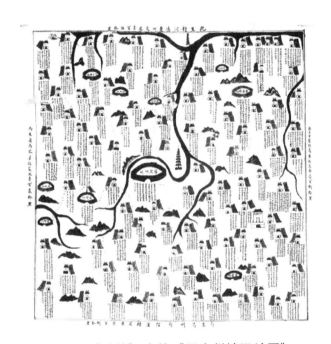

图4 《叶档》中的《罗定州塘汛地图》

地图来源：刘志伟、陈玉环主编：《叶名琛档案：清代两广总督衙门残牍》（八），广州：广东人民出版社，2012年，第476页。

---

① 刘志伟、陈玉环主编：《叶名琛档案：清代两广总督衙门残牍》（五），广州：广东人民出版社，2012年，第445－446页。

② 刘志伟、陈玉环主编：《叶名琛档案：清代两广总督衙门残牍》（八），广州：广东人民出版社，2012年，第481－482、498－506、548－574页。

明清时期罗定南江流域的军事布防与道路开发

塘汛的文字说明往往里都有一句"该塘（汛）前有西江一道，上通广西，下达肇省卫要"，以此来说明该处塘汛地理位置的重要。诸图所绘多为邻近西江河道的水塘、水汛，由此可以看出是否濒临西江水道。上下直通两广是朝廷判断该处是否需要派兵驻防的一个重要影响因素，这也恰好反映出了朝廷对西江水道的重视。反观涉及南江的仅有一处——南江口汛，还是位于西江、南江两江交汇处，由此可以看出南江水道在朝廷的眼中已经没有以前重要了，故而不值得派太多的兵力驻防。

三　明清时期罗定地区的道路开发

明清时期的罗定"面控高、凉，背负端州，枕长江，拥菁岭，西扼岑溪之卫，东连阳春之险。襟带千里，江山联络。崖谷深峻，滩高水激。一州两邑界西粤肇、高之间，猺獠错处，旧称岩险"①。不仅与外界沟通不便，而且本区内部联系也十分艰难。为了改变自身的生存环境，便有不少仁人志士不畏险阻、开辟大路的举动。

（一）明万历年间陈文衡开西山大路

陈文衡，江西鄱阳人，万历十六年（1588年）任职罗定兵备道。② 陈文衡到任后做的第一件大事就是在罗定开辟道路。关于此事，陈万言在《开西山大路记》一文中如是写道：

> 罗旁地方为猺蛮巢穴，所自来旧矣，世数弗可详矣。万历丙子大征荡平，开创善后，其道路只以罗定州为总会，自州而南则由罗镜冈转入函口、怀乡以通夫高凉；自州而北则循小河透出大江以接夫寿康。东、西二县，南、封二所，虽各有路遒通，然皆崇冈叠嶂之所峙也，丛菁茂树之所阴也，蛇虺所蟠、□□所游，介然用间则塞矣，隔离天日，往来为艰。然

① （清）阮元修：道光《广东通志·卷一二二·关隘略三》，《广东历代方志集成·省部》（七），广州：岭南美术出版社，2006年，第2108－2109页。

② 马学仕等：民国《罗定志·卷五·职官志》，《广东历代方志集成·肇庆府部》（四四），广州：岭南美术出版社，2006年，第489页。

在东安犹易聊属，而西宁则又有定康、感化、从善、信丰四都，皆自信宜、茂名分割，介广右、岑溪之间，接连七山、六十三山之猺，伏莽乘墉者岁有，杀越剽毁者横行，以故四都虽号编氓，而足迹无由至县庭，今逾一纪于兹矣。前备兵郑慕唐公酌议应辟，诸猺屡沮，功莫能施，时以初辑，姑置弗问。戊子履任，廉知风土习俗难为状，按图而观，喟然叹曰："嗟夫！是非所以言治理也。夫远迩之势，犹人一身，治身者必血脉流通，然后手足运动而无痿痹之不仁；然治民者必远迩流通，然后上下情达而无奸究之隔阂。今新民之不通于县，犹手足之不属于己失，今不治得无发痼乎？"乃谋诸大参戎侯德源公力伸前议，公即谋于制府，而下檄授州大夫潘君士绅、邑令尹林君致礼综理其事，分委许子应明，欣然举作，即号召所部兵民相地分程，计日课功，披荆斩木，芟险就夷。诗所称"作屏就平，不加于此"矣。乃顽猺未谋怀保之规，阴行阻挠之计，伐树埋菰，伏枪设魅，众受惨毒，重怀疑沮。……遣许子应明深入其峒，宣示朝廷威德，诸猺警悟，相率□啄。于是兵民得偕作，而梗途遂成大道，蓊翳无所壅蔽，而晻昧获耀光明，即颂所称"岐有夷之行不烈于此"矣。比岁以来，行者歌，耕者乐，冤者伸，输者赴，商贾贸迁以化居，官府往来以巡省。深谷绝峒、久外天日之民，习见汉官威仪而欣欣鼓舞若更生。诸猺在抚治者，心如其面，不敢越志以启衅，在邻封者，畏威敛迹，不敢越界而为盗。凡有举动，朝发则朝闻，稍有邪谋，夕发则夕扑，官政下达，民情上通，疏迩不闭，襁负日来，数百年虎崷兔窟之域，一旦转而为平平荡荡之区。……路起自罗旁口，由西宁封门、夜护抵怀乡，以丈计者凡三万六千有奇；自怀乡掘峒由罗镜冈抵罗定州亦三万八千有奇；又自夜护由思虑东至亚婆滩以丈计者凡八千有奇；自逍遥历振彝岭抵西宁亦不下八千余。其横若阔，则随地势之险易，而俱不离夫丈之上下。经始于己丑年，告成于辛卯年。①

从上面的引文可以看出，虽然在万历丙子即万历四年（1576 年）大征平

① 马学仕等：民国《罗定志·卷八·艺文志》，《广东历代方志集成·肇庆府部》（四五），广州：岭南美术出版社，2006 年，第 822－824 页。

定罗定地区的善后期间，曾经对开辟道路有所致力，但"其道路只以罗定州为总会，自州而南则由罗镜冈转入函口、怀乡以通夫高凉；自州而北则循小河透出大江以接夫寿康"，至于"东、西二县，南、封二所，虽各有路遥通，然皆崇冈叠嶂之所峙也，丛菁茂树之所阴也"，"隔离天日，往来为艰"；尤其是西宁的定康、感化、从善、信丰四都，"皆自信宜、茂名分割，介广右、岑溪之间，接连七山、六十三山之猺，伏莽乘墉者岁有，杀越剽毁者横行，以故四都虽号编氓，而足迹无由至县庭"，交通条件甚差。

后来地方官员已经逐步认识到了交通问题的严重性，故而开始着手开辟西山大路。然而开路过程并非一帆风顺，起初罗定兵备道郑慕唐曾提议开辟道路，但被瑶民多次阻挠反对，其后便搁置一旁，无人再提。直到后来万历十六年（1588年）陈文衡上任罗定兵备道后，与总兵侯德源合谋其事，并通过两广总督"下檄授州大夫潘君士绅、邑令尹林君致礼综理其事，分委许子应明"，从容布置，"号召所部兵民相地分程，计日课功，披荆斩木，芟险就夷"。修路之初，仍有瑶民暗中阻挠，直到后来派官员深入其峒，宣示朝廷威德，瑶民才幡然醒悟，"于是兵民得偕作，而梗途遂成大道，翳翳无所壅蔽，而晦昧获耀光明"。新辟的道路，"起自罗旁口，由西宁封门、夜护抵怀乡，以丈计者凡三万六千有奇；自怀乡掘峒由罗镜冈抵罗定州亦三万八千有奇；又自夜护由思虑东至亚婆滩以丈计者凡八千有奇；自逍遥历振彝岭抵西宁亦不下八千余。其横若阔，则随地势之险易，而俱不离夫丈之上下"。据上可知，陈文衡所开"西山大路"，实际上包括四条道路，即：罗旁口—西宁封门、夜护—怀乡路线，怀乡掘峒—镜冈—罗定州路线，夜护—思虑东—亚婆滩路线，逍遥—振彝岭—西宁路线（参见图5所示）。由于辟路工程较大，采用了兵民偕作模式，"经始于己丑年，告成于辛卯年"，即从万历十七年（1589年）到万历十九年（1591年），前后历时三个年头，西山大道才得以开辟成功。路成之后，"商贾贸迁以化居，官府往来以巡省"，"官政下达，民情上通"，罗定区内的交通条件与区外的交通条件都得到较大改善，不仅保障了区域政治环境的稳定，而且促进了民族和谐和商贸经济的发展。这种军事经略与道路修建并重的区域开发模式，值得充分肯定与借鉴。

图 5　西山大路四条道路位置示意图

地图来源：（清）王植：雍正《罗定州志·卷四·兵防》，《广东历代方志集成·肇庆府部》（四三），广州：岭南美术出版社，2006年，第227页。

（二）明万历年间陈文衡开东安蒲竹迳

罗定兵备道陈文衡在任期间，不仅在罗定州开辟了西山大路，在罗定州所属的东安县境内亦有开东安蒲竹迳之举。迳，古同"径"，本义是沿着陡直向上的山路走。众所周知，山路大体有两种，一种是直上直下的山路，另一种则是盘山山路，而走直上直下的山路就是"迳"。蒲竹迳就是这样一条直上直下的山路。据康熙《东安县志》记载：

> 东安西路有蒲竹迳，自西北迳口延袤二十余里始达东南迳口。两崖峻峭，茂林蔽天，中一水迳，□□上下。未大征前，猺贼蟠据其中，两头人迹断绝。大征后，道路难通，蓊郁如故，飞□伏虎，时复螫人，为东山第一长途。万历十六年，知县郭濂呈详罗定道陈公文□始行□地。官兵将迳路两旁林木砍伐各三四十丈，相度山腰，改辟道路，间有溪涧，大治桥梁，余诸山又修治道路七百二十八里，砍伐路旁林木八千二百七十五丈，架过桥梁一百八十九处。自是贼险尽夺，风气大开，商民昼夜往来无患矣。惟往州旧路一线鸟道陡绝崎岖，明季有原把总何应龙捐工改凿，自大□岭顶

至茅思岭脚，计二十五里，坦平便行，往来甚赖，厥功亦堪纪云。①

乾隆《东安县志》中亦有大致相同的记载，并且没有文字漫漶不清的情况②。通过对比两种方志所载相关文字可知，康熙《东安县志》中的"□□上下"当为"彳亍上下"，"飞□伏虎"当为"飞螚伏虎"，"知县郭濂呈详罗定道陈公文□始行□地"当为"知县郭濂呈详罗定道陈公文衡，始行信地"，"自大□岭顶至茅思岭脚"当作"大绛岭顶至茅思岭脚"。

从上引两种《东安县志》的相关记载可知，蒲竹迳在东安县西境，大致呈西北—东南走向，延袤二十余里，中有一水迳可通上下，但由于"两崖峻峭，茂林蔽天"，不仅道路难通，而且时有虎患，故被时人视作"东山第一长途"。万历十六年（1588年），罗定兵备道陈文衡采纳了知县郭濂的建议，发动"官兵将迳路两旁林木砍伐各三四十丈，相度山腰，改辟道路，间有溪涧，大治桥梁"，同时又在东安县境其他山地"修治道路七百二十八里，砍伐路旁林木八千二百七十五丈，架过桥梁一百八十九处。自是贼险尽夺，风气大开，商民昼夜往来无患矣。"陈文衡在任期间，开发山区道路不遗余力，着实令人敬佩。

（三）明末何应龙改筑东安通罗定州道路

值得一提的是，前引两种《东安县志》除详细记载了万历十六年（1588年）罗定兵备道开东安蒲竹迳的情况以外，同时记载说"惟往州旧路一线鸟道陡绝崎岖，明季有原把总何应龙捐工改凿，自大□岭顶至茅思岭脚，计二十五里，坦平便行，往来甚赖，厥功亦堪纪云"。据此记载可知明末有把总何应龙捐工改凿东安县通往罗定州道路之举，其修路工程的运作模式与万历年间罗定兵备道陈文衡开西山大路的兵民偕作、开东安蒲竹迳主要借助当地驻军有所不同，是"捐工改凿"，即由当地驻军将领个人出资，雇工（可能主要是兵士）完成筑路工作。虽然道路开发模式与前人有所不同，但在罗定地区尤其是东安县的道路开发方面也立了一功。

---

① （清）韩允嘉、张其善：康熙《东安县志·卷八·兵防志》，《广东历代方志集成·肇庆府部》（四六），广州：岭南美术出版社，2006年，第65页。

② （清）庄大中：乾隆《东安县志·卷二·兵防》，《广东历代方志集成·肇庆府部》（四六），广州：岭南美术出版社，2006年，第267页。

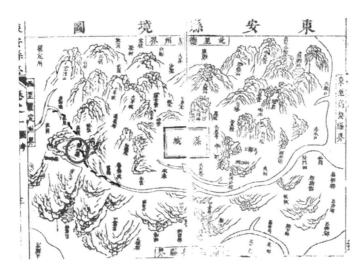

图 6　蒲竹迳位置示意图

地图来源：（清）韩允嘉、张其善：康熙《东安县志·卷一·图考志》，《广东历代方志集成·肇庆府部》（四六），广州：岭南美术出版社，2006 年，第 15、16 页。

（四）清初彭琛开金山迳石路

金山迳在罗定州南，长达十里，为高、凉通衢，清朝曾在此迳上设置了金山迳上汛和金山迳中汛两个汛地，并派兵驻防，金山迳的重要性可见一斑。清朝初年，罗定首富彭琛曾捐巨资开金山迳石路。

据民国《罗定志》记载："彭琛原名献谏，号璞菴，替丙村人，州附生。年十二丧父，朝夕蹢踊，恸绝仆地者数次。人以为至性过人，长而乐善。家饶于才。州南金山石迳为高、凉通衢，□仄难行，长竟十里。琛倡捐开凿修砌，以便往来。康熙三十六年岁大饥，出谷四百石输官赈济。五十二年再饥，亦如之。"①

从上引史料可知，彭琛是罗定州替丙村人，"家饶于才"，应当是当地一大富商。他本人"至性过人，长而乐善"，曾在康熙年间倡捐开凿修砌罗定州南的金山石迳，以便往来。长达十里的金山迳原来地形条件复杂，高低不平，交通比较困难，由彭琛整修成较平整的石径之后，才成为"高、凉通衢"。

---

① 马学仕等：民国《罗定志·卷七·艺文志》，《广东历代方志集成·肇庆府部》（四五），广州：岭南美术出版社，2006 年，第 647 页。

彭琛还先后在康熙三十六年（1697 年）和五十二年（1713 年）两次饥馑年头，出谷输官赈济当地灾民。作为一个商人，彭琛热心家乡道路建设和慈善事业，故得以青史留名。现在罗定附城镇替丙寨还有献谏彭公祠，彭琛在罗定彭氏列第九世，后世子孙彭士仰、彭士望、彭沃等均为声名显赫之文化名人。

四 结语

罗定市位于广东省西部，区域开发历史悠久，历来是中国大西南地区通往珠江三角洲的一个重要门户和粤西军事重镇，而南江古道作为历史上海上丝绸之路与陆上丝绸之路对接的主要通道之一，在岭南地区历史发展中起着不可替代的作用。尽管南江古道多有艰难险阻，但是当地民众或为养家糊口，或为赚钱发财，往往不畏艰险，在这条古道上往返奔波，乐此不疲。也正是这样，才会有南江古道的长久不衰。

明清两代不仅注重罗定南江流域的军事布防，而且对当地交通条件的改善也十分关注。从某种意义上来说，重视军事布防和大力开发道路，正是保障当地社会环境稳定、商贸经济正常发展的两个重要因素。

就军事布防方面而言，罗定在明万历五年（1577 年）升直隶州之前，设有泷水守御千户所，在重要的水路沿线附近地区设有营兵驻防，在南江河道上也有哨船往来巡逻；明万历四年（1576 年）平定罗旁，次年即明万历五年（1577 年）改泷水县为罗定州，设东安、西宁二县，立泷水、南乡、富霖、封门、函口五所，肇庆府属的江防区划也发生了变化，南江流域则仅有东、西两山官兵驻守，江面上并无兵船巡逻，防守力量明显减弱，而江防的重点则已经转移到了西江水道；入清以后，裁去明朝万历年间设置的五所，设罗定协副将，下面则分设营、汛、塘等，归都司、游击、守备、把总等官指挥，形成了一套完整的驻防体系，不过江防的重点仍是在西江干流河道。军事驻防制度与布防格局均呈现出因时而变的特点。

就道路开发方面而言，开西山大路，明万历年间陈文衡开东安蒲竹迳，明末何应龙改筑东安通罗定州道路和清初彭琛开金山迳石路均有值得称道之处，但运作模式却各有不同，分别采用是兵民协作修路，主要借助当地驻军、将领捐工修路和富商捐巨资修路，亦同样呈现出因时而变的特点。

从民国《罗定志》蠡测古道文化

刘正刚

（暨南大学古籍研究所教授）

今天的罗定市 位于广东省西部，南接高雷，西通桂、黔、滇，是珠江水系西江走廊的交通要冲。明代前期属泷水县，万历五年朝廷平定罗旁瑶乱后，将泷水县升为直隶州。因罗旁平定，遂以罗定为州名，而州属东西也安宁，又以东安、西宁为县名。罗定之名始于此，至今仍是广东西部的重镇。

一　山川周边村落与古道关系

罗定多山，境内山脉众多，河流纵横交错。在古时候，山川无疑是人们出行的标志之一，川则是最便捷的运行方式。所以河流也应该是古道文化的重要内容之一。

陆路古道除了平坦之地外，一般皆沿着山麓、山脚前行，有时也有水陆结合的现象。尤其是居住在山脚或山麓村庄的人出行更是如此。罗定一些山脉周边分布着大小不一的村落，据民国《罗定志·卷一·地理志第五·山川》记载，黄坡山脉分布林垌、庆云、云梯三乡；三叉山脉有同安乡；太华山脉有三立、中顺、太平、泷水、永清等乡；黄鹤山脉有太平西五乡；北陇山脉南麓为水摆、椽山、安围、新东、永安、驸台、平安、泷良各乡，北麓则椽山乡之小垌。石人岭东南为洞尾乡，西麓则连辉乡，又"东奔数里，腰竖二石，如人对立，又折而西渡过石人塘小峡，为太平通州城之旧孔道"。其北则泷阁、鱼龙两乡，也是罗镜通州城之孔道。又马鞍山东西横列如屏，东尽浪沟，与塔石会，俗呼太平山口，为通南路之孔道，山之北则镇安、良村二乡。银岩大山之北今分良村、潭白、古龙诸乡。这些分布在山脉周边的村落，一方面成为古道上的重要休憩地和粮草补充地，另一方面这些村民外出时也需要借助古道。

河流是古时候人们出行最为经济的选择，罗定河流众多，据民国《罗定志·卷一·地理志第五·山川》记载："泷水自大营□发源，东流经中伙、分界、水摆、罗镜至满山、营汛墩，与太平河会，折北下马埒，出泷喉，南北小溪入之罗罅溪，自南开、南来至分界、罗罅口入于泷，倒流溪自北永林峒合流，出石印庙，至水摆山坑口，北入于泷，云沙溪自银岩、黄坡、三义之间，北流至黄湾入于泷，此罗镜河之南支流。大埇口小溪由北崀石上，南入于泷，三九坑小溪经棠埇西墟约八字岭橡山蒋屋诸水，至红石山南入于泷，石门坑小溪经驸台平安二乡，至地蓬茅针，南入于泷；狮子坑小溪经理斋塘、替窦塘会于罗岗，南入于泷，此罗镜河之北支流。又大岗坪小溪自凤凰山经鸭寨东入于泷，此罗镜河之西支流。"

太平河即泷江之南源，源于信宜白龙堡，西源自银岩出合水，南源自上下峰出甘漕，东南源自石峒出大坝，三溪合而北流，至浪沟峡太平马鞍、塔石二山束之，石浪成沟，太平船上溯可达甘漕大坝，其谣曰："上有浪沟，下有泷喉。皆险滩也。峡以北一望平畴，东岸为太平东十五乡，至马埒止，笔邱小溪与雪浪、替毕、大汶诸塘及泷阁溪自东北西流相汇。西岸为太平西五乡，至合水口止，帝瓮、龙岩、小溪自西南西流相汇。惟太平河漕久已变更，初自浪沟峡出口即折而西，流经犁头滩，至谢家祠前转北，与窦州二小溪会于清水冈马槽坝村前，至合水口与罗镜河合为泷江，出泷喉，其时镇安乡之芒山、丰山及太平墟皆与丽塘、塔石山脉相连贯。今则浪沟北下一泻数里，太平墟已属西岸，直至欧屋一曲而西至乞儿庙，又转而北冲破马槽坝，为两村东西隔岸，奔流至官渡头与罗镜河合。"①

---

① 民国《罗定志·卷一·地理志第五·山川》。

罗定：南江古道与『一带一路』文化论坛论文集

罗定的墟市也多沿江设立，如康熙《罗定州志·舆地志》记载，嘉靖四年秋，守备李松、州判陈琚遇害于南岸。"松忿猺为患，力不能讨，与琚密谋于南岸罗旁、大力二处设墟，俾民猺贸易，以药酒毒之，事泄被杀。"又如"小河在县东南九十里，直出新兴江，可通舟楫。知县吕鼐设墟于此，贸易□盛，商民赖之"。

上述河流旁的庙、墟等地，很显然具有码头的性质，供往来船只补充给养，也便于进出口货物。它们共同构成河流古道文化的内容部分。

二　渡口、桥乃连接古道的节点

罗定属于山区，山川纵横交错，因而渡口和桥梁成为连接古道的重要节点。嘉靖四十四年（1565 年）两广提督吴桂芳在《议开伐罗旁山木疏》中提议"聚兵召商，随山刊木"，目的是铲除瑶民聚众的场所，实际上促进了山区的开发。吴桂芳在文中说：

> 肇庆府德庆州南岸罗旁上下江东西二山延袤幅员，将及千里，层峰叠嶂，形势险恶，自来猺獞巢穴其间，种类实繁，乘虚劫掠乃其常性，若欲概议大征，则东西二山周匝，半月之程，劳师十万，饷费倍之，未可以旬月计功收效也。况上江诸猺，近颇安静，未敢肆然无忌，尚可羁縻，不烦致讨。惟下江猺山沿江一百二十余里，时常越江流劫乡村，捉掳往来船只，江道阻塞，商民受害，委宜加兵，但各猺性类禽兽，虽极凶残而心实愚昧，初无机械，且随山错落而居，其势亦不联署，胜之不武，戮之复生，缘节年虽经议设兵船巡哨，间立营堡住守，岁约用银二万有奇，不为不多，但哨船兵分势寡见贼难驱营堡，设居北岸去猺隔远，彼峒负南山，夏木千章潜踪隐迹，见船则出，得船即入，故虽济以鱼盐，重以犒赏，威制于前，惠诱于后，徒费供亿，未敢晏然帖服也。

这一奏疏被明代陈子龙收入《明经世文编》卷三百四十二中。撇开其中的军事情势不说，其中暗含水陆道路不通的困局，对官军征剿的限制。有鉴于此，万历年间，官府在平定瑶乱后、建州之后立即进行开辟道路活动。① 罗定开州以后，官府为了加强对瑶族地区的控制和开发，建立了多处驿道，以便于信息传递和交通畅通。万历年间，两广总督凌云翼在粤西建立以罗定为中枢的粤西新驿道：移德庆寿康驿至泷水入西江口之南江口（今郁南县南江口镇），仍名寿康驿，新设晋康驿（今郁南县连滩镇）；原有泷水驿（今罗定市城区内）；自罗定南行约七十里新设满沟驿（今罗定市太平镇）；南行八十里新设平豆驿（今信宜县合水镇）；南行八十里新设掘桐驿（今高州市马贵镇）；南行一百里新设大陵驿（今茂名市）；南行一百二十里即接原肇庆至高州驿道中的古潘驿。② 这一现象说明，官府一方面对原有的驿站进行调整，另一方面又设立新的驿站，从而建立了古道网络，这对推动粤西地区的社会经济发展起到了巨大的作用，也便于粤西地区与珠三角地区的经济文化交流。

水陆交通的便利，加快了人口的区域流动，对粤西的开发有积极意义。据《罗定志》卷八《艺文志二·类编》收录的万历五年庞尚鹏《建罗定兵备道碑》中称，水陆交通顺畅后，各地民众不断进入罗定地区，"今田庐日辟，风气日开，生齿日蕃，食足兵强，群盗屏息，如通都巨邑然。牛羊横山溪，耒耜遍原野。东西水陆昼夜行，不复知为罗旁矣"。可见，罗定水陆交通方便，吸引了外地人前来，"万历未开州以前，其土著与獞杂处。自开州以后，四方来占籍者日众，据《王州志》三都双脉、石步二村为新兴人；路话、新塘等九村为翁源、英德人。今城市商场多广州人，各操乡音，初甚庞杂，日久相化成为方言"③。

万历年间，罗定开辟东山、中路、西山大路，从陈万言《开西山大路记》可以看到当时修建陆路的情形：

> 罗旁地方为猺蛮巢穴，所自来旧矣，世数弗可详矣。万历丙子大征荡

---

① 牛建强：《土流博弈与内疆展拓：以隆万间古田之役和罗旁之征为中心》，《史学月刊》2016 年第 3 期。

② 颜广文：《明代广东地区民族政策的演变与瑶区社会经济的发展》，《华南师范大学学报》（社科版）1996 年第 5 期。

③ 民国《罗定志·卷一·地理志第六·风俗》。

平，开创善后，其道路只以罗定州为总会，自州而南则由罗镜冈转入函曰怀乡，以通夫高凉，自州而北则循小河透出大江以接夫寿康，东西二县，南封二所，虽各有路遥通，然皆崇冈叠嶂之所峙也，丛箐茂林之所荫也。……隔离天日，往来为艰，然在东安犹易联署，而西宁则又有定康、感北、从善、信丰四都，皆自信宜、茂名分割，介广右岑溪之间，连接七山、六十三山之猺，伏莽乘墉者岁有，杀越剽毁者横行，以故四都虽号编氓，而足迹无由至县，今庭逾一纪于兹矣。……夫远迩之势，犹人一身，治身者必血脉流通，然后手足运动而无痿痺之不仁；治民者必远迩流通，然后上下情达而无奸宄之隔阂。今新民之不通于县，犹手足之不属于己，失今不治得无废痼乎？乃谋诸大参戎侯德源公，力伸前议，公即请于制府而下檄授州大夫潘君士绅、邑令尹林君致礼综理其事，分委许子应明欣然举作，即号召所部兵民，相地分程，计日课功，披荆斩木，芟险就夷，即《诗》所称“作屏就平”，实不加于此矣。……比岁以来，行者歌，耕者乐，冤者伸，输者赴，商贾贸迁以化居，官府往来以巡省，深谿绝崗久外天日之民，习见汉官威仪，而欣欣歌舞若更生，诸猺在抚治者，心如其面，不敢越志以启衅，在邻封者，畏威敛迹，不敢越界而为盗。凡有举动朝发则朝闻，稍有邪谋夕发则夕扑。官政下达，民情上通，疏逖不闭，襁负日来，数百年虎嵎兔窟之城，一旦转为平平荡荡之区，我公开辟之功，诚万世赖也。……路起自罗旁口，由西宁封门夜护抵怀乡，以丈计者凡三万六千有奇，自怀乡掘崗由罗镜冈抵罗定州，亦三万八千有奇，又自夜护由思虑东至亚婆滩，以丈计者凡八千有奇，自逍遥历振彝岭抵西宁，亦不下八千余，其横若阔，则随地势之险易，而俱不离夫丈之上下。经始于己丑年，告成于辛卯年，其东山中路则各有纪者，故不敢备及。公讳文衡，江右鄱阳人，以戊辰进士迁御史，历今官。兹以奏最，升任湖广大参。[1]

从上述可知，罗定不仅修造了西山大路，而且修造了东山大路和中路等。这些道路的修造，一方面改善了罗定的交通环境，另一方面也为官府稳定地方

① 民国《罗定县·卷八·艺文志第二·类编》。

社会提供了条件。

与此同时，明清时期，罗定还在沿河、沿江岸边设立了众多的渡口，康熙《罗定州志·舆地志》记载："就岗水在县西南九十里，源发歌村、伏岗等处，合州水由连滩上下坝直抵南江口，通大河，舟楫利之。"康熙《罗定州志·建置志》记载的"渡"有东横水在州东门，西横水在州西门，北横水在州西门，思濂渡在州东十里通东安，安乐渡在庵罗，梁村渡在二都，木力渡在州东三十里，濮渡在州西七里，已上俱横水渡。肇庆渡原设连滩渡，"近设，佛山渡，近设，九江渡，近设，山根渡，近设，已上长行"。兹据民国《罗定志》卷二《营建志第五·津梁》罗列成表，见表1。

表1 罗定渡口分布表

渡口	地点
罗定江口渡	
东门横水渡十	城东门外上游
鸳鸯渡	神滩庙下鲁班庙前
石桥头渡	德政桥头
西门横水渡	州西门
北横水渡	州北门
泗濂渡（上乌水渡）	州东十里
泗濂江口渡四	
梁邨渡	二都
替濮渡	州西七里
古城渡	城西六里
滨江渡	城南双脉村津口
瓦屋□渡	城南十五里瓦屋村前
花屏□渡	城东五里花屏□
木穗渡	城东北十里
西河寨渡	城东北十里
箓竹渡	城东北十二里
河仔口渡	城西南三里
鸦塘寨渡	城西十五里
水摆渡	城西南八十里水摆街尾

渡口	地点
黄湾渡	上安堡黄湾
官渡头	良村堡官渡头路
山右寨渡	踏濮街西三里
黎少口渡	城西三十里
万车渡	城西五十里万车街口
湾角渡	城西二十五里
新榕渡	城西南六十里
古榄渡	古榄墟背
大满渡	城西南三十里
木格渡	城西南二十六里
硃砂渡	城东二十里许
瓦窑渡	六区
围底渡	城东三十里围底墟口
南岳渡	城东南三十里

此外，康熙《罗定州志·建置志》记载的"桥"只有四座。但到了康熙以后，罗定建立了众多的连接河流或沟坎两岸陆地的桥梁，兹据民国《罗定志·卷二·营建志第五·津梁》罗列成表，见表2。

表2　罗定桥梁分布表

桥梁	地点
黄坭桥	州西三里古城堡
柑溪桥	城东二里坑塘下流
接龙桥	神滩庙河步左
催贵湾石桥	州南六里
平南市石桥	州南四里
冈田子石桥	州南四里
继隆桥	□东之西
白马河石桥	廻龙墟南里许
丝萝巩桥	□东墟东四里
陂头埇石桥	州西南八十三里

罗定：南江古道与「一带一路」文化论坛论文集

桥梁	地点
中军桥	水摆墟之东
黄湾桥	黄湾
中伙河石桥	
阴迳石桥	
黄牛坑石桥	
同安乡石桥	三叉山脚
永宁义桥	白坎村边
巩桥	城南八十三里罗镜西墟尾
大社桥	替窦塘
大平冈桥	大平冈与地篷村接壤之间
龙虎石桥	龙虎岗跨石门坑下
龙塘湾石桥	州西南太平堡
循孔村石桥	州西南太平堡
冈头岩桥	城南七十里
二凤桥	城西南八十五里贺多岭下一里许
连三石桥	州西南八十三里罗镜西墟上
水摆桥	州西南九十里水摆街
车头桥	罗镜西墟车头村
大冈脚石桥	州西二十里
冈嘴二步石桥	横冈墟南七里
石赖石桥	横冈墟东六里
泗片大陂头石桥	震武堡狮子庙左
三家店桥	城西五十里
万车街西石桥	州西五十里
黄泥潭木桥	州西七十里三石礅
青桐木桥	泗纶街东三里
上寨水口桥	
桐梨木桥	泗纶街西四里
连岭桥	连州乡
坟塘桥	连州乡路

桥梁	地点
黎少口石桥	州西三十里
雾霜石桥	州西南三十里许
陂勒桥	州南十五里
牛冈桥	城南十二里素龙墟北
花桥	州南十五里素龙墟东四
上五里石桥	素龙墟之北七里
中五里石桥	素龙墟北八里
罗平墟石桥	
茶地冈坑石桥	罗平茶地冈
金鸡岭脚巩桥	州东七十五里
石夹陂巩桥	金鸡西岸文阁村前
牛步坑巩桥	金鸡西岸村东
牛唡桥	永安堡内
鲤鱼桥	石根堡洞清岩下
石砧坑石桥	金鸡石砧坑
白马巩桥	濂石白马寨边孔道
发水米石桥	金鸡路
下围石桥	濂石路
阴桥	围底城围

据民国《罗定志·卷二·营建志第五·津梁》记载，上述津梁有部分记载了修建时间，其中明代三座桥分别为：万历三十三年（1605 年）石夹陂巩桥，万历年间（1573—1620 年）马头村人黄继隆捐建继隆桥，万历年间建金鸡岭脚巩桥。清代更多，有乾隆初工匠陈某捐建万车街西石桥，嘉庆三年（1796 年）俚人黄理中建黄坭桥，嘉庆年间（1796—1820 年）俚人郭元吉等捐设替濮渡，嘉庆间高树围人邓壮雄捐千金建筑丝萝巩桥，道光年间（1821—1850 年）州人熊万恩创建大冈由子石桥，咸丰六年（1856 年）修牛步坑巩桥，同治十年（1871 年）李本敬捐设湾角渡，同治年间（1862—1874 年）俚人梁必权、陈廷赓等捐建罗平墟石桥，光绪二年（1876 年）陈炳昌、陈承武等倡筑白马河石桥，光绪二年（1876 年）区大宋建陂头埔石桥，光绪四年

（1878 年）绅民谭炳埔等筹捐东门横水渡，光绪十六年（1890 年）黄允钟、黄兰馨等倡捐青桐木桥，光绪二十年（1896 年）陈光耀捐修阴桥，光绪二十一年（1897 年）乡人醵金建桐梨木桥，光绪三十年（1904 年）十月由商承办罗定江口渡，光绪年间升平乡人醵金建冈嘴二步石桥，光绪三十四年（1908 年）里人黎星华、李乔森等倡捐千余金创建黎少口石桥，光绪间黄道演倡建黄泥潭木桥。

近代以来，罗定因轮船使用增多，据民国《罗定志·卷二·营建志第五·津梁》记载，"盖泷流湍浅，惟利帆船，自西江轮舶盛行，州船下泊江口，转输自便，无劳远涉，而连滩亦江口渡所经，故皆不复设也"。即原有的肇庆渡、连滩渡、佛山渡、九江渡、山根渡等渐渐废止。民国时期，州南的德政桥、州西二里的大冈桥、四都距州十里的四凤桥、州东五里的黄冈铺桥、州南十二里的素龙桥、州南二十里的古模桥、二都的太平桥、标营前的青云桥、州西南八十里的石淇湾石桥（泷阳古渡）、州西五十里镇隆寺旁的替苏河石桥等也被废弃。

三　祠庙是古道旁的栖息场所

庙宇祠观是传统社会重要的文化景观，一般多建在通都大邑之处，其建筑设施也是商旅和过往行人重要的临时落脚点。因此，考察罗定境内的庙宇祠观，无疑也是判断古道文化的重要内容之一，见表3。

表3　罗定境内坛庙分布表①

庙宇祠观	地点	时间
泷水城隍庙	县治右	正德二年知县翟观重修
关帝庙	城内西北	嘉靖十一年千户谢一奇重修，万历十三年、康熙四年重建
文昌宫（文昌书院）	旧在城内西南隅龙头冈，迁建于南平塘旧学宫地	

---

①　民国《罗定志·卷二·营建志第四·坛庙》。

庙宇祠观	地点	时间
名宦祠	文庙左	顺治十八年学正梁晨栋等增建
乡贤祠	文庙右	顺治十八年学正梁晨栋等增建
忠义孝弟祠	学宫右	雍正二年知州张安鼎奉建
节孝祠	城内南街奉裁兵备道衙地	雍正二年奉建
大中祠（林源祠）	北城内	
杨公祠（大人庙）	附城敦睦堡	嘉庆十年重修，咸丰五年左边附建洪圣庙
太保庙	南门内兴贤街	康熙二十八年重修
邓公祠（莲棠书院）	城外石桥头	崇祯十三年士民建，后改名五通庙。雍正九年知州王植命后座仍复邓公位
包公祠	南门外雄镇墟开元寺左	崇祯十七年通州士民建
金公祠	旧州同知署东	康熙三十八年同知程铨修
忠节祠	城内西北隅武帝庙左	同治间奉文建
福庄慤公祠	城内西北隅忠节祠左	光绪十九年知州陈寿椿建
天后庙	南征墟旧南征书院右	天启五年兵备道蔡善继建
州土地祠	州治大门内左	
纪义祠	城内明伦堂南	道光三十年重修
华佗庙	南征墟天后宫庙右	
福济庙	谭含埠	成化十二年耆民陈永海等建
真武庙（玄帝庙）	东门内	
龙母庙	北门外	
神滩庙	城东南河旁	
五通庙	城外石桥头	
医灵庙	城东南二里龙华菴右	
文帝庙	城内兴贤街太保庙前	
亭子庙	谭石围堡路旁	
龙冈庙	附城敦睦堡大人庙西北	
大河庙	北门对河龙船坑口	
合水庙	船步街北	

罗定：南江古道与『一带一路』文化论坛论文集

庙宇祠观	地点	时间
云山庙	二区罗礤堡	乾隆六十年重修
玉虚宫	二区古开阳墟	
永兴庙	二区炉埇堡	乾隆间修
仙姑庙	二区□东石曹下堡陈塘下村山顶	乾隆初年建
镇兴庙	二区□东安良堡	
桄榔庙	二区□东石曹上堡	
文帝庙	一在罗镜墟；一在太平墟东北	
东山庙（飞来殿）	罗镜东墟冈颠	乾隆年间改建，咸丰年间重修
王母庙	宝峰岩	
北岗庙	罗镜北岗岭	咸丰初重修
大庙	罗镜墟大街	
雷王庙	三区石门坑以下皆有之	
山口庙	笔邱山口	
玄帝庙	太平墟北	
开天庙	三区洞尾东	
石窦庙	三区大罗营背	
将军庙	一在太平良村堡，一在太平渧瓮前	
东华庙	三区水摆三屯村	
泥营庙	三区水摆	
林垌庙	三区水摆墟	
观音堂	三区分界墟尾北帝庙之右	
黄公庙	分界墟石鹰咀下河坝	
甘河庙	分界甘河口	
覃播庙	四区升平堡横冈墟北	
中山庙	升平堡横冈墟南	
盘古庙	四区云致墟东	
紫岭庙	四区黎少口西	

庙宇祠观	地点	时间
武帝庙	一在泗纶街东，一在太平镇安堡，一在素龙墟东，一在□塘墟。	
古老庙	泗纶康乐堡	
永寿寺	四区永兴堡	
松木庙	四区永兴堡	
玄帝庙	素龙墟北	
大人庙	罗平墟中	
玄帝庙	罗平墟西	
惠民庙	罗平墟西泗盘堡	
京口庙	罗平墟南	
凤山庙	素龙凤山堡	
会兵庙	凤山堡羊塘头左五里桥外	
福民庙	四和堡	
硃砂庙	泷东乡	
龙府庙	素龙塘头、飞凤两堡之间	明季创建
镇龙庙	金鸡墟永宁庵之右	
镇天寺	金鸡西岸堡	
大涯庙	金鸡磨针堡山巅	
龙华祠	金鸡西岸干相燕坡三堡之交	
保福观	金鸡西岸堡	
廻龙庙	金鸡大峒堡	
感应庙	金鸡墟	
南关帝庙	一在围底墟西北，一在南城外较场顶，一在三区马鞍山脚	
陶姚庙	围底	
圣堂庙	围底杨村	
□ 庙	六区濂石乡	
白马庙	六区濂石	
同庆庙	六区牛利桥山顶	

庙宇祠观	地点	时间
文武庙	苹塘墟尾	
华光庙	苹塘龙龛岩口	
安龙庙	苹塘万包堡东	
大人庙	一在苹塘石根堡，一在濂石荔枝埇	
镇武庙	䲭感墟庙背村	嘉庆三十三年建
廻龙庙	䲭感墟	嘉庆十年建
凤山庙	四区官田乡之东	明季建

此外，据民国《罗定志·卷二·营建志第四·坛庙》记载，时"废址"有南门内汉封祠、文昌祠、武安祠，雄镇墟洪公庙，南门邓塘边的徐余二公祠，雄镇墟莲池菴后的喻公祠，五里桥龙华菴之左的永清祠，城内道署左的张公祠，南城外开元寺左的刘公祠，学宫之左的旗纛庙，等等。这些庙宇，有的属于官修，多在县城内，有的属于官民联合修建，或处于交通要道，或位于墟市，或在河流附近。

民间社会也会根据形势发展而调整，据民国《罗定志》卷二《营建志第四·坛庙》记载，崇祯十七年，士民在南门外雄镇墟开元寺左建包公祠祀知州包尔庚。"《王州志》云今祠及门皆为里长混批小商贸易，祠内堆积货物污秽，后座已圮，旧基亦为人分踞。雍正九年知州王植力为清理，将祠后清出地界三间至塘边止，祠中封禁不许作践，惟前门两旁间许小商赁居，即以其租为修葺之资，置籍工房，收支必核。又祠右至开元寺铺地八间，而民人架屋取租已久，岁每间出银四钱供祭，植亦令将租存贮半为修葺，半为祭费，仍不许里长私租焉。"所谓《王州志》是指雍正年间王植所修纂的州志。神滩庙在城东南河旁，祀滩神，俗呼神滩爷爷、娘娘，相传为某驸马夫妇。上有妆楼，日久上栋崩缺。又罗镜驲台及太平、冈旭堡均有神滩庙。很显然，这个庙是建立在河流之旁的。镇天寺在金鸡西岸堡，明万历五年（1577 年）开州时建，其人由连州、阳山迁居者奉神像而来。清康熙、乾隆均有修葺，碑存。所谓的西岸堡，大约也是在河流之岸旁。

罗定州西五里许地口牛头湾有尉佗庙，明万历间，庙乘风雨飞越数里至王树冈，乡民乃增饰而祀之，号其神曰飞来神，庙曰飞来庙，其钟与香炉未飞者，数移入庙而数去，见表4。

表4　佛教寺庵的分布表①

寺观	地点	时间
开元寺	城隍庙东北隅	万历十三年知州薛瀚建
普陀山寺	城南门外卖鱼巷左	
圆通菴	西北隅关帝庙后座之左	
准提菴	北城内城隍庙左	
龙华菴（三官庙）	城东南二里大路旁	
莲池菴	雄镇墟尾文昌书院左	
长寿菴	雄镇墟南	
保定菴	城东南里许	乾隆初僧智力募修
云桂菴	云桂山，距城西南二十里	
飞来古庙	二区□东竹围村后	万历间建
龙头寺	沙□团沙龙堡	康熙五十四年重修
弥陀菴	二区牛头村	
万寿菴	二区罗阳分界墟	明季朱召南捐建
长生寺	三区罗镜东墟	
宝峰寺	罗镜宝峰岩前	
泰来寺	太平良村堡	
万兴寺		

　　总之，对古道文化的研究，要注重当时的历史情境，更要注重官府在其中扮演的角色。而民间社会也会根据古道的发展走向，不断调整地方社会经济文化的格局，其中的墟、庙等场所就是表现形式之一。

---

① 民国《罗定志·卷二·营建志第八·寺观》。

刍议罗定借助"妈祖文化"航船出海的可行性

周金琰

（莆田妈祖文化研究院 中华妈祖文化交流协会）

当前，我国倡议"一带一路"，借用古代丝绸之路的历史符号，高举和平发展的旗帜，积极发展与沿线国家的经济合作伙伴关系，共同打造政治互信、经济融合、文化包容的利益共同体、命运共同体和责任共同体。

罗定地区历史上位置重要，以罗定江为主流的经济实体带，从战略上占据了广东西南部一隅，促进了航运业，许多沿海地区注重民俗文化引进，并且生根开花结果。现在保留的蚝壳厝等，充分展示了历史时期的风貌，特别是妈祖文化从传播到此地，就在当地发扬光大，一直延续至今，还有妈祖文化习俗活动。

南江或罗定江，它发源于广东省西部信宜县境内，向北流经广东信宜、罗定、云安、郁南等四县市，最后在郁南县南江口镇注入西江，干流全长 20 公里，流域面积 4500 平方公里，是西江支流，也是广东省十大支流之一。

一 罗定妈祖历史文化

罗定天后宫与其他水道有关的神庙一样都集中在南江中心的河道上，说明南江航道的运输十分繁忙，也可以想象当年海上丝绸之路相关区域的兴旺繁华。天后宫建于内河，说明内河航行与外海航行已经有了进一步的联系，同时也说明南江很早便有了"丝路"民众的迁入，他们把自己奉祀的神祇带了进来，水神庙宇的集中，给南江增添了一道亮丽的风景线，具有浓郁地方特色的天后宫至今常常有大型的祭祀活动举行，每年吸引大批当地人和游客前往参拜和祭祀。

陈大远《罗定南江航运小史》中写道："罗定是南江最大口岸。明清以来是罗定政治经济中心，建有码头，码头边有神滩庙、鲁班庙和天后庙……""……天后宫是女神妈祖神庙，又称妈祖。传说妈祖是五代福建莆田湄洲岛人，姓林，名默娘，后被封为'圣妃'，妈祖是沿海渔民最崇敬的海神，福建、台湾、汕头、澳门等沿海地区都有天后宫。每年农历三月廿三是妈祖诞期，渔民祭祀。""……明正德六年（1511年），在开阳分设巡检司、洪武三十一年（1398年）和嘉靖三十五年（1556年）建水巡检司……"这些都说明当时罗定航运的发达，以及建有天后宫。

清朝刘元禄纂修的（康熙）《罗定州志·卷四·礼仪志·州县坛庙寺观生祠乡社》有记载，罗定州：天妃庙，在南征书院右。明天启五年（1625年）兵备蔡公善继建；西宁县：天妃宫，在城东北，前后二座。

民国周学仕等修，马呈图等纂修的《罗定州志·卷二·营建志第四·坛庙》有记载，天后庙：在南征墟旧南征书院右，明天启五年兵备道蔡善继建（王州志），今曰天后宫；华佗庙：在南征墟天后宫庙右。

罗定天后宫在旧桥头，有知州刘光周撰写的对联："五百年前，天纵之圣；二千里外，后来其苏。"这是根据天后娘娘（福建林默娘，俗称妈祖）的一段传说而撰写的对联。对联的意思是说，五百多年前，上天安排你作为海神，庇佑海上人家，今日不远千里来到南江，在这里得到很好的安顿，享受人间供奉的香火。

清代何仁镜《答人问罗定》："橹声摇尽一枝柔，溯到康州谁更幽。一路青山青不断，青山断处是泷洲。"《民国罗定县志》记载："罗定有重要古渡口34处，古桥69处，古水路遗存中，靠近水路的工业遗址、古城址、古墟、古渡、古埠头、古码头，庙宇寺塔和古村落就有数十处……"再次印证了罗定航运的繁华。

二 云浮地区现代妈祖信仰状况

罗定历史上曾经有不同的民族聚居，后来又成南陲一军事重镇，吸收了大量的各地移民，所以形成的民情风情具有丰富多彩而独具风格的民俗特色。

"罗定江"不仅仅是一个地理概念，更是一个具有悠久历史传统的地域文化概念，有着自己的文化基因、民族特色和精神纽带。罗定江水系古粤族民俗文化特征，是界定古代罗定江文化地理范围，整合现代罗定江文化带的前提。罗定江流域是泛珠三角区域历史与现实的对接点，研究、整合、开发以罗定江水系为代表的罗定江文化，实行罗定江及整个广南区域与泛珠三角经济文化的跨境合作，对促进信宜、罗定、郁南三地社会和经济的发展，具有十分重大的历史和现实意义。

由于历史地理划分的原因，罗定与郁南目前都属于云浮市。郁南县的"天后（妈祖）庙会"是云浮市历史最悠久、影响最大、参与人数众多且传承730多年长盛不衰的民俗文化活动。据《西宁县志》记载：今郁南县建城镇，是个具有1500多年悠久历史的老县城所在地、名副其实的古镇。南朝齐年间（479－502年），从端溪县（今肇庆）分置威城县（县治今建城镇），属晋康郡。隋开皇十二年（592年），威城县并入都城县（今都城镇）。明朝万历三年（1575年），设立西宁县（县治今建城镇），直到民国三年（1914年）一月，撤销西宁县设立郁南县（县治今都城镇）。明、清以来，该庙会以祭祀天后（妈祖）娘娘为主题，活动内容主要有祭神祈福、天后（妈祖）娘娘出游、上刀山、品尝本地小吃等。

据考证天后（妈祖）庙始建于元朝初年（1273年），那时为简易木屋。明朝初期（1561年）改建砖、瓦、木结构平房。清朝康熙初年（1669年）重修。嘉庆二十一年（1816年）再次重修。民国三十年（1941年）被西江大水淹没损坏，由县政府出面主导按原貌重建。之前，祭祀的人每天络绎不绝。20世纪50年代后停止使用。直到20世纪90年代以来，在天后娘娘的崇拜者主导下，才将"天后庙"恢复原貌，供人们前来祭祀。该庙明清时期，分为前座、后座和两廊，深度10.3米，阔度15.4米，分明间、次间，穿斗式木结构，有8条砖柱。前面临空，后面有一座放菩萨的神台……天后娘娘金身立于后座的神台上。每年的农历三月二十三日为天后诞，众多信众不顾路途遥远前来祭祀。

一直以来，该庙会场面十分壮观，云浮、肇庆、广西、云南、贵州等地的百姓，都闻讯赶来逛庙会。逛庙会的人川流不息，络绎不绝。庙会当日，人们进入天后（妈祖）庙门前便准备好各色彩旗、花车巡游队伍、扮饰队伍、龙狮队伍，等等，吹吹打打，浩浩荡荡。观众人山人海，各家商号、店铺都燃香放鞭炮。

三　罗定开展妈祖文化活动的意义

妈祖，公元960年出生在湄洲岛，987年因救助海难去世。一出生则不哭不闹，因而取名为默，小名默娘。妈祖信仰现已成为中华优秀传统文化的重要组成部分，它涉及经济、政治、军事、外交、文学、艺术、教育、科技、宗教、民俗、华侨、移民等领域的许多课题。据不完全统计，世界上上规模的妈祖庙宇超过万座，信众近3亿，分布在世界30多个国家和地区。当前国家实行传统文化战略、"一带一路"战略、海洋文化战略，这几个战略都与妈祖有关。

（一）妈祖对当今社会的影响

妈祖信仰发祥至今，历经一千多年，作为民间信仰，它延续之久、传播之广、影响之深，都是其他民间信仰所不曾有过的。历代皇帝的崇拜和褒封，使妈祖由民间神提升为官方的航海保护神，而且神格越来越高，传播的面越来越广。它是一种海洋文化、和平文化、寻根文化、兼容文化和美德文化。在千年历史的传承和变异中，妈祖文化对当今社会的影响不断演进。李克强总理在2016年两会期间，会见福建代表团时指出，"福建人民长期以来就有吃苦耐劳、勇于奋进的光荣传统。要继续保持在东南沿海地区异军突起的态势，既要在内陆绿色发展，也要推动海上经济发展，继续走在全国前列。福建经济中民营经济占三分之二，福建人更是足迹遍天下，许多当地民众信奉的妈祖文化就包含着海洋精神"。因为妈祖与海上丝绸之路的关系，国家第十三个五年计划中，第五十一章第三节提到"鼓励丰富多样的民间文化交流，发挥妈祖文化等民间文化的积极作用"。目前，妈祖圣地湄洲岛每年有350万来自世界各地的人士，进行寻根谒祖活动，海外尤其是海上丝绸之路沿线的国家，以妈祖为交流主线尤为突出。

妈祖精神不仅在历史上发挥着积极的功用得到不同时期不同群体的广泛认可，在科技高度发达的当代社会，妈祖精神仍然具有强大的生命力和现实意义。认识、传承和弘扬妈祖精神，对增强人们战胜困难的信心，对纯化社会道德、协调人际关系、维持社会稳定，乃至于促进祖国统一、整合和调动海内外华人华侨的力量，共同实现中华民族的伟大复兴，都具有重要的意义。

（二）妈祖与"一带一路"的关系

"一带一路"是促进共同发展、实现共同繁荣的合作共赢之路，是增进理解信任、加强全方位交流的和平友谊之路。中国政府倡议，秉持和平合作、开放包容、互学互鉴、互利共赢的理念，全方位推进务实合作，打造政治互信、经济融合、文化包容的利益共同体、命运共同体和责任共同体。

在当前，我国推行"一带一路"的新时期，由于妈祖文化的特殊活动，形成几乎有海水的地方都有妈祖信仰的现象，并且成为海事、经济贸易、人文互动、文化交流等方面都能体现的特殊因素。如今，在世界各地不同的时间和空间里举行一些与妈祖文化有关的活动，各地进行特有的"谒祖进香、朝拜祈福"活动，这其实是一种人文互动过程，在海上丝绸之路活动中，妈祖功不可没。现在继续发挥作用，将来更要充当重要角色，是海上丝绸之路精神的延续，成为当前我国开展"一带一路"战略活动可利用的重要资源。

妈祖文化的一些相关内容，是海上丝绸之路的重要组成部分。在我国与东亚、南亚、西亚国家海上交往历史中，从宋代开始，到元、明、清，每个朝代有，尤其是郑和七下西洋与妈祖相关的资料比比皆是，每一个地方，都留下了足迹，都有大量海上丝绸之路的相关内容，极大地丰富了研究海上丝绸之路的内容。人类就是在不断发展中进步，其中人文的交流成为最重要的国家大事之一，特殊的情况下，人与人之间的各种交流首先都是从人文开始，妈祖是一亦人亦神的特殊偶像，她发挥着很特殊及重要的作用。妈祖在海上丝绸之路的鼎盛时期，伴随着海上丝绸之路活动的足迹走遍世界各地，并且在世界各地落地生根、开花结果。随着时间的推移，妈祖在世界各地不断得到发扬光大，并且融合到当地的生活当中，演绎成一种多内容、多方位、多角度的人文互动文化现象，成为海上丝绸之路活动传承的延续。

（三）借助妈祖文化走向世界

妈祖文化世界化已经成为当今社会的趋势，在世界各地不断传播，并且产生了巨大的影响。韩国著名的"路允迪使高丽"事件，写下了妈祖传播到韩国的一段历史，后来不同的时代记录了不少妈祖文化在韩国的传播与发展。2016 年，加拿大安大略省多伦多、意大利、苏里南等国家增添了妈祖信仰的足迹。加拿大坎伯兰市市长还特意到湄洲岛拜谒妈祖。2016 年 10 月 31 日至11 月 2 日，世界妈祖文化论坛系列活动在湄洲岛举行。论坛以"妈祖文化，海上丝绸之路精神 人文交流"为主题，旨在弘扬"立德、行善、大爱"的妈祖精神，推动妈祖文化在世界范围内的传播与发展，展示中国和平发展、合作共赢的真诚愿望，促进"一带一路"沿线国家和地区经贸文化交流合作。国家有关部委领导、部分外国国家官员和驻华使节、联合国教科文组织专家及海内外专家学者等共 1300 多人参加。妈祖文化将再次在世界化的理念中壮大。当前，罗定可以借助妈祖这一历史文化，为罗定发展添砖加瓦。罗定可根据客观条件，做些与妈祖文化相关工作。建立研究妈祖文化的机构，在各地开展活动，设立"妈祖文化研究基金"，鼓励优秀的专业人才开展妈祖文化研究；参与大型妈祖文化活动，建立联系平台，直接与世界各地建立关系；政府相关部门采取措施，积极鼓励建立特殊的平台，与湄洲妈祖祖庙合作。

四 结语

罗定江及其支流是古代楚人南下以及此后中原汉人南迁岭南的主要通道，也是中原到南海乃至海南岛的一条重要交通要道，更是岭南与楚地以及中原地区经济文化沟通联系的一条重要纽带。罗定江流域（包括其支流）全部在古罗定直隶州境内，是古代岭南地区经济文化最发达的地区之一，造就并留存有丰富灿烂的文化遗产。罗定河段的寺庙很多，有龙母庙、神滩庙、华光庙、北帝庙、大河庙、小河庙、天后宫。历史上，罗定因为地理位置特别，客观上创造了很多文化，在历史上发挥了很大的作用。在当时因为运输的交通工具是船，开船的人都会拜妈祖，因此船只行驶到罗定，就在罗定落户。妈祖文化在罗定的积淀逐渐变得非常厚重，目前郁南地区仍然开展着妈祖文化活动，而且开展得有声有色，还影响了人们当今的生活习惯，形成了很多妈祖文化的新习俗。在当前社会经济发展的形势下，各种文化活动的举办发挥着重要的作用。通过妈祖文化活动这个桥梁，为罗定与外来的交流路线、层次、内容、区域创造了有利的条件。如今"一带一路"提倡人文交流、经济贸易，妈祖在这个过程中充当了非常重要的角色。现今海内外妈祖文化的交流，各个区域的妈祖文化交流，是海上丝绸之路的延续。妈祖文化活动已经成为海上丝绸之路的精神支柱，开展海上丝绸之路活动当中，处处体现了妈祖文化，更成为海上丝绸之路精神的延续。

罗定政府借助历史文化及客观有利条件，结合当前国家的战略，旨在为当地发展出谋献策。妈祖文化在当前整个社会发展中的力量不可估量，罗定地区进一步发挥妈祖文化的作用，对罗定地区各方面的发展，起到跨越式的作用，尤其是借助妈祖文化这条路线可以直接与海内外对接，重视妈祖文化对罗定的经济发展起到极大的促进作用，罗定的明天一定会更美好。

广东海上丝绸之路——南江水道保护与旅游开发研究

庄伟光　刘世红

（广东省社会科学院旅游研究所）

　　道路是国家和社会经济发展的命脉。对于古代中国而言，驿道不仅是中央政府和地方进行联络的交通线，也是不同区域之间经济、文化交流的重要通道。广东在历史上一直处于东南之隅，远离国家的政治、经济和文化中心，加之受南岭等山脉的影响，交通发展状况相比北方平原地带一直比较落后。但在朝代的更迭过程中，中央王朝为了巩固政权戍边的需要，加之人员、物资交流的推动，开辟了梅关古道等多条出省驿道和县际驿道，逐步形成了岭南地区的古代交通网络格局。从秦汉时期至清朝，这些古（驿）道在广东乃至整个岭南地区的社会、经济、文化发展中扮演着极其重要的角色，是这一地区历史文化的重要载体。然而，在历经岁月的洗礼和现代文明的冲击下，这些曾在历史上做出重要贡献的古（驿）道正迅速淡出人们的视线，静静地隐藏在崇山峻岭之中。

　　除去岭南文化中心的重要地位，南江古道是历史上广东的沿海港口，还是海上丝绸之路的重要起点，在古代中国与外国贸易、文化交流过程中发挥了重要作用。但不容忽视的是，通过海上丝绸之路源源不断地输往海外的物产，正是通过这些古（驿）道才得以实现的。它们将内地和广东沿海港口紧密连接起来，形成了一条条重要经贸通道，促进了广东沿海地区的繁荣。在2013年召开的中共十八届三中全会上，党中央提出了建设"21世纪海上丝绸之路"，形成全方位开放新格局。这一战略构想的提出为广东全面深化改革、扩大对外开放提供了难得的历史机遇和重要平台。与此同时，作为古代海上丝绸之路的重要组成部分，广东岭南地区的古（驿）道系统也理应被囊括在建设"21世纪海上丝绸之路"的大战略框架之内。虽然这些古（驿）道如今已不再承担物资运输、人员往来和文化交流的功能，但它们依然具有重要的人文科考和历史保护价值，还具有观赏、游憩等旅游功能，是一条待开发利用的"文化线路"，这一历史瑰宝不应当被现代社会所摒弃。当前国内对古（驿）道的旅游开发利用才刚刚开始。广东作为岭南文化的中心地和古代海上丝绸之路的起点，境内古（驿）道资源丰富。但目前除了一些游记之外，鲜有关于广东省古（驿）道比较系统的研究。这些古（驿）道的历史文化价值亟待挖掘和认知，古（驿）道沿线聚落、非物质文化遗产，及其旅游开发策略的研究也迫切需要展开。而南江古水道蕴含时代特色、刻着财富聚集烙印的古建筑艺术瑰宝，留下无数繁荣与灿烂的历史，形成了丰富多彩的历史人文景观。底蕴丰厚的南江文化带，值得我们研究、保护与旅游开发，延续其辉煌。

一　南江水道历史与现状

（一）南江是中原至岭南最早的南下通道

南江是珠江流域西江水系西江段的右岸支流，发源于广东省信宜市的鸡笼顶，在信宜市境内河段称白龙河，也称合水河。从信宜市流经罗定市的罗镜、新榕、连州、罗平、生江、黎少、素龙、罗城、附城、双东等11个镇和郁南县的大湾替蓬、河口、宋桂、东坝、连滩、南江口等6个镇，后在郁南县南江口汇入西江。在郁南县境内，罗定江称为"南江"。

南江之名早已有之，并自古被列为构成珠江水系之四条江川之一。清代学者列南江为广东省四江之一，即西、北、东、南江。清代学者范端昂《粤中见闻录》曰："西江水源最长，北江次之，东江之水又次之，南江独短。"清初著名广东学者屈大均在《广东新语·水语》中还说："西江一道吞南北，南北双江总作西。"屈大均这段话，指明了南江与北江都汇流于西江之事实，同时也实际认同了即使南北双江都汇于西江，但仍都可与西江并列为四江的说法，并不将其只作为西江的一条支流看待。著名地理学家曾昭璇教授在发表的附函中说：在《广东百科全书》中①，"缺'南水'一条，这么重要的河川，竟没有一字记述，可叹也"。他在文中指出："南江即罗定江，汉时在交州治所（今封开）西江德庆附近南岸流入得名。……古代以其水多滩急，称为泷水……最早不名南江，称端溪。因汉灭南越设端溪县于南江口北，南者端也，故当时即称端溪。"可见南江之名源远流长。

南江是秦汉时期岭南与岭北的交通枢纽。秦汉以前，因为南岭的阻隔，中原南下岭南大多依靠水路，湘江、珠江水系相隔不远，所以南江就成为南下两广的主要通道。秦汉时期开辟的潇贺古道，就是经由南江水道至湛江徐闻古港，大部分都是水道，具体线路为：贺州经贺江至梧州，经梧江至郁南（在郁南正式称为南江），经南江至罗定，由南江口至高州古驿道，一路西南方向，有水路陆路交替，直至徐闻古港。秦汉以后，又陆续开辟几条新的线路：由南江溯江西行，可经柳江、昌江、左江到龙洲，进入今越南境内；西行不远，从今广西藤县溯北流江而至北流县，过鬼门关，再顺南流江到合浦，直接进入北部湾海域；东南行不远，从今南江口溯罗定至船步镇，越过分水岭，再沿鉴江顺流而下，可由今湛江、吴川之间出海，向东可经西江前往汉代大都会番禺（今广州）。

（二）南江是中原连接海上丝绸之路的最早通道

秦汉时期贺州、封州所在的苍梧地区作为岭南三郡——南海郡（今广东）、苍梧郡（今广西）、郁林郡（今广西），以此三郡作为统治中心，是与海上丝绸之路相接的通道。当时大批汉人从中原南下，并且在古代广东南江流域上游地区设县。东晋末年，汉人在罗镜河、太平河交汇河口设立龙乡县。到了梁朝，梁武帝萧衍委派陈法念任新石二州刺史，管理西江以南的泷江（南江）大片地区（西到苍梧、东至新兴）。

广东南江流域是中原地区对接海上丝绸之路的重要通道。它的基本路线是从西江入南江，上行至罗定船步或太平、罗镜，再至信宜新宝、合水，越过分

① 《西江流域南江水系的人文地理概述》，《罗定史志》，2002 年第 3 期。

水岭，再沿鉴江顺流而下，到湛江、吴川之间出海。

据《汉书·地理志》记载，汉武帝派黄门译长开创海上丝绸之路，就是从水陆联运的潇水至贺江古道到广信，然后又沿南江、北流江到达徐闻而出海的，成为海陆丝绸之路的对接通道。

由于海外贸易发展状况以及航行线路延伸程度的不同，各个地域所呈现的状况也不同，比如在岭南地区，由于海上丝绸之路航线自秦汉时期就已经开辟，因此在唐朝时期，它的商贸活动以及文化交流方面就已经呈现出繁盛景象。

从出土墓葬文物来看，在罗定罗镜水摆鹤咀山南朝墓出土器物 78 件，随葬品有金手镯、金指环、铜镜、铁剪、瓷器、陶器等。其中出土的青瓷器釉色滋润，青中泛黄，属于一千多年前浙江会稽郡越窑系产品，是青黄釉瓷器的精品。出土文物中有两件尤其引人瞩目：一件是金手镯，是国家一级文物。手镯重 33 克，纯金打制而成，有 4 组走兽与花纹图案，图案为中、西亚的走兽纹饰。专家推断，金手镯显然是西方的舶来品，很有可能为粟特的产品。另一件是刻画莲瓣纹的高足碗，这件越窑青瓷高足碗的器型较特殊，受古罗马拜占庭高足杯艺术风格影响，莲瓣纹与忍冬纹受佛教艺术的影响，专家推断可能是为外国定制的出口外销瓷器。当时的商业流通已逐渐繁荣，南江流域已成为岭北南通高凉（高州、雷州半岛地区），开辟海上丝绸之路的重要通道。

据大量史料记述，唐朝前后，因受海洋文化的直接交往和影响，南江流域沿岸的经济、文化发展迅猛，水路交通与海洋对接，相继出现了大量水运码头，现在建城、南江口、河口、大湾等镇仍有遗迹存在。

（三）南江文化是岭南文化的早期代表，自成体系

罗定江源远流长，虽然就其长度和流量而言无法与西江、北江和东江相比，但就其文化底蕴来说，却是自成一体的，其显著特征之一是喜唱民歌、多神祭拜。到 2003 年底，仅是学者搜集到的泷水民歌就已有一万多首。罗定江曾是岭南海陆丝绸之路的重要对接通道，其相关流域是广府文化与八桂文化的交接地带，也是古百粤文化保存得比较完整的地区之一，构成了一条历史悠久、底蕴深厚的罗定江文化带。流域内留存的大量旧石器时代晚期和新石器时代的文化遗址，如信宜思贺大坪村的瑶家坪瑶民制蓝工场遗址，贵子平民村鸭兜山瑶家石屋寨遗址，贵子平民炉堂下村牛洞炼铁炉遗址，贵子函关村公路旁的关塞函口所和平塘林垌村始建于清乾隆五十七年（1792 年）的石印庙；罗

定有古人类活动遗迹和动物化石的金鸡饭甑山遗址，发掘出大量青铜器的太平南门垌、罗平背夫山战国墓，新榕河口对岸的制蓝工场遗址，分界金田炉下村、船步铁炉村、罗平营下村冶铁遗址，刻于唐圣历二年（699年）、被称为"岭南第一唐刻"的龙龛岩摩崖石刻《龙龛道场铭并序》，建于明万历三十九年（1611年）、高47米的罗定文塔，始建于清顺治四年（1647年）、被称为"西江流域仅存的清代学宫完整建筑群"的罗定学宫和附城新乐村出土的战国铜鼓；围底河至船步流域出土有大量战国陶片。郁南南江口格木村水瓜口背山唐代陶窑群遗址，东坝鱼罗炮村明朝瑶族部落居住遗址，南江口车站背山腰有大量陶瓷器物的东汉土坑墓，河口佛子坝村出土的明代陶棺，东坝龙塘村出土的战国铜鼓，说明了秦汉以前，古越族人已经开始了对罗定江流域的开发，建立了自己的奴隶制土邦，使罗定江流域成为古代岭南经济文化最发达的地区之一，造就并留存了丰富灿烂的古代文化遗产。

罗香林认为："东汉时代，印度佛教，以及外各国文化，亦多自越南河内以及广东的徐闻、合浦与番禺等港口传入，而扼西江要冲的苍梧，遂成为中原学术文化与外来学术文化交融和传播的重心。"南江流域（包括其支流）全部在古罗定直隶州境内，是古代岭南地区经济文化最发达的地区之一，造就并留存有丰富灿烂的文化遗产。因此，"南江"不仅仅是一个地理概念，更是一个具有悠久历史传统的地域文化概念，有着自己的文化基因、民族特色和精神纽带。南江水系古粤族民俗文化特征，是界定古代南江文化地理范围，整合现代南江文化带的前提。

1956年前，南江航运比较稳定。从太平至南江口的主航道全年可通航装载重达35吨货物的木帆船，每年进出货物达到10万多吨。夏天水量充足，太平河上溯的木船可驶到信宜大坝，围底河上的木船可直抵船步，泗纶河上的木船可抵泗纶，㙟滨河的木船可到思理、新乐。古代出口的主要货物信宜有玉石、木材、毛竹、桂皮、山楂、柿子等，罗定有生铁、蓝靛、竹木、柴炭、桂皮、香粉、茶叶和生漆等，郁南有桂皮、黄麻、蚕茧、黄红烟、竹木和草席等。今日的南江，作为主要货运渠道的作用日渐消失，两岸的码头亦逐渐荒废，仅有部分保留轮渡功能。近现代陆路以及航空交通事业的迅猛发展，使得耗时长的水运丧失了优势，逐渐衰败。昔日的黄金水道及其周边的市镇，也归于沉寂，逐渐荒废。随着水路的荒废，其作用也逐渐衰落。

二 南江水道保护与旅游开发的问题与现实意义

仍面临着发展理念保守、发展空间与环境挤压、发展模式陈旧等问题。政策层面支持还没有落实，"一带一路"已上升为国家战略，有利于实现南江水道带发展"双核驱动"的发展态势。但是目前南江水道带尚未获得出台支持发展的可操作性的产业、财税、金融、土地、外贸、优化投资环境、人才等一揽子优惠政策和发展措施，难以有效推进整个南江水道带的统筹协调发展。一些历史短板未能得到解决，保护与发展的瓶颈无法突破，制约了南江水道保护与旅游开发。具体而言，对南江水道认识不足，印象模糊，无论是史书记载，还是民间传说，古驿道、古水路留下的只有片言碎语，年轻一代对古驿道、古水路知之甚少；南江水道作为不可复生的历史资源，虽承载着历朝历代交流往来的辉煌，但重视不够，年久失修，保护与开发水平总体偏低，面临被弃之不顾并遭到破坏的风险；地方特色挖掘深度不够，丰富的南江文化资源尚未有效开发利用；文化事业经费投入较低，文化资源保护力度不大，文化旅游资源有效开发、产业化不足；规划滞后，专业人才不足，文化与旅游的融合路径及模式过于简单，文化产业与旅游产业的融合尚处浅层阶段；文化旅游宣传投入不足、力度不够、创意匮乏，知名度不够；旅游土地资源紧缺，征地困难，多项规划中的旅游项目因难以获得土地指标而无法开工。总而言之，南江水道的恢复与保护，以及在旅游产品的文化内涵与特色方面不具有鲜明的吸引力，具有地方特色的文化旅游产业并延伸文化旅游产业链未能形成。

南江流域是粤港澳大湾区区域历史与现实的对接点，研究、整合、开发以南江水系为代表的南江文化，实行南江（罗定江）及整个广南区域与粤港澳大湾区经济文化的跨境合作，对促进信宜、罗定、云浮、新兴、郁南及粤西南地区社会和经济的发展，具有历史与现实对接、架设经济与文化并进的十分重大的历史和现实意义。有助于区域协调发展，改变南江水道带发展不平衡的格局；有助于优势互补，资源整合，在创新、绿色发展中更好地满足未来旅游发展的需要；在开放的格局下，有利于我国"海上丝绸之路"战略的顺利推进。

（一）创新、绿色发展引领提质增效，建设生态美丽南江水道

基于地方特色文化基因的南江水道充满着无限的创意空间，其带动作用大，能够充分运用现代科学技术真正促进南江水道恢复环境品质优化，实现人与自然、资源与环境的协调可持续发展。通过保护与旅游开发，推动文化基因生态化发展，让主客都能和谐学习、尊重和欣赏自然景观及所发现的地方特色文化，感知、了解、体察南江水道带上人民的历史生活方式、宗教文化、艺术建筑，以及其他文化内容。进一步完善南江水道保护政策法律规范，规范南江水道文化旅游创新健康发展，确保政策法规落到实处，推动南江水道地方特色文化旅游的创新、绿色发展，有效推动供给侧结构性改革，集聚南江水道特色文化旅游群落，打造特色文化旅游品牌群，与建设美丽广东的目标紧密相连，对经济转型、产业升级具有重大意义。

（二）南江水道保护与旅游开发，有助于调整产业结构、转变经济发展方式

"特色文化产业是指依托各地独特的文化资源，通过创意转化、科技提升和市场运作，提供具有鲜明区域特点和民族特色的文化产品和服务的产业形态。"① 文化产业、旅游产业是现代服务业的重要组成部分，带动作用大。文化产业与旅游产业的融合有助于旅游产业和文化产业的良好发展，有助于旅游业品位的提升和旅游品牌的建立，有助于文化的传承和活力的保持，为地方特色文化旅游产业的做大做强夯实基础，南江水道保护与旅游开发对南江水道带上积极调整经济结构、加快转变经济发展方式有事半功倍之效。

（三）南江水道保护与旅游开发，有助于提升区域旅游竞争力与影响力，为经济社会发展提供重要支撑

文化旅游业可以有效带动多种行业、产业的发展，是转方式、调结构、促就业、惠民生的着力点。通过文化旅游能够将各种资源转化为资本经营，为经济发展开辟新的路径。尤其是对于经济落后的南江水道带地区而言，依托其深厚的人文自然资源，深入挖掘开发文化旅游资源并进一步融合发展，全力打造区域性人文生态旅游产业示范园区，以供给侧结构改革为机遇，推进乡村旅游

---

① 《关于推动特色文化产业发展的指导意见》（文产发〔2014〕28号）。

精准扶贫、全域旅游的发展，对全面实施加快发展战略、实现区域跨越式发展及整体进入高收入阶段提供重要支撑。同时，对整体提升广东区域旅游竞争力也具有重要的推动作用。

（四）南江水道保护与旅游开发，有助于推进海上丝绸之路旅游发展，提升确立广东在"一带一路"建设中的地位

海上丝绸之路蕴含丰富的文化旅游资源，独具特色文化旅游产业"金矿"亟待挖掘。广东作为海上丝绸之路的领头羊，借此契机，将做大做强地方特色文化旅游产业与海上丝绸之路旅游建设融为一体，通过南江水道保护与旅游开发等具有现实可操作性的政策指引及措施推进，在深化粤港澳大湾区旅游合作以及与海上丝绸之路沿途国家合作的同时，加快推进广东"21世纪海上丝绸之路"旅游的开发与建设，推动与国家战略的有效对接。

三　南江水道保护与旅游开发对策建议

认识古（驿）道、古水路历史，重视古（驿）道、古水路修复，归根到底是利用古驿道、古水路焕发出来的风貌、历史价值、文化底蕴，串联古（驿）道途径的景点，探索出集精准扶贫、农业观光、休闲度假、生态旅游、全域旅游等活化利用路子。

南江水道带要积极依托民俗风情、红色资源、人文历史文化、自然风光等旅游资源，建立战略联盟，整合资源，合作开发优势特色旅游品牌项目，培育一批有区域影响力的产业集群，出台促进南江水道带产业发展的优惠政策和措施。

未来构建南江水道带旅游发展的新格局：基础：从简单联系到立体互联互通；产品：从单一到产业链延伸；方式：从利益分割到合作共赢；环境：从资源掠采到生态文明共建共荣；文化：从简单输出到文化圈构建与辐射。业内整合到跨界融合，技术被动应用到新技术人本，内部创意到外部创新，倒逼增长到内生增长，碎片零散到系统、统一市场，点线发展到全域发展。

发展的战略定位须坚持生态优先、绿色发展。以绿色发展理念为引领，打造国家级旅游产业集群，成为生态保护与绿色健康文化产业开发相协调、充分体现国家综合旅游发展实力的内河产业集群带。绿色发展引领提质增效，创新

发展推动供给侧结构性改革，协调发展构建链式共生关系，开放发展增强国际竞争力，共享发展提高要素配置效率。

（一）以南江古水道为纽带，激活本土文化，实现精准旅游扶贫

古（驿）道是历史非常重要的见证，记载着广东农耕、迁徙、经济、政治、文化演变过程。古（驿）道承载着广东的文化轨迹，是岭南迁徙文化的一个非常重要的载体。南江古水道与海上丝绸之路一样，都是"文化长廊"的重要表现形式。

南江古水道可以海上丝绸之路为文化廊道串联起散点式的文化遗产，应是政府花大力气重点持续投入，沿线的古村落也应集聚政府或民间多重力量，做出有特色的保持文化原生态的村镇聚落景观，最终由熟悉当地文化的村民负责经营管理，形成有特色的村落经济发展模式。

（二）以全域旅游的视野科学规划南江水道旅游产业带，重构发展新优势与新格局

打造南江"黄金旅游水道"。加强对南江黄金水道开发课题的研究，以全域旅游的视野，建立沿江旅游一体化开发同盟，资源共享、利益均沾；在沿南江范围内实行无障碍旅游，以此提高效率，提高服务水平，提高管理水平。

（三）整合沿江历史人文旅游资源，打造南江水道旅游精品线路

南江流域由于曾经是千年海上丝绸之路的对接通道，沿岸的古市镇、码头、古村落等旅游资源非常丰富，星罗棋布，景观较多。应以资源整合为手段，将现有景区（景点）尤其是沿江城市的沿江景观、标致性景观进行整合、提升，统一在"依水而观"的视觉上，给人以全新的感觉。

（四）政府主导，积极扶持旅游企业发展

旅游开发体系的构建又是一项协调性非常强的系统工程，需要借助政府资源大力推进重要节点和优先项目的发展。实行政府主导型战略，由沿江各市、县、乡镇政府共同参与统筹规划南江旅游码头岸线，整合利用沿江流域旅游资源，以及实行南江旅游整体市场宣传推广等。

（五）构筑现代综合公共服务体系

旅游公共服务贯穿于旅游活动的始终，是旅游活动顺利进行的内在需求。建立健全旅游公共服务体系，对旅游业的总体运行效率、产业素质、关联带动作用、与第一二三产业的融合发展、防范应对各类突发事件的能力、吸纳就业

能力、节能环保等战略性支柱产业的核心要素均有促进作用。以打造南江水道流域旅游产业带现代综合公共服务枢纽为目标，统筹推进港口、航道、综合交通与临港旅游产业发展现代综合公共服务设施的建设与现代综合公共服务体系的构建，完善智慧电子信息化建设，实现产业智慧化转型，从而按照推进新型城镇化建设的要求，加快推进宜居宜游宜业的城市建设。推动"互联网＋旅游"，提升网络基础设施建设，积极推进旅游与互联网融合，促进经济带内城市的"互联网＋旅游"的实现，实现与"智慧政务""智慧城管""智慧交通""智慧环保""智慧地理信息"等平台之间的互通，系统之间的高度整合，实现网络互通、资源贡献、信息互动，可有效促使景区从单一互联网化转为产业互联网化，快速构建出景区新的业态，从而实现智慧景区的跨越式发展。

（六）进一步加强生态文明建设与环境保护

党的十八大报告首次把生态文明建设提升到总体布局的战略高度，又明确提出建设美丽中国，实现中华民族永续发展的奋斗目标。南江水道流域地理位置独特，在生态安全格局中具有重要地位，生态环境保护要求高。经济带要发展旅游产业，应始终坚持"环保优先"的理念，确立"生态立区、绿色发展"战略，把旅游项目建设成为生态文明示范区，以旅游景区的生态文明建设成为主干线、大舞台和着力点，逐步走出一条环境保护和经济发展高度融合的新道路。流域内旅游产业的发展与生态文明建设和环境保护密不可分。新时期下，构建全方位开放的生态环保机制，充分发挥流域的比较优势，地区相互配合、取长补短、协同发展，实现两广地区的可持续发展、取得"双赢"，实现区域旅游整体竞争力的提升，让人民享有更多优势发展的成果。

南江水道每一个地方特色文化就是一个符号，蕴含着多层次的岭南文化内涵、丰富的自然生态、充满时代魅力的文明，也代表不同的年代人们对这个文化相关历史年代的怀念和纪念。地方特色文化的历史与今天和未来对接，使其能与心灵产生撞击。那些已经失去或者依旧残存的文化遗产，讲述了多少故事，吟唱过多少诗篇，讲述曾经的灿烂文明，透过互联网技术对未来的憧憬，通过做大做强地方特色文化旅游产业不懈的努力，告诉未来世界不一样的南江水道文化旅游发展的新态势，携南江水道带来旅游业新发展。

罗信古道——陆海丝绸之路的重要通道

陈大远

（罗定市博物馆副研究员）

　　罗信古道，又称泷（州）窦（州）古道，是经罗定—信宜—高州—雷州半岛出海的古代陆海重要通道。三十多年前，我曾写过一篇《中原文化从何处传入高凉—试论古代进入高凉的交通路线》的短文，这条交通路线指的就是罗信古道。

　　十万大山余脉云开大山将粤西西江流域与沿海高、雷、廉、琼地区隔开。秦汉时期，楼船航海要靠近海岸行驶，合浦与徐闻成为主要出海口，合浦取道北流、玉林、徐闻借道南江。高凉古代的政治、经济、文化中心在高州，无水路与西江直接相通，唯假道于西江的支流南江（罗定江）。南江上游古称泷水（又称双床水），有两条主要河道，西流即今之罗镜河，南流即今之太平河，均发源于信宜县，源头与鉴江上游曹江（古高凉山、良德附近）仅一山之隔，有山道相通，无疑，这是高凉与西江的最近陆上通道。自战国以来，高凉由南江两条支流进入西江的交通线已经开通。在罗镜河上游林峒河的山谷河口是古代的重要津梁渡口，称为水摆。

　　追溯历史，在秦统一岭南前，楚国人就已经开出了这一条通道，黄佐《广东通志》有"楚地千里，南海臣服于楚"的记载。对公元前 356 年，"楚子熊恽受命镇粤，在今雷州建楚豁楼"之说法，目前在史学界仍有较大的争议，有指黄佐通志年号有误、姓名有误、地名有误，但也无法全盘否定之。经过多年更深入的研究，有更多的材料提供了楚人在南江活动的证据。

楚人东下，是为了制造青铜兵器，楚的青铜器相当先进，尤其是兵器。1977年，罗定太平河山口的南门垌清理出战国墓三座，出土青铜器一百四十余件，是岭南较为大型的战国墓，其中出土铜钺43件，有不少是刃口尚未磨过的铸件，我的看法，这是当时用以作为交换的商品（后被写入《简明广东史》）。可以认为，这是广东目前为止发现的最早"货币"。它恰恰出现在罗信古道的咽喉——极为重要的关口。后来又在泷水故城相近的傍城岗出土一个车軎，从形制纹饰考证，应来自楚国战车。1983年在背夫山战国墓发现的漆器，也来自楚国。更加令人称奇的是，古越人有名无姓，在今罗定的大姓陈姓、黄姓、刘姓的族谱中，都记载有一位芈氏太婆，并且各有一座芈氏太婆墓。芈是楚国的姓氏，在其他地区甚少见，这就是曾在罗定生活过的土著人是楚国人士的有力证据。罗定人至今仍保留楚人过端午节吃粽子和扒龙舟的习俗。当然，对寻找罗信古道的走向和遗迹，仍需要有更多的证据。

秦始皇军队初入岭南，曾将南海郡尉署设在罗信古道的水道连接口。《广东通志·广东总图经》是这样写的：南越"负山险阻，南北数千里（《汉书·南越传》），置南海郡尉以典之（是时越人蹿入丛薄，南海郡尉署在泷口西岑），徙天下吏民罪滴者，南戍五岭"。北江和南江的水口都可称为泷口，岑是低矮小山丘，第一个指出"泷口西岑"在今南江口的是罗定学者徐东。如果证实，足可见当时南江与罗信古道的重要性。

南北朝齐时（479—502年），设置南江督护。南朝梁武帝进军岭南，将晋末在南江上游太平河岸立的龙乡县升为泷州（下辖泷水、开阳、正义县）。中原南迁的庶族地主陈法念被任命为南江督护和新、石二州刺史。陈法念家族定居泷州开阳郡，"以孝义训溪峒"，与当地人士联合，成为当地酋长。其时，泷州陈氏、高凉冯冼氏、钦州宁氏并称为岭表三大酋长。泷州陈氏与高凉冼夫人的崛起这一史实说明，罗信古道重要的地位得到突显。今罗定太平泷州故城，其南面有官道岗，是罗信古道的始发点（官道岗有两个圆墩，是城外关卡）。其西北有官渡头，是经水道连接西江的重要渡口（为城外水兵关卡道口）。由于上游水道狭窄，中有山脉隔断，陆路需延伸到罗平小盆地，开始出现有京山迳（金山迳）和京官岭（京贯岭）地名，罗信古道真正成为连接陆海的古驿道。

南朝末年，冼夫人归附隋朝，因番禺俚帅王仲宣反，冼曾派其子冯暄率师援救隋将韦洸，但因冯暄与法念之子佛智"素善"而按兵不动。还有一个原因，就是陈佛智扼冼冯进军之咽喉，冯不敢贸然进兵。后冼夫人命其孙冯盎出奇兵击杀佛智，高凉冼兵才得以进军番禺，岭南始平定。罗信古道是高凉冼夫人进军广州的军事线路。高凉冯冼氏家族，历经梁、陈、隋、唐四朝，维护统一，反对分裂，对岭南地区的政治稳定和经济发展做出了很大贡献，高凉地区才为人们所关注。然而，近代学者对古代进入高凉的交通路线却缺乏考证。

隋唐之泷州因其地理位置的重要性，行政区域的划分与前后各朝的差别极大。隋设永熙郡于泷州旧地，永熙郡是一个大的行政区域，范围包括泷水、怀德、良德、安遂、永业、永熙六县（今罗定、信宜县及高州、电白、阳春县的一部分），这行政区域的设置与当时高凉的政治地位和交通状况不无关系。

1983 年在罗镜水摆的一座南朝墓中出土的金手镯和金指环产自中亚粟特地区，墓中还出土不少越窑青瓷，其中有刻有莲瓣纹图案的高足碗，证实了当时的陆海丝绸之路进入一个中外交流活跃时期。佛教也分别从北方和海上传入岭南，形成佛教的兴盛。陈氏家族数代佞佛，法念、佛智、龙树等名字都与佛有缘。永宁县令陈普光家族在龙龛岩洞室兴建道场（寺观），从武德四年（621 年）至圣历二年（699 年）近 80 年间，影响新泷二州及周边地区。《龙龛道场铭并序》摩崖石刻记述，有交趾僧人宝聪，弱岁出家，云游到南京，听说岭南有龙龛道场，专程前来礼佛，参与重修道场。惠能学佛多少受其影响。道场的第二次修建，正是惠能北上之时，龙龛第三次修建，是六祖返回新兴之日。

唐武德四年（621 年）改永熙郡为窦州，置正义、怀德县，唐太宗贞观五年（631 年）窦州僚人反叛，窦州又侨治于泷州。罗定、信宜、高州关系更加密切，罗信古道显得尤为重要。唐玄宗开元十六年（728 年），泷州刺史陈行范联合西江沿线僚人反唐称帝，攻陷 40 余座城池，后被杨思勖讨平，泷州失去岭南政治中心地位，宋更将泷州降为泷水县隶属康州。宋朝南江航运业仍保持畅通，最近从肇庆宋城考古发现有泷水县戳印的城砖。宋绍圣四年（1097年），苏东坡由惠州再贬海南琼州，元符三年（1100 年）获赦内迁廉州，对苏东坡被贬所经线路，如果苏东坡访问高州冼太夫人庙一事得到证实，苏东坡走的应该为南江罗信古道。经历近 600 多年瑶乱，此后罗信古道似乎被遗忘。

明万历五年（1577 年），平定罗旁瑶乱后设立罗定直隶州，下辖东安、西宁县。其时，将今信宜的一半划入罗定州和西宁县版图（一直到民国才划归信宜），当时罗定州设有泷水驿（在州城小东门外，明万历前原设有新兴县新昌驿）和沟驿（在今太平山口，明万历前原设有恩平县恩平驿），西宁县设有晋康驿（在今连滩，明万历前原设有新会县东亭驿）和掘峒驿（明万历前原设有电白县立石驿，后迁今信宜怀乡），以及平窦驿（在今信宜平塘，明万历前原设有阳江县平西驿）等驿站。罗定州的建立，恢复了罗信古道的物流往来。当时信宜怀乡、贵子、钱排等划归西宁县，思贺、合水划入罗定州。新建州县实行"募民占籍"政策，鼓励和奖励移民，大批客家人经罗信古道进入信宜垦荒。同时新开西山大路、官大路和东山中路近300多里，历时三年。驿站设有领取薪俸的驿丞一员、书办一员、皂隶二名。到清代，府衙入不敷出，驿站薪俸需新会、新兴、恩平、四会、广宁、阳江、电白、吴川、茂名、东安等各县分摊接济。可印证，罗信古道的陆海通道畅通如网络。

罗定直隶州是岭南第一个直隶州，位于广东十府中心，同时又是两广交会处。其东为广、肇、韶、惠、潮；西为高、雷、廉、琼、钦。万历年间有牌坊称"全粤要枢"（广东称东粤，广西称西粤，合称全粤）。万历和乾嘉两个时期使罗信古道和南江航道进入活跃期。

明末三藩之乱和民国时，军队常借道罗信古道，军事用途占重要位置。孙中山先生在《建国方略》中提出两广三条铁路干线，其中中线经罗定穿越云开大山，将罗信古道作为交会点。

抗战时期，罗信古道更成了食盐补给的生命线。抗战前，西南内陆的食盐补给主要靠船运，产地在海南三亚以及阳江、水东、电白一带。广州沦陷，肇庆峡水道被日军封锁。百姓不可一日无盐，只有采用水陆并进的办法。罗定地处南江中上游，适宜用小木船航行。上行，右可至罗镜，左可达太平；下行，可通南江口，入西江，上都城，取道八步、梧州，直达广西中部和西江上游；陆路南可到阳江、电白、茂名、高州、湛江等地，下可达云浮、新兴、高明、鹤山。特殊的地理位置，使罗定成为广东南路与广西的重要交通枢纽。当时，阳江、电白的盐，通过罗信古道，源源不绝地肩挑至罗定，然后转运各地。

食盐转运有四条途径：第一路，每天由高州、黄塘、石骨肩挑来罗定太平墟、罗镜墟的约有一千担（每担七十至八十斤），经当地商人收购后，用木船运出罗城。第二路，由高州、茂名、黄塘、石骨等地肩挑至罗定县城，每天有一百担。第三路，有几家公司，自己雇工往电白挑生盐回罗定城，每月的数量有五万至七万斤。第四路，国民党军队也利用士兵贩运私盐牟利。

食盐补给线揭开了岭南古驿道有史以来最为壮观的一幕。这些运盐大军每天都有一千多人日夜行走在罗信古道的山岭间，仿若游龙，成为一种战时特有奇观。其时，在罗定开设的盐庄也迅速增加，德庆、高要、禄步的商人也来罗定采购、转运。随即，罗定增设盐务局，开征盐税，人称罗定的盐为"流亡盐"，罗定的盐税为"流亡税"。

盐商把收购到的生盐，除销售给煎熟盐和制豆豉的商店外，其余的用木船运往德庆、都城、封川、连县等地的盐栈和供给高要、禄步、西南等地的盐商。

当时吴川、电白、阳春沿海一带还用海水煎盐，需用大批铁镬，当地盐商纷纷到加益采购，加益铸镬业盛极一时。均益、镇昌、裕民生等厂，都是这一时期创办的。加益王齐尧还获得"铁镬大王"之美誉。

罗信古道物流的畅顺，带动各行各业的发展。南江航运出现前所未有的拥挤，南江河道上开始出现"电船"（小火轮），沿河还开辟了罗城、替濮、古榄三个口岸和六竹、双龙市等多个临时停泊口岸。古榄从民国初年起就已经是罗定粮食的集散地和连州矿产的输出口岸。罗镜、太平河上的小船装运货物抵古榄则卸货过驳，转由大船载运，古榄对岸泗盆，河面开阔，可停靠大船，最大的木船可装四万斤。抗战时期，每晚都有四十余艘木船靠泊泗盆，泗盆呈现出前所未有的繁荣，出现了日夜街市。

桂皮过去销往的国家，主要是印度、法国、日本和美国，国际需求量大。由于交通关系，广西岑溪与原郁南及罗定毗邻区乡生产的桂皮、桂油都集中在罗定出售。从清代起，便在罗定设桂税局，负责肉桂产品的收购与出口管理。抗战时航运不通，出口的运输途径便借道罗信古道经加益—信宜—梅菉而至广州湾（今湛江）出口。货物由罗定至信宜陆运全靠人力肩挑，运至信宜后转用木筏载运至高州，到高州改用内河木船载运至吴川梅菉，由梅菉再改用出海帆船载至广州湾的西营（今湛江霞山）转赴香港出售。

在近代，特别是在战争期间，罗定成了北通西江，东连四邑，西进广西，南连高廉的交通枢纽。解放海南岛时，一支强大的解放军就是通过借道罗信古道进入雷州半岛的。因此，无论从政治、经济还是军事方面讲，罗信古道的地位都十分重要。

新中国成立后，信宜县商业、供销系统在罗定县城设有物资转运站，一直到 20 世纪 80 年代，324 国道顺畅后，转运站才停止运作。

大量史料证明，罗信古道在岭南古道中历史最长，曾经是陆海丝绸之路对接之处，同时又是在不同时期有过重大历史贡献的一条古道。

海上丝绸之路对罗定的影响分析

黄健恩

（罗定市博物馆）

摘要： 海上丝绸之路对罗定的影响是全方位的，既有中原文化在罗定的传播，也有外国文化在罗定的沉淀。罗定三个古墓的出土文物、南江流域的庙宇、制蓝冶铁遗址都是海上丝绸之路影响罗定的直接证明。

关键词： 海上丝绸之路；罗定古墓；南江庙宇；制蓝冶铁

海上丝绸之路的雏形形成于秦汉，目前已知有关中外海路交流的最早史载来自《汉书·地理志》。从秦汉至明清，海上丝绸之路始终发挥着重要的作用。海上丝绸之路对中西方的影响，学术界已有集中研究。笔者在此主要探讨海上丝绸之路对罗定这一节点的影响。

1887 年，普鲁士李希霍芬在《中国亲程旅行记》一书中，将中国长安（西安）经西域到希腊、罗马的陆上交通贸易路线首次命名为"丝绸之路"，并在该书的一张地图上提到"海上丝绸之路"。1933 年，斯文·赫定的《丝绸之路》正式向全球介绍"陆上丝绸之路"与"海上丝绸之路"。我国对丝绸之路研究得较晚。季羡林 1955 年在《中国蚕丝输入印度问题的初步研究》一文中，提出了"横亘欧亚'丝路'"的命题。1958 年郭沫若主编的《中国史稿》和 1979 年白寿彝主编的《中国通史》均有专目介绍"丝绸之路"。1985 年，北大陈炎教授先后出版了《陆上和海上丝绸之路》和《海上丝绸之路与中外文化交流》两书。1987 年，"丝绸之路"正式进入联合国教科文组织视野，其制订了十年（1987—1997年）研究规划，并于 1990 年 10 月组织 30 多个国家的 50 多位科学家对"海上丝绸之路"进行综合考察。从此"海上丝绸之路"的研究热潮涌现。

徐闻港、北海港都是海上丝绸之路重要的出海口，罗定是徐闻经内河连接中原和两广经济文化交流的重要节点。海上丝绸之路来往旅客和货物一方面通过境内的罗定江（即南江），上信宜下鉴江经徐闻出海；另一方面途经云开山脉，陆路连接南宁，间接连接北海港、钦州港。位于两广交界的罗定，又称泷州，南接高雷，西通桂、黔、滇，是西江走廊的交通要冲，自古被视为门庭防卫，抚绥重地。清范端昂将其与西江、北江、东江并列为"广东四江"，"西江水源最长，北江次之，东江又次之，南江独短"。清屈大均说，"西江一道吞南北，南北双江总作西"，也是将泷水称作南江。① 罗定因水道和陆道的发达，成为中原进入徐闻和广西的重要通道之一。

秦汉时期，海上丝绸之路形成，促进了岭南海港的商业发展。徐闻是海上丝绸之路中国境内的最早始发港之一，"汉置左右侯官，在徐闻县南七里，积货物于此，备其所求，与交易有利。故谚曰：欲拔贫，至徐闻"。唐宋元时期，泉州作为当时海上丝绸之路的东方中心。明代，随着新航路的开辟，中国海外贸易也从贡舶贸易转变为商舶贸易，中国与西方国家的贸易逐渐集中到广东，形成了以广州—澳门为中心的贸易架构。② 古代海上丝绸之路的大概路线是由黄河入长江，从长江进湘江，通过灵渠进漓江，再从漓江入西江，西江转南江，南江上信宜下鉴江，经徐闻出海。

在 2011 年南江文化研讨会上，中山大学黄伟宗教授指出，南江的发现，

---

① 徐东：《南海郡尉署、开阳县和南海神庙—南江文化杂谈之一》，《泷江文艺》，2005 年第 2 期，陈大远：《罗定春秋·卷二》，羊城晚报出版社，2012 年版，第 322 – 327 页。

② 徐素琴：《广东与海上丝绸之路经贸交往》，《南方日报》，2014 年 1 月 22 日 A04。

也明确了从肇庆封开的古广信到南海的通道，即是海陆两条丝绸之路的对接通道。史志记载及考古发现证明，南江是楚人和中原汉人进入雷州半岛海港徐闻的要道。这进一步说明，海陆丝绸之路不是孤立的，而是相通的、对接的。南江流域是泛珠三角区域历史与现实的对接点，南江将成为泛珠三角区域黄金水道上的一条重要河流，实现南江及整个广南区域与泛珠三角经济文化的现实对接。

南江流域为古越族的骆、瓯等多个分支交叉居住区域，具有瓯越的文化特征。如当地发现的汉代铜鼓，与广西北流铜鼓特征一致。当时越族文化很发达，南江流域是古代岭南地区经济文化最发达的地区之一。从秦汉至南北朝，这里的州县建制最多。除了越族文化外，南江流域也受到楚文化的影响，具有一定的楚文化特色。泷州陈氏家族首开发岭南地区。此外，在明朝以前，罗定一带也是岭南瑶族的大本营，虽然后来瑶族数量减少，但文化影响至今还在。南江流域与广西毗邻，也深受壮族文化的影响，如当地很多都以"六""都""银"等字开头的地名，都是源自壮语。

罗定作为中原文化进入高凉（高州）的重要交通连接点，中原文化在此广泛传播。据民国《罗定县志》记载，罗定有重要古渡34处，古桥69处，可见罗定的水路交通较为发达，是罗定对外交流联系的重要通道。南北朝时期，陈法念与冯冼夫人同称两大岭南酋长。冼夫人归俯隋朝后，出兵番禺解救隋将韦洸，就是先击败了泷州陈佛智，才得以进军番禺，岭南始平定。这也说明了罗定是高凉冼夫人进军广州的必经路线之一。[①] 高州地区现存大量窑址，其大部分用于生产出口瓷器。高州地区无水路与西江直接相通，唯假道于西江的支流南江（罗定江）。南江发源于信宜县，源头与鉴江上游曹江（古高凉山，良德附近）仅一山之隔，有山道相通，无疑，这是高凉与西江的最近陆上通道。自战国以来，高凉由南江两支流进入西江的交通线已经开通。

1983年8月在罗镜鹤咀山发现一座目前岭南规模最大、出土文物最多的南朝墓葬，墓主人是当地豪族的一对夫妇。墓中随葬品有金手镯、金指环、铜镜、铁剪、瓷器、陶器等。出土的青瓷器釉色滋润，青中泛黄，属于一千多年

---

① 陈大远：《中原文化从何处传入高凉—试论古代进入高凉的交通路线》，1985年8月《罗定文博》第2期，陈大远：《罗定春秋·卷一》，羊城晚报出版社，2012年版，第82－83页。

前浙江会稽郡越窑系产品，是青黄釉瓷器的精品。出土的一个金手镯，曾作为新中国成立五十周年广东省送北京作为出土文物专题展览的一号文物，是国宝级文物。这个手镯重 33 克，纯金制成，有 4 组走兽与花纹图案，图案为中、西亚的走兽纹饰。从纹饰来看，金手镯显然是西方的舶来品，很有可能为粟特的产品。墓葬中还出土一件刻画莲瓣纹高足碗，这种碗的器型较特殊，是受到古罗马拜占庭高足杯艺术风格的影响，而且莲瓣纹与忍冬纹都是随佛教艺术传入后才较多出现。这件罕有的高足碗是我国烧制的越窑青瓷，很有可能是为外国定制的出口外销瓷器。这件瓷器曾作为岭南晋唐出土文物送香港展览，亦引起过轰动。

1977 年，罗定市太平镇太平河东岸南门垌清理战国墓三座，出土石器 2 件、陶器 8 件、青铜器 141 件。陶器有方格纹勾连云雷纹陶罐、席纹袋形圆底陶罐、米字纹陶瓮、平底素面陶碗、陶盆，石器为滑石环、砺石，青铜器有越式铜鼎、素面铜盉、铜钲、人首柱形铜器、铜剑、铜矛、铜戈、铜钺、铜斧、铜筋簇、铜镦、铜篾刀等。其中，云雷纹铜鼎、铜鉴、斜角纹铜矛、窃曲纹铜矛和陶罐是广东首次发现。三座墓葬分别属于战国早、中、晚 3 个时期，对研究中原文化对西南二江流域青铜时代的历史影响有重要价值。

1983 年 11 月，罗定市罗平镇沙头横垌村背夫山战国墓清理发掘，出土青铜器、玉器、陶器、石器、原始陶瓷器共 116 件，其 98 件青铜器中，有人首柱形器 4 件。"这个墓坑基本完好，随葬品未经扰乱……一般认为这是一个越人墓……反映了当地越人中存在着等级制度。"[①] 随葬器物中，有的具有中原青铜器的特点，也有不少器物反映了广东与南方各地青铜文化的联系，更多的器物具有广东本地的文化色彩，如人首柱形器，且 1973 年在广东省四会县也曾出土，这是岭南地区特有的陪葬品。

此外，在南江流域的庙宇中，有孔庙、关帝庙、盘古庙、天后庙、龙母庙和鲁班庙等，其中孔庙和关帝庙是中原文化传入的结果。盘古庙祭祀的盘古，原是南荒（山地）民族所奉拜的神，而天后则是海边人民奉拜的神。两种神在南江流域兼而有之。由这些民俗可见，罗定地区是山地文化和海洋文化的汇

① 邱立诚、毛衣明：《广东罗定背夫山战国墓》，广东省博物馆、罗定县文化局，《考古》，1986 年第 3 期。

合处。罗定以前还有龙母庙和鲁班庙在罗城。保留至今的民俗，证明罗定所在的南江水系是我国南方海上丝绸之路的一个重要通道，其上游的龙乡县城（今罗定罗镜）是西江通往高凉地区的一个重要集散地。

海上丝绸之路带给罗定一系列经济的发展，制蓝业、冶铁业尤为发达。罗定的蓝多产于罗镜、分界、连州、新榕和龙湾等地，制蓝工业遗址多数位于河口，融合了手工作坊和商业的性质与功能，罗镜镇的水摆旧圩曾是蓝靛的集散地。蓝靛及其制品也成为南江流域输出海外的重要商品。现存金河制蓝工场遗址、新榕蓝染遗址、龙湾制蓝工场遗址等。这些明清时期沤蓝制靛工场遗址部分在民国期间仍有使用。制蓝遗址的发现，填补了广东省山区近代经济发展史的空白，同时为探讨粤西山区经济产业结构的变化提供了更多的实物资料。到明代，中原的炼铁技术被带入，在泷江上游的罗镜、船步等地，官方利用当地丰富的资源，建立了几个相当规模的冶铁基地。史料记载，罗定州日产铁18吨，年产达六千吨，从业人员一万多人。清初屈大均在《广东新语》说："诸冶惟罗定大塘基炉铁最良，悉是锴铁，光润而柔，可拨之为线。"明末罗定所产的铁，以广东的名义北输，也算是罗定对古代海上丝绸之路的贡献。炼铁铸铁业遗址在罗定现存炉下村铁炉遗址、铁炉村冶铁遗址、旧炉督冶铁遗址、营下村铸铁遗址等。1984年3月15日，罗定替滨出土了160斤窖藏铜钱，年代最早的是西汉"半两"，还有王莽的"货泉"、隋"五铢"、唐开元、会昌开元等，最晚的是南宋开庆通宝。1989年11月19日，龙塘阁村农民陈绍寅父子在村中一条水圳发现一处古钱窖藏，出土铜钱220斤，大部分为唐钱。一系列窖藏铜钱的出土，正是罗定融入中原经济的明证。①

古代海上丝绸之路使罗定成为连接南北的通道之一，全方位促进了罗定经济、文化的发展，开阔了罗定人的视野。从明清开始，走出去的罗定人遍布周边省市，足及南洋，至今，广西南宁化妆行业、广州电子行业，乃至马来西亚的橡胶行业都活跃着罗定人的身影。走出去的罗定人中，不仅诞生了"一社三红顶"的清嘉庆道光年间水师将领吴绍麟、叶常春、潘庆等，还诞生了打响一·二八淞沪抗战的抗日名将蔡廷锴将军。

① 谈锦钊（广州市经济研究院）、陈大远（罗定市博物馆）：《"靖康元宝"等窖藏钱发现及启示》，原载1986年中国钱币学会广东分会首届年会理论研究会《钱币论文集》，陈大远：《罗定春秋·卷一》，第246－249页。

从南江文物古迹
看海上丝绸之路对接通道

徐子明

（广东省罗定市博物馆副馆长、文物博物馆馆员）

摘要： 南江发源于广东省信宜市，主要流经罗定、郁南、云安，是西江上游的主干支流之一，也是西江和沿海交通的主要渠道。南江流域文物遗迹众多，本文从工业遗址，古墟、埠头、码头遗址，古城址，寺庙塔观，古墓葬，古村落，佛教遗迹，浪沟峡，泷喉马埒口等多处遗迹，探讨南江流域曾是海陆丝绸之路的对接通道的可能性。

关键词： 南江；文物古迹；海上丝绸之路；对接通道

南江（又称罗定江）发源于信宜市合水镇的鸡笼山，主干流和支流主要流经信宜、罗定、郁南、云安 4 个县（市），在郁南县南江口汇入西江。全长 201 公里，水系流域面积 4493 平方公里，是西江上游的主干支流之一，也是西江和沿海交通的主要渠道。清代学者范端昂《粤中见闻》、屈大均《广东新语》中将南江与西江、北江、东江并称为广东四大江[1]。古水路从今郁南县南江口溯罗定市至船步、太平、罗

---

① 曾昭璇、曾新、曾宪珊：《西江流域南江水系的人文地理概述》，《广东史志》2002 年第 3 期，陈大远著《罗定春秋》，羊城晚报出版社，2012 年 10 月第 1 版。

镜、泗纶、加益等镇，越过分水岭到信宜，再沿鉴江顺流而下，可到高州，并至湛江、吴川之间出海，向东可经西江前往汉代大都会番禺。清何仁镜《答人问罗定》："橹声摇尽一枝柔，溯到康州水更幽。一路青山青不断，青山断处是泷州。"便是罗定地区水路交通的真实写照。南江水文特色是上、下游皆流在山区，而中游罗定红盆地为平原台地区，故成为罗定政治、经济、文化发展中心地域，成为广东省西江经济发达中心之一①。南江流域和鉴江流域一直有着丰富的商品、文化和人员的交流，历史上两江曾是中原对接海上丝绸之路的最便捷通道。

罗定，水系发达，南江水网遍布全境，自春秋时期开始，水路交通就成为主要的对外交流方式。在南江河支流罗平镇沙河边背夫山战国墓出土的丝织物证明，南江流域早在先秦时期就大量种桑养蚕。在太平南江河边南门垌出土的青铜器中，有很多铜斧和铜矛是未经研磨过的青铜器铸件，极有可能是作为交换的商品，即南江流域最早的货币形式。据《汉书·地理志》记载，汉元封元年西江沿岸的端溪一带已有种桑、养蚕和织绸活动，为海上丝绸之路提供商品；在南江河支流罗镜河边发现的鹤咀山南朝墓和汉墓，出土大量精美的南朝青釉瓷器和四兽金手镯，为南江定位海上丝绸之路的对接通道提供有力的实物证明。

南江流域保留着众多的文物遗迹，其中不乏受海洋文化影响的文物，追根溯源，南江流域曾是海陆丝绸之路的对接通道的论证是有据可依的。南江遗迹按类别分为制蓝遗址、铸铁遗址、古窑址等工业遗址，古墟场、埠头、码头等商业遗址，古城址，寺庙塔观，古墓葬和古村落。下面从南江流域各类别文物遗迹分析，论证南江流域是海陆丝绸之路的对接通道。

一　工业遗址是南江航运作为海陆丝绸之路对接通道的见证

在古南江流域，有多处沿河而建的制蓝工业遗址、炼铁铸铁业遗址、碗窑

---

① 曾昭璇、曾新、曾宪珊：《西江流域南江水系的人文地理概述》，《广东史志》，2002 年第 3 期。

遗址和石灰窑遗址，这类工业依靠水运运送原材料和产品，证明了南江流域是罗定及周边地区工业发展的商贸交流之路。从这些工业遗址分析，南江流域不仅是商业贸易交流之路，更是海陆丝绸之路的对接通道。

（一）制蓝工业遗址

据罗定、西宁、容县等地方志记载："茎叶如鸡爪兰，山人多种，为靛充货，俗呼大蓝，一种茎高叶小，居人植之，亦可为靛，色稍浅，俗呼大蓝。"罗定的蓝多产于罗镜、分界、连州、新榕和龙湾等地，所出的蓝米最佳，年产大约三十石。制蓝工业遗址多数位于河口，融合了手工作坊和商业的性质与功能，罗镜镇的水摆旧圩曾是蓝靛的集散地①。蓝靛及其制品也成为当时南江流域输出海外的重要商品。

第三次全国文物普查工作开始至今，罗定市在龙湾、分界、罗镜等镇均发现了"种蓝制靛"工场遗址。其中龙湾镇有制靛工场遗址6处，并有19处厂坪遗址，较大的制蓝工场可以容纳近百人工作，可见当时制蓝业盛极一时。这些制蓝工业遗址多数位于河口，融合了手工作坊和商业的性质与功能。主要有位于新榕河口的新榕蓝染遗址、位于龙湾景区内的龙湾制蓝工场遗址和位于分界河附近的金河制蓝工场遗址。制蓝遗址的发现，填补了广东省山区近代经济发展史的空白，同时为探讨粤西山区经济产业结构的变化提供了更多的实物资料。

（二）炼铁铸铁业遗址

明清时期南江流域的冶铁规模庞大，且生铁产品质量很高，生铁产品由南江下西江再到佛山，最后由佛山制成成品行销海内外。民国《罗定志·卷三物产》载："铁诸冶惟罗定大塘基沪铁最良悉是锴铁光润而柔可拔之为线铸镬亦坚好价贵于诸炉一等诸炉之铁冶既成皆输佛山埠。"《广东新语》按："粤镬有二曰佛山曰连滩镬薄而俭柴人尤多用然非出于连滩实由罗定输出。"

1978年省博物馆对罗定大塘基进行了调查，发现并测量了分界公社金田大队炉下村铁炉遗址，发表了《广东罗定古冶铁炉遗址调查简报》。1982年11月广东省博物馆、中山大学和广东省社会科学院组成的调查小组，第二次赴罗

---

① 杨红雨：《罗定发现省内首个古代"种蓝制靛"遗址》，《南方日报》，2009年8月14日，A13。

定调查，除考察分界公社炉下村铁炉遗址外，并对船步公社铁炉遗址进行采访调查，在调查中获悉有铁炉（村）、旧炉督、鸡公炉、勒揸炉、凿石炉与水源炉等六座铁炉（后两座在信宜境内），还收集了分布在罗定各村镇明清时期佛山铸铁钟的存放点资料①。

罗定著名的炼铁遗址有分界炉下村铁炉遗址、船步镇铁炉村冶铁遗址、旧炉督冶铁遗址、鸡公炉冶铁遗址和簕渣冶铁遗址。铸铁遗址有罗平镇营下村铸铁遗址，主要铸造犁头、铁镬、铁钟等，当地小学尚存营下铸造的古铁钟。

（三）古窑址

沿河而建的古窑主要有碗窑和石灰窑，依靠水路运送原材料和成品。民国《罗定志·卷三物产》载："按境内岩石多用烧灰以古榄罗镜最著名。"石灰窑以古榄石灰窑最为著名。该遗址位于南江河主河道古榄河边古榄墟下游，沿河砌筑一排十多个大型石灰窑。石灰石产于后山，草料用船从上游的新榕运来，石灰经南江河运往县城或外地，说明石灰窑的生产和销售均依靠南江流域商贸通道。碗窑主要有上宁碗窑、生江碗窑和碗窑村碗窑，均建于河边，后山均有白泥，尤其是上宁碗窑址，龙窑两侧堆满了废弃的成品或半成品碎片，可见当年有相当的产量。

二 古墟、埠头、码头等商业遗址见证了南江流域海陆对接通道的繁华

经调查发现，南江流域现存多个古墟、埠头、码头、渡头遗址，这些商业遗址多数处于两水交汇的河口，见证了昔日南江流域商贸活动的频繁和作为商贸中心的繁华。南江沿岸现存有迹可寻的重要墟集主要有水摆墟、古榄墟、罗镜官渡头、替濮墟、大旁街和六竹墟等。

罗定市罗镜镇水摆旧墟，墟长 200 米，卵石铺路，两边店铺均为前店后仓，唐朝时已是一处重要墟集，明清两代是罗定特色蓝靛、生铁、茶叶、木材的集散地。广州、佛山染布作坊、商号多派人来驻地采购，然后用船运出。古

① 朱培建：《佛山明清时期冶铁业和商业的调查报告》，佛山市博物馆，《佛山明清冶铸》，2009 年。

墟可作为当地明清经济的见证，也是当地炼铁和制蓝的重要史料的佐证。

罗定市连州镇的古榄墟为明清时期较繁荣的物资集散中转地。下游沿岸一公里有连串的石灰窑，对岸是船民喜欢居住和玩耍的泗盆墟。

罗定市罗镜镇的官渡头位于罗定市罗镜河与太平河交汇处。据传官船经南江下游到达此处，就要换小船或骑马前行。

罗定市黎少镇的替濮古墟位于南江河与泗水河交汇处，墟长1公里多，依河而建，沿河砌筑多处码头，红石砌台阶至墟场。墟尾有供奉北帝的替濮庙，船民每到墟场必入庙上香保佑水运平安。离墟场不远的泗水河上游为著名的地主庄园梁家庄园，庄园拥有九座屋、粮仓、晒场、炮楼、私塾和2个私家码头。

罗定市附城街道丰盛古村自隋唐以来就是较重要的码头墟场，是建水县城范围内较重要的驿站。村中尚存明崇祯年间种植的五株芒果树列成一排。丰盛村村民多数以船运或经商为生，村中地名有"甲木、上六骆、下六骆、马屎、铺头背、老虎园"。对岸为隋唐时期永熙、永宁、建水县城遗址。

罗定市附城街道大旁街位于罗定州城上游对岸，街外的渡口是明清时期西山大路的重要渡口，内接州城，外通替滨镇往广西的西山大路，道口上苏姓村庄形成著名的大旁街，街道用青砖铺砌，有商铺。渡口有担水码头、渡船码头。

罗定市罗城大埗头位于南江河边，与罗定文塔隔河相望。明代罗定州城码头，用红石砌台阶，是罗定州重要的客运和货运码头。大埗头附近建有神滩庙、鲁班庙和鸳鸯古渡等，对岸码头建仓库。据调查，信宜一带无论是出行北上还是进行商贸活动，都有乘船途经罗城大埗头沿河而下到南江口的说法，也有从南江口沿河而上，途经罗城大埗头、官渡头，再转往信宜的说法。由于水路运输繁忙，罗定州城附近的南江河沿江建有大埗头、高码头和小东门码头。

罗定市双东街道六竹古墟位于南江河东岸江畔。六竹旧称绿竹，房屋隐于竹丛之中，曾经是繁荣的乡村口岸，有多个红石砌筑古码头，码头台阶及街巷都由红石铺砌。

三 古城址是南江海陆对接通道的重要驿站

基于生活、出行及商贸活动的便利，古代的城址一般依水而建。在南江流域，同样存在着多个古城址，尽管这些城址已成为废墟或改变原貌，但从现存遗迹和史书记载中得知，这些城址曾经繁华一时，也曾经是海陆丝绸之路的转接点。"今天沿太平河上游谷地南下，即建立一串的村或墟聚落，如信宜的新堡镇、合水镇都是信宜东部重要镇区，墟日为四天的（一、三、六、九），赴集人数万以上。太平河畔潭白即为南江流域汉人建立的'龙乡县'（晋末置）治所"①。

罗定地区发现唐至清的城址多处，古城沿河而建，最初为夯土城，后以岩石、青砖修筑。晋至唐城遗址有潭白故城址、开阳县城址、古城角城址（永宁、建水），明清城址有罗定州城、罗镜分州城。

潭白故城址位于罗定市太平镇潭白村南江河上游，是西江通往高凉地区（今高州、雷州半岛）的一个重要集散地。晋末设龙乡县城（泷水县城），是南江流域汉人建立的"龙乡县"（晋末置）治所。唐武德四年（621年）设立泷州州治，夯土修筑城墙，面积约50000平方米，平面呈曲尺形，由两个既独立又相连的城区组成。现存北城墙200米，墙基底宽6.5米，城角加宽，设角楼，北面和西面只能看到墙基痕迹，西面城墙300米，在200米处向西面偏折，南面城墙仅100米。城北为衙署区，曾出土过唐代板瓦和青砖，附近官道岗有兵营遗址。该城址是唐武德四年在太平镇潭白村设立泷州州治的见证，也是南江流域作为海上丝绸之路的重要转接点。

罗镜分州城位于罗定市罗镜镇，是罗定直隶州分州城，建于明万历1588—1615年间，有东西南三门，至清顺治十七年（1660年）裁撤，乾隆四年（1739年）添设州判。罗镜分州城的设立，说明其在南江海上丝绸对接通道中作为重要驿站的地位。

素龙街道古城角城址位于罗定州城上游约五里，为隋唐时期永熙、永宁、

---

① 曾昭璇、曾新、曾宪珊：《西江流域南江水系的人文地理概述》，《广东史志》，2002年第3期。

建水县城址。

罗定州城位于罗定市罗城街道北区泷江（南江）河畔，原为泷水县城，于明正统十三（1448 年）年设立土城，明景泰五年（1453 年）筑砖城，设有东、南、西三门；明万历五年（1577 年）在此设立罗定州达 400 多年历史，管辖东安、西宁两县，成为南江流域的政治、经济和文化中心。

四 古墓葬的出土文物是南江海陆对接通道的见证物

在南江河上游，发现战国和南朝时期的墓葬多处，包括太平镇南门垌战国墓、罗定镇背夫山战国墓和罗镜镇鹤咀山南朝墓。

太平镇南门垌墓葬位于南江河上游太平河塔石山与马鞍山山口，上游是极狭窄的河谷浪沟峡，与信宜交界。该墓为迄今岭南出土最多青铜的大墓之一。铜斧和铜矛是未经使用的原铸件，是战国时期商品贸易所使用的货物，说明南门垌所在的太平河谷为战国时通高州入海要道之一。太平镇南门垌战国墓葬出土的青铜器中，有很多未经研磨过的铜斧和铜矛铸件，是南江流域最早的货币形式①。"南江上游南门垌山口战国墓，出土大量青铜器，其中铜斧和铜矛是原铸件，未经使用，罗定博物馆陈大远（2001 年）认为是当时的商品，用为贸易货物，即表示太平河谷为战国时通高州入海要道之一。"②

罗平镇背夫山战国墓位于南江河支流沙河边横垌村后山，出土东周青铜器 98 件。出土的丝织物以及在罗镜镇鹤咀山南朝墓出土的青瓷器属于一千多年前浙江会稽郡越窑系产品，出土四兽金手镯是西方舶来品，莲瓣纹高足碗是为外国定制的出口外销瓷器，为南江定位海陆丝绸之路的对接通道提供有力的实物证明。

罗镜镇鹤咀山墓葬位于罗镜河上游河坝铺鹤咀山。墓主人是当地豪族的一对夫妇。出土器物 78 件，随葬品有金手镯、金指环、铜镜、铁剪、瓷器、陶器等。出土的青瓷器釉色滋润，青中泛黄，属于一千多年前浙江会稽郡越窑系

---

① 陈大远：《中原文化从何处传入高凉》，《罗定春秋》，羊城晚报出版社，2012 年 10 月，第 1 版卷二第 82 页。

② 曾昭璇、曾新、曾宪珊：《西江流域南江水系的人文地理概述》。

产品，是青黄釉瓷器的精品。金手镯重 33 克，纯金打制而成，有 4 组中、西亚走兽与花纹图案。专家推断，金手镯显然是西方的舶来品，很有可能为粟特的产品。莲瓣纹高足碗是为外国定制的出口外销瓷器，受古罗马拜占庭高足杯艺术风格影响，且莲瓣纹与忍冬纹是在佛教艺术传入我国后才较多出现的，极有可能是为外国定制的出口外销瓷器①。南朝墓的发现对研究粤中西早期历史以及岭南南朝时期的葬制提供了宝贵的实物资料，对研究古代南海丝绸之路古道也有重要价值。

五　古村落

作为陆海丝绸之路的对接通道的南江流域，曾经繁华多时，村落多数依山靠水而建，河边必定建筑码头，方便出行和进行商贸活动，如兰寨、光仪大屋、大湾古民居群、倒流榜古建筑群、区氏老祖屋、梁家庄园，等等。

倒流榜古建筑群位于罗定市双东街道大同村倒流榜自然村。倒流榜村原为沿江船民落脚点之一。从事航运业的黄氏船民在此建造了较多处的民居和祠堂，是规模较大的古村落之一。因船在村前河流行驶，村中建筑因成排的镬耳像倒流的皇榜而得名。

黎少镇替濮村梁家庄园位于泗纶河与南江河交汇处，替濮古墟上游，由清咸丰年间的商人梁性存创建，为岭南民初建造的最大地主庄园之一，主要建筑包括梁家庄园九座屋、泷聚大屋、祥和大屋、粮仓、书塾和码头，占地面积6.6 万平方米。庄园主集地主、官僚、资本家于一体，拥有田产一万多亩，长工数十人，田产的收租主要依靠水路运输。所有建筑均面向泗纶河，有石砌道路通往码头。

六　泷喉马埒、浪沟峡等航道遗址

作为陆海丝绸之路的对接通道的南江流域，水路运输业非常发达，由于河

---

①　陈大远：《罗定春秋》［M］，羊城晚报出版社，2012 年 10 月第 1 版；陈宗欣主编：《泷水寻源》，2011 年 11 月，第 1 版，第 44 页。

道复杂多变，至今仍流传着"上有浪沟峡，下有泷喉马垺口"的歌谣。罗定水运通道更是抗战时期的后方补给线，阳江、电白等沿海的食盐从信宜经罗定转运至后方，罗定的茶叶、桂皮、桂油沿南江河而上经信宜鉴江转运出口海外。

泷喉遗址位于罗定市罗镜镇新星村委会河口村新榕河口，自晋唐始为古泷江河道之咽喉，是泷江天险，最狭窄处仅5.3米，两岸巨石峭壁，河道巨石当中。航船经过，必由船工持篙插中石中之穴位，左点右点，船如箭，可过其险段，可与黄河之壶口相比。现巨石中间有数个船篙点出来的石穴遗址还在，见证了泷江（南江）航运史。

浪沟峡位于罗定市太平镇镇安村与信宜市大坝村交界处，太平河的中上游，马鞍、塔石二山之间。此处河道险窄，巨石当中，因河道狭窄水流形成石浪而得名，是信宜到罗定的商贸必经之路。

悠悠南江古韵遗存，文物遗迹文化遗俗，昔日商贸运输鼎盛，海陆丝绸之路对接。在古南江流域，制蓝工业遗址、炼铁铸铁业遗址、锡矿场遗址和石灰窑遗址有迹可循，古墟、垺头、码头遗址、古城址可见昔日商贸繁华，神滩庙、龙母庙、天后庙、大河庙、飞来庙、惠民庙、开元寺、普陀山寺、龙头寺和文塔，青铜器、四兽金手镯和高足莲纹碗的出土，依南江而建的古村落、古建筑，无不深受海洋文化与佛教文化的影响，可见南江水系是我国南方海上丝绸之路的一个重要通道。

关于南江古道的调查报告

彭祖鸿

（罗定职业技术学院讲师）

邓辉

（云浮市南江文化研究中心）

调查目的：在中央与省委提出积极推进"21世纪海上丝绸之路"工作的背景之下，为考察南江流域在古"海上丝绸之路"的发展历程中，是如何在古广信地区（今梧州、贺州、封开一带）与南海之间架起沟通的桥梁，如何起到海上丝绸之路与内陆对接通道的作用，通过广泛收集实物、遗迹和文献等文化证据，对南江是古广信到南海的交通要道，是陆海丝绸之路对接通道的论点进行论证，以期为南江流域纳入"21世纪海上丝绸之路"规划的建设体系提供理论和实证支撑，并为发掘、保护相关历史文化遗存工作提供智力支持。

调查时间：2014年3—4月

调研地点：云浮市郁南建城、南江口、连滩、大湾等镇，罗定双东、罗城、连州、罗平、太平、罗镜等镇，茂名市高州、信宜市区及部分村镇，湛江徐闻县城及古出海港。

调查组构成：

单位：云浮市委政研室、云浮市委党史研究室、云浮市地方志办、云浮市南江文化研究中心、云浮市委党校、云浮市社科联、云浮市广播中心、罗定市博物馆、郁南县博物馆等。

成员：朱正国、蓝志金、李镜明、彭祖鸿、邓辉、伍百军、王波、陈大远、徐子明、邹陆林等。

调查方法：采用文献查证、实地考察、座谈交流、实物考证等方式，先后对南江河道，南江流域古码头、古墟市、出土文物、古寺庙、人口流徙、民俗等进行调研和查证。

前言： 南江水系基本情况

南江（今地图标称罗定江）处于广东省中西部西江南岸的云浮市境内，发源于信宜市合水镇的鸡笼山、平塘镇的平塘河和茶山镇的大营坳，主干流和支流主要流经信宜、罗定、郁南、云安4个县（市），在郁南县南江口汇入西江。全长201公里，水系流域面积4493平方公里，是西江上游的主干支流之一，也是西江和沿海交通的主要渠道。清代学者范端昂《粤中见闻》、屈大均《广东新语》中将南江与西江、北江、东江并称为广东四大江①。主要支流有罗镜河、太平河、围底河、连州河、镇安河等，其中罗镜河支流林垌河南可入信宜，与鉴江上游钱排河仅一山之隔，顺鉴江南下可达海岸；镇安河经富林、阳春顺漠阳江而下，可抵阳江进入大海。南江流域和鉴江流域也一直有着丰富的商品、文化和人员的交流，历史上曾是中原对接海上丝绸之路的最便捷通道。

一 南江古道的今昔

（一）先秦、秦汉时期——对接海上丝绸之路的形成期

先秦时期，南江流域、鉴江流域及雷州半岛就受楚文化的影响，同为楚国的属地。雷州半岛的徐闻，鉴江流域的高州、信宜，南江流域的罗定先后发现战国时期的墓葬，均出土有蛙纹铜鼓等大量青铜器，其中铜鼓虽大小略异，但造型、纹饰、铸造工艺都相一致，这些青铜器的使用说明至迟到战国时期，说

① （清）屈大均：《广东新语》［M］，北京：中华书局，1985年，第128页；（清）范端昂：《粤中见闻》［M］，广州：广东高等教育出版社，1988年，第126页。

明南江流域、鉴江流域、雷州半岛之间有着密切的文化交流，曾昭璇教授认为南江流域是楚人南下海滨的可能通道①。秦汉时期在本区域设置郡县，南江流域的罗定、郁南与鉴江流域的信宜、高州同属苍梧，此时的苍梧成为中原学术文化与外来学术文化交融和传播的重心，是当时岭南与岭北的交通枢纽。由此溯江西行，可经柳江、邕江、左江到龙洲，进入今越南境内；西行不远，从今广西藤县溯北流江而至北流县，过鬼门关，再顺南流江到合浦，直接进入北部湾海域；东南行不远，从今南江口溯罗定至船步、太平、罗镜、加益等镇，越过分水岭到信宜，再沿鉴江顺流而下，可到高州，并至湛江、吴川之间出海，向东可经西江前往汉代大都会番禺（今广州）。《汉书·地理志》明确记载汉武开创海上丝绸之路的出海口是雷州半岛的徐闻，黄伟宗教授认为就是从水陆联运的潇水至贺江古道到广信，然后又沿南江、北流江到达徐闻而出海的。另外南江流域早在先秦时期就大量种桑养蚕，背夫山战国墓中出土的文物有丝织品，另据《汉书·地理志》记载，汉元封元年西江沿岸的端溪一带已有种桑、养蚕和织绸活动，为海上丝绸之路提供商品。郁南县通门镇出土有大量的东汉制钱，为大宗的商品交换提供了资金支持。在罗定太平镇南江河边南门峒山口出土的青铜器中，有很多的铜斧和铜矛是未经研磨过的青铜器铸件，极有可能是作为交换的商品（南江流域最早的货币形式）②。在罗定市罗镜镇罗镜河支流林峒河两岸发现了鹤咀山南朝墓和汉墓，出土的金器、铜镜和大量精美的南朝青釉瓷器等，都是从西江运入的物件。考古发掘、实地调查及史书记载都说明南江流域是沟通内陆及当时海上丝绸之路的重要对接通道。

（二）魏晋南北朝时期——对接海上丝绸之路的繁荣期

此期间南江流域经济社会得到长足的发展，对外交往也更加频繁。三国时南江流域、鉴江流域和雷州半岛同属吴国，到东晋末年南江流域设立三个县，南朝梁时设泷州，辖平原郡（领县一：龙乡县）、开阳郡（领县一：开阳县）、

---

① 曾昭璇、曾新等：《西江流域南江水系的人文地理概述》[J]，广东史志，2002 年第 3 期，第 3 – 10 页。

② 徐恒彬：《广东罗定出土一批战国青铜器》[J]，《考古》，1983 年第 1 期，第 43 – 48 页；邱立诚、毛衣明：《广东罗定背夫山战国墓》[J]，《考古》，1986 年第 3 期，第 210 – 220 页。

罗阳郡、梁德郡（领县一：梁德县，即今天的信宜）；建州，辖广熙郡（领县二：永熙县、安南县）①，南江流域与鉴江流域在同一行政区划，古代的行政区域划分的主要依据是地理（山川的分布变化）、人文（人员来往的密切程度）、经济（工农业生产、城市、交通道路等）。南江流域在唐代以前行政区划的密集程度远高于珠三角和粤东、粤北地区，可以看到本地区的社会经济发展已达到了相当高的水平，另外与鉴江流域的信宜和高州的一部分划分在同一行政区域，可以证明早在唐以前，南江流域与鉴江流域就有着密切的经济文化交流，也说明南江流域与鉴江流域有着经济、文化交往的便捷通道。

在云浮罗定市罗镜镇龙甘村委会河坝铺村鹤咀山发掘的南朝墓葬，出土器物78件，随葬品有金手镯、金指环、铜镜、铁剪、瓷器、陶器等。其中出土的青瓷器釉色滋润，青中泛黄，属于一千多年前浙江会稽郡越窑系产品，是青黄釉瓷器的精品。出土文物中有两件尤其引人注目。一件是金手镯，为国家一级文物。手镯重33克，纯金打制而成，有4组走兽与花纹图案，图案为中、西亚的走兽纹饰②。专家推断，金手镯显然是西方的舶来品，很有可能为粟特的产品。另一件是刻画莲瓣纹的高足碗，这件越窑青瓷高足碗的器型较特殊，受古罗马拜占庭高足杯艺术风格影响，莲瓣纹与忍冬纹受佛教艺术的影响，专家推断可能是为外国定制的出口外销瓷器。南朝墓葬中随葬品，从物品的历史来源及制作风格可以看出，南江流域还是陆路与海上丝绸之路的重要通道。

（三）隋唐宋元时期——对接海上丝绸之路的转型期

随着广州岭南中心的地位的逐步确立和造船、航海技术的不断提高，南江流域作为中原对接海上丝绸之路的通道作用逐渐减弱，但为粤西地区连接新海上丝绸之路的作用日愈显著。南江流域还与鉴江上游的信宜和高州北部同属一个行政区划，依然有着密切的商品、人员和文化的交流。

这一时期南江主要是经南江、西江至广州再北上中原的通道（或逆向），主要表现为以广州为中心的人员交往。唐代最有名的宦官高力士本为岭南名猷

---

① （民国）《罗定志》[Z]，《中国地方志集成广东府县志辑》第50辑，上海：上海书店，2003年，第247－250页。

② 陈大远：《广东罗定县鹤咀山南朝墓》[J]，《考古》，1994年第3期，第216－220页。

洗夫人的后代，随母流徙于南江流域，后从南江入京做太监。另外唐代有多位官员流寓于南江流域。宋之问作为张易之的女婿和驸从被贬为泷州司马，从他这一时期的诗文可以看出他的贬谪路线比较清晰，从江西过大庾岭过韶关，从北江入西江至肇庆，再由西江入南江；张柬之反对武三思被贬新州（即现在新兴县）司马，再流放到泷州；桓彦范与武氏斗争，被贬为泷州司马；另外与宋之问并称为"沈宋"的沈佺期亦因张易之事被贬端康，后又从南江流域被流放到驩州（今越南中部），他与从天竺来交趾（越南古称）的佛教僧人也有过来往①。

由于古代南江流域地区存在着这条海上丝绸之路对接古道，生活在该流域地区的人们能够较早接触到外来佛教思想。唐代时南江流域佛寺众多，罗定苹塘的龙龛岩道场是在唐高祖武德四年（621年）建造的，现存的《龙龛道场铭并序》为泷人陈集原撰写，其摩崖石刻为研究武周时期文字、南江流域历史文化的重要文献，号称"岭南第一摩崖石刻"。惠能年幼之时，龙龛道场已建十多年了，可见当时南江流域地区佛法的兴盛。惠能北上之时，正值龙龛道场第二次修建的兴盛时期，龛中已经建造一座连地尊像。

（四）明清时期——对接海上丝绸之路的复兴期

本时期南江流域是以广州为中心的海外贸易的重要商品来源地。南江流域的农产品茶、胶（上石粉）、肉桂行销海内外。南江流域的手工业也为海外贸易提供优质的产品，其中一大宗便是罗定的铁，明洪武六年（1373年）置十三处冶铁所，此时广东之铁始以质佳著称。清人屈大均在所著《广东新语·货语·铁》中有"铁莫良于广铁"之说；又有"诸冶惟罗定大塘基炉铁最良，悉是锴铁，光润而柔，可拔之为线，铸镬亦坚好，价贵于诸炉一等。诸炉之铁冶既成，皆输佛山埠"的记载。另民国《罗定州志》记载："按粤镬有二，曰佛山、曰连滩，镬薄而俭柴，人尤多用。然非出于连滩，实由罗定输出。"1978年省博物馆对罗定大塘基进行了调查，发现并测量了分界公社金田大队

---

① （民国）《罗定州志·卷七·流寓》[Z]，《中国地方志集成广东府县志辑50》，上海：上海书店，2003年，第401页；（康熙）《罗定州志·卷之六·流寓》[Z]，《中国地方志集成广东府县志辑》第50辑，上海：上海书店，2003年，第149页。

炉下村铁炉遗址。1982 年广东省博物馆、中山大学和广东省社会科学院组成的调查小组第二次赴罗定调查，除考察分界公社炉下村铁炉遗址外，并对船步公社铁炉遗址进行采访调查，在调查中获悉有铁炉（村）、旧炉督、鸡公炉、勒揸炉、凿石炉与水源炉等六座铁炉（后两座在信宜境内），可见明清时期南江流域的冶铁规模庞大，且生铁产品质量很高，生铁产品由南江下西江再到佛山，最后由佛山制成成品行销海内外①。

手工业产品的另一大宗为蓝靛及其制品，南江流域地方志均有制蓝工艺方面的记载，第三次全国文物普查工作开始至今，罗定市在龙湾、分界、罗镜等镇均发现了"种蓝制靛"工场遗址。其中龙湾镇有制靛工场遗址 6 处，并有 19 处场坪遗址，较大的制蓝工场可以容纳近百人工作，可见当时制蓝业盛极一时。罗定的蓝多产于连州、新榕和罗镜等地，所出的蓝米最佳，年产大约三十石，罗镜镇的水摆旧圩曾是蓝靛的集散地②。蓝靛及其制品也成为南江流域输出海外的重要商品。

调研组调查南江流域、鉴江流域的客家人的来源时（采访老人，查看族谱），发现他们多是明清时期由福建上杭迁来此地，虽具体迁徙路线尚需考证，但基本路线与《客家人各时期迁徙路线图》相吻合，属于第四次和第五次迁徙。从福建入粤东粤北（一说先入赣再入粤），从南雄珠玑巷（一说上杭城关珠玑巷），经过河源、清远、肇庆再到郁南连滩（连滩是粤西地区客家人的一个中转点），由连滩到罗定再到信宜。在太平天国运动后继续南迁到粤西南、海南及广西沿海地区。粤西地区历史上唯一的状元林召棠族谱《正己林氏族谱》记录林姓亦是从福建入粤，林召棠的父亲从吴川来到东安县教书，林召棠随父在郁南兰寨读书生活，后来兰寨很多林姓华侨定居海外，都与迁徙路线图吻合。另外，南江流域在明清时期有大量的人员下南洋谋生，郁南的连滩、南江上游信宜的合水等镇是粤西地区著名的侨乡，这些出洋的人从南江下到南江口，再入西江到珠三角地区出海，流传于南江流域的泷水山歌《南洋

---

① 曹腾騑、李才垚：《广东罗定古冶铁炉遗址调查简报》［J］，《文物》，1985 第 12 期，第 70 - 74 页。

② 杨红雨等：《罗定文物普查发现多处明清"种蓝制靛"遗址》［N］，《南方日报》，2009 年，A13。

歌》形象地记录了这些人的境遇①。这种人口的迁移可以说明，在明清时期南江还是海上丝绸之路与内陆之间人员来往、经济文化交流的重要通道。

（五）现代和当代——对接海上丝绸之路的延伸和拓展期

尽管南江流域的水路通道逐渐淡出了交通运输，但南江流域仍然是高州、信宜和广西到珠三角的重要通道，也是珠三角与东盟联系的桥梁，石材国际贸易和禅宗文化对外交流成为现代海上丝绸之路经济文化的主要内容。云城区是石材王国，被誉为"石都"。有四成石材荒料来自加拿大、意大利、西班牙、土耳其、巴西、印度、澳大利亚等国家，产品销往世界各地。云浮建市以来，已经举办了十届中国（云浮）国际石材科技展览会和四届中国（云浮）石文化节，为石材企业提供更广阔的展示与贸易平台，从而扩大了云浮石材影响力、知名度和市场占有率。如今，云浮市与100多个国家和地区有贸易往来。

佛教自海上丝绸之路传入中国后，出生和圆寂于新兴的六祖惠能将印度传入的佛教"中国化"，开创了禅学。传说惠能涅槃之后，留下千年不腐的肉身，这也使得修习禅宗的佛学信徒，往往都会追寻六祖曾经传法的足迹，经过海上丝绸之路，前往韶关南华禅寺以及惠能家乡新兴国恩寺进行朝拜，以表达对这位高僧的崇敬。如今，惠能与孔子、老子被世界媒体称为"东方三大圣人"，并被列为"世界十大思想家"之一。他的塑像屹立于英国大不列颠图书馆广场供世人瞻仰。惠能的佛学思想也由他的众多信徒，通过海上丝绸之路传播出岭南，传播出国门，流布五洲，影响全世界。新兴县国恩寺一直被佛教界视为岭南第一圣地，与广州光孝寺、韶关南华寺并称为禅宗三大祖庭，每年到寺游客达数十万之众。据南华禅寺释传正大师介绍，改革开放以来，全国各地都有禅宗门派人来南华寺认归"祖庭"，香港特别行政区、澳门特别行政区、台湾地区也有禅宗门派前来，连韩国、泰国、日本、菲律宾、马来西亚、新加坡、缅甸、柬埔寨、澳大利亚、俄罗斯、德国、法国、英国、美国等国也有许多自认为"分庭"的禅宗支脉前来接根认祖。印度不仅派和尚前来把拜，而且在本土建有南华禅寺，大力弘扬禅宗佛学。

---

① 彭祖鸿：《〈南洋歌〉叙事所蕴含的文化价值探究》[J]，《五邑大学学报》（社会科学版），2012 年第 2 期，第 19－22 页。

二　受海洋文化影响的南江遗迹

（一）海神的祭祀

在南江流域的郁南发现有天后宫（妈祖庙）及供奉妈祖的三圣宫。旧西宁县治的建城一处称为天后宫，在建城河畔；南江口镇三圣宫4处，一处在西江边上，一处在南江口，另两处在南江边；罗定旧有天后宫1座在南江边，已毁。此外，南江流域还建有大量的北帝庙、龙母庙、三圣宫（通常祀妈祖、观音、北帝）、洪圣宫（传为唐时洪熙，死后化为南海之神）、鲁班庙（在南江流域这一木匠的行业神也因为与造船、修船的关系演变成了水神家族的一员）和神滩庙等与航运有关的庙宇，有始建于汉唐时期的大河庙（祀陆贾）、赵佗庙和开元寺（种有岭南罕有的从西方引进的菩提树）等①。虽然南江流域离海洋还有相当的距离，但这些庙宇的存在说明南江流域的文化明显受海洋文化的影响，且这些海神庙都建在了江边（南江边四处，建城河一处），足以证明南江是内陆对接海上丝绸之路的重要通道。

（二）商业遗迹

调查发现，南江口镇存在古代陶瓷窑群遗址，其中，木格村水瓜口山有10多座马蹄形馒头窑址，遗物堆积厚达1米多，出土有施黑釉、胎厚重的四耳罐、六耳罐等；南瑶村龟嘴山和南渡村虾捞山分别发现约30米长的龙窑，出土有碗、碟、壶、杯、盆、炉、灯、钵、匙等，瓷器胎质较白，多为青釉，少量为青白釉，省考古研究专家认为，这是唐宋时期产品，可见当时陶瓷生产的兴旺及技术进步。南江沿岸还遗存有大量的古码头和因码头而繁荣的圩集，在郁南县的南江口有一大型的货运码头，可见证当年的繁华。南江流域下游的白石、连滩、宋桂、东坝、河口等镇均发现有古码头，这些码头均为客货两用，码头附近有繁荣一时的古墟遗迹。南江流域的中上游罗定亦有多个古墟、埗头、码头、渡头遗址，罗镜的水摆旧墟唐代时即为一处重要墟集，附近曾出土过西汉木椁墓和南朝墓，明清两代是罗定特色蓝靛、生铁、茶叶、木材的集

---

①　（民国）《罗定志》[Z]，《中国地方志集成广东府县志辑50》，上海：上海书店，2003年，第299－300页。

散地，广州、佛山染布作坊、商号多派人来驻地采购，然后用船运出；连州古榄码头遗址，是明清时期最为繁荣的物资集散中转地；明清时期，由于水路运输繁忙，罗定州城附近的南江河沿岸建有大埗头、高码头和小东门码头等码头，码头附近有神滩庙、鲁班庙和天后宫等庙宇。调查访问信宜、高州一带老人，他们对南江口仍然印象深刻，无论是出行北上还是进行商贸活动，都有途经罗城大埗头到南江口的说法。

这些古码头、古墟及南江上来来往往的货物和人员，见证了南江作为对接海上丝绸之路重要通道的繁荣。

（三）风俗习惯的海洋文化的影响

跳禾楼的习俗起源于百越时期，主要在南江流域（罗定、郁南、云浮），此外四会、广宁、德庆、清远、台山、阳江（漠阳江流域）及化州（鉴江流域与雷州半岛连接处）等地亦有此习俗①，虽然尚不清楚这一习俗具体的传播途径和相互之间的影响关系如何，但可以肯定的是这种习俗的存在说明这些区域之间有着紧密的文化血缘关系。南江流域、鉴江流域和雷州半岛主要有粤语、客家话和闽南话三种，说明了上述区域的人员流入结构上的相似之处，都是由广府人、客家人、闽人构成，虽然构成的比例上存在着一些区别，但说明本地区的人员来往比较密切。另外，一些特定的称谓在南江流域、鉴江流域和雷州半岛存在，如旧时称平人为猺、獠，呼岭北人谓外江獠，谓婢曰妹仔等，无不透露上述区域之间的文化血缘。此外，南江沿岸的一些古建筑亦受西洋建筑的影响，如郁南县南江口镇古蓬码头旧街的古建筑等。

三　结论

通过本次调查，大量的历史文化遗存可以让我们清楚地看到，隋唐以前，广信地区是岭南重要的政治、经济中心，合浦、徐闻为海上丝绸之路始发港，南江流域是中原地区对接海上丝绸之路的重要通道。基本路线是从西江入南江，上行至罗定船步或太平、罗镜，再至信宜新宝、合水，越过分水岭，再沿

---

① 彭祖鸿：《广东跳禾楼习俗的区域分布及特点》［J］，《广东技术师范学院学报》，2012 第 1 期，第 57－60 页。

鉴江顺流而下，到湛江、吴川之间出海。唐以后，以广州为始发港，南江是粤西地区对接海上丝绸之路的重要通道。基本路线是从信宜入南江，下行至南江口及西江，到达广州、佛山等地出海。南江流域一直扮演着对接海上丝绸之路重要的货物、文化、人员交往通道的角色，在文化上颇受海洋文化的影响，同时南江流域又为海上丝绸之路提供充足的货物和人力支持。

调查组建议，抓住国家和省建设"21世纪海上丝绸之路"的机遇，积极争取上级有关部门的支持，将南江流域一带纳入海上丝绸之路振兴规划的范围统一开发，发展文化旅游业，带动经济社会加快发展。

参考文献：

[1] 黄伟宗，司徒尚纪. 中国珠江文化史 [M]. 广州：广东教育出版社，2010.

[2] 黄伟宗. 现代岭南文化特征初探 [J]. 当代文坛报，1994（02）.

[3] 黄伟宗. 海上丝路文化新里程—珠江文化工程十年巡礼 [M]. 广东人民出版社，2003.

[4] 黄伟宗. 古代珠江文化哲圣—六祖惠能，海上丝绸之路与海洋文化纵横论 [M]. 广州：广东经济出版社，2014.

[5] 张镇洪. 岭南文化珠江来 [M]. 香港：中国学术评论出版社，2006.

[6] 黄启臣. 广东海上丝绸之路史 [M]. 广州：广东经济出版社，2003.

[7] 邱明章. 从海上丝绸之路的古文明到21世纪的新辉煌 ——湛江海港发展的回顾与展示 [J]. 岭南文史，2000（04）.

[8] 朱培建. 佛山明清时期冶铁业和商业的调查报告//佛山市博物馆编. 佛山明清冶铸. 2009.

[9] 陈大远. 罗定春秋 [M]. 广州：南方日报出版社，2013.

[10] 戴胜德. 珠江文化光辉中的南江光芒. 郁南：南江文化论坛 [G]. 中国评论学术出版社，2008.

[11] 邱立诚. 南江流域早期文化探索. 郁南：南江文化论坛 [G]. 中国评论学术出版社，2008.

罗定——海上丝绸之路的重要源头

苏智勋

（罗定市社会科学联合会）

古罗定地域广阔，物产丰富，主要农林产品有稻米、蚕丝、玉桂、八角、胶粉、五香粉、松香、茶叶，有竹、木，还有柒料蓝淀、陶瓷、铁等产品，是外贸产品的重要集中地和输出地。这些外贸产品通过泷江（亦称南江）出西江，集中到广州出海。历史和事实证明，罗定是海上丝绸之路的重要源头。

一 古罗定治地十分广阔，这些地区以罗城为中心，以南江古道和陆上古驿道相连，为对外贸易提供了丰富的产品

罗定之名始于明万历五年（1577 年）朝廷设立的罗定直隶州。据史料记载（包括【唐】《通典》、《大明一统志》、【清】《古今图书集成》、历代《罗定州志》等），罗定地方于秦王赢政三十三年（前 214 年）开始建立县政权，至今已有两千多年历史，期间设置分别有开阳县、龙乡县、开阳郡、泷州、泷水县、罗定州等。

古时的罗定包括今罗定、云城、云安、郁南、信宜东南大部分和广西岑溪，以及阳春部分地区。这些地区以罗城为中心，开辟了纵横交错的道路，形成了以南江水道以及三条

陆路为主线，四通八达的交通网络。陆路三条主线分别是：中路，约今罗城至生江、罗平、罗镜（太平）、信宜思贺、合水、大成、大潮等地，从大潮镇向北走向西山大道、西山大道，约今信宜怀乡至今岑溪马路、罗定㙖滨、今郁南通门、都城等地、东山大道，约今从罗城至苹塘、金鸡、云安富林、六都等地。西山大道与东山大道主要是以都城至六都的西江河道相接。罗定一直是军事重镇，历代设兵备道把守。此外，唐宰相张柬之、桓彦范、宋之问等都先后到过罗定任职。可见历代朝廷对罗定地方之重视。

根据明万历十三年（1585年）罗定兵备道郑人逵编的万历《罗定州志》序中记载：他巡视罗定治地，从今罗城沿中路前往，先后到罗平镇、太平镇（平窆），到今信宜思贺镇，向西南方向跑马数天，经过合水镇、大成镇等地，然后往北走转西山大道，经池峒镇（黄坡）、怀乡镇，至今岑溪市马路镇（红豆）等地，从马路返至今罗定㙖滨镇（夜护），再前往今郁南都城（西宁县），从都城乘船沿西江到今云安六都镇（南乡），再转东山大道，前往云城、托峒（铁场）、富林镇，经金鸡返回罗城，其间跑马、行船数十天时间。按此时罗定兵备道巡视治地的范围，罗定州西南与高州府、苍梧府交界，东与高要府接壤。最近，笔者见从信宜大成镇水尾村到罗定经营塑胶袋生意的沈先生，他说家乡人都流传大成原来属泷州（直至罗定州）的说法。

古罗定地方山高林密，其中有1000多平方公里的盆地，气候温和，物产极其丰富，盛产蚕茧、生铁、蓝靛、木材、生竹、柴炭、桂皮、黄麻、黄红烟、香粉、茶叶、山楂、柿子、草席、生漆、陶瓷和玉石等。大量的物产沿着古驿道聚集到罗城等地，使罗城成为热闹非凡的商贸中心，经包装之后的货物再沿着南江古道流向广州，远出重洋。

二　古道南江（亦称泷江）是繁忙的交通要道，是深入内陆的罗定州广大地区的人员和货物进出省城广州的主要通道，大量的桂皮、松香、蚕丝等外贸产品从罗定出发，流向世界各地

南江主道全长201公里，还有泗纶和㙖滨等支流，流域全部在原来的罗定境内，今分属信宜境46公里，罗定境81公里，郁南境74公里。历史上称泷江或泷水，出自船步镇经围底至华石的河段称"东水"，从罗镜、连州流出的河段称"西水"。历史上，在泷水流域的广大地区，先后设置有开阳县、泷州、泷水县、罗定州等。泷江流域货物运输业十分兴旺，泷江对集聚和输出外贸产品起到十分重要的作用。

1956 年前，罗定江航运比较稳定。从太平至南江口的主航道全年可通航装载重达 35 吨货物的木帆船，每年进出货物达到 10 万多吨。夏天水量充足，太平河上溯的木船可驶到信宜大坝，围底河上的木船可直抵船步，泗纶河上的木船可抵泗纶，替滨河的木船可到思理、新乐。新中国成立后直至 1980 年，罗定江上运输船队穿梭往来，运出的货物有蚕茧、荔枝、桂圆、三鸟、生猪、柴炭、桂皮、香粉、胶粉、松香、松节油、茶叶、甘蔗、瓷碗、锰矿砂等，运进的有生盐、化肥、牛骨、花生麸、豆类、咸鱼、煤油、棉花、布匹等。罗城至南江口航道可通 200 吨货船，罗定造船厂的船队有上百艘百吨货船，长年往来于罗定至珠三角航道。自古至今，罗定运出大量的蚕丝、桂皮、松香、茶叶等，成为广东省的主要外贸产品。

从清朝到民国，西方就有传教士到罗定来传教，分别建有规模较大的基督教堂和天主教堂。从南江流域的建筑和出土的文物看，也证明了两千多年来泷水地区内外贸易的兴旺发达。在罗城周边南江两岸，建有大河庙、小河庙、思河庙，还建有佗慰庙、神滩庙、北帝庙等众多河神庙。罗定博物馆展示着出土南朝时代的西亚金手镯、战国青铜鉴、秦汉陶瓷等文物。郁南连滩镇兰寨的诗礼传家民办博物馆存有英文的清代瓷瓶及古代各式文物，另据馆主人讲，其中战国到秦汉的陶瓷，是 20 世纪六七十年代发洪水之后在沙滩上捡到的，那么，这些战国到秦汉的陶瓷，应该是在南江上游落水的。

三　罗定是广东省的外贸大县，罗定蚕丝等出口产品在省内有举足轻重的地位

民国政府实行省管县，统一撤销州府建制，罗定州分拆，正式成立罗定县。作为罗定辖区的地域缩小了，但罗城、罗镜、船步、泗纶、替滨等中心圩镇作为周边广大地区的货物集散地的功能并没有变。罗定生产的蚕丝、玉桂、松香、茶叶等出口产品在广东省内仍有举足轻重的地位。本文以蚕丝生产为例，说明罗定沿着南江古航道直通南、番、顺、江门等地，是海上丝绸之路的重要源头。

罗定从西江经罗定南江水路深入内陆，四面环山，今有 800 平方公里盘地，是广东省内山区罕见的，土地肥沃，风调雨顺，自古就是种桑养蚕宝地。今不论古泷州（泷水县）包括罗、云、郁和信宜、阳春、岑溪的广大地区，就说近代罗定，据民国《罗定志》记载："光绪年三十一年（1905 年）顺德赖凤韶来泷（罗定州）提倡蚕桑，数载间，山陬屋隅，浓荫满目，人咸利之。有茧市，岁出茧丝十余万斤。"1918—1926 年间，罗城、罗镜、太平都开茧市。罗城更是先后开设三大茧市，最早是约 1913 年由顺德人合股开办广罗蚕茧公司（在今罗定职业中学附近），后有罗城人梁燕锴在现西区开设东南茧市，江佩臣、叶微焕等人又合资开设同丰年蚕茧公司（在罗城猪墟尾），各个茧市每天可收购蚕茧达 5 万～6 万斤，这些还未计算小商贩收购的数量。此外还曾开设有缫丝厂。每逢茧造，罗城街市上熙熙攘攘，热闹非凡。1937 年，全县产茧达 400 多吨。

新中国成立后，罗定是全国农业生产的一面旗帜。1969 年，罗定逐步恢复蚕桑生产。1970 年起，罗定逐步推广种植"坡地上山桑"，把桑树种上山坡。1974 年后，广东在全省推广罗定丘陵旱坡种桑经验，罗定太平镇双角村被定为省、地、县三级蚕桑生产示范点，当时广东省农业厅高级农艺师毛悭祖和何永棠等，肇庆地区农业局张煜龙科长、丁润和、钟国洪等，肇庆地区外贸局李家富、曹炳新等，他们长年驻扎在双角村。1976 年，广东省蚕桑会议在罗定双角大队召开，全省各地到会代表 160 多人全部住、食在双角大队，会议开了一个星期时间。1989 年，以罗定为主承担农牧渔业部"小蚕片叶立体育"研究项目，其中罗定蚕种场吴仁生等负责"双角细蚕共育室"试验获得成功，罗定取得的成果受到国家农牧渔业部的奖励。当时，广东省蚕桑学校也曾计划在罗定开办。1992 年，印度蚕业考察团到罗定连州镇参观蚕桑生产。2000 年，罗定桑地面积 21838 亩，产茧 1154 吨。1982 年成立广东省丝绸公司罗定县公司，至今仍在生产运营。1984 年新建罗定丝厂，月生产能力 20～30 吨丝，最高峰时年产 300 吨丝。至今，罗定蚕种场所育蚕种还供应今罗定、郁南、阳春、化州、高州、信宜、广西岑溪等广大地区。

木有根，水有源。罗定出产的蚕丝、桂皮、桂油、松香、胶粉、竹木制品，以及改革开放后生产的服装等成为广东省外贸的重要产品，罗定为广东省对外贸易做出了重大贡献，成为对外贸易产品的主产地之一。自古至今，罗定都是海上丝绸之路的重要源头。

南江文化主题商业生态系统的构建研究

潘剑英

（莆田学院管理学院教授）

摘要： 南江流域自古与欧洲、亚洲地区有贸易往来，互通有无；重视集市交易，为行商从贾提供交易的场所；秉承"民罕著本"理念，商人辈出，因此，南江文化具有重商性特质。古时候，南江流域是海陆丝绸之路的对接通道之一，是古代岭南地区经济最发达地区之一，为商业的繁荣提供了前提条件。如今，南江流域的经济发展又面临着重大的机遇和调整，该如何利用好南江文化主题成为关键。本文以商业生态系统理论为理论基础，探讨南江文化主题的商业开发策略和措施。文章首先分析了商业生态系统的内涵和结构，然后探讨了运河文化主题商业生态系统的构建，最后提出南江文化主题商业开发的启示和对策。

关键词： 商业生态系统；南江文化；文化主题

一 商业生态系统的内涵与结构

商业经济活动从独立性向网络性的改变，需要运用一些新的思想加以研究和解释。基于此，战略管理研究领域的学者们引入生态学的思想来分析这些现象。1977 年 Hannan 和 Freeman 率先提出组织生态和企业种群等概念，从生态观的角度对以往的企业适应观进行了理论补充，同时也提出了挑战。企业生态观的视角强调将企业群落与其赖以生存和发展的外部市场环境结合起来分析问题。后来，Moore（1993）基于企业生态观视角正式提出了商业生态系统（business ecosystem）的概念，他借用自然生态系统的概念来描述当今市场中的企业活动，强调企业不再是单个的企业，而是商业生态系统的成员之一，在商业生态系统的背景下企业不应追求战胜竞争对手，而应与对手及至整个商业生态系统共同进化，创造一种崭新的商业发展结构。为了进一步明确商业生态系统的内在结构特征和演化机制，Moore（1998）给商业生态系统提出了明确的定义，认为："商业生态系统是一个由具有一定利益关联的组织形成的动态结构系统，这些组织主要包括客户、供应商、主要生产企业、投资商、贸易合作伙伴、标准制定者、工会、政府、社会公共服务机构以及其他利益相关者。"

Iansiti 和 Levin（2004）提出的运用生态学的生态位的概念来阐述商业生态系统的结构特征，他们认为："商业生态系统由占据着不同生态位的企业所组成，这些企业的生态位相互关联，一旦其中一个发生变化，其他相关者也会发生变化。"同时他们也指出，生物生态系统知识帮我们寻找到合适的类比和隐喻的一个出发点，我们通过在生物生态系统中获得的专业术语和启示，开发出一种有关商业网络的理论。而 Peltoniemi 和 Vuori（2004）在总结前人研究的基础上把商业生态系统定义为：由具有一定关联的组织组成的一个动态结构，这些组织可能是一些小企业，也可能是大公司、高校、研究中心、公共机构，以及其他可能影响到这个系统的相关组织。纵观相关研究，即使是从不同的视角出发，该领域的大部分学者还是将商业生态系统定义为由不同的组织种群构成的一个商业网络系统。

Moore 提出商业生态系统这个概念之后，为了更好地回答商业生态系统的组成部分，他在 1996 年的著作中给出了一个典型的结构模型。商业生态系统的核心是由消费者、市场中介、供应商和企业自身构成的，他们被视为是生态系统的主要物种。但是，生态系统也包括主要物种的所有者、风险承担者和具有权力的物种，它们也许与特定的环境有关，包括政府部门和立法者，代表消费者和供应商的协会以及制定标准的机构，在一定程度上还包括直接的竞争者、有可能与你竞争的公司或者其他组织。这个结构模型明显大于企业网络，可以说是企业网络的一种延伸。Moore（1996）指出，当运用生态系统思维思考问题的时候，不能过分拘泥于系统的规模大小，商业生态系统可以指小的企业内部商业活动的集合，也可以指大的企业联合体。基于生态系统模式发展的经济模式是不断超越公司、行业和其他界限进行思考，通过各方的共同合作来满足客户的各种新需求并使各方都获得利益的一种整体系统发展方式。

二 运河文化主题的商业生态系统构建经验

运河文化是千百年来在南北文化相互撞击、交融过程中逐渐积淀演变而成的，具有兼容并蓄的特点。而杭州运河文化又具有典型的江南文化特色，历史上运河两岸富有江南特色的古朴棚街和灰墙黛瓦的江南民宅林立，小桥流水和青石板路贯穿静谧安详的古巷街道，老石桥边长堤绿柳，江南水乡的诗情画意十分浓郁。这种个性鲜明的地域文化，具有极强的亲和力和凝聚力，成为运河杭州段主要的旅游资源之一。另外，源远流长的运河杭州段沿线也曾养育出一代代的名士英才，留下过一批批豪杰天骄的足迹和传说，也曾散落了许多古代建筑和文物古迹，出现过类似"湖墅八景"的自然和人文景观。这些文化遗产和历史遗迹是开发运河文化旅游的基本载体。

京杭古运河（杭州段）有着丰富独特的文化商业开发资源，发展运河文化主题商业开发已经成为杭州城市商业发展的一个重要内容，杭州已逐步建立起一个以运河文化为主题的商业生态系统。杭州在构建运河文化商业生态系统过程中，主要由以下一些经验可以进行借鉴。

（一）结合杭州的城市布局，制定运河商业开发的整体规划

运河及运河旅游开发的规划以科学发展观为指导，遵循城市与自然和谐、经济与文化和谐、现实与历史和谐、实用与审美和谐的原则，在充分调查、论证的基础上，吸收各方面的意见，把运河旅游开发做成精品工程和民心工程。古老的运河重新焕发青春魅力，为杭州打造成现代化国际风景旅游城市承载和发挥新的功能。

（二）挖掘运河文化内涵，抓好运河文化风景带建设

运河文化风景带建设要经过科学、充分的论证，不能盲目建设、粗糙建设，更不能违背运河自然生态、历史文化规律。运河存在的核心价值在于运河文化，运河的魅力在于它千百年来所积淀的深厚历史文化底蕴。对古运河风光

带景观的改造和提升，要准确把握定位，渗入人文内涵，以运河文化和历史文脉为串联，以杭州地方风俗与区域特色文化为表现形式，再现古代运河历史风貌，彰显江南水乡文化风情。两岸的建筑要与运河融于一体，岸边的居民也不能整体搬迁。岸边的村落、古镇保留适度的本土居民，不仅有利于运河人脉风俗的延续，也可以让游客深入民宅，感受当地居民的生活、休闲方式，这是运河文化最生动、最直观的体现。

（三）建立专门管理机构，加强运河商业和环境综合管理

旅游产业是一项综合性产业，旅游资源开发涉及"食、住、行、游、购、娱"等不同行业，管理与服务涉及众多部门，需要一个能统一协调的部门来开发、管理。运河旅游管理部门成立综合执法队伍，规范旅游市场，抓好运河景区综合整治，从重从严打击破坏资源、强买强卖、欺宰游客等行为，对运河旅游的交通、餐饮、住宿、购物及娱乐行业实行明码标价，定点挂牌管理，维护正常经营秩序。联合环保部门对运河环境进行综合整治，严格控制污染源，对造成环境严重污染或破坏整体景观的项目，采取整改措施，实行关、停、并、转。保护修复运河遗迹，配套建设亲水平台、游船码头，实施疏浚、驳岸、绿化、美化、亮化工程，改善运河沿岸景观环境，为古运河水上文化旅游做好服务保障。

（四）完善服务功能，提升杭州运河文化商业品牌

运河文化旅游开发必须与市场需求相适应，既要满足外面游客的游览需求，又要满足本地居民的休闲需要。要通过运河的综合保护治理，完善相应旅游配套设施，调整旅游产品结构，使其成为集文化教育、观光度假、休闲娱乐、美食购物于一体的综合性文化旅游区。加强对运河旅游形象和旅游产品的宣传和推广，把古运河游览线打造成享誉海内外的高知名度、高美誉度的旅游产品。

（五）加强区域商业合作，提高杭州运河旅游的辐射作用

杭州运河文化旅游开发，打破市场分割和地方保护主义的禁锢，冲破地域和水域的局限性，树立"大运河"旅游的新观念，建立区域合作协调机制，拓展合作渠道，加强与周边地区及运河沿线城市的旅游合作，联手整合开发运河旅游资源，推出运河旅游精品线路，共同打造运河旅游品牌。

京杭运河是世界上开凿最早、规模最大、里程最长的人工运河。它的存在体现了我国水利工程的卓越成就和先辈的杰出智慧。在一千四百多年的漫长历史中，运河为世界留下了极为丰富的物质和非物质文化遗产。这些文化遗产是中华民族的骄傲，也是人类共同的宝贵财富。申报世界历史文化遗产，是保护、开发运河及运河文化的一项标志性的工作，对提高杭州的城市影响力，促进杭州的城市发展以及提高运河文化旅游品牌具有重要意义。杭州与其他兄弟城市一起，做好京杭运河的保护、治理和开发工作，为京杭大运河申报世界文化遗产发挥自己特殊的作用。

三 南江文化主题商业生态系统构建的对策分析

"南江文化"的概念，最早由珠江文化研究会专家根据文献、民俗、考古发现及水系文化带的定律所提出来，并将其作为岭南文化新拓展的领域进行研究，指出"其文化自成一体，南江是陆海丝绸之路的重要对接通道，其相关流域也是广府文化与八桂文化的交接带，也是古百越文化保存较完整的地区之一，构成了一条历史悠久、底蕴丰厚的南江文化带"。南江文化包括了民俗文化、古建筑文化、节庆文化、饮食文化等多种文化形式。黄伟宗教授认为发掘、整合南江文化，并打造"南江文化"品牌，从"泛珠三角"合作战略和地域发展的角度上看，为南江正名对于云浮、罗定、新兴、郁南及粤西地区而言，不啻架起了一条经济与文化齐头并进的黄金通道。重商思想是南江文化重要的组成部分之一，也是我国古代经济思想的瑰宝。在南江流域各市实行改革开放政策、大力发展市场经济的今天，其思想价值更应当被人所认识。那么如何利用商业生态系统的发展思维，促进南江文化商业开发，本文提出了以下对策：

第一，从整体营造南江流域文化商业氛围。南江流域文化内容丰富，构成元素繁多，其中每个文化组成元素都不是孤立的，而是相互联系共同构成了南江流域文化环境的整体氛围。因此，对南江流域文化商业的开发，不能拘泥于某一文化要素，而应对浓厚的南江流域文化的整体氛围进行渲染，进而达到修身养性、情感回归、求知求新的目的。

第二，提升当地企业家和民众文化自觉。地方文化建设离不开地方企业家的文化自觉。地方企业能撑起地方群众文化半边天，对于南江文化，地方企业家应该予以认知，并积极参与到南江文化保护开发中去。一个具有远大抱负的地方企业家，应该更加注重的是文化与经济结合起来发展。通过宣传南江文化可以唤醒当地人们的文化自觉，让人们了解在古代云浮南江流域文化的起源、发展、行为、习惯、信仰以及社会组织，认知自己的文化，并在这个多元文化世界里找到自己的位置，进而才能谈得上去保护和开发商业资源。

第三，开展南江文化资源普查工作。摸清地方风俗习惯、崇拜物、山歌、舞蹈、语言、地名等南江文化载体及连滩光仪大屋、大湾古民居群落、罗定春秋战国墓葬群等相关的文物博物资源，在此基础上，一手抓保护，一手抓开发，在保护好南江历史文化资源同时，整合南江文化资源，对南江文化品牌进行整体的宣传、包装和策划，深层次发掘和创作反映南江文化的特色品牌项目。

第四，数字化宣传南江投资环境。建立南江文化网站和南江文化公众号，为宣传、推介南江文化提供平台，提高南江文化的知名度，进一步扩大南江文化的影响。并在这些平台上面为南江沿岸的特色店铺进行推广宣传。大力借助"南江文化名城"这张城市名片的规模效应，大张旗鼓地对外宣传南江沿岸目前得天独厚的投资环境，努力营造一个人人想来郁南发展，人人到郁南能够发展的投资大环境。

第五，多方位招商引资。云浮市属广东省经济薄弱地区，仅依靠本地经济难以形成旅游规模，必须积极向域外寻求开发资金，招商引资；要改变小规模分割承包、低水平经营的开发方式，精心规划，大投入开发、高标准经营；积极推介，并争取把其纳入发展广东省旅游业的重要项目，争取上级有关部门的支持。

第六，做好产业整合与空间布局。南江文化实际上散布非常广，各县市都要发展旅游产业，难免出现文化同质现象，除了南江四县市外，甚至与广西地区也会出现同质现象。而且这些文化现象每个地方只有一个或几个侧面，没有整体性。因此，当地开发者在南江文化开发中要采用集约化手段进行资源与产业整合，旅游景点与线路的空间布局设计要合理，采用集中移植、嫁接的手法实现南江文化的真正整合，可以实现较好的经营效果。要加强统筹、分工协作，进一步完善南江文化旅游开发的合作机制，积极探索推进文化旅游协作的新方法、新思路、新途径，在区域旅游合作上应建立资源共享、产品互补、客源互流、利益共享的区域一体化旅游网络体系。

第七，打造品牌景观走廊。围绕南江文化主题线路，积极打造完善的交通网络建设，包含水路的交通和公路的交通路线规划需要进行统一的再设计与规划，构建几条具有品牌效应的旅游线路。旅游交通对沿线的环境较之普通社会交通有着特殊的要求，环境的绿化、美化和净化至关重要。

第八，积极开展南江文化会演活动。定期举办反映南江特色文化的民间艺术会演活动，引导更多的群众认识、弘扬南江文化瑰宝。继续将六祖文化节、郁南连滩民间艺术节等办好，办出特色，将民间艺术与时代特色和发展文化经济有机结合起来。

第九，完善商业管理和各类服务。可以高薪聘请有经验的景区管理人员，并加强对南江文化旅游景区工作人员的素质培训，必要时进行考核选拔、竞争上岗，增强服务意识。同时，要加强对旅行社等各类商业组织的监管，完善对导游等各类服务人员的准入管理，提升管理和服务人员的整体素质。

罗定（南江）古道文化的综合保护与利用探究

侯月祥

（广东省人民政府地方志办公室研究员）

摘要： 罗定地处粤西山区，与广西岑溪县接壤。秦代以后，汉、壮、瑶民长期在此繁衍生息，留下了丰富的、宝贵的、具有多民族特色的文化遗产。南江一带的陆海丝绸之路对接通道，也遗留下多姿多彩的南江文化。今天，在国家21世纪"一带一路"经济带建设的推动下，我们要发扬光大南江文化传统，综合做好相关古道、文物、古村落、古遗址等的发掘、保护、研究与利用工作，增强文化自信，促进经济社会发展，铸就新的辉煌。

关键词： 南江古道；综合保护与利用；探究

一　关于罗定

罗定历史久远，是广东西部连接广西的重镇之一。古属百越地，秦属南海郡地，西汉元鼎六年（前111年）为苍梧郡端溪县，后汉因之。东晋永和七年（351年）为晋康郡地，并在今罗定一带置龙乡、夫阮二县。梁改置平原郡平原县兼置泷州。隋平原郡废。开皇十八年（598年）改平原曰泷水县，为泷州治，首次出现"泷水"县名。大业元年（605年）改州置永熙郡。唐武德四年（621年）夏，复置泷州。五年，今罗定境内设立泷水、开阳、安南、永宁（后改名建水县）4县。天宝元年（742 年）改为开阳郡，乾元元年（758 年）复称泷州，属岭南道。五代属南汉。北宋开宝六年（973 年）废泷州，以泷州县属康州。南宋属德庆府，元属德庆路，明初属德庆州。历史上，罗定地区原本为五溪部落属地，东西两山大云雾山和云开大山，是正瑶僮民盘踞之地。明万历四年（1576年，一作五年）罗旁瑶民起义，朝廷命督抚出师讨伐，以总戎陈璘主军务。事平后，乃以东山为东安（原来的云浮县，今云安县），西山为西宁县（今郁南），升泷水为罗定直隶州，取"讨平罗旁而至安定"之意，直隶广东布政使司，领东安、西宁两县。清因之，属广东省。民国元年（1912 年）废州改罗定县。

新中国成立后，仍称罗定县。1959 年与郁南县合并，名罗南县。1961 年恢复。1993 年 4 月撤县，改为罗定市。罗定市位于广东西部，西与广西岑溪县为邻，地处南江上游，属罗定盆地，人口约 120 万，辖 24 镇。

纵观两千多年间，罗定历史和称谓的演变比较复杂，几经变动，折射出罗定这一区域所处地位的重要性，历代朝廷均对其十分重视，不敢掉以轻心。

二 关于南江

南江的称谓在当代著述中比较少见，多为罗定江所代。1991 年 10 月，上海辞书出版社出版的《广东省今古地名词典》中没有专设关于"南江"的记述，在第 620 页有"罗定江集盆地（指罗定盆地）诸水东北上经郁南县注入西江"，但有关罗定、郁南两地的示意图又标明了南江河，衔接不上。1995 年11 月，中国大百科全书出版社出版的《广东百科全书》第 572 页"罗城"有条目介绍其位于"南江和罗定江南岸"之说，定义含混，表述有欠清晰。同时，该书对"南江"也没有专门列条目介绍。

其实，历史上，南江在当地经济社会发展中，发挥了举足轻重的作用。罗定一带早在宋明时期就是广东蚕桑生产主要地区，大部分镇乡均有种植、经营，成为传统农业生产项目，如连州、生江、替滨、双东、罗平、太平等镇。不少地方（如太平镇等）还有陶瓷生产、手工业生产，有大批产品外销。罗定在全省海陆丝绸之路的大经济活动中有不少的贡献。而这些经济活动，很大程度是依赖南江完成的。在罗定罗镜镇西五公里罗镜河北岸，有一处称为"水摆街"的水墟旧址，离罗定市区约 32 公里，相传建于秦汉时期，因罗镜河由东向西流至该村摆向东南，故名。这里是南江重要的古津梁渡口，南通高凉之要道，早在唐代就已经是一个重要墟场和经济流通中心。现存街墟建于明末清初，全长 500 多米，街内为石块小路，两侧店铺多为"前铺后居"建筑，铺后多为手工作坊，多建有贮靛池。明清两代，罗定特产蓝靛（植物染料）、生铁、茶叶、木材等，水摆成了最大的集散地。广州、佛山等地染布作坊、商户和铸铁工场，都会派人驻此采购，然后利用南江，用船运出货物到目的地。在这里，曾发掘大型汉墓和南朝墓葬，出土一批文物，证明当时罗定一带的南江流域已经加入了海陆丝绸之路的经济活动，南江（罗定江）已经成为广东西部、广西东部的社会经济活动的主要航道之一。

现在水摆古街仍然保留了原有的历史风貌，成为研究罗定地区历史、经济、商业、社会、人文等活动的"形象档案"。

1983 年 9 月，罗定县文物普查队在水摆乡龙甘村鹤嘴山的半山上，发现一处南朝夫妻合葬墓，出土文物 78 件，有青瓷器、金器、铜器、铁器、石器等。这是广东南朝墓的重要发现。特别是金手镯和金耳环是极致的古代金饰，工艺具有浓郁的西亚风格，属国家一级保护文物。这是广东南朝墓的重要发现，对研究南江流域南北朝以来的历史文化及与陆海丝绸之路关系和贡献，具有无可替代的重大价值。

一段时间以来，有人提出要将罗定江"正名"，恢复原称"南江"，这一愿望是良好的。但我个人浅见，可能要先做足"功课"，首先解决南江与罗定江之间的历史渊源、文化特征和与现实关系等几个互为关联的认识问题：

一是今南江流域涉及罗定、郁南、云城及信宜等县（市、区），即涉及云浮市和茂名市，所及江河包括泷江、罗定江等，稍具复杂性。当然这是次要的。

二是罗定江的名称，对罗定而言，似乎认可度高些，感情上应是比较深厚，因为毕竟是本土地名，是一张难得的"名片"。如果要"正名"，可能需要做些工作。究竟如何称谓，是统一使用"南江"，还是使用罗定（南江）、郁南（南江）、信宜（南江）名称，也值得考虑。

三是就规模而言，南江与广东的东、西、北三江是无法比拟的，难以

"平起平坐"。北江干流河长 464 公里，集水面积 46710 平方公里，广东境内为 42879 平方公里，纵贯韶关、清远、佛山、广州 4 市，占粤境珠江流域总面积的 38%，占广东省土地总面积超过 24%；多年平均径流量 1620 立方米/秒，年平均径流总量 510 亿立方米。同时，北江是广东水运大动脉，韶关至广州航道全长 334 公里，是中国第一条以通航为主的山区渠化河流，已建成 4 座大中型水电站和 5 座大中型水利枢纽。

西江自广西梧州至广东三水思贤滘的西江河段，长 208 公里，占全江长度的 10.3%，区间流域面积 43860 平方公里，占西江总流域面积的 12.42%。区间年平均径流总量 123 亿立方米，占全江径流总量的 5.35%。西江水量充沛，河道宽阔，河床稳定，无论是在灌溉、供水，还是在水力发电和航运方面，都发挥了重要的作用。在西江，已建成 10 座大中型水电站和 10 座大中型水利枢纽。

再看东江，干流石龙以上河长 520 公里，集水面积 27040 平方公里，广东境内为 23516 平方公里；年平均径流量 815 立方米/秒，年平均径流总量 257 亿立方米。东江水资源丰富，水质较好，为香港、深圳等地提供了充裕的水量，同时建成大中 4 座大中型水电站，其他水利工程 8 个。

南江与北江、西江、东江规模悬殊大，是难以攀比的。罗定江全长 203 公里，流域总面积 4493 平方公里，多年平均径流量 53.4 立方米/秒。河道上游的信宜市境，山高、坡陡，水流易涨易退，两岸易受冲刷。部分河道经常变动，损害农田、山林。1956 年以前，航道比较稳定。此后，上游相继建成一批引水蓄水工程，引去大量河水，加上流域内植被受破坏，水源减少，导致航道逐渐淤浅，至 1965 年，干流罗城以上河段及各支流均告断航。全县通航里程，1956 年以前有 475 公里，至 1965 年仅剩 91 公里。虽然航道后来几经整治，但效果不大。

四是比较权威的书籍记载，都将南江作为西江的主要支流之一。1980 年 8 月，上海辞书出版社出版的《辞海》（1979 年版）第 1680 页"罗定"条目记载："罗定，县名，在广东省西部，西江支流南江流域，邻接广西壮族自治区。"1994 年 3 月，广东人民出版社出版的《罗定县志》第 88 页记载："本县主要河流罗定江，为西江一级支流，县内流域面积占全县总面积 96.5%。"两处记载，都将南江归入西江的支流范畴。

综上所述，我认为，要为罗定江"正名"，复称南江，起码目前还有一定难度，还要做些工作。这也许是省有关部门迟迟不能决断同意批准的部分原因。因此，我们要通过这次研讨会和后续的工作，首先合力练好"内功"，在学术层面上，集思广益，科学论证，寻找过硬的历史与现实根据，特别是要寻找搜集到足够的陆海丝绸之路"元素"，找足根据，以史喻理；深讲道理，以理服人，让有关部门（包括民政、水利、交通、国土资源等部门）接受、认可。

三 关于南江古道

由于罗定地理环境的特殊，在南江两岸，形成了不少古道。这些古道，经历了千百年的风霜，见证了千百年的历史演变，传承了中华文化，成为不可多得的饱含陆海丝绸之路文化的历史遗迹，特别是对今天建设"一带一路"巨大工程，更具有特殊的意义。

在罗定的罗平、罗镜、太平三镇交界的山岭之间，有一"金山迳古道"，古称京贯岭，又称京山岭，山高险峻，是古代沟通泷州南北的唯一陆上通道。罗定州南原为古泷州之地，唐代以前是西江一重要地区，与州城的南北交通被中部的京山山脉阻断。明万历十六年（1588年），州兵备道陈文衡开辟西山大路，自州城西南，经罗镜通向信宜函口、怀乡，接通高凉陆路交通线，全长约126公里，遂成大道，对罗定的开发具有极其重要的意义。自明起几百年，间有加修维护之举。如金山迳在西山大路中段，因山深林密，人迹罕至，道路狭窄难走，且常有拦路抢劫匪徒劫掠过往客人，时有事故，商旅需寻伴结帮而行。清康熙年间，罗定州首富彭献谏捐出巨资，扩拓山道，垒石砌筑，石板小道逶迤山间5公里，穿过金山迳，东达太平，西抵罗镜，大大方便了行人、货物来往，人称其便。从金山进入峡谷，石板小道似长蛇卧藏，欲隐欲现，似有神秘感。而自民国二十一年（1932年）罗（定）信（宜）公路修通后，改道牛路迳山口，金山迳古道行人、货物才逐渐减少。但深山故道历经几百年风风雨雨，冬去春来，当年古韵依旧，历史风采犹存。

四 关于南江文化的传承与利用

今天，对于南江古道文化的挖掘、研究、保护与利用，是一个亟待解决的新课题，已经摆在我们面前，不容犹豫，不容推卸。南江古道文化，很多已经被历史湮没隐匿，很多已经褪色变异，但是，不管如何，功夫不负有心人，只要我们敢于付出，坚持目标，不懈努力，就总会让南江文化重放异彩，使其服务于今天的改革开放事业，服务于实现两个一百年的伟大目标。

（一）树立文化自信，在罗定形成一股强烈的南江文化冲击波

在罗定上下，首先要有南江文化自信心，干部群众自觉树立南江文化观念，并浸润有关领域，特别是宣传、教育、文化、民政、城建等领域。广播、电视、网络等现代化传媒渠道的长期广泛、生动活泼、喜闻乐见的宣传是必不可少的。在社会上开展有关罗定陆海丝绸之路知识竞赛、诗词创作比赛、书画创作比赛、文艺演出、文学创作评奖活动等，都是社会宣传的很好形式。在学校中，编写有关南江文化的乡土教材讲授，组织参观访问，广泛开展知识竞赛、书法比赛、演讲比赛、作文比赛、文艺创作比赛、歌咏比赛等活动，在青少年中逐步树立起南江文化的深刻印象。这些活动，潜移默化，久而久之，一定会在人民群众、青少年中牢固树立起浓厚的南江文化意识与自信，进而产生不可估量的影响与动力。

（二）科学地做好冠名工作

建议可以由罗定市民政局、国土资源部等部门出面，有组织地、科学地做好"罗定（南江）"和"南江"的冠名工作。如广场、中心公园、公共活动场所、公共工程项目等，企业（公司）、学校、医院等，街道、大道、桥梁等，都可以有选择地做好冠名工作，让南江文化随处体现，形成一定的文化氛围。

（三）加强古地名、古村落等研究，实行综合保护与开发

在罗定，由于历史原因，虽然许多地名几经更改，但至今仍然保留下不少历史感强、文化含量高的古地名。这些古地名，都各自有许多故事，不少故事也与南江海陆丝绸之路有关，如三家店、夜护、七根松、乾相、旧县、官渡头、古城等。这些地名，深藏历史画卷，蕴含丰富文化资源，需要我们去挖掘，去整理；对于丰富罗定及南江陆海丝绸之路文化，扩大影响，大有裨益。

同理，南江古道研究也要结合有代表性的古村落普查与研究工作，梳理其中历史文化不可分割的关联。只有这样，研究才能全面系统、观点正确、结论科学；也只有这样，开发利用才能人文兼备、丰富多彩、地方特色浓郁。

（四）调整布局，强化意识

建议对罗定市博物馆布展做适当调整，注意增加南江文化、古道文化中有关海陆丝绸之路的内容，强化南江文化观念，增强南江文化意识和罗定文化自信，进一步对公众做好展示宣传推介工作。

对市内有关的文物古迹，要进行普查普检，改进宣传展示的形式和内容，有针对性地修改、丰富简介说明，有意识地增加南江文化和海陆丝绸之路内容。

在古道上，一是选择一些代表性景点，制作碑刻，对古道做适当说明介绍，给人们以知识性、趣味性的启迪；二是可以刻上历史上的名人诗文，一展古道风采，追寻历史印记；三是可以通过开展诗词比赛，选取获奖的优秀作品，适当制作碑刻，在主要景点竖立，丰富内容，增加历史文化氛围，满足游人兴趣。

（五）采取措施，加强文物、史迹保护

有关文物、史迹，经过久远历史的沉淀，是不可复制的宝中宝、无价宝，是中华民族文化的一部分，要加倍重视保护工作，不但现在可供利用，为现实服务，而且还要传承给子孙后代，代代相传。在罗定，如南朝墓葬遗址及文物（有国家一级保护文物）、金山迳古道、水摆古街等，还有历史上的泷水县、建水县、罗定州城等故城遗址（旧址），都是前人给我们留下的不可复制的无价之宝。这些无价之宝，千万不能在我们这一代破坏和损毁。要按相关文物法规管理，人财物到位、管理制度到位、责任人到位，定时组织检查督促，及时维护维修。鹤嘴山南朝墓为研究粤西、南江一带早期历史、海陆丝绸之路史，以及岭南南朝时期的墓葬制等，均提供了十分难得的实物资料，研究价值极高。目前，这一带仍有未发掘的南朝墓。一方面要保护好，另一方面也可以做好规划，经有关部门批准后，分阶段开展后续的发掘工作。

同时，要设法创造条件，提高具体文物和遗址的保护级别，对现有与南江及海陆丝绸之路有关的文物、古迹（如鹤嘴山南朝墓等）、古道、古村落（如蓝村古村落、楼脚民居等）等，要在原有基础上尽量提高管理级别，升级管理，提高档次，争取列入县、市、省，甚至国家级文物保护单位，列入非物质文化遗产项目，通过努力，创造更好的条件进行保护与利用。

参考文献：

［1］黄伟宗，金繁丰．郁南：南江文化论坛．中国评论学术出版社，2008.7.

［2］司徒尚纪．中国地域文化通揽：广东卷．中华书局，2014.6.

［3］广东省地方志办公室编．广东历代方志集成//其中罗定县志4种．岭南美术出版社，2011.6.

［4］罗定县地方志编纂委员会．罗定县志．广东人民出版社，1994.3.

［5］《广东省今古地名词典》编委会编．广东省今古地名词典．上海辞书出版社，1991.10.

［6］李默．广东方志要录．广东省地方志编纂委员会办公室，1987年．

西京古道厚重的历史文化内涵和开发利用新途径

许化鹏

（乳源社科联）

　　摘要：岭南古道中，西京古道是有文字记载，且历史最长、保存最完好的海陆丝绸之路对接通道之一，由当时的桂阳太守卫飒奏准朝廷开凿而成，原路线自北向南从今湖南宜章经韶关乳源至英德洸洸，全程五百余里。宜章北接五岭之一的骑田岭，至郴州直通西京长安，是一条岭南连接中原的主干道。古道至今历时两千年，积淀丰厚的历史文化。本文通过古道沿途丰富的文化遗存，论述积厚的古道文化内涵和如何在积极参与"一带一路"建设对接联结中，探索整合古道资源，打造以古道为依托的全域文化旅游开发利用新途径。

　　岭南古道作为海陆丝绸之路的对接通道，在参与"一带一路"建设对接联结中，挖掘其自然之路、文化之路、历史之路、复兴之路历史文化内涵和探寻开发利用新途径具有十分重要的意义。

　　西京古道，一个诱人探究的课题，一个老生常谈的热点，亦是一段见仁见智的不老传奇。广东省政府参事、时任珠江文化研究会会长、中山大学黄伟宗教授经过多次考证认为：西京古道是目前岭南地区发现的十多条古道中，有文字记载、历史最长、保存最完好的连接海陆丝绸之路的对接通道。如何挖掘古道文化的内涵及其精神实质，擦亮其在中国五千年文明史上的岭南印记，使其成为可带动地方经济建设和文化事业可持续发展的岭南文化中待开发的一块处女地，从旅游的角度讲，这是一个激动人心的话题。现时背景下，笔者认为，要成功开发西京古道旅游，必须立足旅游产业发展这个基准点，基于市场资源、产品、可持续发展等自然角度去解读西京古道。尤其要立足自然景观、人文景观、经济发展这三大视角，方能真正展现其靓丽的神采。

一　在自然与景观视角下的两种风采

在两类人群的眼中，西京古道呈现出不同的风采。

（一）对地学研究者，这是一条生动鲜活的"地学修学旅游带"

独特的地理环境、典型的喀斯特地貌形成了南岭山脉横亘、山峦连绵、纵横交错、溶蚀地貌显著、切割强烈、悬崖峭壁、地势险峻的地质结构。古道是地学修学旅游的课堂。

（二）对大众游客，这是一幅令人震撼的、值得深度探奇的、可游可憩的、传奇动人的山河画卷

高山、峡谷、溶洞、天坑、河湖、温泉……令人惊叹大自然的鬼斧神工。古道沿途，有广东最高峰石坑崆、广东第三大水库南水水库、广东最美的峡谷乳源大峡谷、中华第一洞通天箩、人间仙境仙人桥，还有一个又一个的天然溶洞和奇峰异石以及库湖、瀑布、温泉，更有那孕育了独特民族风情的莽莽瑶山和佛教名山东平山、云门山。这些以西京古道为主线连接起来的自然景观，就是一幅壮美的动人画卷。

二　在人文视角下，凝聚厚重的历史文化内涵

（一）古今巧遇的"通京"之路

西京古道开凿于东汉建武十五年（公元 39 年），距今已有近两千年的悠久历史。当时由桂阳郡太守卫飒奏准朝廷主持开凿，南起自今英德浛洸，北至湖南宜章，崇山峻岭五百余里之遥，工程浩大，开成后是岭南直接通往京都西

京长安的主干道。时隔两千年，京珠高速公路从北京南伸直到珠海，成为当今南北交通的大动脉。古代的西京路和现代的京珠高速公路，其起止点都是一头接京都，一头接岭南。京珠高速公路甚至有不少地方还是沿着西京古道走的。其走向、功用等方面，两千年古今轮回，古今巧遇。无论如何，西京古道有意无意地为开京珠高速公路提供了实际操作上的参考，具有里程碑的意义。

（二）军旅征战之路

军旅是西京古道开通并得以持久畅通的必要条件之一。西京古道是否在秦军10万铁骑的踩踏下形成雏形？东汉卫飒是否在原有雏形的山道上开凿修筑？至今众说纷纭。从战略意义上讲，《孙子兵法》云，"计险阨远近。"意思是说，打仗要研究地形的险隘，计算道路的远近。所以，西京古道的开通，在历朝历代的军旅征战方面，具有十分重要的军事战略意义。北宋开宝三年，即南汉大宝十三年（970年），宋将潘美、尹崇珂统兵10万，从连州经西京古道支线横插韶关，与驻守广州北大门的南汉守军决战莲花山下。此役是南汉亡国的生死决战，这可是西京路上不可泯灭的一页战史。明末，号称大顺皇帝的李自成兵败南撤，以一旅偏师结寨蜷伏于西京古道乳源梅花（今乐昌市辖）的万古金城，最后，一代闯王魂归粤北。清咸丰年间，洪秀全的太平军由西京古道北上，沿途今尚流传"村庄坚壁清野"，"大军如蚁"在西京古道"过了七日七夜"而秋毫无犯的传奇故事。近现代史上，1928年初，朱德、陈毅经西京古道进军湘南。1931年，邓小平、张云逸、李明瑞率领中国工农红军第七军，由连县东进，到老坪石后经西京古道南下乳源北部梅花（今乐昌市梅花镇），与国民党军展开了一场恶战，双方伤亡惨重，谱写了一曲"古道梅花壮英烈"的惨烈壮歌。战斗结束后，红七军400多名伤病员由西京古道南下，在今大桥镇铁龙头村留下45名重伤病员隐蔽养伤1个多月。新中国成立前后，西京古道成了当时的战略要道，留下了无数革命先烈的足迹和鲜血。这是西京古道上战火硝烟、联营军帐、旌旗号角的重要元素，也是古道长久畅通的必要条件之一。

（三）商旅文化、驿站文化体验之路

从旅游开发角度看，西京古道商旅文化开发过程中，须重点突出供奔波商旅休息的憩所——古道驿站。西京古道，既是军道，也是官道，但更主要的是商道。它曾经是"上通三楚，下达百粤，必由之路"，"其间商贾奔施，冠盖辐辏，往来行人不知凡几"。南来北往的公差快马、旅人学子、镇村平民川流不息，他们来去匆匆，有不少披星戴月，火把松明与流萤交织，在古道的夜空中闪烁。更有无数商贾，押运着一批批货物，在"挑担脚夫"的肩膀上，日夜不停地南流北运。古道曾留下"妃子笑"那运送荔枝驿马腾起的"一骑红尘"，曾留下"万担盐箩过古道"等靓丽风景以及无数动人的故事和传说。另外，西京古道沿途出土的古铜钱，也给今人传递了古人商贸往来和货币流通的重要经济信息。古代的邮铺、公馆、茶亭、食店各有不同的功能。然而就是这些在路旁道边的建筑物，却是如此执着地伴随古道，"不辱使命"发挥着其应有的作用。在古道旅游带开发建设中，它们担负着必要的食宿接待设施功能。在当今都市人厌倦喧嚣闹市，向往清静悠闲、返璞归真的田园生活的时代，打造古驿站文化体验旅游带氛围，提升西京古道旅游档次是重要的环节。

（四）移民文化，民族风情体验之路

充分展现西京古道的移民族文化内涵，是开发古道旅游的又一重要内容。秦代以来，岭南就是朝廷流放"罪徒"的基地。除此之外，中原人民为避战乱几度南迁。北民南迁对岭南地区的经济繁荣和社会发展起了很大的推动作用。中原文化的传入，使土著俚人与北方流民相互融合。乳源侯公渡泽桥山隋唐六朝墓是北民南迁、卜地而居、生息繁衍留下的文化遗存。沿途已发现的南朝砖室墓也充分证明了这一点。明初，乳源"招民承种，湖广、江西、汀漳之民占籍于乳"。今在乳源居住的客家人，大多数是此时迁居乳源的。清初，又有不少客家人，乘"湖广填四川"的移民大潮，移居四川。其中，朱德元帅的祖先就是沿西京古道北上入川的。西京古道，留下了祖辈迁徙的足迹，留下了先人别离故土时的无限思乡情怀。开发西京古道纪念民族迁徙为内容的旅游项目，为旅游者追怀民族历史、寻根访祖、敬祖睦宗提供平台，将对西京古道文化内涵的提升起到很好的促进作用。另外，必背瑶寨又是世界过山瑶的祖源地之一，瑶族人民踏着古道流徙四方。四百多年前，大桥镇还有瑶汉民族共同祭祀瑶族先民的盘龙祠。民族风情体验是构筑西京古道旅游带，实现可持续发展的重要支撑。

（五）古迹探寻之路

古迹探秘是西京古道旅游带的重要内容。我们的祖先世代相传，丈量着这条千年古道。这些穿越时空的文物，印记着历史的沧桑。古道沿途，古迹众多，古遗址、古墓葬、古建筑、古村落、古碑刻，还有古树等，都将是游人探秘的实物见证。走进古道，让游人宛如跨越了时空隧道，感受到两千年"古道西风瘦马"，"长亭外，古道边，芳草碧连天"的意境。从古遗址可显示古道昔日的繁华。古墓葬包括古代造型独特的砖室墓和历史名人墓，将激起人们对先人经济生活、民情风俗以及文化传统等方面的沉思。古建筑是古道探秘涉及最广泛的内容，这里，两千年凿山通道古迹犹存。明清以来重修的石阶路面蜿蜒在险峻的山巅坳口，与长满荒草的古亭，还有古桥、古村共同诠释古道悠久的历史。其中大桥镇的通济桥，建桥时采用当时先进的"睡木沉基"技术，不但今仍巍然挺立，而且是大桥地区历史文明的象征。沿途的古村落，承载着千年中国传统的家族制度和文化理念。如洲街、石角塘、大桥、长冲等古村，这些古老的村庄记载着西京古道沿途先人的居住理想和生活尊严。它不仅仅是一个古建筑群，更是民族浓厚历史和传统的记忆和载体。它以古老的物质元素、凝固的建筑艺术，反映了不同时期、不同地域、不同经济社会发展阶段形成和演变的历史过程，鲜明地折射出悠久的历史和民族文化传统，真实地记录了传统的建筑风貌、优秀的建筑艺术、传统民俗民风和原始的空间形态。每一处古老的村庄都蕴藏着古老的故事，每一间古老的宅院都遗留着历史的韵味，是民族精神的再现。再有古道边和古村前后的古树，它们很多又是早于古建筑物或与建筑物同龄的"活文物"。这些古树曾见证千百年历史沧桑，有些古树甚至成为一方的标志性植物，或因树而产生一个个优美的故事传说。南岭国家森林公园的"迎客松"，就成为当今乳源"喜迎八方宾朋"的标志性古树。大桥镇下圭村前的那棵古老红豆杉，也因京珠高速公路为其"让道"而传为佳话。许多游人在探幽访秘中，总是与古树联系在一起，追寻、了解历史与生态方面的知识。

（六）佛教文化传播之路

西京古道是佛教文化传播之路，有史可查，早在1200多年前的唐代，佛教的传播就在古道上扎下深根。六祖慧能第五代弟子、唐高僧仰山慧寂三转法轮，在韶州东平山（今乳源洛阳镇白竹东坪）重建正觉寺，中兴沩仰宗风，弘法20年，弟子最多时达1000多人，是当时最为隆盛的佛教道场之一。祖师在此建寺、弘法、圆寂，成为沩仰宗的祖庭，故有唐宰相陆希声、北宋尚书左丞余靖书写的铭记传世。五代后唐，六祖七传弟子文偃禅师在云门山下创建了云门寺，成为中国佛教禅宗五宗之一"云门宗"的发祥地，云门寺至今香火旺盛，是全国依然保持农禅并修的佛教寺院之一，是游客的祈福宝地。中国佛教禅宗"一花五叶"（沩仰、临济、曹洞、云门、法眼），乳源就有沩仰、云门"二叶"祖庭。还有扎根民间、自古以来影响着广大民众的南岭观音文化和舜帝文化，是开发"大南岭"旅游的宝贵资源。

（七）诗文鉴赏和名人芳踪寻觅之路

古道诗文意境悠远，词句铿锵，情真意切，与景与地结合紧密，具有很好的软开发价值，可以为西京古道沿线旅游增添许多韵味。古道沿途，碑刻林立，简直就是一条古碑长廊，许多古亭的门楣和两边又有门额和楹联。每通碑刻均有序言，这些序言，很多宛如一篇游记，有些更是描述古道当时当地情景的妙笔佳作，是今人研究古代历史，追溯古风、古学、古貌、古礼的诗文实证。其中有很多写得生动感人的绝妙篇章、联语和诗词。如今存大桥镇鹿子丘烂泥坳乐善亭的《万古流芳碑》序中，就有建亭是为了避免行人"过春雨之淋漓，遭夏日之熏蒸，逢秋露之凄凉，受冬霜之觱烈"之句，词句描写了当地一年四季的气候情况，言简意赅。梯云岭亭北门石刻楹联"挑负宜息肩，何妨濡滞停步脚；来往当思路，切莫蹉跎误前程"，联语情真意切，告诫行人：你肩挑背负，一路兼程，鞍马劳顿，"请客静坐片时"；然而，你前路茫茫，驿道迢迢，要一路小心，一路好走，不能耽误。联语不但在荒山僻野的漫漫长途中，给人以安慰、关怀和启迪，由此还可引申到人生道路也该如此。青莲山上留有明朝遗臣李秉中的名篇《青莲山赋》，青山绿水间留下了一代名臣的忠心和感叹。"……大丈夫时未亨兮，且乐乎绿水青山。……愿樽不乏酒，厨不断烟。茅舍不漏，布衣常穿。采樵林畔，钓鱼溪边。吟诗月下，酌酒花前。无荣无辱，其乐陶然……"古碑还留下不少有关名人芳踪的记述，如《重修梯云岭碑》有"昔唐昌黎韩公，宦游岭南，道经此地"的记述。白牛坪有以纪念韩愈而命名的"蓝关（今毁）""心韩""仰止"等古凉亭。民间流传着许许多多有关韩愈、慧能、苏东坡、李秉中、屈大均等众多历史名人途经西京古道时留下的传奇故事。清康熙二年（1662年）《乳源县志》更录有不少古人攀行西京古道后有感而发留下的奇诗妙句。

探寻古道开发利用新途径

岭南古驿道不但具有历史价值、科研价值，更有文化旅游开发价值。就西京古道而言，2016 年，广东省副省长许瑞生，韶关市委、市政府领导先后考察了乳源的西京古道，认为西京古道是乳源的宝贵资源，指示要保护和利用好古道这一资源，并明确提出了乳源"以西京古道为依托发展全域旅游"的指导意见。那么，该如何整合西京古道资源以使对古道的开发利用能更加合理顺势呢？

西京古道开凿于两千年前的东汉时期，是海陆丝绸之路的对接通道。近年来，广东省在有序推进南粤古道保护利用工作中做出了多个层面上的探索和努力。2016 年，西京古道被列为广东 6 条古道开发利用之列，地方政府根据上级有关指示精神和指导意见，邀请有关专家、学者、专业团队，全方位进行"以西京古道为依托发展全域旅游"的规划和设计。

（一）西京古道的资源优势

在两千年的时光里，西京古道成为造福沿途百姓的福道，托起了一个个强镇富村，至今，从这些村镇遗留的商业店铺、民居建筑，还能感受到昔日的繁盛。今天，在新的历史条件下，如何让古道继续造福于民，优越的政策为古道的进一步开发奠定了基础，提供了资源优势条件。

第一，可视性。西京古道历经两千年的时易世变，仍有很强的具象性，至今留存下来的路段，其独特的石阶路面，古村落、古凉亭、古桥梁、古树，较高历史和艺术价值的碑刻，以及沿途弯弯的古道、翠绿的山岭、蔚蓝的水库等优美的自然风光，组成了一幅自然风光和历史文化遗迹相融合的美丽画卷，置身其中，让人具有强烈的视觉冲击和心灵震撼。

第二，可传性。古道沿途具有丰富多彩的民俗文化，如具有重大影响的历史事件、历史人物，渗透着浓厚地域文化特色的历史掌故、民间传说，这些文化资源，既可以诉诸文字，更靠民间口口相传，以致历代传承不衰，构成了独具特色的地域文化格局，留下了丰富多彩的非物质文化遗产。如舜帝文化"圣祖祭"、南岭观音文化"契娭生日"、"西京古道石阶除道"等，提供了可资开发利用的多重资源价值，可以直接或间接转化为旅游产业、文化创意产业以及衍生产业。

第三，可利用性。西京古道文化资源丰富，沿途文物古迹累如串珠。乳源境内有多个古道遗存段落，如主线部分有大桥镇的猴子岭段、五里桥段（包括瑶山古道）、梯云岭段，乳城镇的腊岭段、洲街（古巷）段，侯公渡的石门坳段。支线保存下来的段落有几十公里，这些都是可供开发利用的珍贵资源。

第四，可整合性。古道沿途有众多可资整合利用的资源。"高山、峡谷、瑶家源，古寺、古道、林水泉"的乳源文化旅游大环境，构成了南岭国家森林公园、天井山国家森林公园、南水湖国家湿地公园、广东乳源大峡谷、必背瑶寨、云门寺、云门山旅游度假区、古道文化森林公园、仙人桥、丽宫温泉等独特的资源优势，从而提供了文化旅游资源整合的便利条件，产生了更大的资源组合效应，形成了更广阔的开发利用空间。

（二）更新观念寻求开发利用新途径

长期以来，由于种种原因，古道文化资源大多数处于闲置状态，没有有效地转化为文化形象力和文化生产力，没有为提高地域文化形象、促进经济社会和文化建设，发挥出应有的价值和作用，形成了深厚的文化资源价值与文化资源作用弱化的反差。西京古道的开发利用应重点考虑如下几个方面：

第一，做好"三新三结合"。一是确立文化资源保护利用新观念，树立文化资源有效保护和科学开发相结合。即转变将文化资源保护与开发利用对立起来的观念，克服"文物遗迹是包袱、是负担"的思想认识，克服"休克式"静态保护的做法，树立保护、开发并举思想，做到保护与开发利用"两翼齐飞"。二是确立文化资源保护和促进当地经济发展、群众受益相结合的新思路。避免单纯强调保护、将文化遗迹"圈"起来，和当地社会经济发展脱节的现象。应该在保护的前提下，让文化资源最大限度地融入当地社会经济文化旅游发展中，为推动社会经济发展提供文化支撑力，形成文化资源保护与区域社会经济文化发展、文化效益与群众受益"共赢共享"的良性发展新局面。三是确立文化资源保护利用与自然资源开发利用相结合的新举措。古道穿山过岭，沿途风光秀丽，在保护开发中，将古道与自然资源相融合，开发出集访古探幽、登山戏水、乡居体验、摄影写生、特色餐旅于一体的自然历史文化园区。

第二，确立资源整合、整体规划、分段实施的保护开发原则。古道沿途分布着众多历史文化资源，长期以来，这些资源处于散落状态，多数闲置，且和古道两不相干，形不成整体文化效应。要改变"单打一"的开发利用做法，将古道沿途的各种文化资源整合，一线串百珠，形成保护利用的宏大气势。

第三，建立古道文化标志建筑，有条件的可旧物利用、仿古改造。标志建筑不仅是一个地方的坐标，也是历史文化的代表。具有历史和艺术价值的标志建筑，可提升当地形象，带动文化旅游经济的发展。

第四，建立古道文化展览设施。古道文物古迹星罗棋布，建立古道文化展览设施，无论对人们全面了解古道历史文化、体验古道风采，还是保护历史文物或结合文化旅游对古道开发利用，都具有重要意义。

第五，建立保护利用新机制。将多个古道段落作为一体，统一保护利用，建立将古道资源整体规划、分区开发，统一规划、分阶段实施的保护利用机制，改变古道资源分散，各自为政，形不成大气势的格局。

第六，古道开发利用要以古道历史文化资源为依托。文化资源保护开发与文化产业、特色小镇、精准扶贫相结合，要精心规划，将"重走古道"打造成为常态化的访古探幽文化体验之旅。以古道历史文化为主体，将所有古道文化，如民俗、宗教、山水等文化相融合，打造集文化体验、生态观光、科研考古、宗教朝拜、体育健身等为一体的文化休闲旅游综合体。

古道是历史遗留下来的宝贵文化遗产，保护和开发利用工作是一项系统工程，不但要让人们找回对脚下这片土地的归属感和自豪感，更要让古道沿途村镇环境整治和传统村落的活化得到有效的推动，推进全域旅游的发展。同时要让西京古道在"一带一路"战略带动下，发挥更大的海陆古道的内在价值。

参考文献：

［1］后汉书·循吏列传·卷七十六．中华书局．

［2］裘秉钫．乳源县志．清康熙二年（1662 年）纂修，广东省中山图书馆，1957.10.

［3］《乳源瑶族自治县志》，乳源瑶族自治县地方志编纂委员会编，广东人民出版社 1997 年出版．

［4］《乳源文物志》，乳源文物志编辑出版工作办公室编，广东人民出版社 2007 年出版．

［5］全唐文·八一三卷·仰山通智大师塔铭．

［6］四库全书·武溪集·卷七·韶州重建东平山正觉寺记．

岭南古驿道（零陵、桂阳峤道）在历史上的重要作用

曹春生

（连州市民间艺术家协会主席）

南岭山脉东西横亘于湘、赣、粤、桂的交界处，向东延伸至闽南。群山的山谷之中，有的是低谷走廊，有的是构造断裂盆地，也有的是分水岭。就是这些较为低矮、不难翻越的山谷盆地，形成了由中原经荆楚进入岭南的天然"孔道"。其中五条"孔道"经政府与民间的修筑，成为五条通衢大道，古称驿道。岭南古驿道作为沟通中原与岭南的重要通道，以它为缘起和桥梁，许多影响中国历史的重大事件，在这里发生，它曾经是：用兵之道、商贸之道、文化之道，为中国的统一发展做出了重要贡献。

一 秦汉时期的五岭新道 （峤道）

"五岭"一词首见于《史记·张耳陈余列传》，秦"北有长城之役，南有五岭之戍"。《淮南衡山列传》也记载，秦始皇"使尉佗踰五岭攻百越"。

秦代的五岭具体所指位置比较模糊，只是一个较大的范围。按《元和郡县图志》记载："秦南有五岭之戍，谓大庾、始安、临贺、桂阳、揭阳县也。"这里是以五岭所在的县治来指称岭名。其中"桂阳"之名，就是指现在清远的连

州市。

《大清一统志·卷三百五十二》载："连州，春秋战国，属楚。秦为长沙郡地，汉置桂阳县，属桂阳郡，后汉因之。"在马王堆出土的汉代"驻军图"中，也有"桂阳军（一支）"的字样。驻军图是汉代军事地图，图中的九支军队的驻地，用红、黑双线勾框表示，十分醒目。图中标注"桂阳"的位置就是现在清远的连州。由此可见，秦代最早的五岭之中就有"桂阳"岭之称。

汉代以后，五岭的名称大致固定下来，名称虽有一些改变，但基本范围和位置还是与秦时相符。这就是（由东而西）：大庾岭、骑田岭、都庞岭、萌渚岭和越城岭。骑田岭位于今清远市的连州与湖南郴州市的临武、宜章交界处。

罗定市位于广东省西部，西江之南，东有云雾山脉，西有云开山脉，南接高雷，西通桂、黔、滇，是西江走廊的交通要冲，是从都庞岭、萌渚岭和越城岭三岭之"孔道"进入岭南都府——广州的门户和交通枢纽。

峤，岭也，指山路。《晋书·地理志》载，"自北徂南，入越之道，必由岭峤，时有五处，故曰五岭"，五岭虽不能指所有"入岭之途"，但是却显示出"五岭"与过岭通道之间存在密切的关系。

这四条穿越五岭山谷通往岭南的道路，最初时，应是秦始皇为平定岭南时的用兵之道路。《淮南子·人间训》记载，秦始皇三十三年（公元前214年）开"新道"发兵五十万，分五路越岭以平南越。"使尉屠睢发卒五十万为五军，一军塞镡城之岭；一军守九疑之塞；一军处番禺之都；一军守南野之界；一军结余干之水"。可见，秦军当时翻越南岭的行军道路有四条：（由西向东）始安的越城岭、临贺的萌渚岭、桂阳（今清远连州市）的都庞和骑田岭。四条过岭通道都须经过南岭山脉的隘口，因此也称为"五岭峤道"。

秦朝的五十万大军取岭南越地后，置郡县，并分兵五处戍守南海郡城番禺和五岭要冲，其中有两军戍守于五岭的大庾、骑田两岭之南的交通孔道，形成三道关隘即：阳山关、横浦关和湟溪关。其中，阳山关和湟溪关都位于骑田岭峤道即古桂阳（连州）境内。

骑田岭峤道是秦军利用楚国旧径道，凿通了从郴州沿骑田岭西麓栖凤水河谷，经临武到连州至湟水（今清远连州小北江），成为荆楚通往岭南新的道路，史称"新道"（《史记·南越列传》）。从临武至连州一定要经过骑田岭山脉的顺头岭，可见在秦代，骑田岭古道就已经完全成形了。

秦末，自陈胜、吴广在大泽乡揭竿而起，随即群雄并起，纷争天下。龙川令赵陀从任嚣遗言，"兴兵绝新道，自备，……移檄告横浦、阳山、湟溪关曰：盗兵且至，急绝道聚兵自守"，自立为南越武王①。通过这段记载，可以看到五岭峤道在岭南通往中原的军事上的重要地位。

二 五岭峤道在历史上的重要作用

（一）政府主持修筑零陵、桂阳峤道，成为岭南通往中原的常道

《后汉书·卷三十三·郑弘传》载："建初八年，（弘）代郑众为大司农。旧交趾七郡贡献转运，皆从东冶（今福州），泛海而至，风波艰阻，沉溺相系。弘奏开零陵、桂阳峤道，于是夷通，至今遂为常路。"

建初为东汉章帝年号，建初八年即公元83年。交趾七郡是汉武帝征南越后，设置的南海、苍梧、郁林、合浦、交趾、九真、日南七郡，在五岭以南。按照文中的记载，这七郡贡献物资的运输，过去皆从海路，运至东冶登陆。因"风波艰险，沉溺相系"，损失较大，所以当郑弘接任大司农之后，便奏开零陵、桂阳峤道，改海运为陆运。经过大规模修缮后的骑田岭古道从桂阳郡治郴州，经临武到桂阳（今连州），通往番禺（今广州）。骑田岭峤道沿途五里一邮亭，十里一驿站非常有规模。从此后，骑田岭峤道郴（州）、桂（阳即今连州），成为中原与岭南往来的主要交通要道。

郑弘当年主持修筑的零陵、桂阳峤道究竟在哪里？近几年有不少学者、专家对史书中记载郑弘主持开凿的"零陵、桂阳峤道"有了新的见解。如邓端本先生在《本今羊城·对古书零陵、桂阳道的考析》一文中认为实际上"零陵、桂阳峤道"是两条不同的道路。

《后汉书》中所载，郑弘当年主持修筑的，准确地说应该是"零陵和桂阳峤道"。这两条入岭峤道，一条是桂阳峤道也就是"骑田岭峤道"。阮元《广东通志·卷一百八十一·前事路》，在注释"郑弘奏开峤道"一事时，引胡三省《通鉴注释》说："谨案：……交趾七郡，胡三省《通鉴注》：南海、苍梧、

---

① 《史记·南越列传》。

郁林、合浦、交趾、九真、日南七郡。又云，据武帝遣路博德伐南越，出桂阳，下湟水，则旧有是路，宏（弘）特开之使夷通。"

另一条零陵峤道也就是"越城岭道"。在秦汉时期，从交趾往中原各地，多取道交趾、合浦、桂林、零陵一线。此线只要从交趾沿海东行，至合浦的桂门关后，再沿南流江、北流江至苍梧，北上桂江通过灵渠、湘江等水道，便可直达长江了。因为途中可以充分利用水运，所以是当时交趾通中原最快捷的交通路线，也是《后汉书》所说的零陵峤道。按照地理位置来看，当年罗定南江古道虽然尚未成"道"，但一定在这条由岭外进入广州的通道之中。

（二）中央王朝对南越用兵的重要通道

汉武帝元鼎四年，南越国三朝丞相吕嘉，因不满南越王和太后向汉廷上表，请"比内诸侯"，准备叛乱。这时的汉朝，国力逐渐强盛，早已有平定岭南之心。武帝于是派遣"卫尉路博德将兵屯桂阳，待使者"①。也就是派遣路博德驻军桂阳（今连州），监视南越国。为此，南宋张轼登连州巾峰山远眺时就有"我闻路将军，威棱着湟水"之诗句。

元鼎五年秋，吕氏果然叛乱，杀汉使，另立王，公开反抗汉廷。汉武帝即令"卫尉路博德为伏波将军，出桂阳，下湟水。"（《史记·南越列传》）路博德率十万楼船水师从连州出发，顺湟川河（小北江）浩浩荡荡杀向番禺（广州），这一点是无歧义的了。因为《史记》中已有徐广"湟水一名洭水，出桂阳，通四会，亦曰洭水也。汉武帝元鼎元年，路博德为伏波将军，征南越，出桂阳，下湟水，即此水矣"的明确注释。

在唐玄宗开元十六年（728年），泷州刺史陈行范领导僚族人民反唐称帝，攻占了粤西四十余城。唐王朝派宦官杨思率十万大军围剿泷州，陈行范与六万多起义僚人被杀，许多僚人因此被迫西迁。留居原地的唐代僚人，到宋元年间改称僮族（今壮族）。

宋元明时，罗定地区的瑶、僮两族人民反抗封建王朝统治压迫的斗争此起彼落，持续二百多年。到明万历年初，明王朝出动十万大军征剿罗定瑶民，历时一年，杀四万多人。大量瑶民四散逃亡，少部分避居深山。

---

① 《史记·南越列传·五十三卷》。

（三）南北货物交流的"商贸之路"

桂阳峤道由湖南临武南下，越过湘粤边界的茅结岭、南天门（即顺头岭古道）后，沿顺头岭而下，与宜章南下的风头岭经大路边镇在星子附近汇合。两条古道在星子汇合后直达连州，再经陆路或湟水水道可远达徐闻、番禺等地。这条古驿道既是兵道、传达政令的驿道、贬官南徙之道，又是南北商品交流的要衢。通过古道，中原的陶瓷、丝绸、茶叶等商品源源不断地运往岭南，进而销往海外，岭南特产及域外舶来品亦由此道北达中原。古道上行人如织，商贾贩夫在此停留贸易，一时商铺林立，蔚为壮观。明清时期，楚地配食粤盐，"粤盐遍湖南，肩挑贩夫益至数十万人"，古道成为繁忙的商业之道。

与此同时，汉武帝在平定南越相吕嘉的叛乱后，大量的物资通过零陵古道南下，这条古驿道也成为南来北往货物交流的繁华商贸之道。

三　古驿道的历史、文化价值

（一）为岭南带来先进农耕技术之路，促进了岭南农业发展

秦汉时期的骑田岭古道不但是军事关隘，后来还成为科技文化传播之路、民族文化交流之路。驿道开通后，大量中原的铁器通过骑田岭峤道进入岭南，改变了岭南刀耕火种落后的农耕现状。据雍正《广东通志》记载，粤北地区早在三国时期就已经"在连州辟龙腹陂，开渠溉田五千余顷"。据《广东水利史》载，东汉时期沛相袁忠家族在连州龙口一带修筑的"龙腹陂"还是珠江水系的第一条人工灌溉渠道。

明初推行屯田制度，不少参加屯田的汉族士兵落籍罗定。与此同时，官府公开招募流民定居垦荒，大批汉族人纷纷迁居泷江两岸。明万历五年（1577年），派往罗定围剿瑶民的官兵成批落籍罗定。此后，大批汉人继续迁入，罗定居民结构发生较大变化，由原来瑶、僮两族逐渐改变为以汉族移民为主体。

（二）"中原文化南迁之路"促进了岭南文化的发展

自秦汉以后，骑田岭峤道一直是一条岭南通往中原至京城的捷径。唐宋时期，许多著名的政治家、文学家、诗人，如韩愈、刘禹锡、王宏中、张浚等都通过骑田岭峤道贬到连州，为连州带来了中原先进的思想和文化，连州成为百越荒蛮之地的文化之城。《广东通志》载，北宋百六十六年间，全省进士127

位，连州占了43名，连州因此有"科第甲通省"的美誉。

历代均有不少著名的历史人物通过古驿道涉足罗定，如唐朝的诗人宋之问、武后宰相张柬之、桓彦范，以及翁方纲、何仁镜等，都曾避乱或寓居罗定，留下了许多题咏。初唐杰出诗人宋之问任泷州参军时所写的《过蛮洞》《入泷江》两首诗，被收入《全唐诗》中，描写当时罗定少数民族聚居、文身凿齿、瘴疠肆虐、生活贫困的情况。陈氏豪族的陈集原在唐武周年间撰写的《龙龛道场铭（并序）》摩崖石刻，取六朝骈文之精华，文笔优美，骈词工丽，后被收入《全唐文》和《广东文征》。明万历年以来，出任罗定地方官者多具文韬武略，如陈磷、郑人逵、张国经、洪颐煊、宋起凤等，他们启贤兴学，促进了罗定文化教育的发展。到民国时，罗定成为广东的文化县之一。

岭南古驿道作为沟通中原与岭南的重要通道，以它为缘起和桥梁，多次发生了影响中国历史的重大事件，为中国的统一做出了重要贡献，奠定了它在中国历史上的地位。岭南古驿道还积淀了深厚的历史文化，为研究岭南的开化、发展保留了丰富的历史、人文和民俗资料。

网络时代数字化背景下古道遗迹保护的新途径

周丽妃

（莆田妈祖文化研究院 福建·莆田）

摘要： 主要阐述古道文化遗迹数字化保护的必要性和现实意义，介绍古道文化遗迹数字化保护的现状和技术特点，通过网络数据库资源存储和网络信息传播等创新性的途径，实现古道文化遗迹创新性的传承。

关键词： 古道文化遗迹；数字化保护；新途径

目前在中国分布有众多的古道遗址，它们是中国历史文化发展的见证者和内涵的承载者，具有很高的历史人文价值、考古科研价值、自然生态价值等。罗定市水陆古道文化保存完整，但随着时间的流逝，遗迹终会受到自然或人为的破坏。

在互联网全球化的大时代背景下，传播媒介借助网络、信息技术等高科技得到了快速的发展，文化遗产的传播与保护离不开现代科技，因此，古道文化遗迹也同样需要借助数字化的技术进行保护。

一　古道文化数字化保护的必要性和现实意义

《民国罗定县志》记载，罗定有重要古渡 34 处，古桥

69 处。在古水路遗存中，靠近水路的工业遗址、古城址、古墟、古渡、古码头、古埠头、古村落和庙宇寺塔就有数十处，罗定由于水路交通较为发达，是当时对外交流的重要通道。随着交通、科技等技术的发达，古代遗址并没有发挥它原先的作用，时间长久之后便会受到破坏。虽然科技发达，对遗址的利用并不多，但这些遗址能够展示一个时代的水平，因此对遗址的保护存在必要性和现实意义。

（一）数字化利于古道文化的长久保存和传承

利用数字化技术对古道文化进行保护，可以将全国各地的古道遗迹、古道周围设施、古道文化研究单位等有关的原始文字资料、图片资料、声源资料以及动态视频资料进行搜集并考证，完善有关古道文化的文献资料，然后创建一个有关古道文化资源的数字化存储数据库，充分利用现代存储技术、网络技术、数据计算技术、信息加工处理技术、移动传播技术等方式，将有关古道文化的各种资源长时间完好保存下来。这样做有利于让古道文化得到长久和广泛的传播，更有利于古道文化的学术交流与研究。

有关古道文化的文献资料众多而繁杂，如果仅仅借助传统的方式对资料文献进行长久的保存，恐怕很难实现，而建立数据库可以将浩如烟海的文献资料系统化、科学化、清晰化地保存下来，还能方便研究者查阅。古道文化作为历史发展的见证，是中华民族优秀的文化资源之一，因此，相关文化部门要提倡数字化、信息化的运用和保护，除了成立相关的研究机构支持之外，还需要成立宣传网站、数字化专业技术团队以传承文化。

（二）数字化可以为古道文化提供研究平台

数字化保护可以为古道文化提供一个研究平台，一个先进、广阔、全面的研究平台，运用现代互联网和物联网相关技术建立的数据平台。这个研究平台可以使全国各地古道研究者、爱好者、关注者在任何时间和场所都能够通过手机搜索了解到相关的信息和资源，使研究更加方便、快捷。在这个研究平台上，可以搜索到任何有关的文献资料、图片资料，进而大大促进研究水平的提高，方便更多的研究者或者门外汉了解中国的古道文化。

（三）数字化是互联网文化传播的需要

21 世纪是互联网水平迅速发展的时代，再加上物联网技术的推广、信息技术的繁荣、云计算技术的出现，古道文化如果仅仅借助一些当地的民间艺人的口头传授以及报纸、杂志、书本等纸质印刷媒介的传播，将跟不上新时代社会文化发展的步伐。因此在互联网信息时代的背景下，也要借助新媒体如电视、微博、博客、微信等渠道来实现广阔、开放、深入、跨越时空的传播，需要更加重视数字化技术对古道的发展和保护。

二 古道文化保护的现状及特点

目前关于古道文化的保护，多局限于文献整理和图像整理，用文字、声音、图片、影像等记录，将它们陈列在博物馆里。这些方法虽然对非物质文化遗产信息进行了保存，但普通大众难以接触到，同时单纯的资料式记录缺乏吸引力，导致传播速度较缓慢，传承效果一般，而且传播成果往往仅限于学术研究的范畴。在社会现代化进程中，传统生活习俗和生活模式都发生了重大变化，古道文化濒临消失。即使采取了一定的保护措施，也只能通过文字、图片和影像等手段把图像保存下来，这种方式把"活的文化"放进了资料库、博物馆，却没有让其通过有效的传播把"活的文化"带入当代人的生活中。没有充分利用当前所处的互联网时代的信息传播优势和移动互联网终端产品的信息传播功能，没有更为有效地发掘用户的认知空间。

（一）古道文化保护的现状

目前古道遗址保护与利用的案例和论文较少，主要原因是古道遗址的保护与利用课题是近些年才开始引起关注的，之前的资料多是考古学、历史地理学等方面的研究。我国广阔的地理环境和悠久的历史文化孕育了丰富多样的古道，这些古道对中国乃至世界的文化发展和文明的传播都具有重要作用。这些古道中现阶段只有丝绸之路和京杭大运河开始进行申遗工作，其余古道遗址的保护和利用在国内各地区都有陆续开展。但较为成熟的古道保护和利用案例却未显其形，仍处于起步探讨阶段。中国地域广阔，古道的跨度也较长，但由于在很长时间内缺少足够的关注度和必要的保护措施，古道沿途上的文物古迹部分已消失，而保存下来的也是散落分布。同时部分古道依旧是现代人们日常通行的必经之路，因人们保护观念薄弱而导致部分古道上分布的遗址遗迹遭到现代化建设的破坏。

（二）古道文化的特征

中国古道遗址具有自身特征。广东古道历史悠久，水路、陆路交通发达，水陆联运不绝于书，而且与关隘联系密切。云浮罗定的南江古道即是其中的代表。这条通道不仅是连接西江与鉴江、漠阳江的交通要道，而且对外是与中央、周边地区联系的通道，对内是缩短省内地区地域间路程的便道。它不仅是商贸物流通道，还包括省内粤南北地区人口迁移、文化交流等，是海外贸易与文化交流的重要通道，是历史时期海上丝绸之路与陆上丝绸之路对接的主要通道之一。基于中国独特的地理自然环境和深厚的人文历史内涵，古道的特征主要表现在以下几点：第一，在国家地域范围内古道遗址分布以西南、西北地区为主；第二，古道遗址的地理空间跨越较大；第三，古道遗址沿用时间悠久，多数至今仍在发挥作用；第四，古道遗址道路较为险峻；第五，古道遗址具有优美的自然环境和多样的文化内涵；第六，古道由最早的单一功能向多功能发展。罗定南江古道出土先秦时期战国墓葬与青铜器，具有楚文化特色，罗定江及其支流是楚人南下海岸的主要通道。

（三）古道保护的相关技术

在网络技术飞速发展的今天，网络数据存储技术已经相当普及，在对古道进行数字化保护的相关技术中，可以运用磁盘阵列技术对浩瀚如烟的文献资料进行存储。结合先进的云计算技术，数据库的网络存储可以达到极大容量，另外还可以增加硬盘存储量，存储的光纤接口可以达到万兆速率。数据库存储的内容可以包括文本内容、图片内容、声频内容、视频内容等。另外，通过磁盘阵列技术存储的数据，能够运用互联网技术、云计算技术对信息进行快速、方便的检索、筛选以及删除和补充。数据库利用数字化、信息化、网络化技术，通过互联网实现资源的共同分享。

三　古道数字化保护实施路径

对古道文化采取数字化保护方式，建立一个以数字信息技术为基础，综合型数字化虚拟保护传承与发展利用的框架。理论层面上，将会获得一套面向古道遗址的数字化挖掘、保护、传播和开发利用的研究理论，为中国传统文化的保护和传承提供理论依据；内容层面上，对罗定地区的南江文化采取"静态"

保护和"活态"传承的数字化保护方式；技术层面上，构建以数字信息技术为基础的综合型数字化虚拟古道文化遗产保护、展示系统。

（一）建设有古道文化的资料库

在网上建设有关古道文化的资料库，以方便爱好者查阅。在所建立的数据库中，通过免费检索实现对资料的查阅，而且应当让使用者对资料进行分类检索和关键词检索。另外，这个检索可以是在网页上免费进行的，也可以通过实名注册进入数据库进行内部查询，有关学者和研究者也可以在数据库中补充文献资料，但是添加补充资料时必须以实名身份注册进入，而且所补充添加的资料要经过数据库内部系统的审查才能加入到数据库中。通过分类检索的方式就可以对古道文化资料进行有针对性、有目的地查询，方便而又快捷。

（二）发行有关古道文化的电子书

运用数字化技术，从"图、文、声、像"等方面进行转换处理，借助图片修复、文字录入、音频转换、动画、视屏影像等多种媒体技术进行修复还原，情景再现。书籍在教育中发挥着重要的作用，再联系当前计算机技术与科学信息技术的发展情况，可以开发有关古道文化的电子书，扩展爱好者了解古道文化的途径。在开发电子书时，可以开发手机版电子书和电脑版电子书两种。

（三）建设相关的虚拟空间

利用网络、多媒体技术，对古道文化的遗产等载体进行数字化转换为数据库，进行互动、共享、传播。利用网络多媒体技术，建立一个全方位的三维古道虚拟空间，提供给受众关于视觉、听觉、触觉多种感官的虚拟世界；建立友好界面，让受众能身临其境，参与互动，实现古道文化传播共享的保护目的。

四　结语

在互联网与信息技术飞速发展的今天，对古道文化进行数字化保护是大势所趋。现代存储技术、网络技术、数据计算技术、信息加工处理技术、移动传播技术能够为古道文化的保护给予技术上的支持。互联网、多媒体和数据库等技术的快速发展，为古道文化的传播与共享提供了条件。建立基于网络的文化遗产的数字化资源库，以活态文化的方式展示古道文化的方方面面，以实现资

源信息的整合及最大限度的传播与共享。利用数字化信息技术手段，对古道文化中流传的民间故事、祭祀表演仪式、民间习俗活动、文物遗存等进行虚拟现实、还原再现、动态展示。利用数字化技术的采集、储存、处理、展示、传播等技术手段，把古道文化的静态保护与动态传承相结合，以新的视角加以解读，用新的方式加以保存，把新的需求加以开发利用，构建古道文化保护与传承的一种全新方式和路径，为文化遗产的保护与传承提供理论技术支持。

参考文献：

[1] 袁军. 计算机数字化技术在贵州民族非物质文化遗产保护中的应用探讨 [J]. 科技通报，2012（10）.

[2] 刘勍，胡文静. 甘肃非物质文化遗产传承发展的数字化探索——以"花儿"特色数据库为例 [J]. 图书馆理论与实践，2013（10）.

[3] 王耀希. 民族文化遗产数字化 [M]. 北京：人民出版社，2009.

[4] 黄永林，谈国新. 中国非物质文化遗产数字化保护与开发研究 [J]. 华中师范大学学报（人文社会科学版），2012（03）.

广东古道与新农村建设、山区脱贫研究——以粤北古道为例

许桂灵

（中共广东省委党校中国特色社会主义研究所教授）

摘要：古道是至今研究较为薄弱的一个文化领域。本文在阐述广东古道地理分布的基础上，指出粤北作为五岭南北交通要冲，古道多而密度大，具有历史悠久、文化内涵丰富、知名度高等特点，且与周边的古村落和其他非物质文化遗产联成一体，更丰富和提高了它的文化价值。基于粤北社会经济仍处于滞后状态，应充分发掘、开发利用当地古道文化资源，建立以古道旅游为主体的古道文化产业，作为建设新农村、山区脱贫的道路，为此应采取相应的对策与措施。

关键词：广东古道文化资源；开发利用；对策与措施；粤北

一　前言

广东被五岭阻隔，古代与中原北方交通梗阻不便，当地开发受到限制，故区域发展和文明进步程度较中原北方要迟，至少后进了上千年。但五岭（南岭）作为一片广袤山地，其间有很多通道可供南北往来，这些通道成为广东北上和中原北方政治力量、人口迁移和商业贸易的主要交通线。这些交通线在古代被称为驿道，有陆道和水道两种，或水陆

道相连接，通称为古道。这些古道，是广东古代政治、经济、文化往来的生命线，它们北上长江、黄河流域，南下南海，连接海上丝绸之路，使广东与内陆，以及海外诸国构成一个整体，对广东历史发展、区域开发和社会经济进步，发挥过巨大的作用。随着历史的发展和近代交通的进步，这些古道已为公路、铁路等新式交通线所取代，成为历史陈迹。但它们存在了上千年所遗留下来的历史文化遗产，至今仍然有很高的历史、文化价值，同时由于它们的存在，增加了它们所在地区的知名度和美誉度，具有重要的历史文化研究和带动区域经济发展的意义。

广东的这些古道以南北走向的居多，在粤北即今韶关、清远市等地至为集中。历史上借助于这些古道，粤北经济一度居广东之首，然而近现代粤北却落伍了，社会经济、发展水平居广东的平均线之下，不少县市属贫困地区，亟需脱贫，即使一般的地区，也存在新农村建设问题。为此需要开发各种资源，发挥各方面的积极性，广泛筹措资金，开展各项基础设施和服务设施建设，充分发挥古道的经济、社会和生态效益，才有可能带来山区面貌的改变，特别是山区脱贫，这也是广东区域发展的当务之急。广东古道，尤其是在粤北，这个历史文化资源潜力很大，尚待字闺中，应积极开展调查，找出其所蕴藏的可利用价值，加以深度、综合开发，以期产生经济效益，为新农村建设和山区脱贫服务。

二　广东古道资源分布概况

古道是古代广东交通的主要方式，广泛分布于全省各地，大致分布在粤北、粤东、粤西和珠三角地区，但按广东的地理形势和区域开发的历史进程，以粤北古道分布最广、地位最重要。

（一）粤北古道

兹据广东省住房和城乡建设厅和中山大学地理系联合调查①，粤北古道现存遗迹大致分布如下：

---

① 广东省住房和城乡建设厅、中山大学：《南粤古道及沿线历史文化传承及保护研究报告》（未刊稿），2016 年 5 月印，第 5－6 页。

1. 南粤雄关与古道

在韶关南雄市珠玑巷梅岭村，属国家级文物保护单位。唐开元四年（716年）开建，历时两年建成，为连接中原与岭南重要的交通要塞。其时的驿道以青石和鹅卵石铺就，长约 40 公里，道宽 2～4 米，北接江西大余，南至广东南雄，后随着铁路和公路的开通，古驿道的作用渐失，今仅剩关楼两侧约 8 公里的古道。

2. 应山石桥（玉环大石桥）

在韶关市乐昌市黄圃镇应山村，属省级文物保护单位。始建于清乾隆丙戌年（1767 年），自古以来，商贾往来十分频繁，为湖（南）广（东）古道的重要交通枢纽。石桥为南北走向，桥长 49.85 米，桥面宽 6.5 米，三个桥并联，单拱跨 16.9 米，是目前广东省发现跨度最大的古石桥。

3. 西京古道（西京路）

在韶关市乳源瑶族自治县大桥镇，属省级文物保护单位。始建于西汉建元六年（公元前 135 年），为汉武帝时期岭南各地通往京都的必经之道。其中乳源段保留较完整的路段有梯云岭段约 2.5 公里和猴子岭段约 2.5 公里。西京古道及沿途的古文化遗存，为旅游、科考、教学提供了非常珍贵的实物资料。

4. 梯云岭亭

建于清乾隆二十一年（1756 年），在韶关市乳源瑶族自治县大桥镇石角潭村，现为省级文物保护单位。

5. 红云村仰止亭

在韶关市乳源瑶族自治区乳源大桥镇大桥村，清代建，属省级文物保护单位。

6. 猴子岭心韩亭

在韶关市乳源瑶族自治区乳源大桥镇大桥村，清代建，属省级文物保护单位。

7. 打锣镇上京古道（白虎坳）遗址

在韶关市仁化县周田镇麻坑村，唐代建，属市级文物保护单位。

8. 大富桥

在韶关市乳源瑶族自治县乳城镇西南的腊岭山脚下，明代建，属县级文物保护单位。东北—西南横跨南水支脉龙溪，为西京古道乳源段西南的重要门槛，现已荒废。

9. 纳凉避雨亭

在韶关市乳源瑶族自治县大桥镇塘峰岩村，属县级文物保护单位。

10. 三元村寿德亭

在韶关市乳源瑶族自治县大桥镇三元村，清代建，属县级文物保护单位。

11. 红云乐善亭

在韶关市乳源瑶族自治县大桥镇红云村，属县级文物保护单位。

12. 通济桥

在韶关市乳源瑶族自治区乳源大桥镇大桥村，为明清时兴建，属县级文物保护单位。东西横跨西南—东北流向的杨溪水上游石高溪，为坪乳公路的主要桥梁之一，规模宏大、雄伟，有诗云："石桥亭上建奇峰，势压江波镇蛟龙。露透云泉清淑气，人文蔚起秀灵钟。"它不仅是当地最为出名的古桥，也是历史兴衰的见证，为明代西京古道之要津。清乾隆二十六年（1761 年）被洪水冲毁，三年后大桥村民许嗣有首倡重建，巍然屹立，壮观如初。

实际上，这些遗迹中有不少只是整条交通线上的一些节点，但也反映了这些古道的走向，及其在当地交通中的地位和作用。

（二）其他古道

除了上述所列，粤北的古道还有很多。古代进军岭南，或商旅、官员、文人学士南来北往所经的道路都可归入古道的范畴。在粤北，与上述古道重合或另外存在的古道还有：

1. 横浦道，即今大庾岭道，下浈水循北江南下番禺（广州）。

2. 桂阳道，即骑田岭道，又称折岭道，其路线是沿湘江、耒水上溯至湖南郴州，转陆路越过折岭抵宜章县，再乘舟顺武水下北江抵番禺。

3. 都庞岭道，从湘江支流春陵水上溯蓝山，过南风坳，抵连县之东陂，下连江入北江抵广州。鸦片战争前，此道的商务十分繁忙。据容闳《西学东渐记》中记载，外国货物到广东上岸后，必先集中于湖南湘潭，再由湘潭分运至各地。中国的丝绸、茶叶输出，也必在湘潭装箱，然后再运往广州放洋。故湘潭—广州之间的商务十分兴旺，过南风坳的搬运劳工不下 10 万人[1]。沿

---

① 容闳：《西学东渐记》，《走向世界丛书》（一），长沙：岳麓书社，1985 年，第 84 页。

途依靠这条交通线为生的护商、旅店、商贩等不下百万人①。五口通商的结果使广州的商贸地位下降，南北货运骤然减少，大批人失业。正值太平天国举事，于是这些失业者相继投奔太平天国去了。

4. 萌渚岭道。从湘江支流潇水过萌渚岭下贺江，经封开入西江，东下番禺。长沙马王堆三号汉墓出土的《驻军图》标有此道。

5. 越城岭道。即著名的湘桂走廊，跨湘江，过灵渠，南下漓江、桂江，至梧州，顺西江东下番禺。

这五条古道遗迹遗址甚多，其中又有某些路段甚为出名。如粤北乳源西京古道之梯云岭段、腊岭段、大富桥段、草鞋岭思源亭段、乐昌市宜乐古驿道石榴下段、应山村段、大江段、南雄横浦道（梅关道）之乌迳古驿道、阳江县（今阳江市）称架古道、连县（今连州）星子古道等②，皆以其历史交通运输的重要地位而名噪一时。

古道本身是一种直接的文化资源，为各级文物保护单位。另一种是由于古道的存在而间接产生的周边地区的文化资源。这包括各类风景名胜区、自然保护区、湿地公园、非物质文化遗产等。据有关调查统计，广东与古道间接相关的文化资源主要有以下几类：

一为文物保护单位。位于古道周边共有全国重点文物保护单位47处，省级文物保护单位246处。属于韶关市的有南雄小竹塔、新龙塔、平林村、惜字塔、水西桥、里东戏台、南雄府城正南门、广州会馆、珠玑石塔、钟鼓岩摩崖石刻、回龙寺塔、南雄府学宫大成殿；始兴县栋护晴岚围楼和李氏宗祠、东湖坪古建筑群、沈所塔、罗围城堡建筑遗址、崇益堂、红犁渡槽；仁化县文峰塔、鲶鱼转遗址；曲江区韶州府学宫大成殿、仙人塔；乳源瑶族自治县观澜中院。清远市清城区飞霞洞、峡山石刻、清新县鳌头塔、英德市功垂捍御牌坊、牛栏洞遗址、蓬莱寺塔、碧落洞摩崖石刻、史老墩遗址；连州巾峰山摩崖石刻、冯达飞故居、燕喜山摩崖石刻等。

二为历史文化名镇、历史文化名村和古村落。广东全省有国家级历史文化

---

① 范文澜：《中国近代史》，北京：人民出版社，1955年，第106页。

② 广东省住房和城乡建设厅、中山大学：《南粤古道及沿线历史文化传承及保护研究报告》（未刊稿），2016年5月印，第11－14页。

名镇两座，即大埔三河镇和梅州松口镇。省级历史文化名镇是南雄市珠玑镇。在古道沿线的省级历史文化名村有南雄乌迳镇新田村和韶关乐昌市户昌山村两座；在古村落方面，古道周边有国家级古村落35座，省级29座。另一种为间接相关的文化资源，包括风景名胜区、自然保护区和湿地公园。在粤北有乐昌市金鸡岭风景名胜区和九泷十八滩风景名胜区、乳源瑶族自治区南水湖国家湿地公园等。

古道周边的非物质文化遗产也十分丰富，广东有912项国家级、484项省级非物质文化遗产①。其中粤北地区国家级非物质文化遗产有清远市瑶族耍歌堂、连南瑶族长鼓舞、乳源瑶族刺绣、英德盆景技艺等。属于省级非物质文化遗产的数量更多，在粤北有清远英石假山盆景传统工艺、瑶族"拜盘王"、连南瑶族耍歌堂、韶关九峰山歌、连南瑶族长鼓舞、连山壮族瑶族舞马鹿、瑶族小长鼓舞、韶关粤北采茶戏、张田饼印、清远佛冈豆腐节、麒麟村爬刀梯、乳源瑶歌、连山壮族瑶族"瑶族八音"、仁化土法造纸、连南瑶族八排瑶婚俗、乐昌、连州瑶族布袋木狮舞、连南瑶族刺绣、南雄龙船歌、连南瑶族银饰、长鼓制作技艺、乳源瑶族服饰、连南排瑶牛皮酥制作技艺、始兴县宰相粉制作技艺、连山壮族瑶族牛王诞等。它们都沿着古道附近分布，具有多种文化价值，可供文化旅游等开发利用。

三 古道资源价值

古道历经千年历史沧桑，积淀了厚重的文化资源，既有传承，也更有保护、开发利用的价值，是一笔宝贵的历史文化遗产。

广东古道，一是保存了大量的历史遗迹，具有历史文物意义。虽然经过岁月的侵蚀和风吹日晒，但这些古道上的一些路段至今仍留存有不少历史遗迹遗存，且种类齐全，历史风貌保存较好，包括古建筑群、古桥梁、古树名木、碑碣石刻，以及蜿蜒的古道、翠绿的山峦、悠长的河流，加上沿途一片片、一簇簇错落有致的古村落，共同构成了一幅幅古朴、厚重的历史画卷，可供人们感

① 广东省住房和城乡建设厅、中山大学：《南粤古道及沿线历史文化传承及保护研究报告》（未刊稿），2016年5月印，第3页。

受、游览和研究。

二是可继承性。古道留给后人以丰富的历史文化遗产。古道上发生过许多重大的历史事件，留下了许多历史名人遗迹，富有地域文化色彩，并流传下来不少的历史掌故、民间传说等。可以说，一条古道就是一部鲜活的地方历史，既可满足今人的需要，又可传承给后人，达到承前启后之目的，可以起到了解国情、省情、地情、"记得住乡愁"的作用。

例如大庾岭古道，为历代进军岭南的行军路线。秦皇汉武大军由此南下，开辟疆土；唐张九龄重修大庾岭道，改善五岭南北交通状况，推动了海上丝路的发展和繁荣；张九龄《开大庾岭路记》中说，此路竣工"则已坦坦而方五轨，阗阗而走四通，转输以之代劳，高深为之失险。于是乎镽耳贯胸之类，殊琛绝赆之人，有宿有息，如京如坻"。中西交通史专家张星烺在其编注的《中西交通史料汇编》中云："广州者，海舶登岸处也。唐时广州之波斯、阿拉伯商人，北上扬州者，必取道大庾岭，再沿赣江而下，顺长江而扬州也。"① 两宋时每天不下千人经由此条古道往返。岭下重镇珠玑巷为客货水陆转运的重要口岸，店铺、茶坊、客栈等云集于其周边。这些建筑遗迹遗址皆有重要的文物价值。清道光十九年（1839 年）林则徐经此道南下广州查禁鸦片，严惩英国鸦片贩子，广州三元里人民开展了英勇的抗英斗争，自此掀开了中国近代史的第一页；1926 年国共合作北伐、国民革命军也取此道北上；解放战争时，人民解放军由此突入广东，追剿国民党军主力，解放广东。

又如西京古道，从汉至唐，为岭南荔枝等上贡中原的通道，流传下来许多脍炙人口的故事。其时荔枝运到广州，溯北江抵英德，陆运至乳源，迤上瑶山，北至乐昌坪石，沿武水经武阳司，入牛头粪，到湖南临武，出湘江再北上。路旁汉时所修亭、驿仍在，一段段保存下来。抗战时，华南师范大学曾昭璇教授在这一带考察时，仍见有些石板因久行磨损，表面已呈凹入形状，马蹄痕犹存。后因湖南临武县令唐羌上书汉和帝，陈说上贡荔枝之诸多弊端，皇上才下诏罢免了进贡荔枝。但到唐代，因杨贵妃喜爱岭南荔枝，每岁荔枝成熟，有快马飞驰西京。故有杜牧的《过华清宫》诗云："一骑红尘妃子笑，无人知

① 张星烺编注：《中西交通史料汇编》（第二册），北京：中华书局，2003 年，第 204 页。

是荔枝来。"今岭南有"妃子笑"荔枝品牌，即由此而来。一批批岭南商人、学子也假道于此，北上营商，博取功名，也有不少穷苦的劳动人民经此道，以出卖劳力为生。他们都在盘环于崇山峻岭的曲折古道中滴下自己的汗珠，留下历史的记忆和足迹。

另外，粤北古道也是历代贬官、罪人流放广东必经之地，尤其以唐宋时期为多，留下大量的文化遗迹遗址，虽历经风雨，但仍有重要的文化价值，可供开发利用。如唐代大文学家韩愈一生三次来广东。其中第二次是在贞元十九年（803 年）被贬为阳山县令，他在阳山整顿吏治、兴教化、传德礼、移风易俗，颇有成就。岭南士子纷纷慕名前来请教，在阳山培养了一批"韩门弟子"。后人在他在阳山活动的地方建立的韩祠、识韩亭、尊韩堂，以及城北贤令山，皆为粤北古道名胜。元和十四年（819 年），韩愈又因反对唐宪宗迎佛骨，上《论佛骨表》，得罪圣上，第三次被贬广东潮州。他沿着上次的古道南抵广州，又沿粤东古道至潮州，在当地驱鳄鱼、放奴婢、办水利、兴教化、推广普通话，很有成就，当地留下韩江、韩山、韩文公庙等地名及古祠堂，"赢得江山都姓韩"，皆成为粤东的名胜。故古道也是一部厚重的地方历史教科书。

三是古道作为宝贵的文化遗产，如用新思维、新观念来把握、评价其价值，足可使古道文化转变为文化形象力、文化生产力，建立、发展文化产业，为当地的社会经济发展服务。

四　古道开发的对策

在广东区域经济格局中，粤北是后进地区之一，还有不少群众亟需脱贫，继而走向小康。据 2014 年、2015 年①以及 2016 年②广东上半年各地级市 GDP 排名统计，清远市 GDP 分别为 1187.70 亿元、1284.99 亿元和 601.59 亿元，居广东 21 个地级市的第 14 位；韶关市 GDP 总量分别为 1111.50 亿元、

---

① 《2015 年广东省各市 GDP 和人均 GDP 排名》，中国排行网，http：//www. phbang. cn，2016 - 02 - 19。

② 《2016 年上半年广东 21 市州 GDP 排名情况一览》，中商情报网，ht-tp：//www. askci. com，2016 - 07 - 21。

1149.98 亿元和 510.61 亿元，居广东 21 个地级市的第 16 位①。按人均 GDP 排名，则韶关市和清远市分别居第 12 位和第 15 位。无论是从 GDP 总量还是从人均来看，两市均处于中下水平，亟待脱贫致富。而扶贫与建设新农村是不可分离的，这需要多种措施，其中开发古道资源是一个重要的方向。这宜采取以下对策：

一是查明古道资源分布、赋存状况，作为开发利用之基础。长期以来，由于历史原因，古道资源大部分处于闲置状态，不少受到不同程度的破坏而湮没在历史的荒烟蔓草之中，基本上未进行开发利用。故应积极组织人力，摸清古道资源的基本状况，为下一步开发做好准备。这首先需要转变传统的观念，充分认识古道资源的价值、地位和作用，真正将古道文化资源转变为文化形象力和文化生产力，把资源优势转变为经济优势，以带动相关产业发展，带来更显著的经济效益，为壮大地方经济服务。

二是古道资源开发的产业选择，应首先考虑发展古道旅游，通过"重走古道"，使之成为常态旅游。在此基础上，发展文化创意产业，包括古道农家旅馆、餐馆、古建筑、书法教学基地、旅游纪念品等，建立古道特色产业，开发古道旅游路线，开展探幽访古之旅，盘活沿线社会经济资源，有望达到预期效果。

三是整合古道沿线的资源，进行优势互补，形成以古道为轴线的综合性旅游产业格局。粤北地势复杂，植被群落众多，少数民族与汉族各民系共生共存，形成多元文化荟萃的格局。基于此，应以古道为轴线，将以上诸多自然和人文要素加以整合，形成产业链，以谋取集聚效应。粤北古道历史悠久，知名度高，早为社会各界所认同，相关的研究成果也不少，只是各个古道之间，无论是纵向还是横向的联系都很少，即使有某些开发活动，也是分散和孤立的，还谈不上有多少规模效应和集聚效应。故古道沿线的地方政府，以及有关部门应打破行政界线，建立跨地区、跨行业的古道旅游，组织、实行有效的合作经营，这样会比打造单独的、孤立的一条古道旅游线路更有市场和吸引力，效果要好得多。例如古道与古村落联合，则大有文章可做，发展的前景也非常宽

---

① 《2015 年广东省各市 GDP 和人均 GDP 排名》，中国排行网，http：//www. phbang. cn，2016 - 02 - 19。

广。如将大庾岭道与珠玑巷相互整合起来，其旅游效益将十分可观。又如西京古道，沿线有不少古村落、茶亭、关隘、摩崖石刻，以及其他遗迹遗址，倘若能科学、合理地做好调研、规划和建设，该古道极有可能成为与大庾岭道齐名的古道旅游路线，其发展的空间和潜力很大，前景美好。

五　小结

近年，古道文化方兴未艾，正形成古道研究热潮，有关成果逐渐推出，形势十分喜人。广东古道甚多，遍及以珠江水系为轴线的广大地区，是一笔尚处于资源开发状态的文化遗产，大有开发利用的价值。尤其是粤北地区历史上是南北交通的门户，为进入广东的第一站，古道资源甚为丰富，有待加以开发利用。而时下粤北经发展水平偏低，城市化程度也有待提高，新农村建设以及脱贫致富等问题不少。故充分发掘当地资源潜力，并将其转变为经济优势是一项重要而紧迫的任务。古道作为一种历史文化遗产，也是一种宝贵的经济资源，但其价值尚未为人们充分认识，而大部分处于沉睡的状态。在这种背景下，当务之急是转变观念、加深认识，做好古道资源的调查和规划，在此基础上建设古道文化长廊，发展古道旅游和其他文化产业，谋取经济、社会和生态效益，这是建设新农村和山区脱贫的一个有效途径。

北江水神：海上丝绸之路的另一种文化

王焰安

（韶关学院教授）

摘要：北江流域几乎占广东地域面积的三分之一，流经韶关、清远两市各县以及肇庆的怀集、广宁、四会和佛山的三水、南海等县区，历史上这些流域的主干与支流上曾存在过一些水神崇拜，有的还残存至今。通过对有关庙宇和传说的考察，可知有这样几种水神：第一是由广府人传承而接受或受广府文化影响而移植过来的天后崇拜；第二是由有益于地方的官员转化而来的马援、周憬崇拜；第三是由地方名人转化而来的曹主娘娘崇拜；第四是由地方仙人转化而来的石上兄弟崇拜；第五是由著名将领转化而来的关公、岳飞崇拜；第六是由观音菩萨信仰转化而来的观音崇拜；第七是由民族始祖转化而来的盘瓠崇拜；第八是由神奇动物转化而来的龙王崇拜；第九是由守护神转化而来的北帝崇拜。这些崇拜反映了当时北江流域的社会现实和历史进程，与广州海上丝绸之路的形成与发展有一定的联系与影响。

关键词：北江流域；水神；崇拜；社会现实

北江是广东海上丝绸之路与中原的连接点，在广州海上丝绸之路的形成、发展过程中发挥了积极的作用。在长期的发展过程中，北江形成了与海上丝绸之路相融的北江文化，而北江的水神文化，是其众多文化中的一种。本文试图通过对北江水神的考察，管窥广州海上丝绸之路与北江的联系与影响。

一 北江流域江河概况

北江是珠江在广东省境内的最大主干流，其流域面积几乎占广东面积的三分之一，河流流经韶关、清远两市各县以及肇庆的怀集、广宁、四会和佛山的三水、南海等县区，与珠江最大主干流西江在三水境内的芦苞及西南两涌汇合，然后由南海进入广州市郊，现以芦苞水闸（古称东海口）为两江汇合的标志。北江水系是在由北至南的流淌过程中，与大小江河交汇而逐渐形成的，首先是发源于江西省信丰县石碣大茅山的浈江（又名浈水），向南流经广东的南雄、始兴，至韶关市后与发源于湖南省临武县三峰岭的武江（又称武水、武溪、溱水、泷水，向南流经广东的乐昌、乳源、曲江等县）汇合，称为北江；其后不断接纳支流，流域面积不断扩大，在曲江的孟洲坝接纳了发源于乳源县安墩头的南水；在英德的东岸咀接纳了发源于翁源县船肚东的滃江（流经翁源全境和英德、新丰、佛冈、曲江、连平等县部分地区）；在英德江头咀接纳了发源于连州星子墟磨面石（亦有说是该市三姊妹峰）的连江（古称湟水，近代称小北江，流经连州、阳山、英德）；在清远市江口接纳了发源于佛冈东天蜡烛的潖江；在四会马房接纳了发源于连山擒鸦岭的绥江（流经怀集、广宁、四会）；在清远飞来峡下游接纳了大燕水；在三水接纳了芦苞涌、西南涌以及发源于花都的九曲河①。

二 北江流域水神崇拜的考察

在北江流域的干支流，曾存在过多少种水神？实行过何种崇拜形式？由于缺乏记载，现在已很难确定和描述了。但通过对有关庙宇和传说的考察，我们可以得知其主干支流上曾存在过九种水神崇拜，下面试分而述之。

---

① 黄伟宗：《北江文化雏论》［EB/OL］，中国评论新闻网，2006 - 03 - 08，http：//www.chinareviewnews.com/。

北江水神：海上丝绸之路的另一种文化

（一）由广府人传承而接受或受广府文化影响而移植来的天后崇拜

所谓广府人，即广府民系，有狭义、广义之分。狭义的广府民系即指口语中的"广府人"，分布于以广州为中心的珠三角及周边地区，以粤语广府片为母语，有自己独特的文化、语言、风俗、建筑风格。在广东主要分布在广州、花都、从化、增城、南海、番禺、顺德、东莞、台山、新会、开平、鹤山、高要、四会、中山。

北江流域不是广府人的主要集聚地，生活在北江流域的广府人虽有部分是因宦旅而徙居的，但更多的则是因经商而旅居。他们虽然人数不多，但政治、经济地位优越。当其存在获得了人们的认同后，其所携带的文化因子就直接或间接地对人们产生影响，遍布北江流域的天后崇拜当是这种影响的结果。

天后崇拜始于福建，据传福建莆田湄州的林氏女，生而灵异，殁而为神，往来海上，庇护航行，救人出险，祷之辄应，于是为福建沿海人民所信奉。唐宋以后，由于朝廷的大力提倡，天后崇拜则由福建而几乎遍及到中国的沿海地区。天后是海神，职责是负责海上渔民的安全。广府人因多生活在海边，变幻莫测的海洋生存环境，使他们在祈求自己的生命安全时，自然而然地接受了天后信仰，并在日常生活中展现这一信仰因素，从而形成了根深蒂固的天后崇拜。

广东与中原的政治及经济交往早在先秦乃至先秦前就开始了，在没有公路和铁路等现代运输设施前，人员的流动、物资的运输主要是靠北江水运。凡北上的物资先经水运到大庾岭脚下，再由人挑抬而翻过大庾岭；而南下广东的物资则由人挑抬到大庾岭南麓，再由北江运输到珠江三角洲。大庾岭梅关古道开通后，随着海上贸易的进一步拓展，北江的运输更为繁忙，一大批原在珠江三角洲从事海上捕鱼的船民，见运输比捕鱼更有利润，便转而从事运输。江上运输虽比海上捕鱼相对要安全一些，但风险依然很大，生命时时会受到自然和土匪的威胁。于是，他们不但忘不了他们的保护神，而且还要时时祭祀他们的保护神，这样，天后信仰就随着他们和他们的船只而来到了北江，并首先对北江流域的原住船民，继而对北江流域的民众发生影响，他们又将天后的神像由船上移到岸上，进而建立了天后庙。天后信仰由船民而泛化到普通民众，天后的神职也由海神而变为了水神。

北江流域的天后崇拜主要见于有关地方志的记载和史迹遗存。查阅北江流域的地方志，我们可以很容易发现有关的记载。据民国十五年（1926年）《始兴县志》载，始兴县有天后庙；旧《怀集县志》记载，怀城河泰来浮桥下中洲有天后宫，清朝同治十二年（1873 年）改建。

考察有关史迹，可知北江流域各地曾有不少的天后宫，如乐昌河南水一里许有天后宫；洞头岗村的客家庙有天后菩萨。南雄浈江畔水南村有天后宫，水口村、上朔村、湖口村等有天后宫。韶关东堤中路的古渡口有天后宫。连州星子易字村有天后宫。

这些记载与史迹，表明天后崇拜曾经是北江流域普遍流行的水神崇拜。人们膜拜天后一般来说有四种形式：一是船民行船时突遇灾难的呼唤、膜拜；二是船民行船之前的祷告和行船之后的酬谢；三是船民罹难或患病时的拜谒；四是天后春秋二诞日（农历三月二十三是出生诞、九月初九是逝世诞）的朝拜。其中第一种形式是临时性的，多在船上举行；后三种形式则是在天后宫举行，如每年天后春秋二诞日，韶关武江段的船民都要备上公鸡、鲤鱼、香烛、纸钱等祭品，纷纷将船艇停靠在天后码头，举家大小登岸，上天后宫朝拜天后，祈求天后保佑他们的船艇航行顺利和一家老少平安。这种天后宫的祭拜形式日益影响着居民的精神世界，天后信仰慢慢为他们所接受，并被加进祭祀的行列。

（二）由有益于地方的官军转化而来的马援、周憬崇拜

这里所谓有益于地方的官军，就是指在漫长的封建社会中，一些在地方任职的官军，曾针对地方的现实困难，对自然地理进行改造、对社会危难进行整治、对百姓生活进行帮助，地方百姓对其感恩戴德，充满崇敬感激，并经过百姓的传承、张扬，由崇敬感激而发展成生活的依托，赋予其神格与神职，奉为地方的保护神，享受着地方百姓的香火祭祀。

马援生于公元前 14 年，卒于公元 49 年，字文渊，扶风茂陵（今陕西兴平）人，东汉著名的军事家。因功累官伏波将军，封新息侯。建武二十四年（48 年），马援时年 62 岁，请命南征。经过武江时，曾写过一首《武溪深行》，"滔滔武溪一何深，鸟飞不度，兽不敢临。嗟哉武溪何毒淫"，描写武溪之险恶。武溪水恶，俗人多不敢为，不得已而为之则莫不胆战心惊，而马援却和歌作诗，从容而过，故民间认为其具有降伏武溪的非凡"泷夫"之力，且其又倡兴修水利，故民众赋予其水神神格，由将领而为水神——伏波神，建将军庙进行祭祀。

周憬，又作周昕，字君光，徐州下邳（今江苏邳州）人，曾任桂阳太守。武江是桂阳郡治和粤北韶关乃至珠江三角洲政治、经济、文化联系最直接的通道，有"郡又与南海接比，商旅所臻，自瀑亭至乎曲江壹由此水"的记载。

但昌乐泷滩多水险，难以航行，而沿途百姓则又因之而深受"传役"之苦。有鉴于此，东汉熹平三年桂阳太守"乃命良吏将帅壮夫，排颓磐石，投之寥壑，夷高填下，凿截回曲，弱水之邪性，顺导其经脉。繇是小蹊乃平直，大道允通利，抱布贸丝交易而至"①。百姓感念周憬整治武溪的功德，将他由地方官吏奉为地方的保护神，既而奉为武溪的水神。刻《神汉桂阳太守周府君功勋之纪铭》碑而颂扬其功绩，改将军庙而为老爷庙。

乐昌昌乐泷泷头的将军庙、老爷庙、泷溪祠，正殿分别塑有韩愈（居中）、马援（右）、周憬（左）像供人奉祀。船民和过往行人为求平安，一般在开船之前，都要携带香火到庙里祭奠一番。

（三）由地方名人转化而来的曹主娘娘崇拜

这里所谓地方名人，是指某一地域内的某人在某种危急时刻为保护地方利益挺身而出做出了英雄壮举，地方民众从而感念其功德，不断进行传诵，并赋予其神格，立庙祭祀。

曹主娘娘本姓虞，英德麻寨虞湾村人，生于唐咸通二年，死于乾符六年。有关记载言：公元879年，虞氏（即曹主娘娘）统领麻寨各乡村的武装力量，袭击贼匪，并与其他民团官军一起，将敌军赶出了浛洭。但曹主娘娘却因伤势过重，不治而亡。曹主娘娘不畏强暴，英勇善战，不惜流血牺牲，终保一方平安的高风亮节深得后人敬仰，英德到处都立有曹主娘娘庙。明《英德县志》载："西祠，即古寨将夫人庙。唐末徐志道建庙于麻寨冈，祀虞夫人，因号焉。"

在人们的思维中，曹主娘娘既然能除匪患、保平安，当然也能保佑船民的平安。于是曹主娘娘也由庇护地方安全的保护神转化为护佑船民的水神，神的职能进一步扩大。英德有两座庙表明了曹主娘娘的水神身份，一是大庙，据宣统《英德县续志·卷三六·坛庙》记载："峡山庙，在县南六十里，面大河，谓之大庙，祀虞妃，道光辛丑年（1841年）重修。"庙建在危险江段的江边，其功用与目的与水有关无疑。一是江口庙，又称曹主娘娘姑嫂庙，位于英德南二十里外的连江口镇江口咀村背后的小山冈上，东临北江，南面向连江口，西临连江，北与浈山相接。庙里供奉以曹主娘娘和她嫂嫂为主的神像。据民间传说，曹主娘娘得道成仙后，为了让嫂嫂能有栖身之处，便决定为嫂嫂找一块风

---

① 黄今言：《秦汉江南经济述略》［M］，南昌：江西人民出版社，1999年，第230页。

水宝地。一天，曹主娘娘从连江的源头磨面石顺江而下，当来到连江与北江交汇处时，认为此地可管辖英（英德）、阳（阳山）、连（连州）三县水路，保百姓过往船只平安，随即将头笏往穴位一插，确定了位置。从此，她便用一部分法力与嫂嫂一起坐镇江口，船只过往均平安无事①。

由于处在北江与连江的交汇处，是两江船只的必经之地。因此，过往船只为求得平安，至此都虔诚祭拜。而来往于连江的船只祭拜尤甚。

（四）由地方仙人转化而来的石上兄弟崇拜

所谓地方仙人，即是地方上的传说人物。这些人大多因为某种偶然的机遇，得以"仙化"，并依据"仙化"的身份，为民除害，是乡民的一种理想化形象。乡民为寄托自己的理想，便由仙而确立其神格，立庙以祭祀。

石上兄弟，是始兴的传说人物。据传说：从前始兴有三个人，老大叫雷善举，老二叫周民安，老三叫葛先成。三人一起贩牛，结为同年（结拜兄弟）。一次，他们赶牛路过阿公岩，在岩下休息，想抽烟，却一时无火，可抬头一看，只见阿公岩烟雾缭绕，似有火光，待上去一看，火是没有看到，却看到了桃树，树上有鲜红的桃子，三人吃了后就成了仙。雷善举变成了红脸，周民安变成了白脸，葛先成变成了黑脸。

三人成仙后，尽力保佑地方，大家很感激，便修庙敬奉，庙称石上庙，又称飞云宫，这三仙就是石上爷爷，当地客家人又喊作石上菩萨。石上庙附近有个恶棍，就是黄所村的潘蟹练，此人有点法术，经常欺负村民，又爱作弄船民。潘蟹练对为善乡亲的石上菩萨心怀不满，故意挑衅，硬说石上菩萨的石马吃了他的禾苗，气势汹汹地去找石上菩萨算账："三天后在松树坪见高低！"三天后，红脸雷手持铁锤前往黄所，却被一片大水挡住去路，只听见哗哗的水声，却看不到村子。红脸雷知道是潘蟹练在施水法，就请一个放牛哥进村去把潘蟹练家灶墙上的一碗水倒掉，村子便显现了出来。红脸雷走到潘蟹练家门口时，还躺在床上睡觉的潘蟹练大吃一惊，赶紧出来迎战，一交手，潘蟹练就败下阵来，他赶紧一变变作老鹰，红脸雷马上变作专治老鹰的角鹞（鹞鹰）。角鹞在天上把老鹰打到地上，红脸雷现回原身，到地面却找不到潘蟹练，气得用

① 林超富：《英德非物质文化遗产》［M］，英德：政协英德市文史资料委员会，英德市文化广电新闻出版局，2007年，第136-139页。

铁锤往脚下的大麻石上一敲："我就不信找不到你，以后再跟你算账！"说完就回去了。谁想到这块大麻石是潘蟹练变的，这一锤正好敲在他的脊梁骨上，从此他再也不能施妖术了。石上菩萨为民除害，人得人心。据说船民有难，只要大喊"石上菩萨保佑啊"就能逢凶化吉，石上兄弟在船民和排工心中，已由传说中的仙人转化为了护佑平安的水神①。

这是一则次生传说，它包含有这两种文化信息：一是传说虽没有解说"石上兄弟""石上菩萨"为何要冠以"石上"，但透过这种命名，我们却可以发现这里包含有远古的石崇拜意识，传说应是对这种意识的一种敷衍。二是传说主人公变为仙人后，虽说他们"尽力保佑地方"，但却没有详细描述他们保佑百姓的事迹，着重表现的是他们与潘蟹练的斗法。潘蟹练的现实生活人的身份，表明其代表的是当时社会生活中的邪恶势力。对于船民而言，则应是土匪的象征。

因为石上菩萨灵验，所以过去从南雄到韶关直至南海、三水等地，只要是始兴人生活的地方，就会建有石上庙。旧时，在船民、排工相当多的始兴县，就建有八个大型的石上庙②。

（五）由著名将领转化而来的关公、岳飞崇拜

这里所谓著名将领，是指那些曾在中国历史上指挥有方、骁勇善战、精忠报国的将领，由于他们战功赫赫，民众对他们充满了崇信之情，赋予他们辟邪消灾的能力，进而奉为神明，立庙祭祀。

关公、岳飞是历史上的著名将领。关羽，约生于160年，卒于220年，字云长，三国时蜀汉大将，俗谓其以忠义立世，能御灾除患，尊而为神。关公信仰几乎流行于全国各地。岳飞，生于1103年，卒于1142年，字鹏举，谥武穆，后改谥忠武，北宋名将。因其精忠报国的精神深受人民的敬佩，全国各地多立岳王庙而祭拜。

---

① 曾汉祥，谭伟伦：《始兴县的传统经济、宗族与宗教文化》［M］，香港：国际客家学会，海外华人资料研究中心，法国远东学院，2003年，第127－131页。

② 曾汉祥，谭伟伦：《始兴县的传统经济、宗族与宗教文化》［M］，香港：国际客家学会，海外华人资料研究中心，法国远东学院，2003年，第127－131页。

关公、岳飞本是杀敌的将领，但民众在其死后却赋予了他们辟邪消灾的职能，而北江流域的船民更进而赋予了他们水神的神格。佛冈有一座佛冈大庙，庙处浈江门峡，庙里供奉有三位主神，一位是白发长髯，一位是金发紫须，一位是红发短须。据传这三位主神中，一位是关公，一位是岳飞。清佛冈厅同知龚耿光曾应乡绅之邀写下了《重建佛冈大庙峡神祠记》："佛冈大庙峡固吉河乡之一隅，峡中有滩极险，西达清远，为至省水路门户。峡之麓有庙，祀守土神，来行舟楫必祷而后行，涉险如夷。"由此记不难看出，关公、岳飞已具有水神神格，负责保佑船民安全。

（六）由观音菩萨信仰转化而来的观音崇拜

所谓观音菩萨，是指佛教四大菩萨之一的"观世音"，据传，众生若遇有灾难，只要念诵其名号，其就前往拯救众生，帮众生解脱苦难，因此，民间寺庙几乎都祭祀观音。

观音因是救苦救难的大慈大悲的菩萨，是普度众生脱离苦难的慈善神，因此，北江船民又赋予了他水神的神格，以保佑船民安全。英德北10公里北江河畔的观音山中，在临江峭壁处，有一个高40多米、宽30多米、深70多米的金字塔形岩洞，宋时曾在洞内建造有三层阁楼式寺庙，供奉观音神像，以祈求航行平安。

（七）由民族始祖转化而来的盘瓠崇拜

这里所谓民族始祖，主要是指瑶族始祖。始祖是氏族发源的根本，故氏族成员对始祖充满着崇敬之情，不断以各种仪式和庙宇进行祭祀。

佛冈的大庙峡，《佛冈厅志》记载："先古称盘王庙。"据广东省考古专家李密考证，吉河洞先民以盘瑶为主[①]。这里虽未明言盘王是水神，但从将庙建在水口来推断，盘瑶先民应在生活实际中，已赋予了盘王水中保护神的角色，只是这种角色，可能只是生活在这里盘瑶先民的一种信仰。因为随着瑶民的迁徙，大庙的神在不断地发生变化，盘王逐渐被其他的神所代替。

（八）由神奇动物转化而来的龙王崇拜

这里所谓神奇动物，是指中国神话中四灵之一的龙，据传龙"能幽能明，

---

① 高小莉：《叩问大庙峡》［M］，《佛冈文史》：第10辑，佛冈：政协佛冈县文史资料委员会，1997年，第60－65页。

能细能巨，能短能长，春分而登天，秋分而潜渊"。汉族民众奉其为呼风唤雨、造福万物的神物，往往通过仪式和建立庙宇进行祭祀。

龙是自然的水神，龙王当然具有水神的神格，北江流域的船民自然将其作为保佑平安的水神。据考察北江流域的何家手插头滂有龙骨庙，庙里供奉的是龙王菩萨；仁化县城东门外的河边有龙母庙（即龙王宫）。龙母庙何时所称，有待考证。因它以前曾称"龙王宫"，这有可能是某种误记或仿记。

（九）由守护神转化而来的北帝崇拜

这里所谓守护神，是指道教所敬奉的无量祖师。据说其拥有消灾解困、治水御火及延年益寿的神力，故颇受民众拥戴，民众纷纷立庙祭祀。

北帝是北方天帝，又称玄武、真武、玄武大帝、真武帝君等，是统理北方、统领所有水族的道教民间神祇，具有水神的神格。

据考察，清远市西60公里的大湾镇金（龟）山顶有一座金山祖庙，庙中供奉北帝，相传农历三月初三是北帝的生辰，这天大湾镇人杀鸡祭神。船行至庙前江面时，船家便摆好香烛熟鸡，抛撒纸钱，鸣放鞭炮，以求平安。三水河口东北的芦苞，是北江入注珠江的咽喉，是北江河道的要冲，这里有日胥江古庙，庙里祀有北帝。

从以上的不完全考察，我们可以得到这三点认识：

第一，地理环境虽不能完全决定文化的生成与衍生，但却可以决定一些文化元素的生成与衍生。北江文化的既层层交汇而又层层迸射的特质，乃是由于北江水系交汇性和迸射性的地理特征而生成并衍生。

第二，北江水神具有多元化特征，是海洋义化与山地文化相融相生的结果。

第三，不同时代、不同地方神职的转化与扩大，说明了北江流域生存环境的艰险，反映了当时北江流域的社会现实和历史进程。

第四，同一庙宇，随着时代的变迁，庙神多次变异，如佛冈大庙，最早称盘王庙，后称三王庙、关帝庙、三娘庙，庙神的变迁，说明了需求的变化，"反映了广东人讲求实际、善于变通的人文心态"①。

---

① 叶春生：《岭南民间文化》［M］，广州：广东高等教育出版社，2001年，256页。

附 ◆ 录

罗定

南江古道与"一带一路"文化论坛

各媒体宣传报道

纸媒新闻

1. 《南方日报》

重访海丝古道 溯源南江文化
——专家呼吁发挥罗定作为南江和古道文化中心地、集粹地的作用

2017-04-24《南方日报》—A08 版

悠悠南江，古韵遗存。在广东，东江、西江、北江素来拥有较高的知名度，知道南江的人相对而言要少得多。实际上，南江（罗定江）便在云浮境内蜿蜒而过，带动了沿线经贸繁荣，孕育出开放、包容的南江文化，并逐渐成为云浮文化的一大品牌。

近日，有学者指出，南江流域曾经是对接海上丝绸之路

的重要通道之一。随着国家"一带一路"倡议的提出，如何深入挖掘南江文化素材，擦亮南江文化招牌，逐渐成为业界、学界重点关注的议题。今日，南江古道文化与"一带一路"研讨会将在云浮举办，学者、专家将齐聚罗定，共同探讨"一带一路"与南江古道文化的历史渊源。论坛举办前夕，笔者在云浮市沿江走访，一睹昔日南江流域盛世盛景的历史遗存。

舶来金器讲述海丝交流史

西江一道吞南北，南北双江总作西。古道记载了南粤人民文明发展的史迹，在暨南大学历史系教授、广东省珠江文化研究会会长王元林看来，云浮南江通道便是这一古道的典型代表。

南江全长 201 公里，发源于茂名信宜鸡笼山，沿着山势逶迤，穿过崇山峻岭，越过罗定红盆地，自南向北而上，最终在郁南南江口镇注入西江。

追溯历史，南江古道曾是古代楚人南下海岸的重要通道。在罗定太平河上游南门垌等地出土的战国墓葬及青铜器，都具有十分鲜明的楚文化特色。同时，南江也是此后中原汉人南迁岭南，以及中原地区通往南海乃至海南岛的一条重要交通要道。

除了中原地区、岭南地区文化在此交融，早在南北朝时期，南江流域已与陆海丝绸之路相对接。现藏于罗定博物馆的南朝四兽金手镯与莲瓣纹高足碗便生动讲述了这段历史。"这个手镯的铸造手法，与传统的中式铸造手法是截然不同的。手镯上面的忍冬纹、兽纹图案，完全是古粟特国所常见的风格。而高足碗的造型是受古罗马拜占庭高足杯艺术风格的影响。"罗定博物馆原馆长陈大远介绍，这两件金器极有可能是来自中亚地区的舶来品；当时当地也有可能已经开始接收来自外国的订单。由此可见，当时的南江流域尤其是罗定与中亚国家、地区已有了密切往来，陆海丝绸之路也进入了活跃交流时期。

在此后很长一段时间内，南江古道在海上丝绸之路的交通运输、文化交流及贸易货源供给中都发挥着不可替代的作用。华南师范大学历史文化学院周永卫更将南江古道定义为岭南隙地贸易的温床，"南江古道的地缘优势得天独厚。以南江古道为中心，向南有徐闻，乃至交趾，向东有番禺，所辐射范围构成岭南对外贸易的重要区域。通过这条古道，大量海外商品源源不断地输入内地，同时，又把丝绸、陶瓷等中原商品输送到雷州半岛、海南岛，乃至东南亚、南亚和中东地区。"

直至今日，南江流域仍然是大西南连接珠三角地区的重要通道，更是珠三角地区与东盟联系的桥梁。据统计，云浮市与全球 100 多个国家与地区保持着密切贸易往来。

南江文化源远流长自成一体

中山大学教授黄伟宗认为："南江称谓古已有之，百越文化保存完整，海路丝绸对接通道，文化遗存丰富多样。"尽管南江古道在古代水路运输所发挥的巨大作用已逐渐淡化，但其所孕育的南江文化自成一体，是岭南本土文化中不可缺失的一颗璀璨明珠。

"一对对，一双双，双双凤凰耍山冈。只见凤凰对打对，哥妹何日能成双？"在罗定市内的山歌台边，常能听到市民对唱嘹亮的歌声。泷水民歌与连滩山歌是南江文化的重要元素，被誉为广东民间音乐的"活化石"。在云浮罗定、郁南等地，古老的山歌口口相传，仅初步整理出来的就多达上万首。这些民歌形式多样，题材广泛，有采茶歌、龙舟歌、竹枝词等多种形式，山歌歌词有传授生活经验的，亦有劝人向善的，更不乏一些浪漫的情歌。

云浮拥有悠久的民族融合交流史，借由山歌，许多古老的文言、地域特色方言得以流传至今。可以说，数量庞大的泷水民歌与连滩山歌天然形成了一座地域文言、方言的语言宝库。

登上楼台跳禾楼，风调雨顺庆丰收。每年正月十五至二十期间，郁南滩镇河滩上总会燃起熊熊篝火，舞者面带面具，头戴蓑帽，足蹬麻鞋，身穿黑衣，手持火把，踏歌起舞。这便是至今已有 400 多年历史的禾楼舞庆丰收活动。参与的民众热情狂欢，活动常常持续到深夜。除了禾楼舞，南江流域还有罗定春牛舞、连滩山歌舞、麒麟白马舞登。

最能体现南江人民聪明才智的，莫过于散布在南江流域的建筑物。笔者在罗定沿江走访时看到，南江流域现存多个古墟、古埗、古码头，仅罗定市内就有水摆墟、古榄墟、罗镜官渡头、㽕濮墟、丰盛古村、大旁街、罗城大埗头和六竹墟等，这些商业遗址沿河而建，见证了昔日南江流域商贸活动的繁盛和罗定作为商贸中心的繁华。

值得一提的是，罗定市内甚至还出现过以依靠船运为生的村落，其中尤以倒流榜村和梁家庄园最为著名。

在罗定南江之滨，有一座建于明代的文塔，高达 13 层，曾为泷州八景之一。建于清代的罗定学宫、青莪书院等古建筑，规模宏伟，至今保存十分完整，均为省级文物保护单位。文塔与学宫，都是古时为了教化当地人民所建。"文塔与罗定学宫的规模之大与建制之完备，在当时的岭南地区是极少见的。"

南江文化显示了山地文化与海洋文化的交融，是古海上丝绸之路文化的重要组成部分；而南江流域较早萌芽的商品经济，也令南江文化饱含开放、包容、积极进取的精神内涵。时至今日，挖掘南江古道历史文化对于建设"一带一路"仍有着重要的作用与意义。

"罗定是南江上最重要节点"

专家指出，罗定江（南江）是中原连接海上丝绸之路的最早通道，而罗定则是南江上最重要的节点。罗定江流域（包括其支流）全部在古罗定直隶州境内，是古代岭南地区经济文化最发达的地区之一，造就并留存有丰富灿烂的文化遗产。

因此，"罗定江"不仅是一个地理概念，更是一个具有悠久历史传统的地域文化概念，有着自己的文化基因、民族特色和精神纽带。

笔者了解到，罗定市已为挖掘南江文化、擦亮南江文化品牌做了大量准备工作。2011 年 11 月 16 日，首届南江文化节在罗定举办，坐落于罗定泷州北路的南江文化主题园同日正式揭幕开放。南江文化主题园占地 6000 多平方米，以石雕、浮雕、石刻等形式，集中展示罗定历史文化。此外，在罗定博物馆内，笔者看到多场主题鲜明、形式新颖的南江文化主题展览都在陆续筹备中，接下来博物馆还将重点举办一场南江文化主题图片展，通过摄影图片形象展示南江文化。

对于南江文化的发掘与未来发展，黄伟宗建议，要更大地发挥罗定作为南江和古道文化中心地和集粹地作用；王元林则提出，罗定江流域是泛珠三角区域历史与现实的对接点，研究、整合、开发以罗定江水系为代表的罗定江文化，实行罗定江及整个南江流域与泛珠三角经济文化的跨境合作，对促进信宜、罗定、郁南三地社会和经济的发展，具有十分重大的历史和现实意义。同时，当地还可通过树立历史文化品牌、凸显岭南地域特色，借"精准扶贫"之势，确实地把古道文化与新农村文化建设结合起来。

文/图　黄叙浩

挖掘南江文化擦亮古道名片

2017－04－25《南方日报》－A11 版

南方日报讯（记者/陈清浩 通讯员/梁方武）23 日至 25 日，由广东省珠江文化研究会、云浮市委宣传部、罗定市政府共同主办的南江古道与"一带一路"文化论坛在罗定举办。省内外研究南江文化和古道文化的专家学者齐聚，共同考察研讨南江文化，并就南江古道与"一带一路"的有机结合进行研讨。与会的专家学者就如何深入挖掘南江文化、擦亮古道文化名片，从不同角度、不同层面进行了深入探讨。

罗定曾是南江流域重要的政治、经济、文化中心，悠久的历史和深厚的文化为罗定留下丰富的人文遗址。作为南江流域最大的县（市），罗定被专家定为南江文化集萃地和百越文化腹地，正以其深厚的历史底蕴和近期扎实的工作，努力成为研究和发掘南江文化、南江古道的重要地区。

近年来，罗定先后举办了多次南江文化研讨会，邀请专家学者对罗定的南江文化建设建言献策。同时，罗定还举办了首届南江文化节，新建了南江文化主题园，修缮了罗定学宫、罗定文塔、青莪书院、蔡廷锴将军故居，发掘了春牛舞、泷州歌等民间歌舞，申报了一批省级非遗项目和广东省古村落，罗定的南江文化建设取得了初步成效。

论坛主办方相关负责人表示，希望通过这次文化论坛，进一步研究开发南江和古道文化，更大地发挥罗定作为南江和古道文化中心地和集萃地作用。

据悉，在前期精心准备和充分考察研讨的基础上，此次论坛还形成了《罗定：南江古道与"一带一路"文化论坛论文集》，收录了《挖掘岭南古道文化，与绿道交相辉映，纳入"一带一路"建设并申报"世遗"——关于广东古道文化的调研报告》《浅议南江古道历史文化与罗定在陆海丝路的地位》《罗定："一带一路"文明交流、和平纽带的承传者》等28篇论文。

2. 《羊城晚报》

"南江古道与'一带一路'文化论坛"今天在云浮罗定举行，多位省市专家与会，探讨如何更好地深入挖掘南江古道素材，擦亮南江文化招牌——

探源"千年古丝路"聚焦"南江新文化"

策划/统筹　孙爱群　马勇　雷鸣

文/图　羊城晚报记者　赵映光

2017 -04 -24《羊城晚报》 -A05 版

"橹声摇尽一枝柔，溯到康州水更幽，一路青山青不断，青山断处是泷州（今罗定市）。"这是清代举人何仁镜在《答人问罗定》一诗中，对云浮地区南江（也叫罗定江、泷水等）水路交通状况的生动描述。

从信宜鸡笼山逶迤而下，穿过崇山峻岭，越过罗定红盆地的南江，不仅滋养着该流域两岸的一片片生命绿洲，孕育出开放、包容的独特而璀璨的"南江文化"，还一度作为海陆丝绸之路对接通道，承载着该区域交通往来的主要功能，见证了海陆两大"丝绸之路"的兴衰，被当地人亲切地称为"母亲河"。

随着陆路的大发展，今日的南江，作为主要货运渠道的功能已日渐式微。但当羊城晚报记者借着"南江古道与'一带一路'文化论坛"举办之契机，在罗定市内顺着南江沿路探访，看到散落在沿江两岸的青石板古道、古墟、埠头、码头、渡头遗址，以及众多保存完好的文物时，宛若穿越千年回到古早时，当年的商贾利用南江进行贸易的场景、中原文化以及外来文化途经南江相互传播的盛况恍若就在眼前。

古水道，罗定曾有专业"船运村"

南江全长 201 公里，流经信宜、罗定、郁南、云安四个县（市、区），水系流域面积 4493 平方公里，在郁南县南江口汇入西江后奔流入海。

记者在沿江走访中看到，南江流域现存许多古墟、埠头、码头、渡头遗址，以及大量与航运有关的庙宇。其中，仅罗定市内就有水摆墟、古榄墟、罗镜官渡头、替濮墟、丰盛古村、大旁街、罗城大埠头和六竹古村等，这些商业遗址沿河而建，见证了昔日南江流域商贸活动的繁华。

罗定甚至还出现过以依靠船运为生的专业村落，其中尤以双东倒流榜村和黎少梁家庄园最为著名。

据了解，倒流榜村原为沿江船民落脚点之一，从事航运业的黄氏船民在此建造了较多处的民居和祠堂，因船在村前河流行驶，村中建筑成排的镬耳屋像倒流的皇榜而得名；位于泗纶河与南江河交汇处的黎少替濮梁家庄园，占地面积 6.6 万平方米，共有 26 座大屋，6 座炮楼，是粤西地区规模最大的庄园建筑，由清咸丰年间的梁姓商人创建，主要建筑包括九座屋、粮仓、书塾和码头，所有建筑均面向泗纶河，有石砌道路通往码头，田产的收租也是靠水路运输。

历史被尘封千年，但仍熠熠发光。所以，在中央与省委提出积极推进"21世纪海上丝绸之路"建设的大背景之下，2014 年 3 月至 4 月期间，云浮市南江文化研究中心联合云浮市委政研室、云浮市委党史研究室、云浮市方志办、云浮市委党校、云浮市社科联、云浮市广播电视中心、罗定市博物馆、郁南县博物馆等多个单位，组建专家团队，先后对南江河道及南江流域古码头、古墟市、出土文物、古寺庙、人口流徙、民俗等进行了调研和查证。

据全程参与该项调查的专家彭祖鸿介绍，专家们通过文献查证、实地考察、座谈交流、实物考证等方式，得出一个较为权威的调查结论：隋唐以前，广信地区是岭南重要的政治经济文化中心，合浦、徐闻为海上丝绸之路始发港，南江流域是中原地区对接海上丝绸之路的重要通道；唐朝以后，随着广州作为始发港的地位提升，南江成为粤西地区对接海上丝绸之路的重要通道，同时南江流域也为海上丝绸之路提供充足的货物和人力支持。

海之路，南江系中外商贸之枢纽

如果说要了解南江古水道的故事，可以从古码头和古村落上寻踪索迹。那么，要了解海上丝绸之路与南江流域之间的相互影响，则需要从当地的工业遗址和几座千年墓葬入手了。

海上丝绸之路带给罗定一系列商贸经济的发展，其中制蓝业、冶铁业尤为发达。

"种蓝制靛"是指将植物"染草"制成成布染料，是一种较为古老的产业。罗定的蓝多产于罗镜、分界、连州、新榕和龙湾等地，制蓝工业遗址多数位于河边，融合了手工作坊和商业的性质功能；到明代，中原的炼铁技术被引进，在泷江上游的罗镜、船步等地，官方利用当地丰富的资源，建立起了几个颇具规模的冶铁基地。据有关史料记载，其时，罗定州日产铁18吨，年产量达六千吨，从业人员一万多人。

另外，据罗定市博物馆原馆长陈大远介绍，1983年，罗定市在罗平背夫山发现了一处战国墓，出土了一批丝织物，从中可以看出南江古道曾是古代楚人南下海岸的重要通道，也是当时岭南文化与中原文化交流的一条重要交通要道。

将南江定位为海上丝绸之路的对接通道提供强有力实物佐证的是：罗定市于1983年在罗镜镇鹤咀山发现了一座目前现存岭南规模最大、出土文物最多的南朝墓葬，其中有两件出土文物尤其引人注目，分别是有四组中、西亚走兽与花纹图案的纯金打制手镯和一件刻画了莲瓣纹的高足碗。

专家们推断，上述金手镯显然是西方的舶来品，很有可能为粟特的产品；而高足碗的造型特殊，是受古罗马拜占庭高足杯艺术风格的影响，莲瓣纹与忍冬纹则是受佛教艺术的影响，可能是为外国定制的出口外销瓷器。由此可见，当时的南江流域尤其是罗定与中亚国家、地区已有了密切商贸往来，陆海丝绸之路也进入了活跃交流时期。

古代海上丝绸之路使罗定成为连接南北的通道之一，全方位地促进了罗定经济、文化的发展，开拓了罗定人的视野。从明清开始，走出去的罗定人遍布周边省市，足迹遍及南洋。至今，南江流域仍然是大西南连接珠三角地区的重要通道，也是珠三角地区与东盟联系的桥梁。而广西南宁化妆品行业、广州电子行业，乃至马来西亚的橡胶行业等都活跃着罗定人的身影。

新文化，水系文化带跨境合作

南江文化显示了山地文化与海洋文化的交融，是古海上丝绸之路文化的重要组成部分；南江流域较早萌芽的商品经济，也令南江文化饱含开放、包容、积极进取的精神内涵。时至今日，挖掘南江古道历史文化对于建设"一带一路"仍有着重要的作用与意义。

广东省人民政府参事室特聘参事、担任广东省海上丝绸之路研究开发项目组组长的中山大学教授黄伟宗认为，罗定江（南江）是中原连接海上丝绸之路的最早通道，罗定是南江上最重要的节点。罗定江流域（包括其支流）全部在古罗定直隶州境内，是古代岭南地区经济文化最发达的地区之一，造就并留存有丰富灿烂的文化遗产。

因此，"南江"不仅仅是一个地理概念，更是一个具有悠久历史传统的地域文化概念，有着自己的文化基因、民族特色和精神纽带。黄伟宗建议，应为罗定江"正名"，并确立、研究、整合、开发南江水系的经济文化，并进行以南江水系为代表的南江文化带跨境合作，将泛珠三角区域合作战略进一步具体化、实体化、地域化。

对于南江文化的发掘与未来发展，广东省人民政府参事室特聘参事、暨南大学教授、广东省珠江研究会会长王元林认为，罗定江流域是泛珠三角区域历史与现实的对接点，研究、整合、开发以罗定江水系为代表的罗定江文化，实行罗定江及整个广南区域与泛珠三角经济文化的跨境合作，对促进信宜、罗定、郁南三地社会和经济的发展，具有十分重大的历史和现实意义。同时，当地还可通过树立历史文化品牌、凸显岭南地域特色，借"精准扶贫"之势，确实把古道文化与新农村文化建设结合起来。

制图／李焕菲

擦亮南江古道文化名片

2017－04－25《羊城晚报》－A10G 版

羊城晚报讯 记者赵映光、通讯员梁方武报道：4 月 23－25 日，由广东省珠江文化研究会、中共云浮市委宣传部、罗定市人民政府共同主办的南江古道与"一带一路"文化论坛在罗定举办，省内外研究南江文化和古道文化的专家学者齐聚，共同考察研讨南江文化，深入挖掘南江文化，擦亮古道文化名片，并就南江古道与"一带一路"的有机结合进行研讨。

南江（也叫罗定江、泷水等）全长 201 公里，流经信宜、罗定、郁南、云安四个县（市、区），水系流域面积 4493 平方公里。罗定曾是南江流域重要的政治、经济、文化中心，悠久的历史和深厚的文化，拥有丰富的人文遗址。

论坛主办方的相关负责人表示，希望通过这次文化论坛，能进一步研究开发南江和古道文化，更大地发挥罗定作为南江和古道文化中心地和集萃地作用，建议将南江古道文化与我省开展的古驿道"活化"工程结合起来，构建"珠江——南江经济文化带"，与"珠江——西江经济带"连体对接，纳入国家"一带一路"规划和战略。

3. 《广州日报》

专家齐聚罗定研讨南江文化

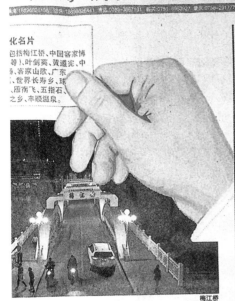

广东新闻 GUANGDONG NEWS

2017年 4月26日 星期三

广州日报

茂名市十二届人大二次会议召开

李红军当选常委会主任
许志晖当选茂名市市长

广州日报茂名讯（全媒体记者关家玉 通讯员罗丽贤、业业明）昨日上午，茂名市第十二届人民代表大会第二次会议在茂名市民中心召开。

李红军全票当选为茂名市第十二届人民代表大会常务委员会主任，许志晖全票当选为茂名市人民政府市长。

选举结束后，李红军、许志晖先后发表了讲话。李红军表示，将团结带领市人大常委会班子成员，紧紧依靠全体代表，忠实履行法定职责，恪尽职守、勤勉工作，努力开创人大工作新局面，决不辜负省委的信任和全市人民的重托。坚持党的领导、人民当家作主、依法治国有机统一，依法履职尽责，主动担当作为。依法行使立法权，提高立法质量。依法行使监督权，保证宪法和法律正确实施，促进一府两院"依法行政、公正司法。

许志晖当选后，在讲话中承诺："绝不插手工程，绝不插手土地和矿产资源，绝不以任何形式谋取私利。"

许志晖表示，当前，茂名市正处于加快发展的上升通道、攻坚克难的关键时期，接过市长的"接力棒"，他将团结带领政府班子，保持解放思想、迎难而上，按照年初茂名市两会描绘的蓝图，确定的各项任务，强力推进重点项目建设，大力开展招商引资，不断争创茂名发展新优势，做大经济总量、做大主导产业、做大城市规模，打造特色鲜明产业强市、粤西重要交通枢纽、宜居宜业滨海绿城，努力为全省落实"四个坚持、三个支撑、两个走在前列"要求作出茂名贡献。将继续秉承历届政府的优良传统，始终坚持正确的政绩观，多做打基础、利长远的事情。对看准的、决策的事锲而特续用力，坚持一张蓝图绘到底，一年接着一年干。

专家齐聚罗定研讨南江文化

广州日报云浮讯（全媒体记者耿勇 通讯员梁方式）4月23~25日，南江古道与"一带一路"文化论坛在罗定举办。省内外研究南江文化和古道文化的专家学者齐聚，共同考察研讨南江文化，深入挖掘南江文化，擦亮古道文化名片，对就南江古道与"一带一路"的有机结合进行研讨。

在论坛演讲研讨环节，12名专家学者分别就南江文化、南江古道、罗定在南江文化和古道的地位等，从不同角度、不同层面进行了深入探讨，研究南江古道的文化传承。

论坛主办方相关负责人表示，希望通过这次文化论坛，能进一步研究开发南江和古道文化，更大地发挥罗定作为南江和古道文化中心地和集萃地作用，建议将南江道文化与最近我省开展的古驿道"活化"工程结合起来，构建"珠江—南江经济文化带"，与"珠江—西江经济带"连体对接，纳入国家"一带一路"规划和战略；将南江古道连接起来，以开展旅游、探险等活动方式，加强国际交往与合作，为建设世界性的古道文化和21世纪海上丝绸之路建设作出贡献。

近年来，罗定先后举办了多次南江文化研讨会，邀请专家学者对罗定的南江文化建设建言献策。同时，罗定还举办了首届南江文化节，建立了南江文化主题园，修缮了罗定学宫、罗定文塔、菁莪书院、蔡廷锴将军故居，发掘了春牛舞、泷州歌等民间歌舞，申报了一批省级非遗项目和广东省古村落，南江文化建设取得了初步成效。

（左栏）化名片

（包括梅江桥、中国客家博……等），叶剑英、黄遵宪、中……场、客家山歌，广东……、世界长寿乡、球……、雁声飞、五指石……之乡，丰顺温泉。

（左栏下方）单

……步提……知名……己、现场气氛热烈。

……院兼……艺教授，……府参……党组……文艺……化总……文学……生导

师曾令存等6名社科专家就候选的梅州文化名片进行了盘点与探讨，并与会场的观众进行互动，现场气氛热烈。

据悉，由省社科联、广州日报报业集团联袂打造，省文化学会承办，各地市社科联共同参与的"广东省社科专家话城市文化名片"系列活动自2015年启动以来，先后在佛山、江门、清远、湛江、阳江、惠州、东莞、深圳8个城市举办，并走进澳门特别行政区、香港特别行政区举办了文化名片评选活动，梅州是该系列活动走进的第11个城市。

现场专家嘉宾讨论环节

叶剑英故居

梅江桥

抢高点：
应打响
"世界客都"文化名片

……喀杨……源地……世界

堂在中国乃至世界的影响力之大。

广东省文化学会会长李明华

4. 《云浮日报》

抓好南江古道文化开发利用，打造云浮文化品牌

南江古道与"一带一路"文化论坛在罗定举办

打造南江文化品牌，
助力 21 世纪海上丝路建设

2017 年 4 月 26 日《云浮日报》

习近平总书记在 2013 年 9 月和 10 月分别提出建设"新丝绸之路经济带"和"21 世纪海上丝绸之路"的战略构想，2015 年 3 月 28 日国家发布了《推动共建丝绸之路经济带和 21 世纪海上丝绸之路的愿景与行动》，提出要以陆上和海上经济合作走廊为依托，以人文交流为纽带，共建中国同沿线各国经济和文化交流的大通道。"一带一路"的实施为沿线各国在经济、文化等领域的交流与合作带来前所未有的机遇。

我市是南江文化的发源地，长期以来，南江流域在我市对外交往史上发挥着独特的作用。随着国家"一带一路"倡议的提出，如何整合南江古道文化资源，积极融入粤桂"珠江—西江经济带"和国家一带一路建设，逐渐成为我市各界重点关注的议题。4 月 23 日至 25 日，由珠江文化研究会、中共云浮市委宣传部、罗定市人民政府联合主办南江古道与"一带一路"文化论坛在罗定市举办，专家学者齐聚一堂，研究"一带一路"与南江文化的历史渊源，探讨整合南江文化资源，打造南江古道品牌，将南江古道文化融入国家"一带一路"建设，促进我市社会经济发展。

南江流域是对接海上丝绸之路的重要通道

"橹声摇尽一枝柔，溯到康州水更幽，一路青山青不断，青山断处是泷州"。这是清代罗定州学正何仁镜对南江沿途风光的描述。总长201公里的南江发源于信宜鸡笼山，清澈的河水逶迤而下，穿过崇山峻岭，越过罗定盆地，在郁南县的南江口注入西江，是岭南罕有从南往北流的河流。

记者走访发现，南江流域存在众多的古墟、埠头、码头、渡头遗址，以及大量与航运有关的历史建筑。在罗定市，沿河分布着丰盛古村、罗城大埠头和双东六竹古村、倒流榜村等，经历时光的洗礼、历尽沧桑的古建筑依然屹立着，无声地诉说着昔日南江流域商贸活动的繁华。

据暨南大学刘新荣教授考证，南江流域是中原地区对接海上丝绸之路的重要通道。它的基本路线是从湘江到漓江，从漓江到西江，从西江入南江，上行至罗定船步或太平、罗镜，再至信宜新宝、合水，越过分水岭，再沿鉴江顺流而下，到湛江、吴川之间出海。同时，南江流域也是此后中原汉人南迁岭南，以及中原到南海乃至海南岛的一条重要交通要道。

早在南北朝时期，南江流域已成为陆海丝绸之路的重要联络点。在罗镜水摆鹤咀山南朝墓出土的78件器物中，有金手镯、金指环、铜镜、铁剪、瓷器、陶器等物品。出土的青瓷器釉色滋润，青中泛黄，属于一千多年前浙江会稽郡越窑系统产品。另一出土物品金手镯有4组走兽与花纹图案，图案为中、西亚的走兽纹饰。专家推断，金手镯很有可能是西方的舶来品。此外，还有一件刻划莲瓣纹的高足碗，专家鉴定认为，该碗艺术风格受古罗马拜占庭高足杯艺术风格影响，莲瓣纹与忍冬纹受佛教艺术的影响，推断可能是为外国定制的出口外销瓷器。众多文物证据证明，当时南江流域在很早以前就已经与海上丝绸之路有所联系，南江是海陆丝绸之路的对接通道之一。

南江古道与丝路对接促进南江流域发展

古代的南江流域虽地处岭南，却是岭南与外界沟通最早的地区之一，从罗定出土的青铜器证明，早在春秋战国时期，南江流域已开始接受楚文化熏陶。

盛唐时期，罗定因泷州人陈行范称帝而成为著名的军事重镇，与外界沟通更加频繁。明万历年间，罗定被称为"全粤要枢"，古道建设日趋完善，地位更加突出。在南江众多的驿道中，重要的有罗信古道、西山大道、官大路和东山大道四条古驿道。通过这些古道，南江流域与古代海上丝绸之路连接起来，极大地促进了南江流域的发展。

海上丝绸之路给南江流域工业、农业、商贸业、航运业带来了繁荣，这从南江流域现存的制蓝工业遗址、炼铁铸铁业遗址、碗窑遗址、石灰窑遗址以及古村落可以看出。背夫山战国墓出土的丝织物证明，南江流域早在第二代秦时期就大量种桑养蚕和丝织活动，为海上丝绸之路提供商品。明朝时，官方在泷江上游的罗镜、船步等地建立起了几个颇具规模的冶铁基地。据有关史料记载，其时，罗定州日产铁18吨，年产量达六千吨，从业人员一万多人。到了明末，罗定所产的铁以广东的名义北输，是罗定对古代海上丝绸之路的贡献。

商贸业的繁荣，造就了一批靠船运为生的专业村落。如今这些村落还存在当年航运相关的遗迹，成为当年航运业发达的见证。我市境内的双东倒流榜村和黎少梁家庄园是最为著名的航运名村。

罗定是南江和古道文化的中心地、集粹地

广东省人民政府参事室特聘参事、广东省珠江文化研究会创会会长、中山大学教授黄伟宗指出，南江古道是海上与陆上丝绸之路最早的对接通道之一，是海江山河古道汇通之要津，是岭南土著百越族文化遗存最多最古的文化圣地。南江流域是大西南连接珠三角地区的重要通道，也是珠三角地区与东盟联系的桥梁。而罗定则是南江文化和古道文化的中心地、集粹地。

对于如何发挥罗定作为南江和古道文化中心地和集粹地作用，黄伟宗建议以整个南江流域及其古道文化覆盖地域，构建"珠江—南江经济文化带"，与"珠江—西江经济带"连体对接，纳入国家"一带一路"规划和战略；同时，将南江和古道文化与最近广东省开展的古驿道"活化"工程结合起来，与现代绿道经济文化建设相互促进；尤其是应当与东盟诸国的古道文化结合起来，以开展旅游、探险等活动方式为纽带，加强国际交往与合作。

记者了解到，我市正积极打造南江文化品牌。近年来，我市已举办多次南江文化研讨会，邀请专家学者对罗定的南江文化建设建言献策。同时，还举办了首届南江文化节，新建了南江文化主题园，修缮了罗定学宫、罗定文塔、青

莪书院、蔡廷锴将军故居，发掘了春牛舞、泷州歌等民间歌舞，申报了一批省级非遗项目和广东省古村落。

打造南江文化品牌有现实意义

南江不仅是一个地理概念，更是一个文化概念。南江是海陆丝绸之路的重要对接通道，是广府文化与八桂文化的交接地带，也是古百越文化保存较完整的地区，是一条历史悠久、底蕴丰厚的南江文化带，南江文化和南江古道值得我们深入研究和开发利用。

广东省社会科学院旅游研究所的专家庄伟光、刘世红在其论文中指出，南江流域是粤港澳大湾区区域历史与现实的对接点，研究、整合、开发以南江水系为代表的南江文化，实行南江及整个广南区域与粤港澳大湾区经济文化的跨境合作，对促进信宜、罗定、云浮、新兴、郁南及粤西南地区社会和经济的发展，具有历史与现实对接、架设经济与文化并进的十分重大的历史和现实意义。有助于区域协调发展，改变南江水道带发展不平衡的格局；有助于优势互补，资源整合，在创新、绿色发展中更好地满足未来旅游发展的需要；在开放的格局下，有利于我国"海上丝绸之路"战略的顺利推进。

广东省人民政府参事室特聘参事、暨南大学教授、广东省珠江研究会会长王元林认为，在现今"一带一路"战略下，从历史发展脉络中借古鉴今，做好做大对外交通与交流的大文章，要让罗定这块璞玉，联系中外，成为21世纪海丝绸之路内联外接的新通道。

5. 《今日罗定》

南江古道与"一带一路"论坛在我市举办

深入挖掘南江文化　擦亮古道文化名片

庞国梅到我市调研时强调

探索建立长效机制　全力打好脱贫攻坚战

省政府召开2017年全省水利
与三防工作电视电话会议

云浮市人大常委会
到我市专题调研营商环境

南江古道与"一带一路"文化论坛在我市举办

深入挖掘南江文化　擦亮古道文化名片

[下转第二版]

黄天生会见雅特生高层
共促政企互利共赢

专家学者"在罗定：南江古道与'一带一路'文化论坛"上的发言摘要

2017 年 4 月 25 日《今日罗定》第 3 版

编者按：4 月 23 - 25 日，由广东省人民政府参事室（文史馆）和广东省社会科学界联合会指导，广东省珠江文化研究会、中共云浮市委宣传部和罗定市人民政府主办，中共罗定市委宣传部、罗定市文化广电新闻出版局承办、罗定职业技术学院南江文化研究中心协办的南江古道与一带一路文化论坛在我市举行，省内外研究南江文化和古道文化的与会专家学者纷纷从不同的视野角度、不同的学术层面，就南江古道的历史地位与海陆丝绸之路的联系，如何擦亮南江文化品牌，如何把南江流域的发展与国家"一带一路"战略有机结合起来等阐述，现将部分专家学者的发言摘录如下，以飨读者。

王元林

广东省人民政府特聘参事、暨南大学历史系教授、博导，广东省珠江文化研究会会长。作题为《浅议南江古道历史文化与罗定在陆海丝路的地位》的发言。

罗定江就是历史上的南江，称谓多变，但在西江乃至岭南交通格局中，占有十分重要的地位，是历来联系中原、岭南的重要通道，是历史上陆上丝路与海上通道对接的重要走廊。从战国时期，罗定交通工具车書的发现到六朝带有异域文化风格的瓷器和金手镯，都可证明六朝隋唐前期，罗定是岭南的政治、军事、文化中心之一。泷州陈氏影响巨大，《龙龛道场铭》以及宋子问《过泷州水》，证明了岭南罗定江交通的发达，以及中外宗教交流的繁荣。大量窖藏铜钱，证明了唐五代罗定江对内外商贸交流的繁荣。在现今"一带一路"的战略下，从历史发展脉络中，借古鉴今，做好做大对外交通与交流的大文章，就是要让罗定这块璞玉，联系中外，成为 21 世纪海上丝绸之路内联外接的新通道。

王培楠

广东省人民政府原参事、《南方日报》原副总编辑、广东省珠江文化研究会原副会长。作题为《罗定古道与南江文化》的发言。

在历史上，罗定地区在隋唐时候是广东人口最密集的地区之一，在万历年间，这里的铁产量一年 6000 吨，炼铁工人一万多，在现在来说也是了不得的，而且看资料说清代人口膨胀，广东很多地区闹饥荒，唯独罗定非常稳定，所以说罗定这个地方在历史上曾经是很辉煌的。

我的体会有三点：第一、云浮和罗定要更好地整合自己的资源，不要把很多资源碎片化，要在提升新的档次上做个整合。

第二、应该抓住重点。可以联合国家很多地方申报海上丝绸之路和陆路丝绸之路的对接通道这个连接点，把它放到更大的大局上做好自己的文章。

第三、文化尝试还要为整个云浮经济发展。

罗康宁

广东省人民政府参事室原副巡视员、《岭南文史》原主编、广东省珠江文化研究会原副会长，作题为《从方言看南江——鉴江古道》的发言。

在南江——鉴江两岸，分布着多种独具特色的小方言，如郁南的建城话、罗定的能古话、化州的下江话、吴川的吴阳话等，其语音、词汇跟当地"白话"既有着共通之处又有着明显的差异。

罗定能古话跟早期粤语全浊音清化的轨迹迥然不同，而保存着南北朝时期中原汉语全浊音清化的痕迹，说明它是这一时期传入的中原汉语跟早期粤语融合的产物，是粤语发展历史长河中的一条支流。

罗定能古话的发音特点，跟南北朝时期陈氏家族南迁的年代吻合；这些特点说明能古话的形成跟陈氏家族南迁有着密切关系，它在早期粤语发展史上有着重要的作用，是南北朝时期南江古道的见证。

透过南江——鉴江流域小方言研究，可以证实：汉朝开通的南江——鉴江古道，是海陆丝绸之路最早的对接通道，它不仅促进了该地区的经济发展，而且使该地区的社会面貌和文化形态发生了重大变化。

邱立诚

广东省考古研究所研究员，作题为《从考古资料探索南江古道在南海丝路中的历史作用》的发言。

从先秦时期有关南江古道的考古发现和汉唐时期有关南江古道的考古发现可以证明，南江自古以来就是西江与南海的通道之一。从南江流域出土的双肩石器、有肩有段石器、各青铜器、陶器纹样等可以证实，南江古道在旧石器时代已经开通，在春秋战国时期已比较成熟。南朝梁天监六年（508），南江流域置泷州；州治在今罗镜、太平镇境内。

隋唐以后，南江流域进入了新的历史时期，作为古道与海陆丝绸之路的对接关系更为明显。唐宋时期，以罗定为中心，其建置主要是泷州或泷水县，明清时期则主要为罗定州。南江流域始终以罗定为中心区域的历史一直存在，故而出现许多重要的古代建筑。这些遗迹与遗留，都是南江古道的历史见证。保存和保护、并做好开放和展示、活化利用工作，既是我们的义务，也是我们的责任，也是我们做好"一带一路"国家战略目标的具体行动。

黄晓峰

澳门《文化杂志》主编，作题为《医药与古代罗定的海上丝绸之路》的发言。史书记载的罗定古代医药不仅与中国很多地方的医药有关，还与海外医药有关。有的药材如木橘、甲香等是通往海上丝绸之路来到中国，再经过陆路来到罗定。

罗定早在宋朝时已开始种植木橘树，木橘主要产自东南亚，罗定古代的木橘树很可能来自海外，印证罗定是海陆丝绸之路的对接通道。甲香最初来自海外，史书记裁，康州治端溪县（今德庆），此处出产的甲香或制作甲香的技术来自沿海，应是通过罗定传入。泷州（今罗定），古代盛产石斛，作为贡品。

正是因为罗定古代盛产各种药材，甚至还有来自海外的药材，是名副其实的药材之都。所以唐代曾经在罗定附近设置药州，药州之名证明了罗定历史上曾经以盛产药材闻名，这启示我们今天可以发掘历史上的罗定药材资源，加强罗定的医药产业发展。

吴宏岐

暨南大学历史地理研究中心主任，作题为《明清时期罗定南江流域的军事布防与道路开发》的发言。

南江古道把西江与鉴江、漠阳江紧密地联系在了一起，虽然这条通道只是粤西地区的一条古道，但由于地缘方面的原因，实际上对于勾通广东与海外地区的联系也起着重要的作用。值得注意的是，作为历史时期海上丝绸之路与陆上丝绸之路对接的主要通道之一，伴随着省内、省际以及与国外地区的人口迁移、商贸物流、军事活动和文化交流，这条通道在岭南地区历史发展中起着其不可替代的作用。

明清两代不仅注重罗定南江流域的军事布防，而且对当地交通条件的改善也十分关注。从某种意义上来说，重视军事布防和大力开发道路，正是保障当地社会环境稳定、商贸经济正常发展的两个重要因素。尽管南江古道多有艰难险阻，但是当地民众或为养家糊口，或为赚钱发财，往往不畏艰险，在这条古道上往返奔波，乐此不疲。也正是由于这样，才会有南江古道的长久不衰。

周永卫

广东省珠江文化研究会秘书长、华南师范大学历史文化学院教授，作题为《汉晋南江古道的隙地贸易及其扩展》的发言。

岭南内部的交通要道主要以西江、北江、东江和南江四条水系为主。四条古道中，南江古道在隙地贸易中地位十分优越。南江古道正处于合浦与苍梧的结合部，交州与广州的交界地带。此外，封建政府在此的管辖较为松懈。这里便成为南来北往商人贸易的天堂，南江最早的龙乡县的设置亦是此种贸易进一步扩展的结果。由以上可以看出，南江古道是岭南隙地民间贸易的温床无疑。

随着南江古道隙地贸易辐射至濒临地区，其贸易市场进一步扩大，并延伸至海外。南江古道的地缘优势得天独厚，以南江古道为中心，向南有徐闻，乃至交趾，向东有番禺，所辐射范围构成岭南对外贸易的重要区域。通过这条古道，大量海外商品源源不断地输入内地，同时，又把丝绸、陶瓷等中原商品输送到雷州半岛、海南岛，乃至东南亚、南亚和中东地区。汉晋时期，南江流域一跃而成为中原王朝发展海外贸易的桥头堡，在对外贸易的发展过程中的作用不可忽视。

周运中

厦门大学历史系副教授，作题为《罗定通往海上丝绸之路的古道》的发言。罗定地处西江南岸支流罗定江流域，向南经过南江源头翻山可到鉴江和漠阳江流域，再通往南海，联通海上丝绸之路。因为这条道路非常便捷，所以罗定在古代就和海上丝绸之路有密切联系。

在罗定罗镜镇鹤咀山发现的一座南朝墓中，出土一件金手镯，外圈有神兽和忍冬纹图，有明显的西亚风格。说明罗定在南朝时已与海上丝绸之路有联系。在罗镜镇东南的太平镇潭白村有泷州城址，泷州城在罗定南部，辖有四县，说明这一带最重要的政治中心在罗定南部。东南通往漠阳江流域，西南通往鉴江流域。正是因为泷州城扼守两条通往海路的要冲，所以才成为政治中心。

罗定的唐代岭南第一石刻《龙龛道场铭并序》，讲述交趾的僧人宝聪，从交趾到江东，不知是走陆路还是海路。回来经过罗定，说明从罗定到交趾有道路。这条道路很可能在汉代或六朝时期早已开辟，这也是联结海外和中原的道路。

总之，罗定南部经过鉴江、漠阳江联结海上丝绸之路的古道是海上丝绸之路延伸到岭南内陆的重要通道。

刘新荣

暨南大学国际贸易系副教授，作题为《重兴南江古道，拉动罗定经济发展》的发言。

云浮南江古道是连接西江与鉴江、漠阳江的交通要道，是对外与中央、周边地区联系的通道，对内缩短省内地区地域间路程的便道。它不仅是商贸物流通道，还包括省内粤南北地区人口迁移、文化交流等，是海外贸易与文化交流的重要通道，也是海上丝绸之路与陆上丝绸之路对接的主要通道之一，文化资源极其丰富。

重兴南江古道对拉动罗定经济发展具有积极意义：

首先有利于整合罗定旅游资源，提升旅游品位，其次有利于促进罗定文化的繁荣和发展，再次有助于带动文化产业与经济产业竞相发展。

促进南江古道经济发展，一要以古道旅游强力支撑，挖掘独特的产业要素。二要促进文化产业与经济产业竞相发展。三要加强项目开发推进，形成特

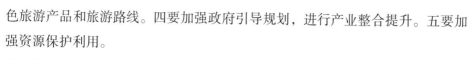

色旅游产品和旅游路线。四要加强政府引导规划，进行产业整合提升。五要加强资源保护利用。

陈大远

罗定市博物馆副研究员，作题为《罗信古道——陆海丝绸之路的重要通道》的发言。罗信古道，又称泷（州）窦（州）古道，是经罗定——信宜——高州——雷州半岛出海的古代陆海重要通道。

追溯历史，在秦统一岭南前，楚国人就已经开出了这一条通道，

南朝末年，罗信古道是高凉冼夫人进军广州的军事线路，对岭南地区的政治稳定和经济发展作出了很大贡献。

1983 年在罗镜水摆的一座南朝墓中出土的金手镯和金指环产自中亚粟特地区，证实了当时的陆海丝绸之路进入一个中外交流活跃时期。

明万历五年，平定罗旁徭乱后设立罗定直隶州，罗定直隶州，位于广东十府中心，同时又是两广交汇处。因此被称为"全粤要枢"（广东称东粤广西称西粤，合称全粤）。

大量史料证明，罗信古驿道是岭南古驿道中历史最长，曾经是陆海对接的丝绸之路，同时又是在不同时期有过重大历史贡献的一条古驿道。

邓　辉

罗定职业技术学院、云浮市南江文化研究中心副教授，作题为《基于文化线路视野的广东南江流域对接海上丝绸之路的历史演变及价值研究》的发言。

广东南江流域是岭南文化的发祥地之一。从历史维度来看，南江流域与海上丝绸之路的渊源深厚绵长，先秦、秦汉时期——是对接海上丝绸之路的初始期，魏晋南北朝时期——是对接海上丝绸之路的兴旺期，隋唐宋元时期——是对接海上丝绸之路的变迁期，明清时期——是对接海上丝绸之路的振兴期。

从文化线路角度看，南江流域作为对接海上丝绸之路的重要通道已有二千多年的历史了，在该流域内至今仍然存有多种多样的文化遗产及文物古迹，具有重要的历史价值、经济价值与文化价值。南江流域作为复合型的文化遗产，极大促进了政治、经济、文化的交流，有着其对接"一带一路"战略依据和意义所在，因此我们可以将其认定为文化线路遗产类型。通过"南江流域文化线路"的打造和宣传，我们才能在认清它的价值同时，更好地保护并传承下去。

网络新闻

1. 中国新闻网

广东罗定举办南江古道与"一带一路"文化论坛

广东罗定举办南江古道与"一带一路"文化论坛

http://www.gd.chinanews.com　2017年04月24日 23:48　来源：中国新闻网

中新网云浮4月24日电（索有为 梁方武）南江古道与"一带一路"文化论坛24日在广东省云浮市罗定市举办，国内研究南江文化和古道文化的专家学者齐聚罗定，共同考察研讨南江文化，并就南江古道与"一带一路"的有机结合进行研讨。

罗定曾是南江流域重要的政治、经济、文化中心。作为南江流域最大的县（市），罗定被专家认定为南江文化集萃地和百越文化腹地。

本次论坛由广东省珠江文化研究会、中共云浮市委宣传部、罗定市人民政府共同主办，与会的专家学者现场参观了平塘镇龙龛岩摩崖石刻、罗定文塔（大埗头）、罗定学宫等罗定市古道遗址与历史文化遗存。

在论坛演讲研讨环节，广东省人民政府特聘参事、广东省珠江文化研究会会长、暨南大学王元林教授，广东省人民政府原参事、《南方日报》原副总编辑、广东省珠江文化研究会原副会长王培楠等12名专家学者分别就南江文化，南江古道，罗定在南江文化、南江古道中的地位等，从不同角度进行了探讨，研究南江古道的文化传承。

论坛主办方相关负责人表示，希望通过这次文化论坛，能进一步研究开发南江和古道文化，更大地发挥罗定作为南江和古道文化中心地和集粹地作用，建议将南江古道文化与最近广东开展的古驿道"活化"工程结合起来，构建"珠江—南江经济文化带"，与"珠江—西江经济带"连体对接，纳入国家"一带一路"规划和战略；将南江古道文化与东盟诸国的古道文化结合起来，以开展旅游、探险等活动方式为纽带，加强国际交往与合作，为建设世界性的古道文化和21世纪海上丝绸之路建设作出贡献。

据了解，罗定市近年来还举办了首届南江文化节，修缮了罗定学宫、罗定文塔、青莪书院、蔡廷锴将军故居，发掘了春牛舞、泷州歌等民间歌舞，申报了一批省级非遗项目和广东省古村落。（完）

2. 新华网

挖掘南江文化擦亮古道名片

挖掘南江文化擦亮古道名片

2017-04-25 07.01.38　　来源：南方日报

　　南方日报讯（记者/陈清浩 通讯员/梁方武）23日至25日，由广东省珠江文化研究会、云浮市委宣传部、罗定市政府共同主办的南江古道与"一带一路"文化论坛在罗定举办。省内外研究南江文化和古道文化的专家学者齐聚，共同考察研讨南江文化，并就南江古道与"一带一路"的有机结合进行研讨。与会的专家学者就如何深入挖掘南江文化、擦亮古道文化名片，从不同角度、不同层面进行了深入探讨。

　　罗定曾是南江流域重要的政治、经济、文化中心，悠久的历史和深厚的文化为罗定留下丰富的人文遗址。作为南江流域最大的县（市），罗定被专家定为南江文化集萃地和百越文化腹地，正以其深厚的历史底蕴和近期扎实的工作，努力成为研究和发掘南江文化、南江古道的重要地区。

　　近年来，罗定先后举办了多次南江文化研讨会，邀请专家学者对罗定的南江文化建设建言献策。同时，罗定还举办了首届南江文化节，新建了南江文化主题园，修缮了罗定学宫、罗定文塔、青莪书院、蔡廷锴将军故居，发掘了春牛舞、泷州歌等民间歌舞，申报了一批省级非遗项目和广东省古村落，罗定的南江文化建设取得了初步成效。

　　论坛主办方相关负责人表示，希望通过这次文化论坛，进一步研究开发南江和古道文化，更大地发挥罗定作为南江和古道文化中心地和集萃地作用。

　　据悉，在前期精心准备和充分考察研讨的基础上，此次论坛还形成了《罗定：南江古道与"一带一路"文化论坛论文集》，收录了《挖掘岭南古道文化，与绿道交相辉映，纳入"一带一路"建设并申报"世遗"——关于广东古道文化的调研报告》《浅议南江古道历史文化与罗定在陆海丝路的地位》《罗定："一带一路"文明交流、和平纽带的承传者》等28篇论文。

3. 南方网

一带一路：云浮南江古道这么"有料"，各路专家话你知

南方网 > 云浮新闻

一带一路 | 云浮南江古道这么"有料"，各路专家话你知

2017-04-26 08:41　来源：南方日报　　　　　　　　　　　Ａ⁻ Ａ⁺

　　悠悠南江，古韵遗存。在广东，东江、西江、北江素来拥有较高的知名度，知道南江的人相对要少。实际上，南江（罗定江）在云浮境内蜿蜒而过，带动了沿线经贸繁荣，孕育出开放、包容的南江文化，并逐渐成为云浮文化的一大品牌。

　　4月23日-25日，由广东省珠江文化研究会、云浮市委宣传部、罗定市政府共同主办的南江古道与"一带一路"文化论坛在罗定举办。省内外研究南江文化和古道文化的专家学者齐聚，共同考察研讨南江文化，并就南江古道与"一带一路"的有机结合进行研讨。

　　与会的专家学者就如何深入挖掘南江文化、擦亮古道文化名片，从不同角度、不同层面进行了深入探讨。

△论坛会场。

　　云浮市委常委、宣传部部长郭亦乐，广东省社科联党组成员、专职副主席林有能等160多位嘉宾和专家参加了24日举办的论坛开幕式和论坛演讲活动。

　　郭亦乐在论坛开幕式上指出，南江文化作为云浮市倾力打造的三大文化品牌之一，正在日益焕发青春的光彩。在国家"一带一路"倡议的大背景下，深入挖掘南江文化，擦亮古道文化名片，对推动云浮经济社会发展具有重要意义。

△论坛会场。

论坛活动中，与会的专家学者共同进行了学术考察，观看了《南江古道系列专题展览》，参观了罗定市博物馆、苹塘镇龙龛岩摩崖石刻、罗定文塔（大塍头）、罗定学宫等罗定市古道遗址与历史文化遗存，感受罗定历史文化名城风韵和南江文化之魂。

△与会人员参观罗定市苹塘镇龙龛岩摩岩石刻。

△与会人员参观罗定学宫。

在论坛演讲研讨环节，广东省人民政府特聘参事、广东省珠江文化研究会会长、暨南大学王元林教授，广东省人民政府原参事、南方报业传媒集团原副总编辑王培楠、广东省珠江文化研究会原副会长王培楠等12名专家学者，分别就南江文化、南江古道，罗定在南江文化、南江古道中的地位等，从不同角度、不同层面进行了深入探讨，研究南江古道的文化传承。

南江全长201公里，发源于茂名信宜鸡笼山，沿着山势逶迤，穿过崇山峻岭，越过罗定红盆地，自南向北而上，最终在郁南南江口镇汇入西江。

据介绍，罗定曾是南江流域重要的政治、经济、文化中心，悠久的历史和深厚的文化为罗定留下丰富的人文遗址。作为南江流域最大的县（市），罗定被专家定为南江文化集萃地和百越文化腹地，正以其深厚的历史底蕴和近期扎实的工作，努力成为研究和发掘南江文化、南江古道的重要地区。

△罗定文塔。

近年来，罗定先后举办了多次南江文化研讨会，邀请专家学者对罗定的南江文化建设建言献策。同时，罗定还举办了首届南江文化节，新建了南江文化主题园，修缮了罗定学宫、罗定文塔、青莪书院、蔡廷锴将军故居，发掘了春牛舞、泷州歌等民间歌舞，申报了一批省级非遗项目和广东省古村落，罗定的南江文化建设取得了初步成效。

△南朝四兽金手镯与金指环的纹饰均带有明显中亚风格。

论坛主办方相关负责人表示，希望通过这次文化论坛，能进一步研究开发南江和古道文化，更大地发挥罗定作为南江和古道文化中心地和集粹地作用，建议将南江古道文化与最近广东省开展的古驿道"活化"工程结合起来，构建"珠江—南江经济文化带"，与"珠江—西江经济带"对接，纳入国家"一带一路"规划；将南江古道文化与东盟诸国的古道文化结合起来，以开展旅游、探险等活动方式为纽带，加强国际交往与合作，为建设世界性的古道文化和21世纪海上丝绸之路建设作出贡献。

据悉，在前期精心准备和充分考察研讨的基础上，此次论坛还形成了《罗定：南江古道与"一带一路"文化论坛论文集》，收录了《挖掘岭南古道文化，与绿道交相辉映，纳入"一带一路"建设并申报"世遗"——关于广东古道文化的调研报告》《浅议南江古道历史文化与罗定在陆海丝路的地位》《罗定："一带一路"文明交流、和平纽带的承传者》等28篇论文。

文图｜陈清浩

来源：云浮发布 侨乡厂记

南方网 > 云浮新闻

郭亦乐：抓好南江古道文化开发利用打造云浮文化品牌

2017-04-25 10 14　来源：云浮日报　梁湛华 梁方武

　　4月23-25日，南江古道与"一带一路"文化论坛在罗定举办。云浮市委常委、宣传部部长郭亦乐，广东省社科联党组成员、专职副主席林有能，广东省人民政府特聘参事、广东省珠江文化研究会会长、暨南大学教授王元林等160多人参加24日举办的论坛开幕式和论坛演讲活动。

　　郭亦乐在论坛开幕式上指出，南江文化作为云浮市倾力打造的三大文化品牌之一，正在日益焕发青春的光彩。在国家"一带一路"倡议的大背景下，深入挖掘南江文化，擦亮古道文化名片，对推动云浮经济社会发展具有重要意义。对如何促进南江文化发展，郭亦乐提出了三点意见：一是要充分认识南江文化的特殊意义，高度重视南江文化的研究；二是要把南江文化作为重要文化资产，抓好南江文化遗存的传承和保护；三是要做好南江文化这篇大文章，抓好南江古道和南江文化的开发利用。把南江古道和南江文化的历史记忆、历史信息，特别是南江文化流传下来的文化基因加以整合和拓展，打造云浮文化品牌，发展以南江古道和南江文化为载体的文化、旅游产业，更好地落实建设"一带一路"倡议。

媒体宣传报道

专家齐聚罗定研讨南江文化

2017-04-26 11:44　来源: 广州日报　于敢勇 梁方武　　　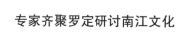

　　广州日报云浮讯 (全媒体记者于敢勇通讯员梁方武)4月23~25日,南江古道与"一带一路"文化论坛在罗定举办。省内外研究南江文化和古道文化的专家学者齐聚,共同考察研讨南江文化,深入挖掘南江文化,擦亮古道文化名片,并就南江古道与"一带一路"的有机结合进行研讨。

　　在论坛演讲研讨环节,12名专家学者分别就南江文化、南江古道、罗定在南江文化南江古道中的地位等,从不同角度、不同层面进行了深入探讨,研究南江古道的文化传承。

　　论坛主办方相关负责人表示,希望通过这次文化论坛,能进一步研究开发南江和古道文化,更大地发挥罗定作为南江和古道文化中心地和集萃地作用,建议将南江古道文化与最近我省开展的古驿道"活化"工程结合起来,构建"珠江—南江经济文化带",与"珠江—西江经济带"连体对接,纳入国家"一带一路"规划和战略;将南江古道文化与东盟诸国的古道文化结合起来,以开展旅游、探险等活动方式为纽带,加强国际交往与合作,为建设世界性的古道文化和21世纪海上丝绸之路建设作出贡献。

　　近年来,罗定先后举办了多次南江文化研讨会,邀请专家学者对罗定的南江文化建设建言献策。同时,罗定还举办了首届南江文化节,新建了南江文化主题园,修缮了罗定学宫、罗定文塔、青莪书院、蔡廷锴将军故居,发掘了春牛舞、泷州歌等民间歌舞,申报了一批省级非遗项目和广东省古村落,南江文化建设取得了初步成效。

4. 广东省情网

南江古道与"一带一路"文化论坛在罗定举办

挖掘南江文化擦亮古道名片

南江古道与"一带一路"文化论坛在罗定举办

挖掘南江文化擦亮古道名片

(2017-04-25) 作者：记者/陈清浩 点击数：51 字体：[增加 减小]

南方日报讯 （记者/陈清浩 通讯员/梁方武）23日至25日，由广东省珠江文化研究会、云浮市委宣传部、罗定市政府共同主办的南江古道与"一带一路"文化论坛在罗定举办。省内外研究南江文化和古道文化的专家学者齐聚，共同考察研讨南江文化，并就南江古道与"一带一路"的有机结合进行研讨。与会的专家学者就如何深入挖掘南江文化、擦亮古道文化名片，从不同角度、不同层面进行了深入探讨。

罗定曾是南江流域重要的政治、经济、文化中心，悠久的历史和深厚的文化为罗定留下丰富的人文遗址。作为南江流域最大的县（市），罗定被专家定为南江文化集萃地和百越文化腹地，正以其深厚的历史底蕴和近期扎实的工作，努力成为研究和发掘南江文化、南江古道的重要地区。

近年来，罗定先后举办了多次南江文化研讨会，邀请专家学者对罗定的南江文化建设建言献策。同时，罗定还举办了首届南江文化节，新建了南江文化主题园，修缮了罗定学宫、罗定文塔、青莪书院、蔡廷锴将军故居，发掘了春牛舞、泷州歌等民间歌舞，申报了一批省级非遗项目和广东省古村落，罗定的南江文化建设取得了初步成效。

论坛主办方相关负责人表示，希望通过这次文化论坛，进一步研究开发南江和古道文化，更大地发挥罗定作为南江和古道文化中心地和集萃地作用。

据悉，在前期精心准备和充分考察研讨的基础上，此次论坛还形成了《罗定：南江古道与"一带一路"文化论坛论文集》，收录了《挖掘岭南古道文化，与绿道交相辉映，纳入"一带一路"建设并申报"世遗"——关于广东古道文化的调研报告》《浅议南江古道历史文化与罗定在陆海丝路的地位》《罗定："一带一路"文明交流、和平纽带的承传者》等28篇论文。

媒体宣传报道

南江古道与"一带一路"文化论坛在罗定举办

南江古道与"一带一路"文化论坛在罗定举办

浏览量：169　　广东文化网　　时间：2017-04-25　来源：南方日报

> **编者按：**由广东省珠江文化研究会、云浮市委宣传部、罗定市政府共同主办的南江古道与"一带一路"文化论坛在罗定举办。

23日至25日，由广东省珠江文化研究会、云浮市委宣传部、罗定市政府共同主办的南江古道与"一带一路"文化论坛在罗定举办。省内外研究南江文化和古道文化的专家学者齐聚，共同考察研讨南江文化，并就南江古道与"一带一路"的有机结合进行研讨。与会的专家学者就如何深入挖掘南江文化、擦亮古道文化名片，从不同角度、不同层面进行了深入探讨。

罗定曾是南江流域重要的政治、经济、文化中心，悠久的历史和深厚的文化为罗定留下丰富的人文遗址。作为南江流域最大的县（市），罗定被专家定为南江文化集萃地和百越文化腹地，正以其深厚的历史底蕴和近期扎实的工作，努力成为研究和发掘南江文化、南江古道的重要地区。

近年来，罗定先后举办了多次南江文化研讨会，邀请专家学者对罗定的南江文化建设建言献策。同时，罗定还举办了首届南江文化节，新建了南江文化主题园，修缮了罗定学宫、罗定文塔、青莪书院、蔡廷锴将军故居，发掘了春牛舞、泷州歌等民间歌舞，申报了一批省级非遗项目和广东省古村落，罗定的南江文化建设取得了初步成效。

论坛主办方相关负责人表示，希望通过这次文化论坛，进一步研究开发南江和古道文化，更大地发挥罗定作为南江和古道文化中心地和集萃地作用。

据悉，在前期精心准备和充分考察研讨的基础上，此次论坛还形成了《罗定：南江古道与"一带一路"文化论坛论文集》，收录了《挖掘岭南古道文化，与绿道交相辉映，纳入"一带一路"建设并申报"世遗"——关于广东古道文化的调研报告》《浅议南江古道历史文化与罗定在陆海丝路的地位》《罗定："一带一路"文明交流、和平纽带的承传者》等28篇论文。

广东罗定举办南江古道与"一带一路"文化论坛

广东罗定举办南江古道与"一带一路"文化论坛

中国城市文化网 时间:2017-4-25 www.citure.net 来源:中国新闻网 索有为 梁方武 收藏本页

南江古道与"一带一路"文化论坛24日在广东省云浮市罗定市举办，国内研究南江文化和古道文化的专家学者齐聚罗定，共同考察研讨南江文化，并就南江古道与"一带一路"的有机结合进行研讨。

罗定曾是南江流域重要的政治、经济、文化中心。作为南江流域最大的县(市)，罗定被专家认定为南江文化集萃地和百越文化腹地。

本次论坛由广东省珠江文化研究会、中共云浮市委宣传部、罗定市人民政府共同主办，与会的专家学者现场参观了苹塘镇龙龛岩摩崖石刻、罗定文塔(大垌头)、罗定学宫等罗定市古道遗址与历史文化遗存。

在论坛演讲研讨环节，广东省人民政府特聘参事、广东省珠江文化研究会会长、暨南大学王元林教授，广东省人民政府原参事、《南方日报》原副总编辑、广东省珠江文化研究会原副会长王培楠等12名专家学者分别就南江文化，南江古道，罗定在南江文化、南江古道中的地位等，从不同角度进行了探讨，研究南江古道的文化传承。

论坛主办方相关负责人表示，希望通过这次文化论坛，能进一步研究开发南江和古道文化，更大地发挥罗定作为南江和古道文化中心地和集粹地作用，建议将南江古道文化与最近广东开展的古驿道"活化"工程结合起来，构建"珠江—南江经济文化带"，与"珠江—西江经济带"连体对接，纳入国家"一带一路"规划和战略；将南江古道文化与东盟诸国的古道文化结合起来，以开展旅游、探险等活动方式为纽带，加强国际交往与合作，为建设世界性的古道文化和21世纪海上丝绸之路建设作出贡献。

据了解，罗定市近年来还举办了首届南江文化节，修缮了罗定学宫、罗定文塔、青莪书院、蔡廷锴将军故居，发掘了春牛舞、泷州歌等民间歌舞，申报了一批省级非遗项目和广东省古村落。

媒体宣传报道

7. 国际在线网

广东罗定举办南江古道与"一带一路"文化论坛

廣東羅定舉辦南江古道與"一帶一路"文化論壇

2017-04-25 09:33:24 | 來源：中國新聞網 | 編輯：李勝蘭

中新網雲浮4月24日電 (索有為 梁方威)南江古道與"一帶一路"文化論壇24日在廣東省雲浮市羅定市舉辦，國內研究南江文化和古道文化的專家學者齊聚羅定，共同考察研討南江文化，並就南江古道與"一帶一路"的有機結合進行研討。

羅定曾是南江流域重要的政治、經濟、文化中心。作為南江流域最大的縣(市)，羅定被專家認定為南江文化集萃地和百越文化腹地。

本次論壇由廣東省珠江文化研究會、中共雲浮市委宣傳部、羅定市人民政府共同主辦，與會的專家學者現場參觀了蘋塘鎮龍龕岩摩崖石刻、羅定文塔(大埗頭)、羅定學宮等羅定市古道遺址與歷史文化遺存。

在論壇演講研討環節，廣東省人民政府特聘參事、廣東省珠江文化研究會會長、暨南大學王元林教授，廣東省人民政府原參事、《南方日報》原副總編輯、廣東省珠江文化研究會原副會長王培楠等12名專家學者分別就南江文化，南江古道，羅定在南江文化、南江古道中的地位等，從不同角度進行了探討，研究南江古道的文化傳承。

論壇主辦方相關負責人表示，希望通過這次文化論壇，能進一步研究開發南江和古道文化，更大地發揮羅定作為南江和古道文化中心地和集萃地作用，建議將南江古道文化與最近廣東開展的古驛道"活化"工程結合起來，構建"珠江—南江經濟文化帶"，與"珠江—西江經濟帶"連體對接，納入國家"一帶一路"規劃和戰略；將南江古道文化與東盟諸國的古道文化結合起來，以開展旅遊、探險等活動方式為紐帶，加強國際交往與合作，為建設世界性的古道文化和21世紀海上絲綢之路建設作出貢獻。

據了解，羅定市近年來還舉辦了首屆南江文化節，修繕了羅定學宮、羅定文塔、青莪書院、蔡廷鍇將軍故居，發掘了春牛舞、瀧州歌等民間歌舞，申報了一批省級非遺項目和廣東省古村落。

8. 凤凰网

专家齐聚罗定研讨南江文化

 广州 > 凤眼观粤 > 正文

专家齐聚罗定研讨南江文化

2017年04月26日 06:01
来源：广州日报 作者：于敢勇

0人参与　0评论　

原标题：专家齐聚罗定研讨南江文化

广州日报云浮讯（全媒体记者于敢勇通讯员梁方武）4月23~25日，南江古道与"一带一路"文化论坛在罗定举办。省内外研究南江文化和古道文化的专家学者齐聚，共同考察研讨南江文化，深入挖掘南江文化，擦亮古道文化名片，并就南江古道与"一带一路"的有机结合进行研讨。

在论坛演讲研讨环节，12名专家学者分别就南江文化、南江古道、罗定在南江文化南江古道中的地位等，从不同角度、不同层面进行了深入探讨，研究南江古道的文化传承。

论坛主办方相关负责人表示，希望通过这次文化论坛，能进一步研究开发南江和古道文化，更大地发挥罗定作为南江和古道文化中心地和集萃地作用，建议将南江古道文化与最近我省开展的古驿道"活化"工程结合起来，构建"珠江—南江经济文化带"，与"珠江—西江经济带"连体对接，纳入国家"一带一路"规划和战略；将南江古道文化与东盟诸国的古道文化结合起来，以开展旅游、探险等活动方式为纽带，加强国际交往与合作，为建设世界性的古道文化和21世纪海上丝绸之路建设作出贡献。

近年来，罗定先后举办了多次南江文化研讨会，邀请专家学者对罗定的南江文化建设建言献策。同时，罗定还举办了首届南江文化节，新建了南江文化主题园，修缮了罗定学宫、罗定文塔、青莪书院、蔡廷锴将军故居，发掘了春牛舞、泷州歌等民间歌舞，申报了一批省级非遗项目和广东省古村落，南江文化建设取得了初步成效。

9. 新浪新闻

专家齐聚罗定研讨南江文化

新闻中心　国内新闻

专家齐聚罗定研讨南江文化

　0 评论　✎　　　　201

　　广州日报云浮讯（全媒体记者于敢勇　通讯员梁方武）4月23~25日，南江古道与"一带一路"文化论坛在罗定举办。省内外研究南江文化和古道文化的专家学者齐聚，共同考察研讨南江文化，深入挖掘南江文化，擦亮古道文化名片，并就南江古道与"一带一路"的有机结合进行研讨。

　　在论坛演讲研讨环节，12名专家学者分别就南江文化、南江古道、罗定在南江文化南江古道中的地位等，从不同角度、不同层面进行了深入探讨，研究南江古道的文化传承。

　　论坛主办方相关负责人表示，希望通过这次文化论坛，能进一步研究开发南江和古道文化，更大地发挥罗定作为南江和古道文化中心地和集萃地作用，建议将南江古道文化与最近我省开展的古驿道"活化"工程结合起来，构建"珠江—南江经济文化带"，与"珠江—西江经济带"连体对接，纳入国家"一带一路"规划和战略；将南江古道文化与东盟诸国的古道文化结合起来，以开展旅游、探险等活动方式为纽带，加强国际交往与合作，为建设世界性的古道文化和21世纪海上丝绸之路建设作出贡献。

　　近年来，罗定先后举办了多次南江文化研讨会，邀请专家学者对罗定的南江文化建设建言献策。同时，罗定还举办了首届南江文化节，新建了南江文化主题园，修缮了罗定学宫、罗定文塔、青莪书院、蔡廷锴将军故居，发掘了春牛舞、泷州歌等民间歌舞，申报了一批省级非遗项目和广东省古村落，南江文化建设取得了初步成效。

探源"千年古丝路":水系文化带跨境合作擦亮南江文化招牌

探源"千年古丝路":水系文化带跨境合作 擦亮南江文化招牌

来源:金羊网 作者:赵映光 发表时间:2017-04-24 06:42

罗定文塔耸立在南江畔

新闻热词

羊晚60周年 羊晚2016年度表彰会
交警先罚款后捐款 徐娇被吐槽群
法驻华使馆发声明 遇王珞丹卖唱
马思纯离婚 中国三星关闭网站

"南江古道与'一带一路'文化论坛"今天在云浮罗定举行,多位省市专家与会,探讨如何更好地深入挖掘南江古道素材,擦亮南江文化招牌

策划/统筹 孙爱群 马勇 雷鸣

文/图 金羊网记者 赵映光

"橹声摇尽一枝柔,溯到康州水更幽,一路青山青不断,青山断处是泷州(今罗定市)。"这是清代举人何仁镜在《答人问罗定》一诗中,对云浮地区南江(也叫罗定江、泷水等)水路交通状况的生动描述。

从信宜鸡笼山逶迤而下,穿过崇山峻岭,越过罗定红盆地的南江,不仅滋养着该流域两岸的一片片生命绿洲,孕育出开放、包容的独特而璀璨的"南江文化",还一度作为海陆丝绸之路对接通道,承载着该区域交通往来的主要功能,见证了海陆两大"丝绸之路"的兴衰,被当地人亲切地称为"母亲河"。

随着陆路的大发展,今日的南江,作为主要货运渠道的功能已日渐式微。但当羊城晚报记者借着"南江古道与'一带一路'文化论坛"举办之契机,在罗定市内顺着南江沿路探访,看到散落在沿江两岸的青石板古道、古墟、埗头、码头、渡头遗址,以及众多保存完好的文物时,宛若穿越千年回到古早时,当年的商贾利用南江进行贸易的场景、中原文化以及外来文化途经南江相互传播的盛况恍若就在眼前。

古水道

罗定曾有专业『船运村』

南江全长201公里，流经信宜、罗定、郁南、云安四个县（市、区），水系流域面积4493平方公里，在郁南县南江口汇入西江后奔流入海。

记者在沿江走访中看到，南江流域现存许多古墟、埠头、码头、渡头遗址，以及大量与航运有关的庙宇。其中，仅罗定市内就有水摆墟、古榄墟、罗镜官渡头、萌濮墟、丰盛古村、大旁街、罗城大埠头和六竹古村等，这些商业遗址沿河而建，见证了昔日南江流域商贸活动的繁华。

罗定甚至还出现过以依靠船运为生的专业村落，其中尤以双东倒流榜村和黎少梁家庄园最为著名。

据了解，倒流榜村原为沿江船民落脚点之一，从事航运业的黄氏船民在此建造了较多处的民居和祠堂，因船在村前河流行驶，村中建筑成排的镶耳屋像倒流的皇榜而得名；位于泗纶河与南江河交汇处的黎少萌濮梁家庄园，占地面积6.6万平方米，共有26座大屋，6座炮楼，是粤西地区规模最大的庄园建筑，由清咸丰年间的梁姓商人创建，主要建筑包括九座屋、粮仓、书塾和码头，所有建筑均面向泗纶河，有石砌道路通往码头，田产的收租也是靠水路运输。

历史被尘封千年，但仍熠熠发光。所以，在中央与省委提出积极推进"21世纪海上丝绸之路"建设的大背景之下，2014年3月至4月期间，云浮市南江文化研究中心联合云浮市委政研室、云浮市委党史研究室、云浮市方志办、云浮市委党校、云浮市社科联、云浮市广播电视中心、罗定市博物馆、郁南县博物馆等多个单位，组建专家团队，先后对南江河道及南江流域古码头、古墟市、出土文物、古寺庙、人口流徙、民俗等进行了调研和查证。

据全程参与该项调查的专家彭祖鸿介绍，专家们通过文献查证、实地考察、座谈交流、实物考证等方式，得出一个较为权威的调查结论：隋唐以前，广信地区是岭南重要的政治经济文化中心，合浦、徐闻为海上丝绸之路始发港，南江流域是中原地区对接海上丝绸之路的重要通道；唐朝以后，随着广州作为始发港的地位提升，南江成为粤西地区对接海上丝绸之路的重要通道，同时南江流域也为海上丝绸之路提供充足的货物和人力支持。

南朝墓中的高足碗

海之路

南江系中外商贸之枢纽

如果说要了解南江古水道的故事，可以从古码头和古村落上寻踪索迹。那么，要了解海上丝绸之路与南江流域之间的相互影响，则需要从当地的工业遗址和几座千年墓葬入手了。

海上丝绸之路带给罗定一系列商贸经济的发展，其中制蓝业、冶铁业尤为发达。

"种蓝制靛"是指将植物"染草"制成成布染料，是一种较为古老的产业。罗定的蓝多产于罗镜、分界、连州、新榕和龙湾等地，制蓝工业遗址多数位于河边，融合了手工作坊和商业的性质功能；到明代，中原的炼铁技术被引进，在泷江上游的罗镜、船步等地，官方利用当地丰富的资源，建立起了几个颇具规模的冶铁基地。据有关史料记载，其时，罗定州日产铁18吨，年产量达六千吨，从业人员一万多人。

另外，据罗定市博物馆原馆长陈大远介绍，1983年，罗定市在罗平背夫山发现了一处战国墓，出土了一批丝织物，从中可以看出南江古道曾是古代楚人南下海岸的重要通道，也是当时岭南文化与中原文化交流的一条重要交通要道。

将南江定位为海上丝绸之路的对接通道提供强有力实物佐证的是：罗定市于1983年在罗镜镇鹤咀山发现了一座目前现存岭南规模最大、出土文物最多的南朝墓葬，其中有两件出土文物尤其引人注目，分别是有四组中、西亚走兽与花纹图案的纯金打制手镯和一件刻画了莲瓣纹的高足碗。

专家们推断，上述金手镯显然是西方的舶来品，很有可能为粟特的产品；而高足碗的造型特殊，是受古罗马拜占庭高足杯艺术风格的影响，莲瓣纹与忍冬纹则是受佛教艺术的影响，可能是为外国定制的出口外销瓷器。由此可见，当时的南江流域尤其是罗定与中亚国家、地区已有了密切商贸往来，陆海丝绸之路也进入了活跃交流时期。

古代海上丝绸之路使罗定成为连接南北的通道之一，全方位地促进了罗定经济、文化的发展，开拓了罗定人的视野。从明清开始，走出去的罗定人遍布周边省市，足迹遍及南洋。至今，南江流域仍然是大西南连接珠三角地区的重要通道，也是珠三角地区与东盟联系的桥梁。而广西南宁化妆品行业、广州电子行业，乃至马来西亚的橡胶行业等都活跃着罗定人的身影。

新文化

水系文化带跨境合作

南江文化显示了山地文化与海洋文化的交融，是古海上丝绸之路文化的重要组成部分；南江流域较早萌芽的商品经济，也令南江文化饱含开放、包容、积极进取的精神内涵。时至今日，挖掘南江古道历史文化对于建设"一带一路"仍有着重要的作用与意义。

广东省人民政府参事室特聘参事、担任广东省海上丝绸之路研究开发项目组组长的中山大学教授黄伟宗认为，罗定江（南江）是中原连接海上丝绸之路的最早通道，罗定是南江上最重要的节点。罗定江流域（包括其支流）全部在古罗定直隶州境内，是古代岭南地区经济文化最发达的地区之一，造就并留存有丰富灿烂的文化遗产。

因此，"南江"不仅仅是一个地理概念，更是一个具有悠久历史传统的地域文化概念，有着自己的文化基因、民族特色和精神纽带。黄伟宗建议，应为罗定江"正名"，并确立、研究、整合、开发南江水系的经济文化，并进行以南江水系为代表的南江文化带跨境合作，将泛珠三角区域合作战略进一步具体化、实体化、地域化。

对于南江文化的发掘与未来发展，广东省人民政府参事室特聘参事、暨南大学教授、广东省珠江研究会会长王元林认为，罗定江流域是泛珠三角区域历史与现实的对接点，研究、整合、开发以罗定江水系为代表的罗定江文化，实行罗定江及整个广南区域与泛珠三角经济文化的跨境合作，对促进信宜、罗定、郁南三地社会和经济的发展，具有十分重大的历史和现实意义。同时，当地还可通过树立历史文化品牌、凸显岭南地域特色，借"精准扶贫"之势，确实把古道文化与新农村文化建设结合起来。

制图/李焕菲

11. 云浮市人民政府网

郭亦乐在南江古道与"一带一路"文化论坛上提出：抓好南江古道文化开发利用，打造云浮文化品牌

当前位置:首页-信息公开-资讯中心-政务新闻

郭亦乐在南江古道与"一带一路"文化论坛上提出 抓好南江古道文化开发利用 打造云浮文化品牌

发布时间:2017-04-25 来源:云浮市云浮日报社 记者 梁湛华 特约记者 梁方武

本报讯 （记者 梁湛华 特约记者 梁方武）4月23-25日，南江古道与"一带一路"文化论坛在罗定举办。市委常委、宣传部部长郭亦乐，广东省社科联党组成员、专职副主席林有能，广东省人民政府特聘参事、广东省珠江文化研究会会长、暨南大学教授王元林等160多人参加24日举办的论坛开幕式和论坛演讲活动。

郭亦乐在论坛开幕式上指出，南江文化作为云浮市倾力打造的三大文化品牌之一，正在日益焕发青春的光彩。在国家"一带一路"倡议的大背景下，深入挖掘南江文化，擦亮古道文化名片，对推动云浮经济社会发展具有重要意义。对如何促进南江文化发展，郭亦乐提出了三点意见：一是要充分认识南江文化的特殊意义，高度重视南江文化的研究；二是要把南江文化作为重要文化资产，抓好南江文化遗存的传承和保护；三是要做好南江文化这篇大文章，抓好南江古道和南江文化的开发利用。把南江古道和南江文化的历史记忆、历史信息，特别是南江文化流传下来的文化基因加以整合和拓展，打造云浮文化品牌，发展以南江古道和南江文化为载体的文化、旅游产业，更好地落实建设"一带一路"倡议。

【关闭窗口】

12. 云浮时刻网

南江古道与"一带一路"文化论坛在罗定市举办

云浮时刻网　主页 > 云浮新闻 > 罗定 >

南江古道与"一带一路"文化论坛在罗定市举办

时间：2017-04-25 13:43　来源：罗定宣传网　编辑：YF278　手机版新闻

提示：南江古道与"一带一路"文化论坛在罗定市举办；南江古道与一带一路文化论坛在我市举办 深入挖掘南江文化 擦亮古道文化名片 4月23-25日，由广东省人民政府参事室（文史室）和广东省社科联指导，广东省珠江文化研究会、中共云浮市委宣传部、罗定市人民政府共同主办的南江古道与一带一路文化论坛在我市举办。

原标题：南江古道与"一带一路"文化论坛在罗定市举办

关键字：南江、古道、一带一路、文化、论坛、

4月23-25日，由广东省人民政府参事室（文史室）和广东省社科联指导，广东省珠江文化研究会、中共云浮市委宣传部、罗定市人民政府共同主办的南江古道与"一带一路"文化论坛在我市举办，省内外研究南江文化和古道文化的专家学者共聚一堂，深入挖掘南江文化资源，擦亮南江古道文化名片，并就南江古道与"一带一路"的关联进行研讨。

4月24日下午，文化论坛开幕式在罗定国际酒店举行。云浮市委常委、宣传部长郭亦乐，广东省社科联党组成员、专职副主席林有能，广东省人民政府参事室（文史馆）参事业务处副处长符文申，广东省人民政府特聘参事、广东省珠江文化研究会会长王元林，广东省人民政府特聘参事、广东省珠江文化研究会名誉会长司徒尚纪，我市领导陈定三、刘炳权、欧阳明、何文通、沈灿明及云浮、罗定、信宜等相关部门负责人、国内多位专家、学者参加了开幕式。

郭亦乐在致辞中指出，南江古道与"一带一路"文化论坛的举办是云浮市落实国家主席习近平提出的建设"一带一路"重大倡议的具体行动，也是罗定市打造、推动文化建设、塑造文化品牌的一件盛事。郭亦乐强调，要充分认识南江文化的特殊意义，高度重视南江文化研究；要把南江文化作为重要的文化资产，抓好南江文化遗存的传承和保护，把南江古道和南江文化的历史记忆、历史信息，特别是南江文化流传下来的文化基因加以整合和拓展，打造云浮的文化品牌；要做好南江文化这篇大文章，抓好南江古道和南江文化的开发利用，发展以南江古道和南江文化为载体的文化、旅游产业，更好地落实建设"一带一路"的倡议。

王元林表示，南江古道历史悠久，是陆海丝绸之路的对接通道之一，云浮物华天宝、人杰地灵，罗定的水陆古道文化保存完整，文化遗迹丰富，对全省古道文化的建设有代表性、典型性的作用。希望通过这次文化论坛，能进一步研究开发南江和古道文化，更大发挥云浮、罗定作为南江和古道文化中心地和集粹地作用。

受我市市委书记、市长黄天生委托，市政协主席陈定三在开幕式上致辞。他表示，罗定曾是南江流域重要的政治、经济、文化中心，是古代海陆丝绸之路重要的对接通道。自云浮市委、市政府提出要致力打造"石文化、禅文化、南江文化"三大文化品牌后，我市高度重视，立即将南江文化的研究和发掘与建设文化强市战略有机结合起来，加强对南江文化的发掘、保护与开发，进一步赋予南江古道和南江文化以全新的时代内涵。今后，我市将继续加大对南江文化和南江古道的深入研究和开发利用，继续把罗定历史上的海陆丝绸之路对接通道地位与国家"一带一路"战略紧密结合起来，加快罗定的对外开放进程，为罗定建设粤桂边工业新城再添新的优势。

开幕式结束后，与会专家学者进行了论坛演讲，王元林等11位专家学者紧扣主题，先后从不同的视野角度、不同的学术层面，围绕"南江古道、南江文化、海上丝绸之路、一带一路"四大方面的内容，剖析和论述了南江古道的重要作用，深入研究了南江古道的文化传承。

司徒尚纪作了总结发言，他表示，通过这次的论坛演讲，各位专家学者从南江古道的历史地位、方言形成、医药发展、军事布防、经济贸易等方面入手，更加坚定了对南江古道的认同、对南江文化的研究以及对南江古道与"一带一路"的探讨。

论坛举行前，与会专家学者在我市市委常委、宣传部部长刘炳权，政协副主席沈灿明的陪同下先后参观了我市古道遗址与历史文化遗存，并到市博物馆、苹塘镇龙龛岩摩崖石刻、罗定文塔、大垇头、罗定学官等地进行考察。盛赞我市具有优秀的文化传统和深厚的历史底蕴，认为南江流域是海陆丝绸之路的重要对接通道，是广府文化与八桂文化的交接地带，是一条历史悠久、底蕴丰厚的文化带。（梁方武 张传泓）

文章标题：南江古道与"一带一路"文化论坛在罗定市举办

13. 罗定人民政府宣传网

南江古道与"一带一路"文化论坛在我市举办

深入挖掘南江文化，擦亮古道文化名片

4月23-25日，由广东省人民政府参事室（文史室）和广东省社科联指导，广东省珠江文化研究会、中共云浮市委宣传部、罗定市人民政府共同主办的南江古道与"一带一路"文化论坛在我市举办，省内外研究南江文化和古道文化的专家学者共聚一堂，深入挖掘南江文化资源，擦亮南江古道文化名片，并就南江古道与"一带一路"的关联进行研讨。

4月24日下午，文化论坛开幕式在罗定国际酒店举行。云浮市委常委、宣传部部长郭亦乐，广东省社科联党组成员、专职副主席林有能，广东省人民政府参事室（文史馆）参事业务处副处长符文申，广东省人民政府特聘参事、广东省珠江文化研究会会长王元林，广东省人民政府特聘参事、广东省珠江文化研究会名誉会长司徒尚纪，我市领导陈定三、刘炳权、欧阳明、何文通、沈灿明及云浮、罗定、信宜等相关部门负责人、国内多位专家、学者参加了开幕式。

郭亦乐在致辞中指出，南江古道与"一带一路"文化论坛的举办是云浮市落实国家主席习近平提出的建设"一带一路"重大倡议的具体行动，也是罗定市打造、推动文化建设、塑造文化品牌的一件盛事。郭亦乐强调，要充分认识南江文化的特殊意义，高度重视南江文化研究；要把南江文化作为重要的文化资产，抓好南江文化遗存的传承和保护，把南江古道和南江文化的历史记忆、历史信息，特别是南江文化流传下来的文化基因加以整合和拓展，打造云浮的文化品牌；要做好南江文化这篇大文章，抓好南江古道和南江文化的开发利用，发展以南江古道和南江文化为载体的文化、旅游产业，更好地落实建设"一带一路"的倡议。

王元林表示，南江古道历史悠久，是陆海丝绸之路的对接通道之一，云浮物华天宝、人杰地灵，罗定的水陆古道文化保存完整，文化遗迹丰富，对全省古道文化的建设有代表性、典型性的作用。希望通过这次文化论坛，能进一步研究开发南江和古道文化，更大发挥云浮、罗定作为南江和古道文化中心地和集粹地作用。

受我市市委书记、市长黄天生委托，市政协主席陈定三在开幕式上致辞。他表示，罗定曾是南江流域重要的政治、经济、文化中心，是古代海陆丝绸之路重要的对接通道。自云浮市委、市政府提出要致力打造"石文化、禅文化、南江文化"三大文化品牌后，我市高度重视，立即将南江文化的研究和发掘与建设文化强市战略有机结合起来，加强对南江文化的发掘、保护与开发，进一步赋予南江古道和南江文化以全新的时代内涵。今后，我市将继续加大对南江文化和南江古道的深入研究和开发利用，继续把罗定历史上的海陆丝绸之路对接通道地位与国家"一带一路"战略紧密结合起来，加快罗定的对外开放进程，为罗定建设粤桂边工业新城再添新的优势。

开幕式结束后，与会专家学者进行了论坛演讲，王元林等11位专家学者紧扣主题，先后从不同的视野角度、不同的学术层面，围绕"南江古道、南江文化、海上丝绸之路、一带一路"四大方面的内容，剖析和论述了南江古道的重要作用，深入研究了南江古道的文化传承。

司徒尚纪作了总结发言，他表示，通过这次的论坛演讲，各位专家学者从南江古道的历史地位、方言形成、医药发展、军事布防、经济贸易等方面入手，更加坚定了对南江古道的认同、对南江文化的研究以及对南江古道与"一带一路"的探讨。

论坛举行前，与会专家学者在我市市委常委、宣传部部长刘炳权，政协副主席沈灿明的陪同下先后参观了我市古道遗址与历史文化遗存，并到市博物馆、苹塘镇龙龛岩摩崖石刻、罗定文塔、大垌头、罗定学宫等地进行考察。盛赞我市具有优秀的文化传统和深厚的历史底蕴，认为南江流域是海陆丝绸之路的重要对接通道，是广府文化与八桂文化的交接地带，是一条历史悠久、底蕴丰厚的文化带。（梁方武　张传泓）

来源：罗定市新闻中心

媒体宣传报道

14. 罗定市文化广电新闻出版局

南江古道与"一带一路"文化论坛在我市举办

深入挖掘南江文化，擦亮古道文化名片

4月23-25日，由广东省人民政府参事室（文史室）和广东省社科联指导，广东省珠江文化研究会、中共云浮市委宣传部、罗定市人民政府共同主办的南江古道与"一带一路"文化论坛在我市举办，省内外研究南江文化和古道文化的专家学者共聚一堂，深入挖掘南江文化资源，擦亮南江古道文化名片，并就南江古道与"一带一路"的关联进行研讨。

4月24日下午，文化论坛开幕式在罗定国际酒店举行。云浮市委常委、宣传部部长郭亦乐，广东省社科联党组成员、专职副主席林有能，广东省人民政府参事室（文史馆）参事业务处副处长符文申，广东省人民政府特聘参事、广东省珠江文化研究会会长王元林，广东省人民政府特聘参事、广东省珠江文化研究会名誉会长司徒尚纪，我市领导陈定三、刘炳权、欧阳明、何文通、沈灿明及云浮、罗定、信宜等相关部门负责人、国内多位专家、学者参加了开幕式。

郭亦乐在致辞中指出，南江古道与"一带一路"文化论坛的举办是云浮市落实国家主席习近平提出的建设"一带一路"重大倡议的具体行动，也是罗定市打造、推动文化建设、塑造文化品牌的一件盛事。郭亦乐强调，要充分认识南江文化的特殊意义，高度重视南江文化研究；要把南江文化作为重要的文化资产，抓好南江文化遗存的传承和保护，把南江古道和南江文化的历史记忆、历史信息，特别是南江文化流传下来的文化基因加以整合和拓展，打造云浮的文化品牌；要做好南江文化这篇大文章，抓好南江古道和南江文化的开发利用，发展以南江古道和南江文化为载体的文化、旅游产业，更好地落实建设"一带一路"的倡议。

王元林表示，南江古道历史悠久，是陆海丝绸之路的对接通道之一，云浮物华天宝、人杰地灵，罗定的水陆古道文化保存完整，文化遗迹丰富，对全省古道文化的建设有代表性、典型性的作用。希望通过这次文化论坛，能进一步研究开发南江古道和古道文化，更大发挥云浮、罗定作为南江和古道文化中心地和集粹地作用。

受我市市委书记、市长黄天生委托，市政协主席陈定三在开幕式上致辞，他表示，罗定曾是南江流域重要的政治、经济、文化中心，是古代海陆丝绸之路重要的对接通道。自云浮市委、市政府提出要致力打造"石文化、禅文化、南江文化"三大文化品牌后，我市高度重视，立即将南江文化的研究和发掘与建设文化强市战略有机结合起来，加强对南江文化的发掘、保护与开发，进一步赋予南江古道和南江文化以全新的时代内涵。今后，我市将继续加大对南江文化和南江古道的深入研究和开发利用，继续把罗定历史上的海陆丝绸之路对接通道地位与国家"一带一路"战略紧密结合起来，加快罗定的对外开放进程，为罗定建设粤桂边工业新城再添新的优势。

开幕式结束后，与会专家学者进行了论坛演讲，王元林等11位专家学者紧扣主题，先后从不同的视野角度、不同的学术层面，围绕"南江古道、南江文化、海上丝绸之路、一带一路"四大方面的内容，剖析和论述了南江古道的重要作用，深入研究了南江古道的文化传承。

司徒尚纪作了总结发言，他表示，通过这次的论坛演讲，各位专家学者从南江古道的历史地位、方言形成、医药发展、军事布防、经济贸易等方面入手，更加坚定了对南江古道的认同、对南江文化的研究以及对南江古道与"一带一路"的探讨。

论坛举行前，与会专家学者在我市市委常委、宣传部部长刘炳权，政协副主席沈灿明的陪同下先后参观了我市古道遗址与历史文化遗存，并到市博物馆、苹塘镇龙龛岩摩崖石刻、罗定文塔、大坊头、罗定学宫等地进行考察，盛赞我市具有优秀的文化传统和深厚的历史底蕴，认为南江流域是海陆丝绸之路的重要对接通道，是广府文化与八桂文化的交接地带，是一条历史悠久、底蕴丰厚的文化带。（梁方武　张传泓）

微信公众号

1. 南方日报海外版官微（"侨乡广记"）

一带一路丨云浮南江古道这么"有料"，各路专家话你知

一带一路丨云浮南江古道这么"有料"，各路专家话你知

2017-04-25 侨乡广记

> 悠悠南江，古韵遗存。在广东，东江、西江、北江素来拥有较高的知名度，知道南江的人相对少。实际上，南江（罗定江）在云浮境内蜿蜒而过，带动了沿线经贸繁荣，孕育出开放、包容的南江文化，并逐渐成为云浮文化的一大品牌。
>
> 4月23日-25日，由广东省珠江文化研究会、云浮市委宣传部、罗定市政府共同主办的南江古道与"一带一路"文化论坛在罗定举办。省内外研究南江文化和古道文化的专家学者齐聚，共同考察研讨南江文化，并就南江古道与"一带一路"的有机结合进行研讨。
>
> 与会的专家学者就如何深入挖掘南江文化、擦亮古道文化名片，从不同角度、不同层面进行了深入探讨。

2. 中国南粤古驿道微信公众号

南江古道与"一带一路"文化论坛：打造南江文化品牌

南江古道与"一带一路"文化论坛：打造南江文化品牌

2017-05-03 中国南粤古驿道

点击上方蓝字关注南粤古驿道

习近平总书记在2013年9月和10月分别提出建设"新丝绸之路经济带"和"21世纪海上丝绸之路"的战略构想，2015年3月28日国家发布了《推动共建丝绸之路经济带和21世纪海上丝绸之路的愿景与行动》，提出要以陆上和海上经济合作走廊为依托，以人文交流为纽带，共建中国同沿线各国经济和文化交流的大通道。"一带一路"的实施为沿线各国在经济、文化等领域的交流与合作带来前所未有的机遇。

云浮市是南江文化的发源地，长期以来，南江流域在云浮市对外交往史上发挥着独特的作用。南江文化作为云浮市倾力打造的三大文化品牌之一，正在日益焕发青春的光彩。在国家"一带一路"倡议的大背景下，深入挖掘南江文化，擦亮古道文化名片，对推动云浮经济社会发展具有重要意义。

4月23日至25日，南江古道与"一带一路"文化论坛在罗定市举办。专家学者齐聚一堂，共同考察整合南江文化资源，打造南江古道品牌，并就南江古道与"一带一路"的有机结合进行研讨。

论坛主办方相关负责人表示，希望通过这次文化论坛，能进一步研究深挖南江和古道文化，更大地发挥罗定作为南江和古道文化中心地和集粹地作用，将南江古道文化与最近我省开展的南粤古驿道保护利用工作结合起来，构建"珠江南江经济文化带"，与"珠江西江经济带"连体对接，纳入国家"一带一路"规划和战略；将南江古道文化与东盟诸国的古道文化结合起来，以开展旅游、探险等活动方式为纽带，加强国际交往与合作，为建设世界性的古道文化和21世纪海上丝绸之路建设作出贡献。

近年来，罗定市的南江文化建设成效明显，先后举办了多次南江文化研讨会，邀请专家学者对罗定的南江文化建设建言献策。同时，罗定还举办了首届南江文化节，新建了南江文化主题园，修缮了罗定学宫、罗定文塔、菁莪书院、蔡廷锴将军故居，发掘了春牛舞、泷州歌等民间歌舞，申报了一批省级非遗项目和广东省古村落。

3. 广东科技报微信公众号

擦亮南江古道文化名片

擦亮南江古道文化名片

2017-05-02 广东科技报

与会专家参观考察罗定古道遗址与历史文化遗存。冯海波 摄

南江古道与"一带一路"文化论坛举行
擦亮南江古道文化名片

本报讯（记者 冯海波）近日，由广东省人民政府参事室（文史馆）和广东省社科联指导，广东省珠江文化研究会、中共云浮市委宣传部、罗定市人民政府共同主办的南江古道与"一带一路"文化论坛在罗定市举办，省内外研究南江文化和古道文化的专家学者齐聚一堂，深入挖掘南江文化资源，擦亮南江古道文化名片，并就南江古道与"一带一路"的关联进行研讨。

南江古道是陆海丝绸之路对接通道

广东省珠江文化研究会创会会长、中山大学教授黄伟宗认为，南江称谓古已有之，百越文化保存完整；作为陆海丝绸之路对接通道，文化遗产丰富多样。尽管南江古道在古代水路运输所发挥的巨大作用已逐渐淡化，但其所孕育的南江文化自成一体，是岭南本土文化中不可缺失的一颗璀璨明珠。

广东省珠江文化研究会会长、暨南大学教授王元林表示，南江古道历史悠久，是陆海丝绸之路的对接通道之一。罗定的水陆古道文化遗存丰富，且保存完整，对全省古道文化的建设有代表性、典型性的作用。他希望通过此次文化论坛，能进一步研究开发南江和古道文化，更大发挥云浮、罗定作为南江和古道文化中心地和集粹地作用。

论坛举行前，与会专家学者先后参观了罗定古道遗址与历史文化遗存，并到罗定市博物馆、苹塘镇龙龛岩摩崖石刻、罗定文塔、大垌头、罗定学宫等地进行参观考察。专家认为，罗定具有优秀的文化传统和深厚的历史底蕴，南江流域是海陆丝绸之路的重要对接通道，是广府文化与八桂文化的交接地带，是一条历史悠久、底蕴丰厚的文化带。

岭南隙地贸易的温床

据了解，南江古道曾是古代楚人南下海岸的重要通道。在罗定太平河上游南门垌等地出土的战国墓葬及青铜器，都具有十分鲜明的楚文化特色。同时，南江也是此后中原汉人南迁岭南，以及中原地区通往南海乃至海南岛的一条重要交通要道。

早在南北朝时期，南江流域已与陆海丝绸之路相对接。现藏于罗定博物馆的南朝四兽金手镯与莲瓣纹高足碗便生动讲述了这段历史，有专家考证，这两件金器极有可能是来自中亚地区的舶来品。其中，手镯上面的忍冬纹、兽纹图案，完全是古粟特国所常见的风格；而高足碗的造型是受古罗马拜占庭高足杯艺术风格的影响。由此可见，当时的南江流域尤其是罗定与中亚国家、地区已有了密切往来，陆海丝绸之路也进入了活跃交流时期。

在此后很长一段时间内，南江古道在海上丝绸之路的交通运输、文化交流及贸易货源供给中都发挥着不可替代的作用。华南师范大学历史文化学院教授周永卫将南江古道定义为"岭南隙地贸易的温床"。他表示，南江古道的地缘优势得天独厚。以南江古道为中心，向南有徐闻，乃至交趾，向东有番禺，所辐射范围构成岭南对外贸易的重要区域。通过这条古道，大量海外商品源源不断地输入内地；同时，又把丝绸、陶瓷等中原商品输送到雷州半岛、海南岛，乃至东南亚、南亚和中东地区。

欢迎关注微信公众号
广东科技报（微信号：gdkjbwx）

4. "云浮发布" 微信公众号

探寻南江古丝路 求索古道现代价值——南江古道与"一带一路"文化论坛侧记

探寻南江古丝路 求索古道现代价值——南江古道与"一带一路"文化论坛侧记

2017-04-26 云浮发布

记者：梁湛华

特约记者：梁方武

　　习近平总书记在2013年9月和10月分别提出建设"新丝绸之路经济带"和"21世纪海上丝绸之路"的战略构想，2015年3月28日国家发布了《推动共建丝绸之路经济带和21世纪海上丝绸之路的愿景与行动》，提出要以陆上和海上经济合作走廊为依托，以人文交流为纽带，共建中国同沿线各国经济和文化交流的大通道。"一带一路"的实施为沿线各国在经济、文化等领域的交流与合作带来前所未有的机遇。

　　我市是南江文化的发源地，长期以来，南江流域在我市对外交往史上发挥着独特的作用。随着国家"一带一路"倡议的提出，如何整合南江古道文化资源，积极融入粤桂"珠江—西江经济带"和国家一带一路建设，逐渐成为我市各界重点关注的议题。4月23日至25日，由珠江文化研究会、中共云浮市委宣传部、罗定市人民政府联合主办南江古道与"一带一路"文化论坛在罗定市举办，专家学者齐聚一堂，研究"一带一路"与南江文化的历史渊源，探讨整合南江文化资源，打造南江古道品牌，将南江古道文化融入国家"一带一路"建设，促进我市经济社会发展。

南江流域是对接海上丝绸之路的重要通道

　　"橹声摇尽一枝柔，溯向康州水更幽，一路青山青不断，青山断处是泷州"。这是清代罗定州学正何仁镜对南江沿途风光的描述。总长201公里的南江发源于信宜鸡笼山，清澈的河水逶迤而下，穿过崇山峻岭，越过罗定盆地，在郁南县的南江口注入西江，是岭南罕有从南往北流的河流。

　　记者走访发现，南江流域存在众多的古墟、埠头、码头、渡头遗址，以及大量与航运有关的历史建筑。在罗定市，沿河分布着丰盛古村、罗城大埠头和双东六竹古村、倒流榜村等，经历时光的洗礼、历尽沧桑的古建筑依然屹立着，无声地诉说着昔日南江流域商贸活动的繁华。

据暨南大学刘新荣教授考证，南江流域是中原地区对接海上丝绸之路的重要通道。它的基本路线是从湘江到漓江，从漓江到西江，从西江入南江，上行至罗定船步或太平、罗镜，再至信宜新宝、合水，越过分水岭，再沿鉴江顺流而下，到湛江、吴川之间出海。同时，南江流域也是此后中原汉人南迁岭南，以及中原到南海乃至海南岛的一条重要交通要道。

早在南北朝时期，南江流域已成为陆海丝绸之路的重要联络点。在罗镜水摆鹤咀山南朝墓出土的78件器物中，有金手镯、金指环、铜镜、铁剪、瓷器、陶器等物品。出土的青瓷器釉色滋润，青中泛黄，属于一千多年前浙江会稽郡越窑系统产品。另一出土物品金手镯有4组走兽与花纹图案，图案为中、西亚的走兽纹饰。专家推断，金手镯很有可能是西方的舶来品。此外，还有一件刻划莲瓣纹的高足碗，专家鉴定认为，该碗艺术风格受古罗马拜占庭高足杯艺术风格影响，莲瓣纹与忍冬纹受佛教艺术的影响，推断可能是为外国定制的出口外销瓷器。众多文物证据证明，当时南江流域在很早以前就已经与海上丝绸之路有所联系，南江是海陆丝绸之路的对接通道之一。

对接南江古道与古丝路促进南江流域发展

古代的南江流域虽地处岭南，却是岭南与外界沟通最早的地区之一，从罗定出土的青铜器证明，早在春秋战国时期，南江流域已开始接受楚文化熏陶。盛唐时期，罗定因泷州人陈行范称帝而成为著名的军事重镇，与外界沟通更加频繁。明万历年间，罗定被称为"全粤要枢"，古道建设日趋完善，地位更加突出。在南江众多的驿道中，重要的有罗信古道、西山大道、官大路和东山大道四条古驿道。通过这些古道，南江流域与古代海上丝绸之路连接起来，极大地促进了南江流域的发展。

海上丝绸之路给南江流域工业、农业、商贸业、航运业带来了繁荣，这从南江流域现存的制蓝工业遗址、炼铁铸铁业遗址、碗窑遗址、石灰窑遗址以及古村落可以看出。背夫山战国墓出土的丝织物证明，南江流域早在第二代秦时期就大量种桑养蚕和丝织活动，为海上丝绸之路提供商品。明朝时，官方在泷江上游的罗镜、船步等地建立起了几个颇具规模的冶铁基地。据有关史料记载，其时，罗定州日产铁18吨，年产量达6000吨，从业人员一万多人。到了明末，罗定所产的铁以广东的名义北输，是罗定对古代海上丝绸之路的贡献。

商贸业的繁荣，造就了一批靠船运为生的专业村落。如今这些村落还存在当年航运相关的遗迹，成为当年航运业发达的见证。罗定市境内的双东倒流榜村和黎少梁家庄园是最为著名的航运名村。

罗定是南江和古道文化的中心地、集粹地

广东省人民政府参事室特聘参事、广东省珠江文化研究会会长、中山大学教授黄伟宗指出，南江古道是海上与陆上丝绸之路最早的对接通道之一，是海江山河古道汇通之要津，是岭南土著百越族文化遗存最多最古的文化圣地。南江流域是大西南连接珠三角地区的重要通道，也是珠三角地区与东盟联系的桥梁。而罗定则是南江文化和古道文化的中心地、集粹地。

对于如何发挥罗定作为南江和古道文化中心地和集粹地作用，黄伟宗建议以整个南江流域及其古道文化覆盖地域，构建"珠江—南江经济文化带"，与"珠江—西江经济带"连体对接，纳入国家"一带一路"规划和战略；同时，将南江和古道文化与最近广东省开展的古驿道"活化"工程结合起来，与现代绿道经济文化建设相互促进；尤其是应当与东盟诸国的古道文化结合起来，以开展旅游、探险等活动方式为纽带，加强国际交往与合作。

记者了解到，罗定市正用实际行动打造南江文化品牌。近年来，罗定市已举办多次南江文化研讨会，邀请专家学者对罗定的南江文化建设建言献策。同时，还举办了首届南江文化节，新建了南江文化主题园，修缮了罗定学宫、罗定文塔、青莪书院、蔡廷锴将军故居，发掘了春牛舞、泷州歌等民间歌舞，申报了一批省级非遗项目和广东省古村落。

打造21世纪海上丝绸之路内联外接的新通道

南江不仅是一个地理概念，更是一个文化概念。南江是海陆丝绸之路的重要对接通道，是广府文化与八桂文化的交接地带，也是古百越文化保存较完整的地区，是一条历史悠久、底蕴丰厚的南江文化带，南江文化和南江古道值得我们深入研究和开发利用。

广东省社会科学院旅游研究所所长、研究员庄伟光、刘世红在其论文中指出，南江流域是粤港澳大湾区区域历史与现实的对接点，研究、整合、开发以南江水系为代表的南江文化，实行南江及整个广南区域与粤港澳大湾区经济文化的跨境合作，对促进信宜、云浮、罗定、新兴、郁南及粤西南地区社会和经济的发展，具有历史与现实对接、架设经济与文化并进的重大历史和现实意义。有助于区域协调发展，改变南江水道带发展不平衡的格局；有助于优势互补，资源整合，在创新、绿色发展中更好地满足未来旅游发展的需要；在开放的格局下，有利于我国"海上丝绸之路"战略的顺利推进。

广东省人民政府参事室特聘参事、暨南大学教授、广东省珠江研究会会长王元林认为，在现今"一带一路"战略下，从历史发展脉络中借古鉴今，做好做大对外交通与交流的大文章，要让罗定这块璞玉，联系中外，成为21世纪海上丝绸之路内联外接的新通道。

南江古道与"一带一路"文化论坛建言擦亮古道文化名片

南江古道与"一带一路"文化论坛建言擦亮古道文化名片

5月14日-5月15日中国将主办2017"一带一路"国际合作高峰论坛,在高峰论坛即将召开之际,4月23日-25日,由广东省珠江文化研究会、中共云浮市委宣传部、罗定市人民政府共同主办的南江古道与"一带一路"文化论坛在罗定举办,省内外研究南江文化和古道文化的专家学者齐聚,共同考察研讨南江文化,深入挖掘南江文化,擦亮古道文化名片,并就南江古道与"一带一路"的有机结合进行研讨。

云浮市委常委、宣传部部长郭亦乐,广东省社科联党组成员、专职副主席林有能,广东省人民政府特聘参事、广东省珠江文化研究会会长、暨南大学教授王元林等160多人参加24日举办的论坛开幕式和论坛演讲活动。

郭亦乐在论坛开幕式上指出,南江文化作为云浮市倾力打造的三大文化品牌之一,正在日益焕发青春的光彩。在国家"一带一路"倡议的大背景下,深入挖掘南江文化,擦亮古道文化名片,对推动云浮经济社会发展具有重要意义。对如何促进南江文化发展,郭亦乐提出了三点意见:一是要充分认识南江文化的特殊意义,高度重视南江文化的研究;二是要把南江文化作为重要文化资产,抓好南江文化遗存的传承和保护;三是要做好南江文化这篇大文章,抓好南江古道和南江文化的开发利用。把南江古道和南江文化的历史记忆、历史信息,特别是南江文化流传下来的文化基因加以整合和拓展,打造云浮文化品牌,发展以南江古道和南江文化为载体的文化、旅游产业,更好地落实建设"一带一路"倡议。

论坛主办方相关负责人表示,希望通过这次文化论坛,能进一步研究开发南江和古道文化,更大地发挥罗定作为南江和古道文化中心地和集粹地作用,建议将南江古道文化与最近我省开展的古驿道"活化"工程结合起来,构建"珠江—南江经济文化带",与"珠江—西江经济带"对接,纳入国家"一带一路"规划和战略;将南江古道文化与东盟诸国的古道文化结合起来,以开展旅游、探险等活动方式为纽带,加强国际交往与合作,为建设世界性的古道文化和21世纪海上丝绸之路建设作出贡献。

近年来,罗定市的南江文化建设成效明显,先后举办了多次南江文化研讨会,邀请专家学者对罗定的南江文化建设建言献策。同时,罗定还举办了首届南江文化节,新建了南江文化主题园,修缮了罗定学宫、罗定文塔、菁莪书院、蔡廷锴将军故居,发掘了春牛舞、泷州歌等民间歌舞,申报了一批省级非遗项目和广东省古村落。

据悉,在前期精心准备和充分考察研讨的基础上,此次论坛还形成了《罗定:南江古道与"一带一路"文化论坛论文集》,收录了《挖掘岭南古道文化,与绿道交相辉映,纳入"一带一路"建设并申报"世遗"——关于广东古道文化的调研报告》、《浅议南江古道历史文化与罗定在陆海丝路的地位》、《罗定:"一带一路"文明交流、和平纽带的承继者》等28篇论文。

6. 云浮日报公众号

【南江古道与"一带一路"文化论坛】探寻南江古丝路 求索古道现代价值

【南江古道与"一带一路"文化论坛】探寻南江古丝路 求索古道现代价值

2017-04-26 云浮日报

点击上方"云浮日报"关注我们！

记者：梁湛华

特约记者：梁方武

罗定明代文塔是南江文化的代表性建筑之一

习近平总书记在2013年9月和10月分别提出建设"新丝绸之路经济带"和"21世纪海上丝绸之路"的战略构想，2015年3月28日国家发布了《推动共建丝绸之路经济带和21世纪海上丝绸之路的愿景与行动》，提出要以陆上和海上经济合作走廊为依托，以人文交流为纽带，共建中国同沿线各国经济和文化交流的大通道。"一带一路"的实施为沿线各国在经济、文化等领域的交流与合作带来前所未有的机遇。

我市是南江文化的发源地，长期以来，南江流域在我市对外交往史上发挥着独特的作用。随着国家"一带一路"倡议的提出，如何整合南江古道文化资源，积极融入粤桂"珠江—西江经济带"和国家一带一路建设，逐渐成为我市各界重点关注的议题。4月23日至25日，由珠江文化研究会、中共云浮市委宣传部、罗定市人民政府联合主办南江古道与"一带一路"文化论坛在罗定市举办，专家学者齐聚一堂，研究"一带一路"与南江文化的历史渊源，探讨整合南江文化资源，打造南江古道品牌，将南江古道文化融入国家"一带一路"建设，促进我市经济社会发展。

南江流域是对接海上丝绸之路的重要通道

"橹声摇尽一枝柔，溯到康州水更幽，一路青山青不断，青山断处是泷州"。这是清代罗定州学正何仁镜对南江沿途风光的描述。总长201公里的南江发源于信宜鸡笼山，清澈的河水逶迤而下，穿过崇山峻岭，越过罗定盆地，在郁南县的南江口注入西江，是岭南罕有从南往北流的河流。

记者走访发现，南江流域存在众多的古墟、埗头、码头、渡头遗址，以及大量与航运有关的历史建筑。在罗定市，沿河分布着丰盛古村、罗城大埗头和双东六竹古村、倒流榜村等，经历时光的洗礼、历尽沧桑的古建筑依然屹立着，无声地诉说着昔日南江流域商贸活动的繁华。

据暨南大学刘新荣教授考证，南江流域是中原地区对接海上丝绸之路的重要通道。它的基本路线是从湘江到漓江，从漓江到西江，从西江入南江，上行至罗定船步或太平、罗镜，再至信宜新宝、合水，越过分水岭，再沿鉴江顺流而下，到湛江、吴川之间出海。同时，南江流域也是此后中原汉人南迁岭南，以及中原到南海乃至海南岛的一条重要交通要道。

早在南北朝时期，南江流域已成为陆海丝绸之路的重要联络点。在罗镜水摆鹤咀山南朝墓出土的78件器物中，有金手镯、金指环、铜镜、铁剪、瓷器、陶器等物品。出土的青瓷器釉色滋润，青中泛黄，属于一千多年前浙江会稽郡越窑系统产品。另一出土物品金手镯有4组走兽与花纹图案，图案为中、西亚的走兽纹饰。专家推断，金手镯很有可能是西方的舶来品。此外，还有一件刻划莲瓣纹的高足碗，专家鉴定认为，该碗艺术风格受古罗马拜占庭高足杯艺术风格影响，莲瓣纹与忍冬纹受佛教艺术的影响，推断可能是为外国定制的出口外销瓷器。众多文物证据证明，当时南江流域在很早以前就已经与海上丝绸之路有所联系，南江是海陆丝绸之路的对接通道之一。

对接南江古道与古丝路促进南江流域发展

古代的南江流域虽地处岭南，却是岭南与外界沟通最早的地区之一，从罗定出土的青铜器证明，早在春秋战国时期，南江流域已开始接受楚文化熏陶。盛唐时期，罗定因泷州人陈行范称帝而成为著名的军事重镇，与外界沟通更加频繁。明万历年间，罗定被称为"全粤要枢"，古道建设日趋完善，地位更加突出。在南江众多的驿道中，重要的有罗信古道、西山大道、官大路和东山大道四条古驿道。通过这些古道，南江流域与古代海上丝绸之路连接起来，极大地促进了南江流域的发展。

海上丝绸之路给南江流域工业、农业、商贸业、航运业带来了繁荣，这从南江流域现存的制蓝工业遗址、炼铁铸铁业遗址、碗窑遗址、石灰窑遗址以及古村落可以看出。背夫山战国墓出土的丝织物证明，南江流域早在第二代秦时期就大量种桑养蚕和丝织活动，为海上丝绸之路提供商品。明朝时，官方在泷江上游的罗镜、船步等地建立起了几个颇具规模的冶铁基地。据有关史料记载，其时，罗定州日产铁18吨，年产量达6000吨，从业人员一万多人。到了明末，罗定所产的铁以广东的名义北输，是罗定对古代海上丝绸之路的贡献。

商贸业的繁荣，造就了一批靠船运为生的专业村落。如今这些村落还存在当年航运相关的遗迹，成为当年航运业发达的见证。罗定市境内的双东倒流榜村和黎少梁家庄园是最为著名的航运名村。

罗定是南江和古道文化的中心地、集粹地

　　广东省人民政府参事室特聘参事、广东省珠江文化研究会会长、中山大学教授黄伟宗指出，南江古道是海上与陆上丝绸之路最早的对接通道之一，是海江山河古道汇通之要津，是岭南土著百越族文化遗存最多最古的文化圣地。南江流域是大西南连接珠三角地区的重要通道，也是珠三角地区与东盟联系的桥梁。而罗定则是南江文化和古道文化的中心地、集粹地。

　　对于如何发挥罗定作为南江和古道文化中心地和集粹地作用，黄伟宗建议以整个南江流域及其古道文化覆盖地域，构建"珠江—南江经济文化带"，与"珠江—西江经济带"连体对接，纳入国家"一带一路"规划和战略；同时，将南江和古道文化与最近广东省开展的古驿道"活化"工程结合起来，与现代绿道经济文化建设相互促进；尤其是应当与东盟诸国的古道文化结合起来，以开展旅游、探险等活动方式为纽带，加强国际交往与合作。

　　记者了解到，罗定市正用实际行动打造南江文化品牌。近年来，罗定已举办多次南江文化研讨会，邀请专家学者对罗定的南江文化建设建言献策。同时，还举办了首届南江文化节，新建了南江文化主题园，修缮了罗定学宫、罗定文塔、青莪书院、蔡廷锴将军故居，发掘了春牛舞、泷州歌等民间歌舞，申报了一批省级非遗项目和广东省古村落。

打造21世纪海上丝绸之路内联外接的新通道

　　南江不仅是一个地理概念，更是一个文化概念。南江是海陆丝绸之路的重要对接通道，是广府文化与八桂文化的交接地带，也是古百越文化保存较完整的地区，是一条历史悠久、底蕴丰厚的南江文化带，南江文化和南江古道值得我们深入研究和开发利用。

　　广东省社会科学院旅游研究所所长、研究员庄伟光、刘世红在其论文中指出，南江流域是粤港澳大湾区区域历史与现实的对接点，研究、整合、开发以南江水系为代表的南江文化，实行南江及整个广南区域与粤港澳大湾区经济文化的跨境合作，对促进信宜、云浮、罗定、新兴、郁南及粤西南地区社会和经济的发展，具有历史与现实对接、架设经济与文化并进的重大历史和现实意义。有助于区域协调发展，改变南江水道带发展不平衡的格局；有助于优势互补，资源整合，在创新、绿色发展中更好地满足未来旅游发展的需要；在开放的格局下，有利于我国"海上丝绸之路"战略的顺利推进。

　　广东省人民政府参事室特聘参事、暨南大学教授、广东省珠江研究会会长王元林认为，在现今"一带一路"战略下，从历史发展脉络中借古鉴今，做好做大对外交通与交流的大文章，要让罗定这块璞玉，联系中外，成为21世纪海上丝绸之路内联外接的新通道。

专家聚云浮探讨一带一路与南江古道文化渊源

专家聚云浮探讨一带一路与南江古道文化渊源

2017-04-25 罗定市广播电视台

5月14日-5月15日中国将主办2017"一带一路"国际合作高峰论坛，在高峰论坛即将召开之际，4月23日-25日，由广东省珠江文化研究会、中共云浮市委宣传部、罗定市人民政府共同主办的南江古道与"一带一路"文化论坛在罗定举办，省内外研究南江文化和古道文化的专家学者齐聚，共同考察研讨南江文化，深入挖掘南江文化，擦亮古道文化名片，并就南江古道与"一带一路"的有机结合进行研讨。

云浮市委常委、宣传部部长郭亦乐，广东省社科联党组成员、专职副主席林有能，广东省人民政府特聘参事、广东省珠江文化研究会会长、暨南大学教授王元林等160多人参加24日举办的论坛开幕式和论坛演讲活动。

郭亦乐在论坛开幕式上指出，南江文化作为云浮市倾力打造的三大文化品牌之一，正在日益焕发青春的光彩。在国家"一带一路"倡议的大背景下，深入挖掘南江文化，擦亮古道文化名片，对推动云浮经济社会发展具有重要意义。对如何促进南江文化发展，郭亦乐提出了三点意见：一是要充分认识南江文化的特殊意义，高度重视南江文化的研究；二是要把南江文化作为重要文化资产，抓好南江文化遗存的传承和保护；三是要做好南江文化这篇大文章，抓好南江古道和南江文化的开发利用。把南江古道和南江文化的历史记忆、历史信息，特别是南江文化流传下来的文化基因加以整合和拓展，打造云浮文化品牌，发展以南江古道和南江文化为载体的文化、旅游产业，更好地落实建设"一带一路"倡议。

论坛活动中，与会的专家学者共同进行了学术考察，观看了《南江古道系列专题展览》，参观了罗定市博物馆、苹塘镇龙龛岩摩崖石刻、罗定文塔（大垇头）、罗定学宫等罗定市古道遗址与历史文化遗存，感受罗定历史文化名城风韵和南江文化之魂。

在论坛演讲研讨环节，广东省人民政府特聘参事、广东省珠江文化研究会会长、暨南大学王元林教授，广东省人民政府原参事、《南方日报》原副总编辑、广东省珠江文化研究会原副会长王培楠等12名专家学者分别就南江文化、南江古道，罗定在南江文化、南江古道中的地位等，从不同角度、不同层面进行了深入探讨，研究南江古道的文化传承。

论坛主办方相关负责人表示，希望通过这次文化论坛，能进一步研究开发南江和古道文化，更大地地发挥罗定作为南江和古道文化中心地和集粹地的作用，建议将南江古道文化与最近我省开展的古驿道"活化"工程结合起来，构建"珠江—南江经济文化带"，与"珠江—西江经济带"对接，纳入国家"一带一路"规划和战略；将南江古道文化与东盟诸国的古道文化结合起来，以开展旅游、探险等活动方式为纽带，加强国际交往与合作，为建设世界性的古道文化和21世纪海上丝绸之路建设作出贡献。

据悉，在前期精心准备和充分考察研讨的基础上，此次论坛还形成了《罗定:南江古道与"一带一路"文化论坛论文集》，收录了《挖掘岭南古道文化，与绿道交相辉映，纳入"一带一路"建设并申报"世遗"——关于广东古道文化的调研报告》、《浅议南江古道历史文化与罗定在陆海丝路的地位》、《罗定:"一带一路"文明交流、和平纽带的承传者》等28篇论文。

8. 今日罗定

探寻南江（又名：罗定江）古丝路，求索古道现代价值！

探寻南江（又名：罗定江）古丝路，求索古道现代价值！

2017-04-27 今日罗定

点击关注 **今日罗定** 定期推送本土文化，新鲜资讯等诸多优质内容
罗定最接地气的本地微信平台！

　　习近平总书记在2013年9月和10月分别提出建设"新丝绸之路经济带"和"21世纪海上丝绸之路"的战略构想，2015年3月28日国家发布了《推动共建丝绸之路经济带和21世纪海上丝绸之路的愿景与行动》，提出要以陆上和海上经济合作走廊为依托，以人文交流为纽带，共建中国同沿线各国经济和文化交流的大通道。"一带一路"的实施为沿线各国在经济、文化等领域的交流与合作带来前所未有的机遇。

　　我市是南江文化的发源地，长期以来，南江流域在我市对外交往史上发挥着独特的作用。随着国家"一带一路"倡议的提出，如何整合南江古道文化资源，积极融入粤桂"珠江—西江经济带"和国家一带一路建设，逐渐成为我市各界重点关注的议题。4月23日至25日，由珠江文化研究会、中共云浮市委宣传部、罗定市人民政府联合主办南江古道与"一带一路"文化论坛在罗定市举办，专家学者齐聚一堂，研究"一带一路"与南江文化的历史渊源，探讨整合南江文化资源，打造南江古道品牌，将南江古道文化融入国家"一带一路"建设，促进我市社会经济发展。

南江流域是对接海上丝绸之路的重要通道

"橹声摇尽一枝柔，溯到康州水更幽，一路青山青不断，青山断处是泷州"。这是清代罗定州学正何仁镜对南江沿途风光的描述。总长201公里的南江发源于信宜鸡笼山，清澈的河水逶迤而下，穿过崇山峻岭，越过罗定盆地，在郁南县的南江口注入西江，是岭南罕有从南往北流的河流。

记者走访发现，南江流域存在众多的古墟、埗头、码头、渡头遗址，以及大量与航运有关的历史建筑。在罗定市，沿河分布着丰盛古村、罗城大埗头和双东六竹古村、倒流榜村等，经历时光的洗礼、历尽沧桑的古建筑依然屹立着，无声地诉说着昔日南江流域商贸活动的繁华。

据暨南大学刘新荣教授考证，南江流域是中原地区对接海上丝绸之路的重要通道。它的基本路线是从湘江到漓江，从漓江到西江，从西江入南江，上行至罗定船步或太平、罗镜，再至信宜新宝、合水，越过分水岭，再沿鉴江顺流而下，到湛江、吴川之间出海。同时，南江流域也是此后中原汉人南迁岭南，以及中原到南海乃至海南岛的一条重要交通要道。

早在南北朝时期，南江流域已成为陆海丝绸之路的重要联络点。在罗镜水摆鹤咀山南朝墓出土的78件器物中，有金手镯、金指环、铜镜、铁剪、瓷器、陶器等物品。出土的青瓷器釉色滋润，青中泛黄，属于一千多年前浙江会稽郡越窑系统产品。另一出土物品金手镯有4组走兽与花纹图案，图案为中、西亚的走兽纹饰。专家推断，金手镯很有可能是西方的舶来品。此外，还有一件刻划莲瓣纹的高足碗，专家鉴定认为，该碗艺术风格受古罗马拜占庭高足杯艺术风格影响，莲瓣纹与忍冬纹受佛教艺术的影响，推断可能是为外国定制的出口外销瓷器。众多文物证据证明，当时南江流域在很早以前就已经与海上丝绸之路有所联系，南江是海陆丝绸之路的对接通道之一。

南江古道与丝路对接促进南江流域发展

古代的南江流域虽地处岭南，却是岭南与外界沟通最早的地区之一，从罗定出土的青铜器证明，早在春秋战国时期，南江流域已开始接受楚文化熏陶。盛唐时期，罗定因泷州人陈行范称帝而成为著名的军事重镇，与外界沟通更加频繁。明万历年间，罗定被称为"全粤要枢"，古道建设日趋完善，地位更加突出。在南江众多的驿道中，重要的有罗信古道、西山大道、官大路和东山大道四条古驿道。通过这些古道，南江流域与古代海上丝绸之路连接起来，极大地促进了南江流域的发展。

海上丝绸之路给南江流域工业、农业、商贸业、航运业带来了繁荣，这从南江流域现存的制蓝工业遗址、炼铁铸铁业遗址、碗窑遗址、石灰窑遗址以及古村落可以看出。背夫山战国墓出土的丝织物证明，南江流域早在第二代秦时期就大量种桑养蚕和丝织活动，为海上丝绸之路提供商品。明朝时，官方在泷江上游的罗镜、船步等地建立起了几个颇具规模的冶铁基地。据有关史料记载，其时，罗定州日产铁18吨，年产量达六千吨，从业人员一万多人。到了明末，罗定所产的铁以广东的名义北输，是罗定对古代海上丝绸之路的贡献。

商贸业的繁荣，造就了一批靠船运为生的专业村落。如今这些村落还存在当年航运相关的遗迹，成为当年航运业发达的见证。我市境内的双东倒流榜村和黎少梁家庄园是最为著名的航运名村。

罗定是南江和古道文化的中心地、集粹地

广东省人民政府参事室特聘参事、广东省珠江文化研究会创会会长、中山大学教授黄伟宗指出，南江古道是海上与陆上丝绸之路最早的对接通道之一，是海江山河古道汇通之要津，是岭南土著百越族文化遗存最多最古的文化圣地。南江流域是大西南连接珠三角地区的重要通道，也是珠三角地区与东盟联系的桥梁。而罗定则是南江文化和古道文化的中心地、集粹地。

对于如何发挥罗定作为南江和古道文化中心地和集粹地作用，黄伟宗建议以整个南江流域及其古道文化覆盖地域，构建"珠江—南江经济文化带"，与"珠江—西江经济带"连体对接，纳入国家"一带一路"规划和战略；同时，将南江和古道文化与最近广东省开展的古驿道"活化"工程结合起来，与现代绿道经济文化建设相互促进；尤其是应当与东盟诸国的古道文化结合起来，以开展旅游、探险等活动方式为纽带，加强国际交往与合作。

记者了解到，我市正积极打造南江文化品牌。近年来，我市已举办多次南江文化研讨会，邀请专家学者对罗定的南江文化建设建言献策。同时，还举办了首届南江文化节，新建了南江文化主题园，修缮了罗定学宫、罗定文塔、青莪书院、蔡廷锴将军故居，发掘了春牛舞、泷州歌等民间歌舞，申报了一批省级非遗项目和广东省古村落。

打造南江文化品牌有现实意义

南江不仅是一个地理概念，更是一个文化概念。南江是海陆丝绸之路的重要对接通道，是广府文化与八桂文化的交接地带，也是古百越文化保存较完整的地区，是一条历史悠久、底蕴丰厚的南江文化带，南江文化和南江古道值得我们深入研究和开发利用。

广东省社会科学院旅游研究所的专家庄伟光、刘世红在其论文中指出，南江流域是粤港澳大湾区区域历史与现实的对接点，研究、整合、开发以南江水系为代表的南江文化，实行南江及整个广南区域与粤港澳大湾区经济文化的跨境合作，对促进信宜、罗定、云浮、新兴、郁南及粤西南地区社会和经济的发展，具有历史与现实对接、架设经济与文化并进的十分重大的历史和现实意义。有助于区域协调发展，改变南江水道带发展不平衡的格局；有助于优势互补，资源整合，在创新、绿色发展中更好地满足未来旅游发展的需要；在开放的格局下，有利于我国"海上丝绸之路"战略的顺利推进。

广东省人民政府参事室特聘参事、暨南大学教授、广东省珠江研究会会长王元林认为，在现今"一带一路"战略下，从历史发展脉络中借古鉴今，做好做大对外交通与交流的大文章，要让罗定这块璞玉，联系中外，成为21世纪海丝绸之路内联外接的新通道。